长安学十年学术论著选集

编 委 会

编委会主任：李秉忠
编　委　会：黄留珠　贾二强　萧正洪
　　　　　　　王　欣　王社教　冯立君
　　　　　　　郭艳利　侯亚伟
总　主　编：萧正洪
副总主编：贾二强　石晓军

長安學

十年学术论著选集

总 主 编 ○ 萧正洪
副总主编 ○ 贾二强　石晓军

传统与变革

历史记忆中的长安

主编 ◆ 侯亚伟

陕西师范大学出版总社

图书代号　SK23N1767

图书在版编目（CIP）数据

传统与变革：历史记忆中的长安 / 侯亚伟主编. —西安：陕西师范大学出版总社有限公司，2023.10
（长安学十年学术论著选集 / 萧正洪总主编）
ISBN 978-7-5695-3873-1

Ⅰ.①传… Ⅱ.①侯… Ⅲ.①长安（历史地名）—文化史—文集 Ⅳ.①K294.11-53

中国国家版本馆CIP数据核字（2023）第178699号

传统与变革——历史记忆中的长安
CHUANTONG YU BIANGE——LISHI JIYI ZHONG DE CHANG'AN

侯亚伟　主编

责任编辑 / 王文翠
责任校对 / 雷亚妮　刘　畅
装帧设计 / 飞铁广告
出版发行 / 陕西师范大学出版总社
　　　　　（西安市长安南路199号　邮编710062）
网　　址 / http：//www.snupg.com
印　　刷 / 中煤地西安地图制印有限公司
开　　本 / 787 mm×1092 mm　1/16
印　　张 / 21.25
插　　页 / 4
字　　数 / 392千
版　　次 / 2023年10月第1版
印　　次 / 2023年10月第1次印刷
书　　号 / ISBN 978-7-5695-3873-1
审 图 号 / GS（2023）第2894号
定　　价 / 158.00元

读者购书、书店添货或发现印装质量问题，请与本公司营销部联系、调换。
电话：（029）85307864　85303629　传真：（029）85303879

总序

基于整体性思维的长安学研究：历史回顾与前景展望

贾二强　黄留珠　萧正洪

陕西师范大学国际长安学研究院（陕西省协同创新中心）至今年已经组建10年了。以此为契机，我们试图通过编辑一套学术回顾性文集，为学界反思相关学术发展的历程、推进未来的研究工作提供参照。文集分专题汇集特定领域内有代表性的论文（也有少量著作中的篇章）。选编工作得到了相当多学者的支持与鼓励，我们均深铭感，于此谨致谢忱。然而，因为眼界有限，很可能有遗珠之憾，为此亦深表歉意。

有一种看法，认为长安学的学术实践活动是从21世纪初开始的。但在我们看来，它很早就已经存在，只是人们一直没有清晰地将其作为一个具有相对独立性的学科或专门研究领域加以定义。黄留珠先生曾撰文，记述其源流，称2000年初，即有学者提出"长安学"研究的必要性。而2003年，荣新江教授撰《关于隋唐长安研究的几点思考》一文，指出，那个时候的一个遗憾，是并没有建立起像"敦煌学"那样的"长安学"来，但关于长安的资料的丰富性与内涵是不逊于敦煌的。其后，2005年左右，陕西省在省文史研究馆的牵头下，成立了长安学研究中心。至2013年，陕西师范大学组建了陕西省协同创新平台"国际长安学研究院"。

这一系列事件的发生表明，人们对于长安学作为一个学科或具有独立性的专门领域的认识，到21世纪初开始变得清晰了。这是长安学发展史上的重要标志，是一个理性认知新阶段到来的标志。严格说来，以长安研究的本体论，它并不是一种突然发生的创设，而是自中古甚至更早以来人们对于长安的兴趣、关注、记忆与反思在学术上的体现，且是经长期积累所形成的结果。这同敦煌学是有一些不同的。敦煌学以敦煌遗书为起始，而逐渐扩大到史事、语言文字、文学、石窟艺术、中西交通、壁画与乐舞、天文历法等诸方面。它是一个历史性悲剧之后的幸事。长安学则不是，它有着悠久的渊源和深厚的基础，因长安（包括咸阳等在内）作为统一王朝之都城而引发的关于政治制度、经济发展与文化建设的反思而产生，从一开始就同礼法制度等文明发展重大问题紧密关联。事实上，人们关注、研究长安，起源甚早，而历时甚长。我们完全可以写出一部以千年为时间单元、跨越不同历史时代的《长安学史》来。这是长安学的历史性特点。

在空间性方面，它也颇有特色。关于这一点，如我们曾经撰文所指出的那样，其以汉唐"长安"之名命名，研究对象虽以长安城、长安文化、长安文明为主，但却不完全局限于此，而扩展至建都关中地区的周秦汉唐等王朝的历史文化，另在地域上亦远远超出长安城的范围而扩大至整个关中以及更广泛的相关地区。尽管我们对长安学的空间边界问题还可商讨，但它一定是有明确范围与目标的。然而，长安的地理空间并不等同于关于长安的学术空间。简言之，长安学诚然是以古代长安为核心，以文化与文明为主体的研究，一些同古代长安相关的问题也应当包含在内，但其学术空间要大得多。其基本原则是：若有内在关系，罗马亦不为远；若无关系，比邻亦仅是参照。显然，它在学术空间边界上具有显著的开放性。

长安学的内涵也极为丰富。以地域为名的世界级学问皆有其特定意义与内涵。如埃及学，指关于古代埃及的语言、历史与文明的学问。它是从18世纪才开始发展起来的国际性古典文明研究。埃及学研究对象的时间范围是从公元前4500年到公元641年，所涉及的学科相当广泛，如考古、历史、艺术、哲学、医学、人类学、金石学、病理学、植物学和环境科学等，其研究方法，除了文献与语言文字分析外，还利用了现代测年技术、计算机分析、数据库建设甚至DNA分析等手段。长安学亦是如此。长安学具有学科群的意义，它要超出一般意义上的学科范畴。它综合了哲学、历史、考古、文学、宗教、地理、科学技术、文献研究等多个方面和多个层次，有着极为丰富的内涵。它既为我们研究人类文明的进步提供了一个不可或缺的样本，也提供了一个我们看世界、世界看我们的独特视角。

历史发展给我们提供了一个重要的机遇，也赋予我们重大的历史使命。我们现在的重要任务，是在新的历史条件下，以追求人类文明进步为基本价值观，对长安学作为具有独立性的学科和专门研究领域进行重新定义，并阐明其现代价值与意义。正是以此为基本宗旨，陕西师范大学联合校内外学术力量，组建了国际长安学研究院，此举得到陕西省教育厅的大力支持，并成为陕西省最早的协同创新中心之一。

历史上的长安研究，有官方叙述与私人撰述两类，但皆属于在传统的、旧的观念指导下对于长安的理解与解释，从形式上看，基本上是碎片化的。当下陕西师范大学和若干合作的大学、研究机构，共建国际长安学研究院，试图坚持科学与理性的原则，以系统化、整体性的思维，对历史发展中的某些重要问题提出基于历史事实的严谨而合理的解释。为实现这一目标，我们组建了学科咨询委员会、学术委员会、学术期刊编辑部、海外事务部、长安学理论研究中心、古都研究中心、长安与丝绸之路研究中心、长安文化遗产研发中心、数字长安新技术研发中心和长安文献整理与研究中心，以融合方式推进相关研究工作。

历史上的长安给我们留下了足够丰富的资料，能够让我们通过扎实的研究，总结文明进步的成就，特别是反思其中的曲折与艰辛。我们希望，长安学研究能够有助于社会进步，而不是相反。令当下人们的观念与感慨停留于帝制时代的荣耀，不是我们的追求。

为此，我们确定了建设工作的基本原则：历史起点、当代情怀、世界眼光。我们要使长安学成为具有世界性的学问，而不只是陕西的学问或中国的学问。长安学应当具有现代精神，应当是中华民族精神家园建设的重要组成部分。我们秉持这样的宗旨，并对此持有信心。我们将努力把国际长安学研究建设成一个开放的平台，联系各方学者和学有专长的同仁，为大家的研究工作提供便利与条件。

显然，长安学不是单纯基于现代城市空间的研究，而是以历史上的长安为核心，以探索中国历史渊源与文明发展的曲折历程为研究对象的独特领域和学科。以世界范围论，以地域为名且为国际学术界所公认的专门学问（学科）是不多的。比较著名的只有埃及学，而类似的希腊古典文明、罗马古典文明等，亦是某个地域引人注目、曾经深刻影响历史发展进程的重要的人类文化遗产，是特定地域优秀传统文化的标志性象征。

从学科属性上说，长安学既是古典的，也是现代的。长安的历史具有极为丰富的内涵，长安学则以独特的视角阐释中华民族优秀文化绵绵不绝的特性，因而不能简单化地以古代或近代等时间尺度加以定义。同时，如前所述，其学术空间边界具有显著的开放性，而不为特定地域所限。所以，我们在"历史起点、当代情怀、世界眼光"的建设原则中，特别重视世界眼光的目标定位。

世界眼光是我们将长安学命名为"国际长安学"的一个重要依据。其原因有二：一是历史上的长安具有世界上其他历史名城少见的国际性。从某种意义上说，长安从来不只是中国的长安，它也属于全世界。作为古都的长安，它曾经具有的以开放包容为特征的精神气质，乃是中华民族对于全世界文明进步的杰出贡献，而其历史的艰难曲折亦为人类发展提供了宝贵的借鉴。二是关于长安的研究从来具有国际性。在漫长的历史中，长安一直是外部世界关注的焦点。人们之所以对于长安有极大的兴趣，有着诸多的理由与原因。其中之一是它作为丝绸之路的东方起点，在东西方文明交往中具有最为突出的表征性。正因如此，并不是只有国人关注长安，它有着世界范围的学术文化吸引力。从某种意义上说，古代地中海沿岸及印欧大陆认识中国这个东方国度，正是从认识长安所在的地域开始，且在一个相当长的时段中，以长安为中心。而近数百年来，关于长安的研究著述不胜枚举，其中相当一部分出自海外人士之手。如此独特的性质与丰富的内涵决定了长安学研究必然要超越长安的空间范围。这个国际性是其原发的、内生的属性，并不是我们刻意赋予。正是基于这种思考，我们在英译"长安学"名称时，没有采用通常的做法将其译为the study of Chang'an，而是译为 Changanology，其用意就是从基础定义起，将其解释为一个内涵丰富且外延性显著的学术空间，而不为特定地域的边界所束缚。

长安学的主体内容当然是关于中国历史的，但它不能离开世界文明整体发展的视角。长安学研究包含了中国历史上政治、经济、社会、文化、民族与宗教信仰、地域关系、国际文化交流等各个方面。所以，长安学是中国史学科中的一个独特领域。它以长安为主题词和核心概念，将中国历史各个阶段和各个门类的研究综合在一起，试图提出关于中国历史发展的一种地域类型学解释。然而，当下学术发展的实际情形是，任何一个学科或专门研究领域，若不重视其外部性联系，将不会具有很强的解释力，即使它自身具有综合性的特征。基于单一的视角或特定区域的理解，不能解释文明发展的多元与多样性。中国地域辽阔，不同地区的发展本就存在着差异，遑论宏大的世界？以全球论，文明与文化发展的道路选择与存在形态具有极为丰富的多样性，所以，在研究长安的同时，也必须研究世界上其他文明之都。提供以长安为基础的具有典型意义的样本，将其同其他文明类型进行比较，必将极大地丰富我们关于世界文明发展的整体认识。在我们看来，长安学的价值只有置于世界文明发展的体系之中，方能得到充分的体现。

正是出于这样的认识，我们对国际长安学研究院的建设前景有一种期许：作为开放的平台，它将为中国以及海外相关专业人士提供共享的学术资料库，特别是创造相互交流的机会，为不同的思想与观点提供讨论的空间。我们特别期待将长安学研究的成果介绍给世界，将海外人士关于长安的研究与评论介绍给国人，也期待了解、学习世界其他地区文明与文化发展中的体验与思考，以在不同认知之间构建桥梁，以增进不同类型文明之间的相互理解与尊重。

代序
21世纪以来的长安[①]记忆研究

侯亚伟

作为中国历史上久负盛名的古都,长安特色鲜明,历史文化积淀丰富。在全面、准确地总结长安历史文化遗产的基础上,从事长安记忆研究,探讨历史时期长安记忆的表现形态及其存在与演化规律,以此获得对于历史文化传统同社会发展之间复杂关系和互动机制的认识、理解与阐释,并不只是特定地域的学术问题。它有助于寻绎传统文化传承与发展的内在规律,有助于深化、拓展中国史及其相关学科的研究视野和学术水平,可为历史时期的长安暨中外其他古都、历史文化名城的记忆研究提供理论与方法论范例。近些年来,与长安有关的"话题作品"大量问世,引起了社会的普遍关注。这意味着,长安记忆相关问题的学术研究,也有助于从学术上反思、回应当代中国较为关注传统文化的这一社会文化现象。

不惟如此,长安记忆研究,还具有鉴往知来的现实意义。鉴往方面,系统研究长安记忆传承与发展的内在规律,加深对长安历史文化前世今生的理解,可以获得对于历史文化传统同社会发展之间复杂关系和互动机制的认识与解释,可以为当代

[①] 历史上,长安经历过巨大变迁,"《禹贡》雍州之域,'周武王都此,为镐京。东迁后属秦,为都邑'。始皇置内史。汉元年,项羽分置雍、塞二国。秦并于汉。……五年,定都于此。……后汉迁都洛阳,置雍州于此……晋初仍置雍州……后魏亦曰雍州京兆郡。永熙三年迁都于此,是为西魏。隋开皇二年建新都……唐仍隋都。……五代梁改为大安府……后唐复为西京京兆府。晋……置晋昌军。汉改永兴军,周因之。宋复曰京兆府永兴军节度使,为陕西路治。熙宁后,为永兴军路治。金皇统二年,置总管府,为京兆府路治。元初,亦曰京兆府。中统三年,置陕西四川行省,治此。至元十六年,改京兆(府)为安西路总管府。二十三年,改陕西行省。皇庆元年,改为奉元路。明洪武元年,改曰西安府,为陕西布政使司治",清代因之。(〔清〕毕沅:《关中胜迹图志》,张沛校点,三秦出版社,2004年,第5—8页)为行文方便,文中以"长安"概称之。

社会进步提供有益借鉴。知来方面，挖掘中华民族优秀传统文化的核心和精髓，是彰显中国文化软实力和国际影响力的重要方式，符合国家和地方经济社会发展、文化建设的重大需求。

21世纪以前，虽有一些学术成果与长安记忆研究相关[①]，但真正意义上的长安记忆研究却发端于21世纪初。21世纪初以来，长安记忆研究愈来愈得到海内外学人的重视，相关学术成果正在加速问世，其中所反映的一些学术取向值得深入思考。

一、《西安：都市想象与文化记忆》

2006年11月3日至5日，来自中国、美国、日本、新加坡等国的30多位专家学者，在西安召开了"西安：历史记忆与城市文化"国际学术研讨会。[②]此次会议的召开，意味着长安记忆研究日益受到了海内外学术界的重视。

作为"都市想象与文化记忆丛书"的其中一部，这次会议的论文集以《西安：都市想象与文化记忆》为名结集出版。[③]该论文集共收录论文20篇，其中与长安记忆相关的研究主要有：新加坡国立大学的王昌伟，以宋明时期的陕西方志为考察对象，探讨了陕西作为一个集体记忆的载体被建构的历史。宋明时期的陕西方志呈现出不同特点，宋代较重视历代都城遗迹，明代较重视以方志延续人文传统，改善社会风气。[④]台湾大学的梅家岭认为，《两都》《二京》等京都大赋所建构的结构方式，不仅没有随着帝国盛世的远去而消逝，反而经由"空间书写"到"地方书写"的渐次转化，以另类形式整合进个人抒情言志的文本之中。[⑤]台湾"中央研究院"的胡晓真认为，明清叙事文学中的长安，成为一个在文本中被高度历史化、无法表现实体存在的场所，以至隐喻与象征成为此期叙事文学对长安城的基本处理模式。[⑥]同样来自台湾"中央研究院"的李孝悌指出，在新舞台演出的改革剧中，传统的主

[①] 比如，石田干之助的《唐长安之春》（贺昌群译，《读书通讯》1947年总第136期），以充满想象的笔触，勾勒唐人诗文作品中如诗如画的唐代长安春日景象。

[②] 《"西安：历史记忆与城市文化"国际研讨会开幕》，《西安日报》2006年11月3日。

[③] 陈平原、王德威、陈学超编：《西安：都市想象与文化记忆》，北京大学出版社，2009年。除该书外，该丛书尚有《北京：都市想象与文化记忆》《香港：都市想象与文化记忆》《开封：都市想象与文化记忆》。

[④] 王昌伟：《从"遗迹"到"文献"——宋明时期的陕西方志》，见陈平原、王德威、陈学超编：《西安：都市想象与文化记忆》，北京大学出版社，2009年，第87—88页。

[⑤] 梅家岭：《从长安到洛阳——汉赋中的京都论述及其转化》，见陈平原、王德威、陈学超编：《西安：都市想象与文化记忆》，北京大学出版社，2009年，第102—103页。

[⑥] 胡晓真：《夜行长安——明清叙事文学中的长安城》，见陈平原、王德威、陈学超编：《西安：都市想象与文化记忆》，北京大学出版社，2009年，第194页。

题、传说、信仰、历史事件和角色,被巧妙地与现代议题、当代关怀和新想法交织在一起,使传统得以坚韧地延续。①北京大学的陈平原,透过对鲁迅前往西安讲学的剖析,呈现了城市记忆、作家才识以及学术潮流之间错综复杂的关系,探讨古都的外在景观与作家心灵体验之间的巨大张力,思考在文本世界"重建古都"的可能性和必经途径。②美国罗格斯大学的宋伟杰认为,林语堂的小说《朱门》,借男主角李飞之口,道破了作者有关西安从千年古都向现代城市转型时的文化想象、历史记忆和人文关怀。③

上述论文的作者,来自中国、美国、新加坡等地。这似乎表明,长安记忆研究,在21世纪初引起身处不同学术环境之下的专家学者的注意。这些论文所讨论的话题,不仅涉及汉唐古都,也涉及后都城时代的长安;不仅与文学有关,也与历史有关。反映都城时代的长安记忆研究虽是重点,但后都城时代的长安也受到关注。

在"都市想象与文化记忆丛书"总序中,陈平原认为,都市想象与文化记忆研究,"必须兼及建筑、历史、世相、风物、作家、作品等,在政治史、文化史与文学史的多重视野中展开论述"④,即是说,记忆研究,是具有跨学科性质的多元研究。除了该书所体现的文史倾向外,2003年,何哲从记忆角度讨论西安明城区的保护问题⑤,涉及建筑学、旅游学、人文地理学等学科,这一取向在后续的研究中逐渐受到重视。

早在2003年,陈平原便指出,包括长安在内的"都城想象与文化记忆"的"发掘与辨析,将是一项充满魅力与挑战的'长期计划'"⑥。都市,特别是古都研究,"就像所有的回忆,永远是不完整的,既可能无限接近目标,也可能渐行渐远——正是在这遗忘(误解)与记忆(再创造)的巨大张力中,人类精神得以不断向前延

---

① 陈平原、王德威、陈学超编:《西安:都市想象与文化记忆》,北京大学出版社,2009年,序言。
② 陈平原、王德威、陈学超编:《西安:都市想象与文化记忆》,北京大学出版社,2009年,序言。
③ 宋伟杰:《古都,朱门,纷繁的困惑——林语堂朱门的西安想象》,见陈平原、王德威、陈学超编:《西安:都市想象与文化记忆》,北京大学出版社,2009年,第277页。
④ 陈平原、王德威、陈学超编:《西安:都市想象与文化记忆》,北京大学出版社,2009年,"都市想象与文化记忆丛书"总序。
⑤ 何哲:《尺度的记忆——西安明城区保护中的尺度问题初探》,硕士学位论文,西安建筑科技大学,2003年。
⑥ 陈平原、王德威、陈学超编:《西安:都市想象与文化记忆》,北京大学出版社,2009年,序言。

伸……在这个意义上，记忆不仅仅是工具，也不仅仅是过程，它本身也可以成为舞台，甚至构成一种创造历史的力量"①。沿着这一思路，正因为长安是海内外华人的精神原乡，以之为中心的传统文化在中华民族历史上具有重要意义，长安历史记忆，对不同时期的中国历史、对当今的建设和发展而言，可望构成"一种创造历史的力量"，我们才需要深入地对之进行研究。这或许是21世纪以来的长安记忆研究逐渐引起不同学科和学术背景的学者关注的原因之一。

二、都城时代的长安记忆研究

由于都城时代的长安，代表着该城最为辉煌的历史，承载着当代人的丰富想象，甚至代表着中华传统文化的高峰，与之有关的记忆研究自然成为学术研究的重点。《西安：都市想象与文化记忆》之后，学术界有关都城时代长安记忆的研究，大致涉及以下诸方面：

第一，建都长安的王朝自身的都城记忆。

这方面的研究，涉及两个不易截然区分的方面。一是王朝后期对其前期都城的记忆。刘泰廷聚焦于记忆在文本空间里的兴起轨迹与呈现样貌，勾勒出以老者追忆形式回溯往昔、借观看历史遗迹访问过去两种普遍使用的书写模式。前者立足于社会现实，写作题材及目的决定了记忆在诗体空间里的运作规则；后者以"华清宫"作品群为代表，诗题、诗中文化符号以及对客观景物的描摹都在记忆实践中起到重要作用。②戴伟华认为，《早朝大明宫》所呈现的图景，是诗人对盛世记忆和现世景象的叠合；《饮中八仙歌》是诗人对昔日帝京风流的追忆和现实情景的慨叹。③高雅俏认为，李白、杜甫对长安的抒写，作为历史记忆的传承媒介，有着代表性意义。④吴晨通过细读若干有关长安住宅与寺观空间转换的唐代小说，讨论重叠的空间如何保存并积累记忆，拥有记忆的人们如何参与记忆的保存和改写，以及小说家们如何利用这些记忆构建叙事等问题。⑤二是曾生活于长安之人的都城记忆。杨挺注意到，

---

① 陈平原、王德威、陈学超编：《西安：都市想象与文化记忆》，北京大学出版社，2009年，"都市想象与文化记忆丛书"总序。
② 刘泰廷：《记忆的唤起、呈现与书写：唐诗中的唐朝追忆》，《史林》2018年第1期。
③ 戴伟华：《论杜甫乾元元年创作〈早朝大明宫〉〈饮中八仙歌〉的盛世记忆和现实情感》，《社会科学战线》2020年第6期。
④ 高雅俏：《"记忆之场"视域下的唐代长安——以李白、杜甫诗歌为例》，《品位·经典》2021年第13期。
⑤ 吴晨：《记忆、想象与叙事：试论唐小说中长安城的宅寺空间转换》，《唐代文学研究》2021年第1期。

离开长安之后的李白,"供奉翰林"成为其诗歌中身份叙述的素材,并始终将其身份认同依托于长安,使其流寓时期的诗歌表现出沉重的无所归依感。①

第二,后世都城时代对前朝都城的记忆。

王子今注意到,唐人诗作多见对秦咸阳与汉长安历史光荣的怀念,其中乐府形式的作品中怀古咏史的表达最为生动,并相信这一考察有益于加强对秦代城市史、社会史、文化史的认识与理解。②麦大维(David McMullen)发现,《周礼》在唐代初创,武后、玄宗统治时期以及安史之乱后的半个世纪中,均扮演着重要角色,表明唐代既尊重古代经典,又审慎地对待传统的变革。③

第三,非都城时代的都城长安记忆。

这方面的研究,可以包括两个方面。一是六朝时期的西周、西汉、北周长安记忆。前述梅家岭的研究,可属此类。另外,祁立峰通过对以洛阳、长安为主题的诗歌的爬梳,发现这些诗歌的潜文本,可以追溯至两汉的都城大赋。南朝士人的洛阳、长安记忆,不仅与都城联结,更是复杂的国族、欲望与当时文风的混合。④二是五代以后对此前都城时代的长安记忆,这引起了学者的较多关注。何韵诗的专著《承传与转捩:杨贵妃在明代文学中的面貌》,通过对明代文学中杨贵妃面貌的研究,发现明人塑造的杨贵妃形象,与明代特有的文化背景和语境有关。比如,明人以病态塑造杨贵妃的文学形象,其直接原因为"不少明人接触过前朝关于'杨妃病齿'"的画作或记载,激发了他们以此题材创作的动机;间接原因为"'以弱为美'的审美观"令明人倾向于塑造杨贵妃的病态美。⑤白军芳、逯利萍讨论了唐诗在后世长安历史记忆中的美学价值。⑥

尚永亮、石志鸟、任正讨论了灞桥、灞桥风雪的文化或文学意义。唐诗中的灞桥是离别的符号,"灞桥风雪"是诗思和苦吟的符号。⑦灞桥意象塑造了物理空间、

---

① 杨挺:《李白离京后的长安记忆与身份认同及其帝都书写》,《西南交通大学学报》(社会科学版)2014年第2期。

② 王子今:《唐人乐府所见"咸阳"记忆》,《中原文化研究》2019年第1期。

③ [英]麦大维:《〈周礼〉与唐代前期的国家治理》,张凌云译,《陕西师范大学学报》(哲学社会科学版)2019年第3期。

④ 祁立峰:《想象之城:南朝诗歌中的洛阳长安书写及其文化意涵》,《国文学报》2018年第63期。

⑤ 何韵诗:《承传与转捩:杨贵妃在明代文学中的面貌》,浙江大学出版社,2018年,第129页。

⑥ 白军芳、逯利萍:《唐诗召唤结构与古长安城市之记忆之美》,《西北工业大学学报》2019年第5期。

⑦ 石志鸟:《论灞桥的历史和文化意蕴》,《江西科技师范大学学报》2017年第1期。

政治空间、文化空间交融的立体空间，体现了现实与虚幻的共存，包含了狂欢与悲怆的情感，承载着诗人珍视亲情、友情，探索自我心灵世界的情愫。①作为诗学中的流行话语和典故，"灞桥风雪"至南宋进入绘画领域。孟浩然由于诗人和隐士的双重身份，更契合风雪觅诗的高雅情趣，使觅诗的主角由郑綮转为孟浩然。②灞桥、风雪、驴背所营造的诗歌创作情境，因契合了"诗穷而工""江山助诗思"的传统创作经验，溢出单纯的"诗思"范畴，传达出渴望远离尘俗纷扰、坚守生命本真的志趣追求，成为后人吟咏不辍的诗思范式。③

此外，殷宝宁从致用的角度，以曲江新区的经验为经，以主题公园大唐芙蓉园为纬，讨论大唐芙蓉园的空间生产，解析地方政府如何运用建筑空间表征与大唐皇城这一象征符号，以期在文化观光与遗产保护两方面，均能取得发展。④但是从规划学角度看，对都城时代长安记忆的研究，相对后都城时代，成果较少。

第四，一些虽与都城时代的长安相关，却不完全指明记忆涉及哪些都城时代的，具有长时段、泛化性质的研究。

杨早从鲁迅的西安之游切入，讨论鲁迅的长安记忆与长篇小说《杨贵妃》的构思与放弃问题。⑤王鹏程发现，民国文人（如老舍）前往西安旅行及其所留下的作品，是对中华民族过去辉煌的确认与追寻，蕴含着对民族未来的期待，给当时西安带来了活力与生机。⑥侯亚伟通过对若干民国游记的考察，认为民国游客视界中的西安，交织着对过去的向往、现实的失望和未来的期望。⑦杨博通过对导游书籍《西京胜迹》的讨论，认为其在形成"长安"景观与形象方面起到了重要作用，并认为

---

① 任正：《唐诗中的"灞桥"意象及其文化意蕴》，《西安建筑科技大学学报》（社会科学版）2020年第3期。
② 石志鸟：《灞桥风雪：生活渊源和文化意义》，《求索》2017年第5期。
③ 尚永亮：《"灞桥风雪驴子背"——一个经典意象的多元嬗变与诗、画解读》，《文艺研究》2017年第1期。
④ 殷宝宁：《历史文化名城建筑空间表征与文化观光：论西安大唐芙蓉园的空间生产》，《设计学报》2011年第2期。
⑤ 杨早：《西望长安不见家——近代游记中的西安叙事》，《现代中国文化与文学》2010年第1期。
⑥ 王鹏程：《民国文人的西安记忆与文学想象》，《山西大学学报》（哲学社会科学版）2018年第6期；王鹏程：《老舍的西安记忆与文学书写》，《大西北文学与文化》2020年第2期。
⑦ 侯亚伟：《向往、失望与期望之间：近代中国游客视界中的西安》，《青海民族研究》2016年第3期。

《西京胜迹》的读者,除接受该书的影响外,也对西安产生新的想象。①抗战时期,"古都"作为西安的象征符号,既受城市空间改变的影响,也与社会的集体想象有关,还是现代民族国家理念深入西北内陆的结果。②

另外,一些学者关注日本文化中都城时代的长安记忆。聂宁、郭雪妮不约而同地注意到一些日本仪式与长安记忆的关系。聂宁指出,作为文化记忆场的日本仪式空间中,存在着源自古都长安的文化元素。其中,长安文化同时作为物理型记忆元素,被不断地"想起"与"强调"。③郭雪妮尝试回答9世纪之前日本对唐长安城空间的模仿与日本文人长安书写稀薄之间的龃龉,以及10世纪以降,在失去都城地位之后,"长安"如何成为日本文人建构国家认同、获取"小中华"身份的手段。④

三、后都城时代的长安记忆研究

后都城时代长安记忆的研究,一方面主要沿着前述文史学者的路径进行研究,另一方面,从致用的角度探索古城文脉的延续与保护、工业遗产的开发与利用、旅游文化空间的再生产等问题。

第一,文史路径的研究。

唐五代以后、近代以前的长安记忆。邱逸凡以《类编长安志》中《廉相泉园》这则存有时空错置的轶事为讨论对象,关注其在何种政治社会环境下被接受而成为文本,以及该文本在明代方志中被删节的可能原因,并思考了此现象的文化意义。⑤刘宁通过对民国作家群体的分析,认为他们从物质文化、历史遗迹、文化新空间等视域勾勒出西安古今杂糅、现代与传统交融的特点,尤其是从新学堂、书局、书店、报馆这些新兴文化空间上,展示了西安向现代都市艰难迈进的进程。⑥张博注意

---

① 杨博:《再造长安:传播视野下的〈西京胜迹〉知识生产与空间建构》,《中国古都研究》(第36辑),陕西师范大学出版总社,2019年。
② 杨博:《风景与国家:民国西安"古都"形象的形成》,《文化研究》(第40辑),社会科学文献出版社,2020年。
③ 聂宁:《日本仪式空间中的长安记忆》,《文化产业》2020年第36期;聂宁:《文化记忆视域下日本朝觐仪空间中的长安元素》,《文化学刊》2021年第2期。
④ 郭雪妮:《从长安到日本:都城空间与文学考古》,社科文献出版社,2020年。
⑤ 邱逸凡:《元明关中学术发展与历史记忆、文本流传的变化——从一则史事考订谈起》,《史原》2010年总第22期。
⑥ 刘宁:《民国文学中的西安城市景观与文化空间》,《中国古都研究》(第27辑),三秦出版社,2014年;刘宁:《民国作家的西安城市书写及其文化心理分析》,《人文杂志》2015年第2期;刘宁:《民国作家笔下的西安城市景观与文化空间初探》,《陕西师范大学学报》(哲学社会科学版)2015年第3期。

到,元代安西王的出镇与大量蒙古军民的迁入,使西安至今仍保留着一些受之影响的地名,这不仅于元代关中社会历史研究有重要意义,亦是多民族文化交流、融合的见证。①

近代的长安记忆。侯亚伟、叶欣明、任小青分别探究了1926年的西安围城事件成为历史记忆的现象。侯亚伟注意到杨虎城十七路军对西安围城之役的建构。②任小青通过对刊发于《学衡》1926年第59期上的《西安围城诗录》的分析,认为吴芳吉、胡文豹等事件当事人的纪实性诗歌,表达了对民国世乱风衰的忧愤、对帝京风流的追忆及国家一统的渴望。③叶欣明注意到,围城事件在抗战时期被重新发掘和阐述,并转变成包含苦难精神、光荣历史和英雄形象的"坚守西安"记忆,适应了抗战动员的现实需要,成为共赴国难的精神支柱和强大动力。④

一些论著关注国外人士的近代长安记忆。张晓虹通过解读美国记者尼科尔斯的《穿越神秘的陕西》,对1901年前西安城市景观及社会生活记录进行分析,认为其对西安城市空间的认知,大致经历了"综合意象形成—内部景观元素判识—城市空间结构意象确立"的过程。⑤史红帅搜集了晚清、民国时期大量外国人亲历西安的资料,呈现了清末民初外国旅人对西安的认识与评价,展示了他们视野中的西安城乡景观。⑥

第二,致用角度的研究。

李婷梳理了西安明城区居住性历史街区的记忆传承脉络,试图阐明记忆传承的内在动力。⑦史煜透过一些当代影视作品,分析了20世纪西安明城区建筑特征的演

---

① 张博:《西安的"蒙元记忆"——受蒙元政治文化影响的西安地名探析》,《唐都学刊》2020年第2期。本书收录此文时有改动。
② 侯亚伟:《不同视野下的西安围城之役研究》,科学出版社,2020年,第287—312页。
③ 任小青:《1926年的记忆:关于"西安围城"事件的诗史书写》,《苏州大学学报》(哲学社会科学版)2022年第3期。
④ 叶欣明:《唤起与重构:抗战动员中的"坚守西安"记忆》,《武陵学刊》2021年第2期。
⑤ 张晓虹:《旧秩序衰解前的内陆重镇——晚清西安城市意象解读》,《陕西师范大学学报》(哲学社会科学版)2010年第4期。
⑥ 史红帅:《近代西方人视野中的西安城乡景观研究(1840—1949)》,科学出版社,2014年;史红帅:《近代西方人在西安的活动及其影响研究(1840—1949)》,科学出版社,2017年。
⑦ 李婷:《记忆传承下西安明城区传统居住性历史街区更新研究——以西北城角为例》,硕士学位论文,西安建筑科技大学,2016年。

变。①另外，王龙、马东娟、田沁雪、景晓婷亦有类似研究。②

张嘉丽、武公衡、张雅娟注意到西安工业遗产大华纱厂的记忆和旅游开发问题。张嘉丽基于"大华1935"的改造情况，讨论了如何使旧工业区重新融入城市大环境，以建立社会公共认同问题。③张雅娟从物质空间、情感空间、权力主体三个维度，以"大华1935"为例，分析集体记忆的空间建构过程及其形成机制。④武公衡从历史文化、空间布局与地区历史关联性、记忆建构模式等方面，思考在城市工业遗产空间的建构过程中，大华纱厂是如何保有过去留存的工业与城市记忆的。⑤

贾译然、郭云娇等从旅游开发的角度，以具体案例讨论具体社区的文化记忆问题。贾译然以临潼为例，探讨临潼社会记忆的代际差异和构建过程、地方感表达的特征以及将社会记忆作为地方感形成的前置因素。⑥郭云娇等在对回民街的研究中注意到记忆媒介在旅游发展中的存在，及其对构建居民地方认同的连续性发挥的积极作用；记忆媒介力量的发挥需要人、地、叙事的互动与共在；由记忆媒介建构的记忆的延续性，可以强化认同在时间上的持续性与空间上的一致性，并对社区文化的凝聚力与自信力具有触发性。⑦

除上述二、三两部分之外，个别著作，其研究对象不仅涉及都城时代，也涉及非都城时代。不易分类。比如，廖宜方《唐代的历史记忆》从思想心态、社会文化角度，探讨唐人历史记忆中的时间与空间维度——久远历史与晚近历史、远方历史

---

① 史煜：《影像记忆中的20世纪西安明城区建筑特征演变研究》，博士学位论文，西安建筑科技大学，2019年。
② 王龙：《古城记忆视角下建筑遗存周边新建空间形态研究——以西安南门综合提升改扩建广场为例》，硕士学位论文，长安大学，2015年；马东娟：《基于城市记忆的历史街区游客感知研究——以西安市北院门历史街区为例》，硕士学位论文，西安外国语大学，2016年；田沁雪：《基于集体记忆传承的西安顺城巷市民活动中心设计研究》，硕士学位论文，西安建筑科技大学，2018年；景晓婷：《集体记忆视角下老旧社区空间场景化营造研究——以西安土门庆安街坊为例》，见中国城市规划学会编：《活力城乡 美好人居——2019中国城市规划年会论文集》，中国建筑工业出版社，2019年，第739—748页。
③ 张嘉丽：《基于场所记忆的旧工业区外环境改造设计与研究——以西安大华1935为例》，硕士学位论文，西安建筑科技大学，2017年。
④ 张雅娟：《集体记忆视角下工业遗产地的空间建构及机制研究——以西安大华1935为例》，硕士学位论文，西安外国语大学，2018年。
⑤ 武公衡：《城市记忆视域下西安工业遗产文化空间设计研究》，硕士学位论文，陕西科技大学，2021年。
⑥ 贾译然：《旅游地居民社会记忆和地方感的代际差异及作用模式研究——以西安市临潼区为例》，硕士学位论文，西安外国语大学，2019年。
⑦ 郭云娇、王嫣然、罗秋菊：《旅游开发影响下民族社区文化记忆的代际传承——以西安回民街历史文化街区为例》，《地理研究》2021年第3期。

与近身历史如何编织个人和群体的认识与认同，并深入讨论了传统士大夫克服历史记忆与地理空间错位的做法、古典文化的传承与文化认同之间的关系、文化认同与政治权力建构的关系等。[①]

四、推动长安记忆研究的开展

通过对21世纪以来长安记忆研究相关成果的梳理，我们可以发现，已有的学术成果大致呈现以下三个特点：

第一，相关学术成果多关注与长安有关的历史文化的传承与变迁。这一趋向，把握住了长安记忆研究的精髓，是继续从事长安记忆研究仍需长期坚持的路径。

第二，整体看来，长安记忆研究涉及历史学、文学、哲学、宗教学、人文地理学、建筑学、旅游学等若干学科，是一门具有跨学科性质的学问[②]，也就是说，坚持跨学科的开放性，是从事长安记忆研究始终要坚持的一个方向。

第三，相关学术成果往往有一个前置的"当下中心观"。相关论著的指向，不完全是过去的、历史的，不完全以寻求记忆发生以前的历史事实作为观照点，也以当下（无论是历史上的当下，还是当今社会）作为观照点。尤其是那些立足于人文地理学、旅游学、建筑学的学术成果，其根本目的是研讨当今社会的现实问题。"当下中心观"所体现的"当下"意蕴，意味着一些研究成果致用性的一面，体现了长安记忆研究的学术价值和现实意义。

尽管21世纪以来的长安记忆研究已取得不少成绩，也存在着若干不足：

第一，相关论著多基于朴素的"记忆"经验基础之上的具体研究，很少从理论层面进行思考。虽然从具体问题入手的讨论研究无可厚非，也可以为记忆理论的构建和更新提供案例，但倘不能由此总结、抽绎出具有理性的知识，并在新的研究中试炼，便不易提高长安记忆研究的整体水平。

第二，表面看来虽然有关唐代和近代长安记忆的学术成果稍多，但多为单篇论文，专著极少，而更多时代、更多与记忆相关的论题，迄今尚乏人关注，更莫提具有典范性、方法论意义的学术论著。也就是说，已有的学术成果虽然取得了一定的成绩，但仍有大量、重要的话题亟待学人的发现与努力。

第三，21世纪以来的长安记忆研究基本处于自发、分散状态，缺乏以学术机构为依托的学术团队，有计划、有目的地推动相关研究工作的理性开展，尚没有形成

---

① 廖宜方：《唐代的历史记忆》，台湾大学出版中心，2011年。

② 这并非说任何有关长安记忆的研究都是跨学科的，而是说长安记忆研究需要不同学科和学术背景的学者的参与。

具有共同旨趣的学术共同体。

这三点不足之处,意味着长安记忆研究至今仍处于发育、起步阶段,意味着此项研究在未来较长时间之内仍然大有可为。而基于上述特点和不足,未来从事长安记忆研究或许可从以下几个方面努力:

第一,搜集、整理与长安记忆相关的资料,出版"长安记忆资料集成",并以此为基础建设电子数据库。历史上与长安有关的典章制度、史地著作、诗文作品、金石鼎彝、出土文献、民间传说等绵延增损,构成了一部极其宝贵的思想文化资源和历史记忆库。其实际内涵、学术意义与社会影响远远超出了特定的地域范围,同整个中华民族优秀传统文化的传承密切相关。若能将历史上与长安相关的各类与记忆相关的文献分门别类,汇辑成册,出版发行,并在条件许可的情况下建设电子数据库,将为长安记忆研究打下坚实的基础。

第二,加强基础性、实证性的研究。在进行长安记忆研究的过程中,可以考虑以整体性解释为纲,以专题探讨为目,在总结长安文化演变与原型意义的基础上,分析并解释其表现形态、存在方式和内涵,探讨传统文化传承与扬弃的具体方式与机制,尤其是其与社会变革的关系,以辩证思维的方法对具有时代性特征的文化遗产进行反思和批判,概括、总结其历史意义与当代价值。具体来说,可以以时间为序,开展不同都城时代、非(后)都城时代长安历史记忆的研究工作,也可以针对重要的历史人物、历史文献、历史场域开展专项研究。

第三,在资料建设、实证研究的前提下,积极进行理论思考。20世纪80年代以来,海内外学术界已经出版、发表了大量有关集体记忆、社会记忆、历史记忆、文化记忆、大众记忆的学术论著。这些论著对长安记忆研究而言具有重要的示范、参考价值,值得深入研习。在吸收前人学术成果的基础上,通过对长安记忆的研究,可望发现以往记忆理论的不足之处,并为记忆理论大厦提供中国经验,从而回应史学界方兴未艾的"记忆转向",拓展学术研究的视野,为建设中国特色的人文社会科学的学术体系、学科体系、话语体系贡献力量。

长安记忆研究,要理清不同时代、不同地域长安记忆的表现形态、存在方式与内涵。为此,要首先回答长安历史记忆是如何形成的,人们是如何以一种充满民族情感,又不断增强理性的方式看待、继承、反思历史和开创新的历史的,旧时代的文化曾以何种方式、在何种程度上约束了社会进步等问题。并进而思考,从一个更大时空范围看,长安记忆是如何影响世界的,或者说,世界是如何借助或通过长安记忆来认识中国的历史和现在的。

第四,筹建研究团队,并有计划、有目的地推动长安记忆研究工作。长安记忆研究是一项庞大的学术工程，任何个人虽然可望做出重要贡献，但因与之相关的文献十分宏富、论题极其多元、涉及学科众多，有必要组织跨学科的学术团队，并踏实推动，方望有成。

自2021年始，陕西师范大学国际长安学研究院便将长安记忆研究作为团队成员的主要研究方向。一段时间以来，本团队围绕长安记忆研究，已经开始搜集整理相关文献，准备将之编纂成册、建设电子数据库；讨论、制定长安记忆研究计划，推动研究工作的开展；通过举办读书班、学术沙龙等方式，集中讨论、研习海内外与集体（社会、历史、文化、大众）记忆相关的优秀论著，以及知识社会学、接受理论、符号与象征理论、互文理论等。相信不久的将来，长安记忆研究一定会有更多高质量的学术成果产出。

原载《中国古都研究》（第42辑），三秦出版社，2023年
（侯亚伟，陕西师范大学历史文化学院教授）

目　录

唐人乐府所见"咸阳"记忆 ………………………………… 王子今 / 001
《周礼》与唐代前期的国家治理 ………… [英]麦大维 著　张凌云 译 / 016
想象之城
　　——南朝诗歌中的洛阳长安书写及其文化意涵 ………… 祁立峰 / 039
西安的"蒙古记忆"
　　——受元代政治文化影响的西安地名探析 ………………… 张　博 / 059
旧秩序衰解前的内陆重镇
　　——晚清西安城市意象解读 ……………………………… 张晓虹 / 070
1926年的记忆
　　——关于"西安围城"事件的诗史书写 …………………… 任小青 / 088
唤起与重构
　　——抗战动员中的"坚守西安"记忆 …………………… 叶欣明 / 104
日本仪式空间中的长安记忆 ………………………………… 聂　宁 / 115
文化记忆视域下日本朝觐仪空间中的长安元素 …………… 聂　宁 / 121
阿房宫：记忆与想象 ………………………………………… 郑　岩 / 128
民国作家笔下的西安城市景观与文化空间初探 …………… 刘　宁 / 157
老舍的西安记忆与文学书写 ………………………………… 王鹏程 / 171
民国文人的西安记忆与文学想象 …………………………… 王鹏程 / 188
唐诗中的"灞桥"意象及其文化意蕴 ……………………… 任　正 / 200
"灞桥风雪驴子背"
　　——一个经典意象的多元嬗变与诗、画解读 ……… 尚永亮　刘　晓 / 215
灞桥风雪：生活渊源和文化意义 …………………………… 石志鸟 / 237

论灞桥的历史和文化意蕴……………………………………石志鸟 / 248
旅游开发影响下民族社区文化记忆的代际传承
　　——以西安回民街历史文化街区为例…………郭云娇　王嫣然　罗秋菊 / 260
风景与国家
　　——民国西安"古都"形象的形成…………………………杨　博 / 280
再造长安
　　——传播视野下的《西京胜迹》知识生产与空间建构…………杨　博 / 293
向往、失望与期望之间
　　——近代中国游客视界中的西安……………………………侯亚伟 / 308

唐人乐府所见"咸阳"记忆

王子今

秦孝公得到商鞅辅佐推行政治变革,秦都咸阳的经营成为变法的主题。咸阳自此建设为空前宏伟的都市。咸阳领导了以水利开发为条件的秦地农耕生产的革命,[①]咸阳的地位也影响到交通格局的变化。[②]秦国政治领袖在咸阳完成了统一大业。咸阳作为统一的秦王朝的都城,实现了帝国行政中枢的作用。以祀所、宫廷、苑囿与陵墓建设为中心的新的规划,又提升了咸阳在当时社会信仰世界中心的神学地位。随着秦北河经营、南海扩张以及东洋航线的开拓,咸阳又成为具有世界影响的政治文化中心。唐人诗篇多有怀念秦代咸阳与汉代长安历史光荣的作品。其中乐府形式的歌诗怀古咏史,表达最为生动。考察有关秦都"咸阳"历史记忆的这些文学遗存,不仅有益于感受秦政的历史影响,增进对秦代城市史与都会史的认识,而且为了解秦社会史与秦文化史提供了更好的条件。居住在长安的唐人对于秦都咸阳的回顾与追念,作为一种年代跨度颇大的文化现象,也值得都市史研究者关注。

一、"凤台""嬴女""神仙篇"

《水经注》卷一八《渭水》记述雍城秦宫形势,说到弄玉传说及相关建筑:"又有凤台、凤女祠。秦穆公时,有萧史者,善吹箫,能致白鹄、孔雀,穆公女弄玉好之,公为作凤台以居之。积数十年,一旦随凤去。云雍宫世有箫管之声焉。今台倾祠毁,不复然矣。"[③]《后汉书》卷八三《逸民传·矫慎》李贤注引《列仙

[①] 参见王子今:《秦定都咸阳的生态地理学与经济地理学分析》,《人文杂志》2003年第5期;王子今:《从雍城到咸阳:秦国成就统一大业的经济动力》,《国家人文地理》2009年第9期;王子今:《从鸡峰到凤台:周秦时期关中经济重心的移动》,《咸阳师范学院学报》2010年第3期。

[②] 参见王子今、刘林:《咸阳-长安文化重心地位的形成与上古蜀道主线路的移换》,《长安大学学报》(社会科学版)2012年第1期;王子今:《早期中西交通线路上的丰镐与咸阳》,《西北大学学报》(哲学社会科学版)2015年第1期。

[③] 〔北魏〕郦道元撰,陈桥驿校证:《水经注校证》,中华书局,2007年,第441页。

传》："萧史，秦缪公时。善吹箫，公女弄玉好之，以妻之，遂教弄玉作凤鸣。居数十年，吹凤皇声，凤来止其屋。为作凤台，夫妇止其上。一旦皆随凤皇飞去。"①《艺文类聚》卷四四引《列仙传》："萧史者，秦穆公时人，善吹箫，能致孔雀白鹤。穆公女弄玉好之，公妻焉。一旦随凤飞去，故秦楼作凤女祠，雍宫世有箫声云。"②

唐人乐府诗作多有对这一历史故事的歌咏。如王无竞《凤台曲》："凤台何逶迤，嬴女管参差。一旦彩云至，身去无还期。遗曲此台上，世人多学吹。一吹一落泪，至今怜玉姿。"李白《凤台曲》："尝闻秦帝女，传得凤皇声。是日逢仙子，当时别有情。人吹彩箫去，天借绿云迎。曲在身不返，空余弄玉名。"又有李白《凤皇曲》："嬴女吹玉箫，吟弄天上春。青鸾不独去，更有携手人。影灭彩云断，遗声落西秦。"③所谓"遗声落西秦"，正与传说发生在秦穆公时代，且雍城"有凤台、凤女祠"的文化遗存相符合。然而"秦帝女"，又将时代限定于秦昭襄王之后。④李贺《上云乐》也说到"嬴女"，然而却并非"弄玉"故事咏怀："飞香走红满天春，花龙盘盘上紫云。三千宫女列金屋，五十弦瑟海上闻。大江碎碎银沙路，嬴女机中断烟素。断烟素，缝舞衣，八月一日君前舞。"⑤此"嬴女"是指从事机织的劳动妇女。然而"三千宫女列金屋"则渲染宫苑上层生活。"紫云""金屋""飞香走红"，绝等华贵香艳。所谓"五十弦瑟海上闻"则使读者隐约感觉到对秦帝业扩张至于海上之政治成功的颂扬。

---

① 《后汉书》，中华书局，1965年，第2772页。
② 〔宋〕欧阳询：《艺文类聚》，汪绍楹校，上海古籍出版社，1965年，第790—791页。又《艺文类聚》卷七八引《列仙传》曰："萧史，秦缪公时，善吹箫，能致白鹄孔雀。公女字弄玉，好之，以妻焉。遂教弄玉作凤鸣。居数十年，凤皇来止其屋。为作凤台。夫妇止其上，不下数年，一旦皆随凤皇飞去。故秦氏作凤女祠，雍宫世有箫声。"又《太平御览》卷六六二引葛洪《神仙传》："萧史，秦缪公时人，善吹箫，能致孔雀白鹄。公女字弄玉，好之，以妻焉。遂教弄玉作凤鸣。居十数年，凤凰来止。公为作凤台，夫妇止其上，数年仙去。故秦人为作凤女祠，雍宫世有箫声。"（《太平御览》，中华书局，1960年，第2956页）
③ 〔宋〕郭茂倩：《乐府诗集》，中华书局，1979年，第748页。
④ 庾信《奉和赵王西京路春旦》："直城龙首抗，横桥天汉分。风乌疑近日，露掌定高云。新渠还入渭，旧鼎更开汾。汉猎熊攀槛，秦田雉失群。宜年动春律，御宿敛寒氛。弄玉迎萧史，东方觅细君。杨柳成歌曲，蒲桃学绣文。鸟鸣还独解，花开先自熏。谁知灞陵下，犹有故将军。"（〔北周〕庾信撰，〔清〕倪璠注：《庾子山集注》卷四，许逸民点校，中华书局，1980年，第297页）所说都是咸阳、长安附近地方的故事，"弄玉迎萧史"即在其中。
⑤ 〔宋〕郭茂倩：《乐府诗集》，中华书局，1979年，第748页。

李群玉《升仙操》写道："嬴女去秦宫，瑶箫飞碧空。凤台闭烟雾，鸾吹飘天风。复闻周太子，亦遇浮邱公。丛簧发天弄，轻举紫霞中。浊世不久驻，清都路何穷。一去霄汉上，世人那得逢。"①所谓"秦宫""嬴女"的神秘音乐表演与"清都""霄汉""紫霞"相联系，因而被称作"世人"不能体味的"霄汉上"的"天弄"。又有将"嬴女台"故事与瑶池王母神话联系起来者。中原传说与西北神仙世界元素结合②，营造出丝绸之路不同民族之间乐舞交流的历史场景。而这种文化沟通，曾经是双向共同取主动态势的。③秦人在这种文化交流史中的积极作用④，因"嬴女台"故事有曲折的体现。

"弄玉"传说发生在咸阳、长安的说法，又见元人《类编长安志》卷三《馆

---

① 《李群玉集》卷上，影印文渊阁《四库全书》本。《乐府诗集》卷六〇引李群玉《升仙操》文字略有不同："嬴女去秦宫，琼箫生碧空。凤台闭烟雾，鸾吹飘天风。复闻周太子，亦遇浮丘公。丛簧发仙弄，轻举紫霞中。浊世不久住，清都路何穷。一去霄汉上，世人那得逢。"（〔宋〕郭茂倩：《乐府诗集》，中华书局，1979年，第880页）"弄玉"传说与神仙追求的联系，有相当离奇的情节。《古今注》卷中"粉"条："自三代以铅为粉。秦穆公女弄玉有容德，感仙人。萧史为烧水银作粉，与涂，亦名飞云丹。传以箫曲终而同上升。"

② 如王融《神仙篇》："命驾瑶池侧，过息嬴女台。长袖何靡靡，箫管清且哀。璧门凉月举，珠殿秋风回。青鸟骛高羽，王母停玉杯。举手惭为别，千年将复来。"参见〔宋〕郭茂倩：《乐府诗集》卷六四，中华书局，1979年，第924页。

③ 胡地乐舞传入中原，典型例证如《后汉书·志第十三·五行一》："灵帝好胡服、胡帐、胡床、胡坐、胡饭、胡空侯、胡笛、胡舞，京都贵戚皆竞为之。"（《后汉书》，中华书局，1965年，第3272页）相反，也有"胡族"接受汉地音乐的史例，如《汉书》卷九六下《西域传下》："时乌孙公主遣女来至京师学鼓琴。"此女后来成为龟兹王夫人。王与夫人"来朝贺"，"赐以车骑旗鼓，歌吹数十人"。龟兹王归其国，"出入传呼，撞钟鼓，如汉家仪"（《汉书》，中华书局，1962年，第3916—3917页）。另如《后汉书》卷八九《南匈奴传》："二十八年，北匈奴复遣使诣阙，贡马及裘，更乞和亲，并请音乐"（《后汉书》，中华书局，1965年，第2946页），也是匈奴喜好汉家音乐的例证。

④ 汉代北方和西北方向国家部族称中原人为"秦人"，因秦经营西北、联络各族曾经形成长久的历史影响。《史记》卷一二三《大宛列传》："闻宛城中新得秦人，知穿井。"（《史记》，中华书局，1959年，第3177页）《汉书》卷九四上《匈奴传上》："卫律为单于谋'穿井筑城，治楼以藏谷，与秦人守之。汉兵至，无奈我何。'"对于"与秦人守之"颜师古注："秦时有人亡入匈奴者，今其子孙尚号'秦人'。"（《汉书》，中华书局，1962年，第3782—3783页）又《日知录》卷二七《汉书注》："彼时匈奴谓中国人为'秦人'，犹今言'汉人'耳。"〔〔明〕顾炎武撰，黄汝成集释：《日知录集释》（全校本），栾保群、吕宗力校点，上海古籍出版社，2006年，第1546页〕匈奴人和西域人称中原人为"秦人"，史籍文献《史记》《汉书》所见均西汉史例。由出土文献资料《龟兹左将军刘平国作关城诵》可知，至于东汉时期，西域地方依然"谓中国人为'秦人'"，详见黄文弼《释刘平国治关城诵》（见黄烈编：《西域史地考古论集》，商务印书馆，2015年，第397—402页）。

阁楼观·楼》"秦楼"条："新说曰：'长安旧有秦楼。古词云：秦楼东风里，燕子还来寻旧垒。又云：吞汉武之金茎沆瀣，吹弄玉之秦楼凤箫。又曲名有《秦楼月》。'"①有"弄玉迎萧史"句的庾信《奉和赵王西京路春旦》为乾隆《西安府志》卷六七所收录。编者也是相信"弄玉之秦楼凤箫"事是发生在长安的。有"嬴女偷乘凤去时，洞中潜歇弄琼枝"句的白居易诗，也编入《长安志》。②

二、秦人英雄主义的纪念："车驰马走咸阳道"

咸阳，是秦最强大时期的都城，是东周与秦代都市史进步的标志，也是秦政成功的纪念。《史记》卷六八《商君列传》记载商鞅变法的步骤："作为筑冀阙宫庭于咸阳，秦自雍徙都之。而令民父子兄弟同室内息者为禁。而集小乡邑聚为县，置令、丞，凡三十一县。为田开阡陌封疆，而赋税平。平斗桶权衡丈尺。"③新的都城确定于咸阳建设，是秦国改革史上的重要决策。此后，秦都咸阳是秦强化行政的决策中枢，也是秦军事扩张的最高指挥部所在。

秦人以咸阳为指挥中心的统一战争，表现出奋武的进攻态势与急烈的节奏特征，在列国连年军事纷争，"天下共苦战斗不休"④的形势下，秦"攻伐无已时"⑤，"追亡逐北，伏尸百万，流血漂卤"⑥，自称"武威旁畅，振动四极，禽灭六王"⑦。在千百万人生命牺牲的历史表象背后，文明既有摧伤，也有进步。而从正面肯定的角度评价秦军事史、秦战争史，可以注意到秦人进取精神与英雄主义的积极作用。

李白《古风五十九首》其三颂扬了秦统一的成就："秦王扫六合，虎视何雄哉！挥剑决浮云，诸侯尽西来。明断自天启，大略驾雄才。收兵铸金人，函谷正东开。铭功会稽岭，骋望琅邪台。"⑧秦统一的规模，并不仅仅限于灭六国。北河

---

① 〔元〕骆天骧：《类编长安志》，黄永年点校，中华书局，1990年，第99页。
② 〔宋〕宋敏求纂，〔元〕李好文绘：《（熙宁）长安志》卷九《唐京城三》，民国二十年（1931）铅印本；〔元〕骆天骧：《类编长安志》卷五《寺观·宫观》，黄永年点校，中华书局，1990年，第147页。
③ 《史记》，中华书局，1959年，第2332页。
④ 《史记》，中华书局，1959年，第239页。
⑤ 《史记》，中华书局，1959年，第2395页。
⑥ 《史记》，中华书局，1959年，第279页。
⑦ 《史记》，中华书局，1959年，第250页。
⑧ 〔唐〕李白：《李太白全集》，〔清〕王琦注，中华书局，1977年，第92页。

经营与南海置郡，也是秦统一事业的主题。①秦对"北河"的关注由来已久。秦惠文王后五年，"王游至北河"②。"（秦昭襄王）二十年，王之汉中，又之上郡、北河"③。秦统一后，"使将军蒙恬发兵三十万人北击胡，略取河南地"④。"西北斥逐匈奴。自榆中并河以东，属之阴山，以为四十四县，城河上为塞。又使蒙恬渡河取高阙、阳山、北假中，筑亭障以逐戎人"⑤。贾谊《过秦论》写道："使蒙恬北筑长城而守藩篱，却匈奴七百余里，胡人不敢南下而牧马，士不敢弯弓而报怨。"⑥李白乐府诗作有描述"虏阵""胡星""羽书""烽火"的名篇。如《出自蓟北门行》："虏阵横北荒，胡星曜精芒。羽书速惊电，烽火昼连光。虎竹救边急，戎车森已行。明主不安席，按剑心飞扬。推毂出猛将，连旗登战场。兵威冲绝漠，杀气凌穹苍。列卒赤山下，开营紫塞傍。途冬沙风紧，旌旗飒凋伤。画角悲海月，征衣卷天霜。挥刃斩楼兰，弯弓射贤王。单于一平荡，种落自奔亡。收功报天子，行歌归咸阳。"⑦对于所谓"赤山""紫塞""海月""天霜"背景下的"兵威""杀气"，描述生动真切。其中"挥刃斩楼兰，弯弓射贤王。单于一平荡，种落自奔亡"似说汉武帝时代故事，然而"收功报天子，行歌归咸阳"句，所谓"归咸阳"，表现出肯定倾向的秦史回顾。

"秦皇"实现一统的伟业，所由自动力之强劲，可以说排山倒海。有诗人称之为"驱山力"。庄南杰《伤哉行》："兔走乌飞不相见，人事依稀速如电。王母夭桃一度开，玉楼红粉千回变。车驰马走咸阳道，石家旧宅空荒草。秋雨无情不惜花，芙蓉一一惊香倒。劝君莫谩栽荆棘，秦皇虚费驱山力。英风一去更无言，白骨沉埋莫山碧。"⑧所谓"车驰马走咸阳道"，言"兔走乌飞"之间，秦史舞台的演

---

① 参见王子今：《秦统一局面的再认识》，《辽宁大学学报》（哲学社会科学版）2013年第1期；王子今：《论秦始皇南海置郡》，《陕西师范大学学报》（哲学社会科学版）2017年第1期。
② 《史记》，中华书局，1959年，第207页。
③ 《史记》，中华书局，1959年，第212页。
④ 《史记》，中华书局，1959年，第252页。
⑤ 《史记》，中华书局，1959年，第253页。又《史记》卷一一二《平津侯主父列传》："（秦始皇）使蒙恬将兵攻胡，辟地千里，以河为境。地固泽卤，不生五谷。然后发天下丁男以守北河。暴兵露师十有余年，死者不可胜数……又使天下蜚刍挽粟，起于黄、腄、琅邪负海之郡，转输北河。""（秦始皇）欲肆威海外，乃使蒙恬将兵以北攻胡，辟地进境，戍于北河，蜚刍挽粟以随其后。""秦时常发三十万众筑北河。"参见《史记》，中华书局，1959年，第2954、2958、2961页。
⑥ 《史记》，中华书局，1959年，第280页。
⑦ 〔宋〕郭茂倩：《乐府诗集》，中华书局，1979年，第892页。
⑧ 〔宋〕郭茂倩：《乐府诗集》，中华书局，1979年，第898页。

出，可见许多的曲折与精彩。而"秦皇"的"英风"，虽"一去"不再，其速如电，仍然得到诗人的正面肯定。

令狐楚《少年行》四首之三也标示出"咸阳"这一醒目的历史文化符号："弓背霞明剑照霜，秋风走马出咸阳。未收天子河湟地，不拟回头望故乡。"[1]所谓"天子河湟地"的收复是西汉军事史的情节，"弓背霞明剑照霜，秋风走马出咸阳"诗句则是对以"咸阳"为标志的体现在边疆民族问题方面的英雄主义精神的颂扬。张籍的《将军行》："弹筝峡东有胡尘，天子择日拜将军。蓬莱殿前赐六纛，还领禁兵为部曲。当朝受诏不辞家，夜向咸阳原上宿。战车彭彭旌旗动，三十六军齐上陇。陇头战胜夜亦行，分兵处处收旧城。胡儿杀尽阴碛暮，扰扰唯有牛羊声。边人亲戚曾战殁，今逐官车收旧骨。碛西行见万里空，乐府独奏将军功。"[2]民族战争互有胜负，无论"边人亲戚曾战殁"还是"胡儿杀尽阴碛暮"，双方都付出惨重的生命牺牲。秦史没有平羌战争的记录，诗人"弹筝峡东有烽尘""夜向咸阳原上宿"句，以"咸阳"为远征出发基地的空间坐标，或许透露了有关秦史的悠长思绪。

主题近似的诗作又有王建《渡辽水》。诗人写道："渡辽水，此去咸阳五千里。来时父母知隔生，重著衣裳如送死。亦有白骨归咸阳，营家各与题本乡。身在应无回渡日，驻马相看辽水傍。"[3]所谓"此去咸阳五千里"，体现秦汉时期指示交通地理信息的通常方式。诗作对军人远征的个体牺牲发出悲切感念。"白骨归咸阳"句，于反战情绪之外，记录了秦人远征致死时"咸阳""本乡"承受的深深哀伤。

三、"秦家天地如崩瓦""咸阳王气清如水"

前引庄南杰《伤歌行》有"兔走乌飞不相见，人事依稀速如电。王母天桃一度开，玉楼红粉千回变"句，又说"车驰马走咸阳道"的历史感觉，嗟叹"秦皇""英风一去""白骨沉埋"。有关政治史兴衰成败的萦思，陈显于诗句之间。所谓"千回变"，言历史场景演换频繁。而"速如电"语，形容成败盛衰兴亡的变幻，节奏有时非常快速。秦史就是如此。

秦王朝由极盛走向猝亡的历史，常楚老的一篇《祖龙行》有所回述："黑云兵气射天裂，壮士朝眠梦冤结。祖龙一夜死沙丘，胡亥空随鲍鱼辙。腐肉偷生二千

---

[1] 〔宋〕郭茂倩：《乐府诗集》，中华书局，1979年，第956页。
[2] 〔宋〕郭茂倩：《乐府诗集》，中华书局，1979年，第1267—1268页。
[3] 〔宋〕郭茂倩：《乐府诗集》，中华书局，1979年，第1109页。

里，伪书先赐扶苏死。墓接骊山土未干，瑞光已向芒砀起。陈胜城中鼓三下，秦家天地如崩瓦。龙蛇撩乱入咸阳，少帝空随汉家马。"①所谓"秦家天地如崩瓦"，借用《史记》卷六《秦始皇本纪》"秦之积衰，天下土崩瓦解"②之典。张守节《正义》："言秦国败坏，若屋宇崩颓，众瓦解散也。"③又《史记》卷一〇二《张释之冯唐列传》："陵迟而至于二世，天下土崩。"④主父偃又有对"土崩"和"瓦解"的分别解说⑤，均值得后人深思。"龙蛇撩乱入咸阳"句，说刘邦军入关中，秦王子婴投降。

李贺的《公莫舞歌》咏叹秦汉之际的历史转换。其中以"咸阳王气清如水"比照"芒砀云瑞抱天回"，说到秦政之最终完结："方花古础排九楹，刺豹淋血盛银罂。华筵鼓吹无桐竹，长刀直立割鸣筝。横楣粗锦生红纬，日炙锦嫣王未醉。腰下三看宝玦光，项庄掉箭栏前起。材官小臣公莫舞，座上真人赤龙子。芒砀云瑞抱天回⑥，咸阳王气清如水。铁枢铁楗重束关，大旗五丈撞双镮。汉王今日须秦印，绝膑刳肠臣不论。"⑦所谓"腰下三看宝玦光，项庄掉箭栏前起"，描绘鸿门宴故事之细致情节。刘项当时争夺的是继承秦政的合法性权威。最后一句，《乐府诗集》及《全唐诗》卷二二均作"汉王今日须秦印"⑧。就"绝膑刳肠臣不论"，言明杀身不悔之意。得"汉王"所颁"秦印"，臣下"杀身不悔"，秦政正是如此彻底终结。

---

① 〔宋〕郭茂倩：《乐府诗集》，中华书局，1979年，第1276年。
② 《史记》，中华书局，1959年，第292页。
③ 《史记》，中华书局，1959年，第293页。
④ 《史记》，中华书局，1959年，第2752页。
⑤ 《史记》卷一一二《平津侯主父列传》："臣闻天下之患在于土崩，不在于瓦解，古今一也。何谓土崩？秦之末世是也。陈涉无千乘之尊，尺土之地，身非王公大人名族之后，无乡曲之誉，非有孔、墨、曾子之贤，陶朱、猗顿之富也，然起穷巷，奋棘矜，偏袒大呼而天下从风，此其故何也？由民困而主不恤，下怨而上不知，俗已乱而政不修，此三者陈涉之所以为资也。是之谓土崩。故曰天下之患在于土崩。何谓瓦解？吴、楚、齐、赵之兵是也。"参见《史记》，中华书局，1959年，第2956页。
⑥ 《史记》卷八《高祖本纪》：刘邦"解纵所送徒"，"被酒，夜径泽中"，"有大蛇当径"，"拔剑击斩蛇"，"行数里，醉，因卧。后人来至蛇所，有一老妪夜哭。人问何哭，妪曰：'人杀吾子，故哭之。'人曰：'妪子何为见杀？'妪曰：'吾子，白帝子也，化为蛇，当道，今为赤帝子斩之，故哭。'""亡匿，隐于芒、砀山泽岩石之间。吕后与人俱求，常得之。高祖怪问之。吕后曰：'季所居上常有云气，故从往常得季。'"参见《史记》，中华书局，1959年，第347—348页。
⑦ 〔宋〕郭茂倩：《乐府诗集》，中华书局，1979年，第788页。
⑧ 《全唐诗》，中华书局，1960年，第286页。《全唐诗》卷三九一作"汉王今日颁秦印"，"颁"字下注："一作须"。参见《全唐诗》，中华书局，1960年，第4409页。

鸿门宴故事因《史记》的神奇笔力得以深入人心。这可能是最典型的历史知识普及的例证之一。吴敏树《史记别钞》卷下说：《项羽本纪》"此纪世之喜文字者，无不读而赞之"，"究其所喜者"，"鸿门一段"影响尤显著。原因包括史家记述的生动，"正如逢场观剧，取其搬演热眼者而已"。郭嵩焘《史记札记》卷一也说"鸿门"一段，"自是史公《项羽纪》中聚精会神极得意文字"[1]。就此发表历史议论的怀古咏史诗作也相当多。如袁瓘《鸿门行》写道："少年买意气，百金不辞费。学剑西入秦，结交北游魏。秦魏多豪人，与代亦殊伦。由来不相识，皆是暗相亲。宝马青丝辔，狐裘貂鼠服。晨过剧孟游，暮投咸阳宿。然诺本云云，诸侯莫不闻。犹思百战术，更逐李将军。始从灞陵下，遥遥度朔野。北风闻楚歌，南庭见胡马。胡马秋正肥，相邀夜合围。战酣烽火灭，路断救兵稀。白刃纵横逼，黄尘飞不息。虏骑血洒衣，单于泪沾臆。献凯云台中，自言塞上雄。将军行失势，部曲遂无功。新人不如旧，旧人不相救。万里长飘飘，十年计不就。弃置难重论，驱马度鸿门。行看楚汉事，不觉风尘昏。宝剑中夜抚，悲歌聊自舞。此曲不可终，曲终泪如雨。"[2]诗句说到"李将军"，又言"始从灞陵下，遥遥度朔野"，"胡马"，"夜合围"，"虏骑血沾衣"，"将军行失势"，"十年计不就"，应是怀念飞将军李广。诗人又写道："弃置难重论，驱马度鸿门。行看楚汉事，不觉风尘昏。"主调似乎又在于歌咏刘、项两个英雄集团激烈争战的楚汉春秋。而"晨过剧孟游，暮投咸阳宿"句，则似乎秦汉并说。至于所谓"学剑西入秦，结交北游魏。秦魏多豪人，与代亦殊伦"，则包含关注咸阳地方史的人们不可以忽略的文化信息。

李白《上云乐》以浪漫笔调感叹历史潮流的起伏动荡："抚顶弄盘古，推车转天轮。云见日月初生时，铸冶火精与水银。阳乌未出谷，顾兔半藏身。女娲戏黄土，团作愚下人。散在六合间，濛濛若沙尘。生死了不尽，谁明此胡是仙真。西海栽若木，东溟植扶桑。别来几多时，枝叶万里长。中国有七圣，半路颓鸿荒。陛下应运起，龙飞入咸阳。赤眉立盆子，白水兴汉光。叱咤四海动，洪涛为簸扬。举足蹋紫微，天关自开张。"[3]所谓"陛下应运起，龙飞入咸阳"，"叱咤四海动，洪涛为簸扬"，言及后代王朝更替。而着笔墨最浓烈者，是说秦亡汉兴的历史"开张"。

---

[1] 张新科、高益荣、高一农主编：《史记研究资料粹编》，三秦出版社，2011年，第474—475页。
[2] 《全唐诗》，中华书局，1960年，第1208页。
[3] 〔宋〕郭茂倩：《乐府诗集》，中华书局，1979年，第747页。

秦王朝短促而亡的历史教训，是千百年来史论与政论长久思考的主题。王翰《饮马长城窟行》由汉帝"击胡"追溯至"秦王筑城"，思考"亡秦"根由："长安少年无远图，一生惟羡执金吾。骐驎前殿拜天子，走马为君西击胡。胡沙猎猎吹人面，汉虏相逢不相见。遥闻鼙鼓动地来，传道单于夜犹战。此时顾恩宁顾身，为君一行摧万人。壮士挥戈回白日，单于溅血染朱轮。回来饮马长城窟，长城道傍多白骨。问之耆老何代人，云是秦王筑城卒。黄昏塞北无人烟，鬼哭啾啾声沸天。无罪见诛功不赏，孤魂流落此城边。当昔秦王按剑起，诸侯膝行不敢视。富国强兵二十年，筑怨兴徭九千里。秦王筑城何太愚，天实亡秦非北胡。一朝祸起萧墙内，渭水咸阳不复都。"[1]以为"秦王筑城"其实就是"筑怨"。由"当昔秦王按剑起，诸侯膝行不敢视"，因"筑怨兴徭九千里"，导致"渭水咸阳不复都"。诗人"秦王筑城何太愚"的感叹，语义颇为深沉。

李白《襄阳歌》写道："鸬鹚杓，鹦鹉杯，百年三万六千日，一日须倾三百杯。遥看汉水鸭头绿，恰似蒲桃初酦醅。此江若变作春酒，垒曲便筑糟丘台。千金骏马换少妾，醉坐雕鞍歌《落梅》。车傍侧挂一壶酒，凤笙龙管行相催。咸阳市上叹黄犬，何如月下倾金罍。"[2]诗人放情纵酒，以秦代名相李斯人生悲剧"咸阳市上叹黄犬"的著名情节为对照，[3]涉及国家政事与个人境遇，笔力雄奇，意境深远，令人感念叹嗟。

李昂的《赋戚夫人楚舞歌》就戚夫人因刘盈继承权的决策伤心绝望作"楚舞"的故事[4]，发表了深切感叹："定陶城中是妾家，妾年二八颜如花。闺中歌舞未终曲，天下死人如乱麻。汉王此地因征战，未出帘栊人已荐。风花菡萏落辕门，云雨裴回入行殿。日夕悠悠非旧乡，飘飘处处逐君王。闺门向里通归梦，银烛迎来在战场。相从顾恩不顾已，何异浮萍寄深水。逐战曾迷只轮下，随君几陷重围里。此时平楚复平齐，咸阳宫阙到关西。珠帘夕殿闻钟磬，白日秋天忆鼓鼙。君王纵恣翻成

---

[1] 〔宋〕郭茂倩：《乐府诗集》，中华书局，1979年，第560页。
[2] 〔宋〕郭茂倩：《乐府诗集》，中华书局，1979年，第1202页。
[3] 《史记》卷八七《李斯列传》："斯出狱，与其中子俱执，顾谓其中子曰：'吾欲与若复牵黄犬俱出上蔡东门逐狡兔，岂可得乎！'"参见《史记》，中华书局，1959年，第2562页。
[4] 《史记》卷五五《留侯世家》记载，吕后得"四皓"支持，稳定了刘盈的太子地位。"四人为寿已毕，趋去。上目送之，召戚夫人指示四人者曰：'我欲易之，彼四人辅之，羽翼已成，难动矣。吕后真而主矣。'戚夫人泣，上曰：'为我楚舞，吾为若楚歌。'歌曰：'鸿鹄高飞，一举千里。羽翮已就，横绝四海。横绝四海，当可奈何！虽有矰缴，尚安所施！'歌数阕，戚夫人嘘唏流涕，上起去，罢酒。"参见《史记》，中华书局，1959年，第2047页。

误,吕后由来有深妒。不奈君王容鬓衰,相存相顾能几时。黄泉白骨不可报,雀钗翠羽从此辞。君楚歌兮妾楚舞,脉脉相看两心苦。曲未终兮袂更扬,君流涕兮妾断肠。已见储君归惠帝,徒留爱子付周昌。"①诗题《赋戚夫人楚舞歌》以刘邦后宫女子情感为主题,陈说"风花""辕门""云雨""行殿"情爱故事。然而"天下死人如乱麻""银烛迎来在战场""逐战曾迷只轮下,随君几陷重围里"等句,非常真切地描写了战争场面之激烈与个人情感"浮萍""深水""流涕""断肠"的变幻。所谓"此时平楚复平齐,咸阳宫阙到关西",则说明诗人关于"战场""鼓鼙"的追忆,时间与空间的表述都是相对模糊的。"咸阳"成为历史定位符号,这里可能只取其象征意义。

四、"咸阳游侠"与"咸阳轻薄儿"

唐人乐府诗作中对于秦都"咸阳"社会风情的回忆,也形成颇有价值的文化史画面。许多诗句体现了唐代诗人对秦都咸阳生活风貌不同侧面的理解,透露出珍贵的历史文化信息。王维《少年行》四首之一:"新丰美酒斗十千,咸阳游侠多少年。相逢意气为君饮,系马高楼垂柳边。"②"新丰"经营,一般以为是汉初故事。《史记》卷八《高祖本纪》:汉高帝十年(前197)七月,"更命郦邑曰新丰"。张守节《正义》:"《括地志》云:'新丰故城在雍州新丰县西南四里,汉新丰宫也。太上皇时凄怆不乐,高祖窃因左右问故,答以平生所好皆屠贩少年,酤酒卖饼,斗鸡蹴鞠,以此为欢,今皆无此,故不乐。高祖乃作新丰,徙诸故人实之。太上皇乃悦。'按:于丽邑筑城寺,徙其民实之,未改其名,太上皇崩后,命曰新丰。"③但是,《史记》卷七《项羽本纪》记载刘、项军事对峙:"当是时,项羽兵四十万,在新丰鸿门,沛公兵十万,在霸上。"关于"新丰鸿门",裴骃《集解》:"孟康曰:'在新丰东十七里,旧大道北下阪口名也。'"④或许"新丰"地名秦末已经存在。即使"新丰"地名是刘邦确定,与"新丰美酒"并说的"咸阳游侠",应当读作体现秦汉共有侠风的文辞。

又如郑愔《少年行》:"颍川豪横客,咸阳轻薄儿。田窦方贵幸,赵李新相知。轩盖终朝集,笙竽此夜吹。黄金盈箧笥,白日忽西驰。"⑤其中"颍川豪横客"

---

① 《全唐诗》,中华书局,1960年,第1209页。
② 〔宋〕郭茂倩:《乐府诗集》,中华书局,1979年,第954页。
③ 《史记》,中华书局,1959年,第387页。
④ 《史记》,中华书局,1959年,第311页。
⑤ 《全唐诗》,中华书局,1960年,第1105页。

及"田窦""赵李"均西汉人物。"黄金盈箧笥",典出《汉书》卷七三《韦贤传》:"邹鲁谚曰:'遗子黄金满籝,不如一经。'"[1]西汉"右扶风"已经不存在"咸阳"行政建制,而有属县"渭城":"渭城,故咸阳,高帝元年更名新城,七年罢,属长安。武帝元鼎三年更名渭城。有兰池宫。莽曰京城。"[2]诗句"颍川豪横客,咸阳轻薄儿"之"咸阳",可以理解为对秦时咸阳社会风习的历史记忆。秦都咸阳为帝国中心,然而政治军事强势却并不能保证地方治安的稳定。这一情形可以通过发生在兰池宫的秦始皇"逢盗""见窘"故事得以发现。《史记》卷六《秦始皇本纪》:"(三十一年)始皇为微行咸阳,与武士四人俱,夜出逢盗兰池,见窘,武士击杀盗,关中大索二十日。"[3]

也许前引"晨过剧孟游,暮投咸阳宿"诗句与此所谓"颍川豪横客,咸阳轻薄儿"可以形成对照,均体现了艺术表现方式上跨时段手段的使用。这样的感觉,也许接近诗人本意。

唐人诗作喜欢秦汉事并说,其实还有值得分析的文化缘由。

五、宫阙之美:咸阳都市建设的亮点

吴均的作品《秦王卷衣》,《乐府解题》曰:"《秦王卷衣》言咸阳春景及宫阙之美,秦王卷衣,以赠所欢也。唐李白有《秦女卷衣》。"不过,其诗句并非突出形容咸阳宫阙之美,言宫廷生活者,我们看到"玉检""金泥""复帐""玉床"诸句:"咸阳春草芳,秦帝卷衣裳。玉检茱萸匣,金泥苏合香。初芳熏复帐,余辉耀玉床。当须晏朝罢,持此赠龙阳。"[4]而李白《秦女卷衣》,主要形容后宫富贵生活的高等级消费,也没有直接说到宫阙之美:"天子居未央,妾侍卷衣裳。顾无紫宫宠,敢拂黄金床。水至亦不去,熊来尚可当。微身奉日月,飘若萤火光。愿君采葑菲,无以下体妨。"[5]只有"未央""紫宫"说到宫阙。所谓"熊来尚可当",用汉元帝冯昭仪"当熊"之典[6]。

---

[1] 《汉书》,中华书局,1962年,第3107页。
[2] 《汉书》,中华书局,1962年,第1546页。
[3] 《史记》,中华书局,1959年,第251页。
[4] 〔宋〕郭茂倩:《乐府诗集》,中华书局,1979年,第1042页。
[5] 〔宋〕郭茂倩:《乐府诗集》,中华书局,1979年,第1042页。
[6] 《汉书》卷九七下《外戚传下·孝元冯昭仪》:"建昭中,上幸虎圈斗兽,后宫皆坐。熊佚出圈,攀槛欲上殿。左右贵人傅昭仪等皆惊走,冯婕妤直前当熊而立,左右格杀熊。上问:'人情惊惧,何故前当熊?'婕妤对曰:'猛兽得人而止,妾恐熊至御坐,故以身当之。'元帝嗟叹,以此倍敬重焉。傅昭仪等皆惭。"参见《汉书》,中华书局,1962年,第4005页。

唐人乐府诗作中，其实是有关于咸阳宫阙之美的文字的。秦都咸阳的都市规划与都市建设，成为诗人颂扬的对象。如李白《君子有所思行》："紫阁连终南，青冥天倪色。凭崖望咸阳，宫阙罗北极。万井惊画出，九衢如弦直。渭水清银河，横天流不息。朝野盛文物，衣冠何贵绝。"诗人又由秦帝国军威的强大，总结盛衰兴亡的道理："厩马散连山，军容威绝域。伊、皋运元化，卫、霍输筋力。歌钟乐未休，荣去老还逼。圆光过满缺，太阳移中昃。不散东海金，何争西辉匿。无作牛山悲，恻怆泪沾臆。"①咸阳的"紫阁""宫阙"之外，直接与社会民生相关的"万井""九衢"，在诗人笔下都有所赞美。秦都咸阳的"衣冠""文物"，作为中国古都史的灿烂页面，保留了精彩遗存。

六、"咸阳"与"长安"：秦汉一体都市

唐代诗人有关咸阳的咏史怀古之作，往往"咸阳""长安"并说。也就是说，常常将秦汉史事联系起来发表感叹。相关情形，前引已见多例。

又如李益《从军有苦乐行》："东过秦宫路，宫路入咸阳。时逢汉帝出，谏猎至长杨。讵驰游侠窟，非结少年场。"②鲍溶《塞上》前称"咸阳三千里"，后说"汉卒马上老"③。陶翰《塞下曲》亦"射杀左贤王，归奏未央殿""东出咸阳门，哀哀泪如霰"并说④。又李白《东武吟》："乘舆拥翠盖，扈从金城东。宝马丽绝景，锦衣入新丰。倚岩望松雪，对酒鸣丝桐。因学扬子云，献赋甘泉宫。天书美片善，清芬播无穷。归来入咸阳，谈笑皆王公。一朝去金马，飘落成飞蓬。宾友日疏散，玉樽亦已空。才力犹可倚，不惭世上雄。闲作《东武吟》，曲尽情未终。书此谢知己，吾寻黄绮翁。"⑤分明言"因学扬子云，献赋甘泉宫"，却又说"归来入咸阳，谈笑皆王公"；前称"锦衣入新丰"，篇末又以"吾寻黄绮翁"联系秦末四皓故事。聂夷中《胡无人行》有"醉卧咸阳楼，梦入受降城"句，前言秦时事；"不读战国书，不览黄石经"，后又用汉代典"悠哉典属国，驱羊老一生"⑥。

而杜甫的《兵车行》："车辚辚，马萧萧，行人弓箭各在腰。爷娘妻子走相送，尘埃不见咸阳桥。牵衣顿足拦道哭，哭声直上干云霄……边亭流血成海水，武

---

① 〔宋〕郭茂倩：《乐府诗集》，中华书局，1979年，第895页。
② 〔宋〕郭茂倩：《乐府诗集》，中华书局，1979年，第491页。
③ 〔宋〕郭茂倩：《乐府诗集》，中华书局，1979年，第1294页。
④ 〔宋〕郭茂倩：《乐府诗集》，中华书局，1979年，第1300页。
⑤ 〔宋〕郭茂倩：《乐府诗集》，中华书局，1979年，第609页。
⑥ 〔宋〕郭茂倩：《乐府诗集》，中华书局，1979年，第597—598页。

皇开边意未已。君不闻汉家山东二百州，千村万落生荆杞。纵有健妇把锄犁，禾生陇亩无东西。况复秦兵耐苦战，被驱不异犬与鸡。"①诗句虽言"汉家""武皇"故事，解读者多以为是对唐玄宗执政期间时政的批评。然而说到"秦兵"，又以"咸阳桥"为地理坐标，也值得人们深思。

唐人诗作中"秦""汉"故事往往交叉叙说这一情形的发生，有人习惯"秦汉"连说的叙史习惯的背景。西汉初期，可能人们已经习惯"秦""汉"连说，将"秦汉"看作一个历史时期。如《史记》卷一〇二《张释之冯唐列传》："释之言秦汉之间事，秦所以失而汉所以兴者久之。"②事在张释之"为廷尉"的汉文帝三年（前177）之前③，当时距刘邦建国不过29年，距"汉并天下"不过25年。这只是短暂不到"一世"的时光④。司马迁在《史记》卷一三〇《太史公自序》总结《太史公书》的写作，开头就写道："罔罗天下放失旧闻，王迹所兴，原始察终，见盛观衰，论考之行事，略推三代，录秦汉，上记轩辕，下至于兹，著十二本纪，既科条之矣。"⑤所谓"略推三代，录秦汉"，应体现汉武帝时代普遍的历史意识与语言风格。"三代"是一个历史单元，"秦汉"是另一个历史单元。《汉书》卷二九《沟洫志》载"近察秦汉以来，河决曹、卫之域，其南北不过百八十里者"，记录"王莽时"事。⑥而《汉书》卷三六《刘向传》："向乃集合上古以来历春秋六国至秦汉符瑞灾异之记，推迹行事，连传祸福，著其占验，比类相从，各有条目，凡十一篇，号曰《洪范五行传论》，奏之。"又："历上古至秦汉，外戚僭贵未有

---

① 〔宋〕郭茂倩：《乐府诗集》，中华书局，1979年，第1283页。
② 《史记》，中华书局，1959年，第2751页。
③ 《汉书》卷一九下《百官公卿表下》："（孝文三年）中郎将张释之为廷尉。"（《汉书》，中华书局，1962年，第756页）《史记》卷一〇二《张释之冯唐列传》："以赀为骑郎，事孝文帝，十岁不得调，无所知名。释之曰：'久宦减仲之产，不遂。'欲自免归。中郎将袁盎知其贤，惜其去，乃请徙释之补谒者。释之既朝毕，因前言便宜事。文帝曰：'卑之，毋甚高论，令今可施行也。'于是释之言秦汉之间事，秦所以失而汉所以兴者久之。文帝称善，乃拜释之为谒者仆射。""上拜释之为公交车令……拜为中大夫。顷之，至中郎将……其后拜释之为廷尉。"（《史记》，中华书局，1959年，第2751、2753页）可知"事孝文帝，十岁不得调，无所知名"事不确。以《汉书》"（孝文三年）中郎将张释之为廷尉"推知，"释之言秦汉之间事，秦所以失而汉所以兴者久之"必然在公元前177年之前。
④ 《史记》卷一〇《孝文本纪》裴骃《集解》引孔安国曰："三十年曰世。"参见《史记》，中华书局，1959年，第437页。
⑤ 《史记》，中华书局，1959年，第3319页。
⑥ 《汉书》，中华书局，1962年，第1696—1697页。

如王氏者也。"①《汉书》卷六二《司马迁传》："其言秦汉,详矣。"②《汉书》卷六九《赵充国辛庆忌传》："秦汉已来,山东出相,山西出将。"③《汉书》卷九一《货殖传》："秦汉之制,列侯封君食租税,岁率户二百。"④《汉书》卷九四下《匈奴传下》："若乃征伐之功,秦汉行事,严尤论之当矣。"⑤则已是《汉书》著者口吻。"秦汉"连说语言习惯的形成,很可能与秦汉制度的连续关系有关。这一政治史、制度史、法律史现象,史家总结为"汉承秦制"。《汉书》卷一〇〇上《叙传上》："汉家承秦之制,并立郡县,主有专己之威,臣无百年之柄。"⑥班固所谓"汉家承秦之制",应当就是后来人们平素常用的"汉承秦制"之说的完整的经典话语。"汉承秦制"这种明朗的简洁表述,屡见于记述东汉史的文献。⑦

唐代诗人笔下"秦""汉"史事交叉追叙,"咸阳""长安"区别模糊的情形也与另一现象有关,即秦汉都会其实明显在空间方位关系、政治地理格局、宫廷建筑设计、都城模式规划等方面呈现一体化关系。《史记》卷九三《韩信卢绾列传》："绾封为长安侯。长安,故咸阳也。"张守节《正义》："秦咸阳在渭北,长安在渭南,萧何起未央宫处也。"⑧所谓"长安,故咸阳也"语义明朗。张守节说,咸阳与长安一在"渭北",一在"渭南"。然而秦始皇的咸阳规划,早已有对"渭南"的经营。《史记》卷六《秦始皇本纪》："三十五年,除道,道九原抵云阳,堑山堙谷,直通之。于是始皇以为咸阳人多,先王之宫廷小,吾闻周文王都丰,武王都镐,丰镐之间,帝王之都也。乃营作朝宫渭南上林苑中。先作前殿阿房,东西五百步,南北五十丈,上可以坐万人,下可以建五丈旗。周驰为阁道,自殿下直抵南山。表南山之巅以为阙。为复道,自阿房渡渭,属之咸阳,以象天极阁

---

① 《汉书》,中华书局,1962年,第1960页。
② 《汉书》,中华书局,1962年,第2737页。
③ 《汉书》,中华书局,1962年,第2998页。
④ 《汉书》,中华书局,1962年,第3686页。
⑤ 《汉书》,中华书局,1962年,第3833页。
⑥ 《汉书》,中华书局,1962年,第4207页。
⑦ 如《后汉书》卷四〇上《班彪传》记载班彪对隗嚣分析、比较战国与当时形势,说道:"周之废兴,与汉殊异。昔周爵五等,诸侯从政,本根既微,枝叶强大,故其末流有从横之事,势数然也。汉承秦制,改立郡县,主有专己之威,臣无百年之柄。"中华书局标点本"校勘记":"'汉承秦制改立郡县',按:张森楷校勘记谓'改'当依《前书》作'并',既承秦制,则非汉所改也。"(《后汉书》,中华书局,1965年,第1323、1352页)参见王子今:《秦汉时期的历史特征与历史地位》,《石家庄学院学报》2018年第4期。
⑧ 《史记》,中华书局,1959年,第2637页。

道绝汉抵营室也。阿房宫未成；成，欲更择令名名之。作宫阿房，故天下谓之阿房宫。"①秦始皇新的都城规划，重视周代"丰镐之间，帝王之都也"的理念，又有直道经营与"表南山之颠以为阙"的南北"直"与"子午"对应的创举。②而"渭北""渭南"的宫殿区，因"渡渭"构成了"以象天极阁道绝汉抵营室也"的象征。

秦都咸阳与汉都长安的一体化，有我们今天尚难以确切说明的神秘主义意识作为理念基础。而秦始皇、秦二世及后来汉初帝王的都城建设实践对"渭北""渭南"均予重视。西汉帝陵多数在"渭北"，陵邑营造实现了长安都城功能的补充。③这些情形，值得我们在思考"咸阳""长安"古都史时予以必要的重视。

原载《中原文化研究》2019年第1期

（王子今，西北大学历史学院教授、中国人民大学国学院教授）

---

① 《史记》，中华书局，1959年，第256页。
② 王子今：《秦直道的历史文化观照》，《人文杂志》2005年第5期。
③ 班固《西都赋》描述长安地区诸陵邑的形势："若乃观其四郊，浮游近县，则南望杜、霸，北眺五陵，名都对郭，邑居相承，英俊之域，黻冕所兴，冠盖如云，七相五公。与乎州郡之豪杰，五都之货殖，三选七迁，充奉陵邑，盖以强干弱枝，隆上都而观万国。"参见刘文瑞：《试论西汉长安的卫星城镇》，《陕西地方志通讯》1987年第5期；刘文瑞：《我国最早的卫星城镇——试论西汉长安诸陵邑》，《咸阳师专学报》1988年第1期；王子今：《西汉帝陵方位与长安地区的交通形势》，《唐都学刊》1995年第3期；王子今：《秦汉交通史稿》（增订版），中国人民大学出版社，2013年，第276页。

《周礼》与唐代前期的国家治理[①]

[英]麦大维 著　张凌云 译

一、问题的提出

唐德宗贞元十九年（803）的科举考试中，明经策问凡八道，其第三道为：

> 周制六官，以倡九牧，分事任之广，计名物之多。下士吏胥，类颇繁于冗食；上农播殖，力或屈于财征。简则易从，寡能理众。疑宋母之失实，岂周公之信然。今欲举司徒之三物，教宾兴之六艺，又虑乐舞未通于《韶》《濩》，徒玩干旄，乡射有昧于和容，务持弓矢。适废术学，岂资贤能。至若六变八变，致神祇之格，天产地产，有礼乐之防，悉贰春官，企闻详说。[②]

此策问为知礼部贡举权德舆所撰，它有三个要点，且与《周礼》的三个主要方面相关。第一，《周礼》六官制度是否适用于本朝？应试者须对此做出评论。与此相关联的问题是，虽然世传《周礼》为周公所作，然而其内容或非周公学说的本义。第二，《周礼》之制与本朝礼仪制度之间是一种什么关系？第三，《周礼》祈求天地神鬼以福佑天下的设计效用如何？

权德舆撰此策问之时，正是唐代政治思想最具活力的时期之一。当时朝廷官员中有不少人认为官员职数应予削减，比如杜佑即持此观点。而在此策问提出的前两年，即贞元十七年（801），韦渠牟曾向朝廷进呈《贞元新集开元后礼》一书，此事表明《大唐开元礼》（也称《开元礼》）于732年完成之后，官方礼法制度也在发生若干变化。然而，当时朝议对太庙祭祀规范颇有异议，受此影响，朝廷礼仪制度也就长时间没有定准。按其时风气，对包括儒家典籍在内的古代典章文献的流变存在着较为普遍的质疑，故此，此策问应同当时的理论争议有着某种关联。

[①] 英文原文"The Role of the ZHOULI in Seventh-and Eighth-Century Civil Administrative Traditions"，被编入 Brill 出版社出版的 *Statecraft and Classical Learning* 一书中。

[②] 〔清〕徐松：《登科记考》，赵守俨点校，中华书局，1984年，第560页。

权德舆所提出的问题，涉及三个较为广泛的方面，这正是本文要重点讨论的。

首先，在我看来，有唐一代，《周礼》享有很高地位，然而士大夫对于古代理想制度的应用仍持较为谨慎的态度。唐代政治思想具有一个鲜明的特点：士大夫们自视甚高，他们不太愿意承认唐以前关于政治制度架构的典章条文具有无可置疑的权威性。继北周和隋之后而建立的唐王朝对于复兴古代制度缺乏动力。唐代政事评论者，无论君臣，皆接受甚至强调制度理应不断变革的观念。在他们眼中，本朝管理系统规模庞大，然而其运行总体而言颇为稳定，如此成就令人自豪。他们相信，在祖制与历史实践之间存在着中道。

不过，到权德舆生活的时代，也有一种理论观点认为，周制过于复杂，而之前的夏、商两代却崇尚简明的制度设计。后代官僚体制日渐繁复，这一点自会令人产生疑虑，他们对于周制与夏、商制度之不同一定不会视若无睹。当然，无论如何，唐代的治国理政者还是一直非常重视《周礼》的重要价值，在讨论制度沿革时总是反复加以引用。

其次，在我看来，有一个与唐代行政管理体制分立的领域深受《周礼》影响，这就是国家礼仪制度。虽然《周礼》并非唐代礼仪制度的唯一权威性依据，但它仍与其他儒家经典一起发挥作用。士大夫以传统的经典注疏方式对其加以阐释，从而为礼仪制度的制定提供了基本准则。唐代国家礼仪在对朝廷、官僚等级制度乃至社会本质关系的界定方面发挥了不可或缺的作用。在我看来，《周礼》在维护唐代国家礼仪制度的历史性特征上具有至关重要的意义，因为《周礼》是必要的准则，佛教或者道教都无法影响国家的基本礼仪制度。

最后，权德舆所提出的第三个问题，也是国家礼仪制度所不可或缺的，即礼仪对于寻求天地鬼神福佑的效力。在这一点上，《周礼》的意义亦是至为根本的。

然而，《周礼》在上述各方面的影响多属潜移默化，它是唐代承继前代而形成的礼法传统的一部分，而非唐代所创设。至于这种潜移默化的影响究竟达至何种范围，如果予以专门的深入研究，那可能需要另写一书了，而本文的讨论仅限于说明《周礼》作为唐代礼法制度的理论基础是如何发挥作用的。

《周礼》及其在唐代之前的历史作用足以令权德舆等人深思。《周礼》不仅给出了366个职官，它还是儒家整个政治体制，或曰政治典章的唯一渊源。此外，它也包含了对政治行为准则的愿景，而这种政治行为准则对一个治理良好的国家来说至关重要。《周礼》的这两种功能，即设置官职与崇尚道德引领的作用是相当不同的。与之相类似的是，在唐代官员看来，以《周礼》所述祖制作为依据设置本朝职官，同以《周礼》为基础来解释政治的道德准则也不是一回事。从某种意义上说，前者只不过是以一种温文尔雅的姿态表现了对祖制的敬从，而后者则表达了对于如何治理国家的高度自信。士大夫从作为基本准则的《周礼》中获得了实现国家治理理想目标的依据，而《周礼》在国家治理方面的影响确实要广泛得多。

因此，从另一个角度审视《周礼》的影响也许有利于我们理解这个问题。唐代政治思想中明显存在着对于某些问题的持久关注。《周礼》是如何在其中发挥作用的，只要稍加分析，即可管中窥豹。其中一个问题，由于被反复强调而屡见于文献，那就是官员依据古制理应积极进谏。另一个问题，在8世纪末表现得最为严重，即节度使数量的增长，它显然对法定的治理架构形成了威胁。临时差遣的做法唐以前就存在，但到了唐代，数量就急剧增加了。第三个问题，主要存在于公元660—712年这一时期，是关于高层妇女在国家中的角色。需要指出的是，唐代开元（712—741）以后的国家典章，乃是颁行于8世纪中叶的《唐六典》，其中已经隐约地涉及这一问题，而《唐六典》同《周礼》有着紧密的内在关系。

二、《周礼》影响的广泛性

有唐一代，《周礼》对于知识分子而言，属于"传统记忆渊薮"的一部分，士大夫在著述中颇多引用。《周礼》在整个唐代国学教育中，一直是指定的科目，也是明经考试的范围。然而应试者却不太喜欢《周礼》。贞观九年（635），太宗下诏：科举考试中明经兼习《周礼》并《仪礼》者，将予以相对灵活的优待政策。[1]唐代初年孔颖达作《五经正义》，其后贾公彦受命作《周礼义疏》50卷，其意图仍在于解释经典文本，并未将其与当时的行政管理制度关联在一起。所以，科举应试者并未予以足够的重视，因而在考试科目中较少选择《周礼》。这一现状导致的一个结果，是在公元8世纪初，国子祭酒再一次要求降低选拔的标准。[2]

尽管如此，《周礼》仍是当时最为重要的文化渊源。某些并非属于制度史方面的文献亦对其有较多的引用，这一点可以说明，其影响相当广泛。成书于公元624年的文学类书《艺文类聚》就大量引用《周礼》，其内容甚至涉及其中的奇花异草和动物。当然，《艺文类聚》的编写者是为了完成一部百科全书式的编辑计划，他们对于《周礼》的引用，兴趣显然不在行政制度及其演变的历史。

另一个例子是，公元756年的进士封演于8世纪末编写了《封氏闻见记》一书，

---

[1]《登科记考》卷一："自今以后，明经兼习《周礼》，若《仪礼》者于本色内量减一选。"参见〔清〕徐松：《登科记考》，赵守俨点校，中华书局，1984年，第18页。

[2]《登科记考》卷七载开元十六年十二月二十四日国子祭酒杨玚奏言。参见〔清〕徐松：《登科记考》，赵守俨点校，中华书局，1984年，第251—252页。

其书对于《周礼》的引用主要在于语词、铭文、鸟类及某些同植物有关的内容，其旨趣亦不在于行政制度方面的内容。颜真卿曾作赋，赞美唐都"法天而立象，浚重门于北极"[①]，其意乃循《周礼》之制。此外，杜甫为严武所作的一篇关于蜀地旱灾的评论中也引用了《周礼》的官职——司巫，其所司，"若国之大旱，则率巫而舞雩"[②]。

《周礼》具有更多的实际作用。隋朝借鉴《考工记》来规划并建设大兴城。公元618年唐代隋后，将大兴城改名为长安。《考工记》中汲取了《周易》中的几何图形思想，并将其运用于当时的城市规划。《周礼》在中世纪一项最为重要的科技创新中也起到某种典范标准的作用，当时（725）官员们试图通过测量冬至、夏至子午线日晷影子的变化以确定"里"的长度。此前隋朝的刘焯曾揭示了其中的原理，但对其进行实践的却是唐代宫廷天文学家一行和南宫越（生平活动主要在705—733年）。这些例子告诉我们，当时《周礼》的应用范围相当广泛，在人们眼中，其并非只是同行政管理有关的制度蓝本。

（一）不同的政治阶段与《周礼》

唐代统治近3个世纪，其间政治风云屡经变幻。到前述权德舆之问提出的803年，可以依据士大夫们所关切的问题将其划分为四个阶段。

第一个阶段为唐朝创立时期。太宗统治之时做出了两个方面的改变：一是朝廷通过完善学理传统，为新王朝确定了最高的天命和礼仪权威。在此次制度完善中，《周礼》无疑具有重要的意义，其作用在国家礼仪制度和司法制度中表现得最为显著。这样一来，在皇帝和朝臣的面论中就无须对国家治理的实践原则进行过多的正式讨论，而8世纪初的《贞观政要》便明确给出了皇帝与大臣之间互动以及王朝治理的基本规范。初唐时期，一些朝廷官员私下议论，认为本朝之治是超越了前人的。故此，古老的《周礼》只有在他们讨论政治或司法的理想制度时才具有某种意义。

第二个阶段乃是武后统治时期。起初她间接地施行统治，而在690—705年间则直接当了皇帝。武则天为加强统治制定了新规，而新的礼仪制度反映了新的繁荣景象和更为集权的统治，同时行政管理的等级体制也得到了强化。武则天既热衷佛教又信服古代传统，以此加强她的统治权威。不过，她在实现这一点时，并不像太宗时那样主要通过公开讨论，而是直接发布政令。

684年，在都城的官僚体系中采用了《周礼》特定的官职和机构，但这个改革并

---

① 《文苑英华》卷四九《象魏赋》，中华书局，1966年。
② 〔唐〕杜甫：《杜工部集》卷一九《说旱》，学生书局，1973年。

未比女皇的统治更长久。《周礼》在关于礼仪的争论中仍保持了其影响力,特别是在高身份妇女礼仪中的作用。

第三个阶段是玄宗统治时期。在这一政治相对稳定而且长久时期,政府声望日隆,官员们对于国家制度信念得到增强,《周礼》在这一过程中起了重要作用。此外,朝官们也编纂了一系列具有广泛影响的制度性文件。随着公元725年封禅仪式于泰山举行,这些制度性文件意图明确而且前无古人地将唐代国家礼仪制度提升到了神圣的位置。在这些制度性文件中,有一系列关于刑法、国家礼仪程序和整个行政管理架构的新规定。

第四个阶段乃是755年安史之乱发生后的半个世纪。此间政治状况恶化,促使人们以不同于开元时期的立场重新审视国家政治架构。若干政治思想家们试图摆脱那些与唐朝鼎盛时期帝王统治相关联的陈词滥调,以重建关乎国家治理的基本原则。在他们看来,此乃"参今古之宜,穷始终之要"①的必然之举。但是,尽管此时《周礼》仍然作为某些政治行为的准则而被引用,但在此后的众多变革主张中,《周礼》的意义显然不如前期那么突出了。

在上述简要概括的唐代前、中期政治哲学变化的四个阶段,《周礼》无疑是发挥了一定作用的。不过,仍有必要在下文中对其作用和意义进行更为准确的评价。

(二)唐人撰述与《周礼》

唐代行政体制产生了大量的文献,其形成方式自上而下,有的相当正式,有的则并非如此。以一种整体性的眼光考察这些文本,是学术界研究历史以及制度起源问题的惯例,而这些文本的类型颇为多样,其传统亦有不同。

其中,最为随意的是官员所作的各种厅壁记。撰写厅壁记并非悠久的传统,而是唐代才有的风气。以唐人的说法,其作用乃"朝廷百司诸厅,皆有壁记,叙官秩创置及迁授始末,原其作意,盖欲著前政履历,而发将来健羡焉"②。一些官员通过叙述职官制度史以显示其博学多才。当时虽然有人将相关制度的设置史追溯到《周礼》那里,但更多的人不这么做。多数官员从玄宗时代起,就对本王朝所取得的成就颇为自得,对其所署官职的历史持有自豪感。

尽管当时《周礼》并不受士子的欢迎,但在科举考试中,同《周礼》相关的考

---

① 〔唐〕杜佑:《通典》,中华书局,1988年,序第1页。
② 《封氏闻见记》卷五。又其云:"韦氏《两京记》云:'郎官盛写壁记,以纪当时前后迁除入出,浸以成俗。'然则壁记之出,当是国朝已来始自台省,遂流郡邑耳。"参见〔唐〕封演:《封氏闻见记》,哈佛燕京学社"汉学引得丛刊",1933年。

题一直存在。唐前期曾有一例，它涉及《周礼》中的法度。永昌元年（689）策贤良方正科，考题第一问就同《周礼》制度具有内在的关系："未知何帝之法制可遵，何代之沿革可衷？"[①]其实此类问题在唐代曾被反复提出，它表明，唐王朝对于以前任何时代的制度都采取以我为主的实用主义态度。公元766年，远在道州任职的元结或许早就有类似权德舆于《周礼》的疑虑，故作《问进士》一文，其中有"《三礼》何篇可删"之问。而公元800年，礼部官员高郢（740—811）在策进士问中，要求应试者对《周礼》中"庶人不畜者祭无牲，不耕者祭无盛，不蚕者不帛，不绩者不縗"[②]一语做出解读。前述803年的权德舆之问则是一个独特的例子，它能够说明，在策试命题者看来，研习《周礼》的考生理应对此类问题有精深的思考。

担任某一级别以上的官职需要以皇帝的名义授予任职文书，即告身，这一规制亦使学识深厚的官员有机会评价本朝的职官制度。唐代发布的为数甚多的告身文书通常出自颇有声望的中书舍人或后来的翰林学士之手。到8世纪中期，形成了这样一个传统，即撰写告身文书者会在文中写入自己对这些官职的起源、历史和职能的评价。特别是自玄宗朝始，人们会引用《周礼》以追溯某些官职的渊源，或者将《周礼》之制同当代的官职予以对应，以炫耀学养的方式提示世人该设置本属一种悠久的传统。

在前面的讨论中，我们对唐代的典章制度已有所引用。此类文献对相关职官皆有记载。编撰者溯其渊源，从早期文献中寻章摘句，以说明它的历代演变，如唐代早期的《艺文类聚》和后来的《初学记》，此外还有完成于开元年间的《唐六典》。这些文献皆广泛引用《周礼》。而至公元8世纪，则以初唐时期完成的《隋书·百官志》为基础，形成了一种更为正式的传统以叙述职官之制，其最重要的代表即上面提及的《唐六典》和杜佑《通典》中的职官部分。这些文献对于当时相当多的职官设置的探讨，皆溯源至《周礼》。

下面，我将主要基于这些文献，对《周礼》在上述四个时期政治层面的作用做出评价。

三、《周礼》对唐代政治的影响

（一）唐太宗统治时期与《周礼》

唐代政治思想发展的第一个阶段被其后的士大夫们赞誉有加。在这个阶段，官

---

① 〔清〕徐松：《登科记考》，赵守俨点校，中华书局，1984年，第91页。
② 〔清〕徐松：《登科记考》，赵守俨点校，中华书局，1984年，第529页。

方推动了对制度遗产的学理性审视,并由此重建了上层政治体制的道德规范。在这一过程中,《周礼》不可避免地成为讨论的对象,并因此在唐前期的科举考试中成为重要的话题。

初唐时期,朝廷议事中《周礼》时或得到引用,但相比其他经典文献,并不算非常频繁。其原因可能在于此时太宗及其臣子更关心当下的行为准则,尚无暇顾及行政管理体系的历史和架构。不过,《周礼》在唐代早期的司法中是发挥了很大作用的。《周礼》所载"六官",其"秋官"掌管司法。太宗在一次讨论死刑时即曾引用《周礼·秋官》,其曰:

> 古者断狱,必讯于三槐、九棘之官,今三公、九卿,即其职也。自今以后,大辟罪,皆令中书、门下四品已上及尚书九卿议之,如此,庶免冤滥。①

《周礼》刑法中另一个非常有影响的论述是关于"八议"的。所谓"八议",指的是8种人犯罪须交由皇帝裁决或依法减轻处罚的特权制度。这一制度当时为唐太宗所关注,下面我们会对此加以讨论。

然而,最能清楚地反映初唐时期刑法实施同《周礼》之关系的,乃是公元627年科举考试中的策进士问。其曰:

> 狱市之寄,自昔为难,宽猛之宜,当今不易。缓则物情恣其诈,急则奸人无所容。曹相国所以殷勤,路廷尉于焉太息。韦弦折衷,历代未闻,轻重浅深,伫承嘉议。②

其意是说,从历史看,或宽或猛,或缓或急,并无成例可循。著名的文臣上官仪(608—664)对此问题曾予以回答。他在对策中说:本朝皇王于法度建树极大,而"我君出震继天,……犹以为《周书》三典,既疏远而难从;汉律九章,已偏杂而无准。方当采韦弦于往古,施折衷于当今"③。显而易见,在上官仪看来,本朝皇帝在刑法方面的主张,正是不赞成全然拘泥于《周礼》古制的。

当时也时或引用《周礼》以作行事之借鉴。太宗之时,宰相魏徵曾就针对不同类型的人如何把握刑罚尺度的问题向皇帝上疏,其在论述自己观点时引用了《周礼》。④另一位朝廷官员虞世南在规谏太宗皇帝过度畋猎的行为时也提及《周

---

① 〔唐〕吴兢:《贞观政要》卷八,上海古籍出版社,1978年。
② 〔清〕徐松:《登科记考》,赵守俨点校,中华书局,1984年,第9页。
③ 〔清〕徐松:《登科记考》,赵守俨点校,中华书局,1984年,第11页。
④ 《贞观政要》卷五载魏徵在上疏中提到"又复加之以三讯"。按:"三讯",《周礼》以三刺断庶民狱讼之中,一曰讯君臣,二曰讯群吏,三曰讯万民。参见〔唐〕吴兢:《贞观政要》,上海古籍出版社,1978年。——译者

礼》。①不过，除此少数事例外，太宗朝屡屡进行关于政治道德问题的讨论，倡导基于历史教训的规谏，我们注意到，在讨论过程中引用《周礼》的情况并不多见。据此可以想见，当时《周礼》并未被置于优先的地位而成为统治理念的依据。

初唐几十年中，官员们精研学术传统，编撰了内容相当丰富的服务于朝廷政治的文献。其中之一是《群书治要》。《群书治要》乃是古代治政文献的辑录，由当时最为执着的谏官魏徵等人奉太宗之命而编成。《群书治要》取材于60余种古代文献，它是引用了《周礼》的。不过，魏徵等人在辑录过程中的取舍或许可以提供某些线索，有助于我们考察唐代初年朝廷政治对于《周礼》的态度。在我看来，《周礼》在该文献辑录中似乎受到了较为冷淡的对待。太宗朝更在意的应当是古老的《周礼》所蕴含的政治行为准则，而不是其所勾画的管理等级架构。比如，当《群书治要》在引用《周礼》时，开宗明义，以阐述君王的政治职能为始。其曰：

惟王建国，辩方正位，体国经野，设官分职，以为民极。乃立天官冢宰，使帅其属而掌其邦治，以佐王均邦国。②

然后即"建邦之六典"。由于"六典"之名亦为具有广泛影响的《大唐六典》所采用，其同《周礼》相关联，故此，我们需要对"六典"在《周礼》原文本中的准确定义做一番深究。魏徵所引如下：

一曰治典，以经邦国，以治官府，以纪万民；二曰教典，以安邦国，以教官府，以扰万民；三曰礼典，以和邦国，以统百官，以谐万民；四曰政典，以平邦国，以正百官，以均万民；五曰刑典，以诘邦国，以刑百官，以纠万民；六曰事典，以富邦国，以任百官，以生万民。③

所谓"六典"在《周礼》一系列以"六"为叙述特征的话语体系中所指概念较为抽象。如所谓"教典"之"教"和"事典"之"事"，其所强调的乃是功能而非制度性设置。而除了"礼典"和"刑典"之外，其余各典的意义亦颇为空泛。不过，人们注意到，"六典"是与《周礼》"六官"相合的：所谓"六官"根据《周礼》体系的六个类别，以天、地以及春、夏、秋、冬四时加以命名。六官所列官职共366个，用以阐释六典之职。而这一体系与唐代政府管理体系中的六部显然是相对应的，尽管这种对应并非完全相合，后来也有人认为《周礼》的体系同后代的制度

---

① 《贞观政要》卷九《论畋猎》中，秘书监虞世南上疏称："臣闻秋狝冬狩，盖惟恒典"。此"恒典"盖指《周礼》"大司马"所言："仲秋教治兵以狝田，致禽以祀祊；仲冬教大阅以狩田，致（献）禽以享烝。"参见〔唐〕吴兢：《贞观政要》，上海古籍出版社，1978年。——译者
② 《群书治要》卷八《周礼》，四部丛刊，1936年。
③ 《群书治要》卷八《周礼》，四部丛刊，1936年。

架构并没有历史的继承性。此外还有"六卿",亦分别见于《尚书·周官》和《周礼》之中。唐初重要的士大夫颜师古为《汉书》作注,视六卿同于《周礼》六官之长。然而,在重视"六典"的魏徵心中,是否确实希望唐太宗能够认识到"六典"和本朝六部之间存在着历史继承性,这一点后人并不清楚。①

然而,魏徵在《群书治要》中所辑录《周礼》的相关内容,同唐代政治有着显而易见的关联,其最为重要的方面,诚如前文所述,在于司法实践。这一方面的事例之一,乃是《周礼》中的一项规定,即死刑的判决需要经由较大范围的评议程序。此问题在太宗朝曾有非正式的讨论。另一个相关联的例子是所谓"八议"的制度化,它指的是,某些特权集团的成员不得不受普通刑法程序的约束。《群书治要》在《周礼》"小司寇"条下罗列了"八议",并对其进行了阐释。不同寻常的是,在相应的条目下,魏徵分别给出了唐代的对应内容。而《唐律疏议》的"名例"及刑名中也列出了"八议",其在讨论"八议"时,总是以引用《周礼》作为释名的起始,然后在唐代的语境中对"八议"进行释义。在唐代刑律的关键部分引用《周礼》,说明《周礼》所提出的适用于特权阶层的司法原则在唐代的刑律中也被认为具有权威性。不过,需要指出的是,早在曹魏时期即已有"八议"入律之举,就唐代而言,诚非新事,不过是前代法律制度的继承而已。

魏徵编《群书治要》,亦曾数次引用《周礼》中的某些特定内容,意在关注普通百姓的生活状态,以舒缓民众的困苦。这在太宗朝乃是一个颇受重视的重要的政治道德原则,在朝廷议事以及唐太宗本人的言论中多有一致的观点。不过,尽管如此,《周礼》在这一方面的简略构想,除了下文将要提及的肺石事件外,并未辑录其中。

唐代前期士大夫们修纂了若干唐以前的史书,其中包含了对唐以前相关典章制度变迁的探讨。如《周书·卢辩传》及《隋书》的相关部分,皆记载了由北周太祖推动,于公元556年得到实施的"依《周礼》建六官"的做法。②

此办法实行了25年,直到隋文帝上承汉魏之制,采用汉代以来逐渐形成的"三省"模式。不过即便如此,却也保留了部分北周时期的职官名称。此后,如《隋书》所载,制度传统和管理基本架构大体上沿用到了8世纪。这一点似乎说明,为什么在唐人眼中,讲制度设置就不能不正视《周礼》的作用。

---

① 唐代贾公彦作《周礼注疏》,并不认为二者之间具有此种关联。
② 《周书》卷二四《卢辩传》,中华书局,1971年;《隋书》卷二七《百官志》,中华书局,1973年。

（二）武则天改制时期与《周礼》

在唐代前、中期政治史的第二个阶段，帝制的理念发生了显著的变化。武则天需要寻求意识形态方面的支持，她无视在儒释道三者之间保持距离的传统做法。光宅元年（684），武则天准《周礼》六官之制，改定六部以及其他若干职官的名称。①不过，当时以《周礼》体系重新定名职官的做法并未尽用于整个官僚体系，因为此时的国家行政管理体系无论如何同《周礼》的时代是完全不相符合了。而且，一些中央机构的名称也带有道家的意味，而不仅仅是儒家的色彩。尚书省改名为文昌台，而"文昌"乃是最早见于《史记》的星座之名。②尚书省左、右仆射更名左、右相，此称呼或许来自《尚书》。③门下省更名鸾台，侍中为纳言。而"纳言"之名亦源于《尚书》。④按：此名在王莽之时，以及后来的北周、隋和唐代早期亦曾采用。⑤此外，中书省为凤阁，中书令为内史。《周礼》中有"内史"，后来杜佑《通典》即认为，"《周官》，内史掌王之八柄……盖今中书之任"⑥。

九寺之中，"大理寺"依《周礼》之名改称"司刑寺"，而"司农寺"则一仍其旧。武则天对职官名称的变动至诸卫而止，当时左右卫等并未被冠以《周礼》的名称。这一事实似乎表明，中古时期的军事体制很难用《周礼》时代的观念来加以比附，其中原因，或许同军事体制颇受北方草原民族的影响有关，而不全是中原的传统。而各卫名称确定之后，朝廷要求"其余曹司及官僚名未改者，所司速制名奏闻"⑦，应当还有后续的工作有待完成。

按当时朝廷中关于此次变革的讨论过程并未见诸记载。武则天对于改制的观点，正如上文所引689年贤良方正科策问所表明的那样，具有折中主义的性质。武则天对古代职官名称的选用，与其频繁更换年号相关联，而她的年号来源，既有佛教，也有本土的道教和儒家文化。武则天时期的许多变革皆同她作为女性统治者而寻求某种依据的动机相关。如果说，武则天采用古代的职官名称以强调自己武氏家族的中土族源，以此昭示与李唐王室多族群渊源的不同，似乎也有道理。当然，她

---

① 《资治通鉴》卷二三〇记载改"六曹为天、地、四时六官"。参见《资治通鉴》，中华书局，1956年，第6421页。
② 《史记》卷二七《天官书》，中华书局，1982年，第1293页。
③ 杨家骆：《尚书注疏及补正》卷三，世界书局，1963年。
④ 杨家骆：《尚书注疏及补正》卷三，世界书局，1963年。
⑤ 〔唐〕杜佑：《通典》，中华书局，1988年，第540页。
⑥ 〔唐〕杜佑：《通典》，中华书局，1988年，第560页。
⑦ 〔宋〕宋敏求编：《唐大诏令集》卷三《帝王》，商务印书馆，1959年。

将《周礼》六官之名用于六部，也只是沿袭并借用北周的做法，并不是她的独创。

武则天急欲从京城和各地方获知人们对其统治的态度，于是她拓展了朝廷同下层官员以及普通民众之间的沟通渠道。她试图恢复《周礼》中的一项具体做法，以便于听取下层的告诫，即设立肺石。据《周礼》，具有象征性的肺石设于宫廷之外，成为百姓表达对于国家治理怨言的渠道。唐以前的文献中亦时或有关于肺石的记载，多数情况下乃是一种文学的意象。魏徵在《群书治要》中曾提及《周礼》关于肺石的设置。① 有可能武则天再一次进行了这样的安排。② 不过，以此作为一种百姓表达不满的机制，它显然是失败的。与肺石相关联的还有登闻鼓，在后代看来，这也不过是一个文学性的意象。另一方面，武则天时设置的补阙、拾遗，作为监督职官，同《周礼》毫无关联，然而在历史上却得到长期保留，在后人看来，这是唐王朝的一个成功举措。

（三）玄宗统治时期与《周礼》

开元时期朝廷政治的相对稳定滋生了一种对本朝制度建设所取得成就的自豪感，而这种自豪感在当时士大夫的撰述中有较多的反映。这一时期留存下来的撰述远超前代。厅壁记、告身文本、国家发布的制度和礼仪规范、开元年间国家治理成就的官方文献等，皆能显著地揭示朝廷政治运行中对于《周礼》的态度。基于本朝实践而引经据典，引用《周礼》以说明某职官设置的渊源，这是当时司空见惯的做法。然而，多数情况下这只是表明本朝制度所来有自而已。

唐玄宗本人对儒家经典深感兴趣。开元、天宝之际，玄宗热衷于使用《周礼》中的词语，这一点在职官设置中似有表现。一个例证是当时颁布的若干告身文本的表述。由于告身皆以皇帝的名义发布，显然，玄宗是乐于见到文臣在拟定文本时引用《周礼》的。另一个例证是此时颇为流行的厅壁记。玄宗后期的一些厅壁记在撰写时就追溯到《周礼》那里，如孙逖所撰写的《吏部尚书壁记》和杜颀所撰写的《兵部尚书壁记》。③ 这些壁记作于玄宗统治末年，而此时正是皇帝乐于借古说事的时期。显然，这一时期正式和非正式的制度设置都会参考《周礼》。

然而有一点尚需注意：出于对于本朝制度的自信，在引经据典之时，还是要同

---

① 《群书治要》卷八《周礼》，四部丛刊，1936年。
② 《唐会要》卷六二《杂录》："（垂拱元年）二月，制：朝堂所置登闻鼓及肺石，不须防守，其有挝鼓石者，令御史受状为奏。"参见〔宋〕王溥：《唐会要》，中华书局，1960年，第1086页。
③ 俱见《文苑英华》卷七九八。《吏部尚书壁记》称："吏部尚书在周为太宰之职，其建设徒属敷陈事典，则周官备之矣。"《兵部尚书壁记》称："周官大司马，即今兵部尚书。"

《周礼》保持适当距离的。孙逖所撰写的壁记就有所反映。他在结尾处写道："天监有唐，俾多吉士，践此位者，四十八人。嘉名已著于国史，故事宜存于台阁。"另一个显然更为清楚的厚今薄古的例子，乃是李华撰于755年的《御史大夫壁记》。李华将御史大夫这一官职与《周礼》的关系加以切割。如当时所有对御史之职的评论者一样，李华溯源至前代，但只及秦、汉，而不言《周礼》。然而，他又指出："距义宁至先天，登宰相者十二。人以本官参政事者十三人，故相任者四人，借威声以棱檄外按戒律者八人"。不过到了开元、天宝中，刑措不用，元元休息，此职位的作用随之变化，用人政策亦相应改变，"至宰辅者四人，宰辅兼者二人，故相任者一人，兼节度者九人，异姓封王者二人"。这样的刻意的叙述方式表明，8世纪中期的官僚体系已经意识到本朝统治下晚近制度的演变以及所取得的成就，故没有必要过分地追溯以前的历史以及古代的制度渊源。显然，士大夫们正是基于本朝的时代性而思考职官体系的复古问题的。

《唐六典》是在玄宗统治巅峰时期编辑而成的完整的职官制度和运行规范。其重要意义在于，有助于我们认识其与《周礼》的密切关联。《大唐新语》和《新唐书》对此有详尽描述。[①]据载，玄宗在722年始诏大臣起草此书。他亲自撰写了《周礼》所言及的六种行政管理类型，即所谓"六典"。魏徵在《群书治要》中亦曾强调"六典"，在魏徵看来，这是政府管理中最具权威影响的六个部分，其重要性要远大于"六官"以及其他以"六"为表述体系符号的内容。不过，这个"六典"就《周礼》中的制度性语汇而论，内涵相当空泛，同开元中的朝廷行政管理架构并不相合。

玄宗意旨之下，这六个带有政治道德意味的古老主题，似乎是大臣们很难完成的任务。据《大唐新语》卷九载，"开元十年，玄宗诏书院撰《六典》以进。时张说为丽正学士，以其事委徐坚。沉吟岁余，谓人曰：'坚承乏，已曾七度修书，有凭准皆似不难。唯《六典》历年措思，未知所从'。张说又令学士毋婴等，检前史职官，以今式分入六司，以今朝六典，象周官之制。"当然，其用功虽艰难，绵历数载，最终在开元二十六年（738）还是提交皇帝了。

依唐玄宗之意，《唐六典》应依据《周礼》之制设计开元之时政府组织架构，然而整体而言，《唐六典》的构思同《周礼》的本来面目实在太过悬远，在这一点

---

① 〔唐〕刘肃：《大唐新语》卷九《著述第十九》，中华书局，1984年，第136页。又《新唐书》卷五八《艺文二》载："开元十年，起居舍人陆坚被诏集贤院修'六典'，玄宗手写六条，曰理典、教典、礼典、政典、刑典、事典。……始以令式象周礼六官为制。"参见《新唐书》，中华书局，1975年，第1477页。

上，其真实意义同当时其他中古行政制度相比并无二致。实际的改变无甚可观之处，依《新唐书·百官志》的叙述，居首的是地位最高的虚职三师、三公，然后是三省。三省由尚书省始，其下为六部。诸省之后为御史台以及诸寺、监、卫。在记载这些职官时，对其历史渊源有所说明，但正如唐代告身和厅壁记所表现的那样，只有一部分追溯到了《周礼》。

约在开、天之际，刘知几之子刘秩完成了《政典》一书，此书乃是后来杜佑《通典》的基础。《政典》的叙述顺序与《唐六典》略同，但三省的排列有所改变。有两点很重要：第一，与作为官方正式典册的《唐六典》不同，《政典》有刘秩个人的评论，后世尚约略可见。第二，同《唐六典》如出一辙，或许亦得到皇帝关注，它也求助于《周礼》。这一点在《旧唐书》中有明确记载："初开元末，刘秩采经史百家之言，取《周礼》六官所职，撰分门书三十五卷，号曰《政典》。"[①]

关于唐代行政架构的第三种记录，是《旧唐书·职官志》。如若予以历史评价，《唐六典》《职官志》和包含于《通典》的《政典》三者之间存在共性。《职官志》的历史影响堪与其他二书媲美，而它在叙述时也引用了《周礼》。这三部文献皆认为，唐代某些关键职官的渊源在于秦制，而不是《周礼》，比如谏议大夫就是如此。尽管《通典》有记载，说北周之时将此职位与《周礼》中的保氏大夫对应起来，但这三种文献论此职官时皆仅追溯至秦，事实上《汉书》述及此职时就有明确的说法。[②]类似的例子还有担负规谏职责的散骑常侍，述其历史亦言及秦，其表述风格也是因循《汉书》而不是《周礼》。

就《唐六典》《职官志》和《政典》论，归根到底，它们并没有认为《周礼》作为唐代政府制度的渊源和依据具有很重要的意义。当然，这些文献有时也会将问题交待得更为确切。例如，关于御史台的渊源，《唐六典》曰："《汉书》云，御史大夫，秦官，位上卿。银印青绶，掌副丞相。"《旧唐书·职官志》则直言其源自秦汉。而保留于《通典》的《政典》表述得就更为清晰，其曰："御史之名，《周官》有之，盖掌赞书而授法令，非今任也。战国时亦有御史……至秦汉为纠察之任。"[③]

综上所述，玄宗朝官方文献对有关制度的编纂与评论，体现出当时士大夫的两个特点：一是基于唐王朝政治实践与成就的自豪感，二是对制度发展渊源多样性所具有的广泛的兴趣和审慎的态度。而《周礼》恰是其关注的重点之一。

---

① 《旧唐书》，中华书局，1975年，第3982页。
② 《汉书》卷一九《百官公卿表》，中华书局，1962年，第727页。
③ 〔唐〕杜佑：《通典》，中华书局，1988年，第658页。

（四）安史之乱后的统治与《周礼》

安史之乱以后的50年中，国家制度经历了诸多变革。在中央，六部中除了礼部，均丧失了权力，而地方势力，特别是那些财力雄厚的地区，开始扮演重要角色。此时期中，士大夫以怀疑的眼光反思古典文献。儒家经典仍居核心地位，而《春秋》受到特别关注并被奉为政治准则。流行的政治思潮是前一阶段延续下来的折中主义，没有什么历史的政治文本或前代王朝能够成为当时政治的模板。前述803年权德舆之问所隐含的对于《周礼》的谨慎态度或可视作这种具有不可知论色彩的折中主义的反映。对政治原则的普遍关注不再倾向于恢复《周礼》制度，亦非出于自身利益而"崇古"。几乎没有什么证据能证明这时的唐朝对《周礼》还有多大兴趣，诸如权德舆、韩愈、李翱和柳宗元等人的著作也很少提到《周礼》。

这一时期，士大夫迫切要求在律法与职官两个方面皆删繁就简。李华在其所作《质文论》中曾就此表达了自己的观点。他以《礼记》之语[①]为依据，称"周弱失于制而过烦"[②]。而在权德舆关于《周礼》的策问中，亦隐含了类似的观点。显然，时过境迁，再主张以《周礼》为模板就不合时宜了。

尽管如此，《周礼》还是具有一定的权威性的。如若某个特定的官职同《周礼》之制有着恰当的关联，人们还是会将其历史渊源追溯至《周礼》。任命官员的制书撰写仍然会引用《周礼》的词语进行表达。例如，常衮所撰《授贾至京兆尹制》中，提及贾氏以前在礼部和兵部的任职时即以《周礼》中的对应词语予以说明。[③]而在《授鱼朝恩国子监制》中，亦以《周礼》"师氏"之名以为释义。[④]此后的告身制文也延续了这种风格。白居易在语及六部时亦采用《周礼》的术语。如他在言及礼部在六部之中的地位时说："天官太宰，秩序常尊，自昔迄今，冠诸卿首，非位望崇盛者不可以处之。"[⑤]而在礼部官员的任命文件中继续使用《周礼》术语，说明《周礼》与国家礼仪制度仍然具有历史性的联系。

对安史乱后唐王朝关注点进行系统说明的推杜佑的《通典》。可以看出，杜佑并不过分强调对于官员的道德劝诫，而是主张减少官员数量和改革考试制度，这也

[①] 《礼记·檀弓下》："国奢则示之以俭。"
[②] 《文苑英华》卷七四二《质文论》，中华书局，1966年。
[③] 《文苑英华》卷四〇六《授贾至京兆尹制》："历阶要重，淡然虚怀。宗伯以和人神，夏官以纠邦国。"
[④] 《文苑英华》卷三九九《授鱼朝恩国子监制》，中华书局，1966年。
[⑤] 〔唐〕白居易：《白氏长庆集》卷五〇《郑细可吏部尚书制》，文学古籍刊行社，1955年。

是当时主张改革的人士所持有的基本观点。

省官即减少冗职的主张在唐朝一建立即有提出，后来亦持续不断。《通典》对此有不少评议，但所言并未引用《周礼》。若我们对权德舆之问解读正确，那么省官的主张同兴复《周礼》旧制的旨趣是相悖的。杜佑似乎认识到科举考试制度其实不利于重建《周礼》旧制，故在《通典》中不吝笔墨予以长篇大论。《通典》给出了战乱之后进行改革的若干主张，如杨绾、赵匡和沈既济等人的意见。他们都未以《周礼》作为变革的依据，尽管当时《周礼》作为《三礼》之一依然不失其地位。

杜佑对周代典章持有敬意，故《通典》中参考《周礼》之处颇为常见。显而易见的是，杜佑一方面尊重历史典章，另一方面以审慎的态度讲求历史理解的准确性，并将二者结合起来。他对于制度史的兴趣引发了对唐六部源自《周礼》六官之说的怀疑。在杜佑看来，评价职官制度发展宜注重其功能而不是名称，所以，他认为当代某些官职的功能同《周礼》所载可以对应，但名称却颇不相同。杜佑考察了六部发展的历史，北周和武则天时期亦在其观察之列，而武后时期的六部被一些人认为等同于《周礼》六官。而杜佑溯至汉成帝时期，认为六部是独立于《周礼》模式而发展的。他说：

> 周公居摄，而作六典之职，以佐王理邦国。汉成帝初，分尚书置四曹，盖因事设员，以司其务，非拟于古制也。至光武，乃分为六曹。迄于魏晋，或五或六，亦随宜施制，无有常典。自宋齐以来，多定为六曹，稍似周礼。至隋六部，其制益明。[①]

杜佑基于北周时期将《周礼》官职名称用于当朝制度的做法，说明了六部中的四部以及九寺的职守同《周礼》制度之间的复杂关系应当如何理解：

> 后周依《周礼》置六官，而年代短促，人情相习已久，不能革其视听。故隋氏复废六官，多依北齐之制。官职重设，庶务烦滞，加六尚书似周之六卿，又更别立寺、监，则户部与太府分地官司徒职事，礼部与太常分春官宗伯职事，刑部与大理分秋官司寇职事，工部与将作分冬官司空职事。自余百司之任，多类于斯，欲求理要，实在简省。[②]

杜佑的评论涉及中古的制度。在他看来，六部中的户、礼、刑、工同九寺中的四寺分担职责，并与《周礼》中的四官约略对应。但他对武则天于公元684年依据《周礼》术语推行的新的职官体系的名、实问题却有不同看法：

> 大唐武太后遂以吏部为天官，户部为地官，礼部为春官，兵部为夏

[①]〔唐〕杜佑：《通典》，中华书局，1988年，第629页。
[②]〔唐〕杜佑：《通典》，中华书局，1988年，第691页。

官,刑部为秋官,工部为冬官,以承周六官之制。若参详古今,征考职任,则天官太宰当为尚书令,非吏部之任。今吏部之始,宜出于夏官之司士云。[①]

杜佑的评述表明了他对前人所持六部等同于《周礼》六官的观点高度怀疑。在《通典》关于户部的讨论中,杜佑表达了一个类似的观点。他在注释中再次说道:"按今户部之职与地官之任,虽亦颇同,若征其承受,考其沿袭,则户部合出于度支。度支,主计算之官也。算计之任,本出于《周礼·天官》之司会云。"[②]本朝只有礼、刑、工三部同《周礼》的相关设置是相一致的。武则天的所作所为,以及玄宗颁行《唐六典》的作为,即采用《周礼》命名体系来改易唐代官僚等级制度,这不过是一种借古喻今的简单化办法。在此时普遍流行的疑古思潮中,杜佑的思维冷静而清晰,他指出了唐代职官名称与内涵变迁的时代特征。

这个特殊时代制度的变化,似乎降低了《周礼》的地位。这使一些官僚士大夫推崇《唐六典》,将之作为典范性文件。安史之乱以后,若干地方官员专擅一面,而不复为此前专任之使臣。地方节度使势力不断扩大,地位尊崇,故此有文献指出,天宝末年以降,为官轻重,内外大有不同。[③]由于唐代地方节度使设置的权宜性质,历史文献对其记载颇不确定。《唐六典》、新旧《唐书》和《通典》的辑录亦有出入。显而易见的是,整个职官制度因此更加复杂化了。

面对新的状况,士大夫相信王朝应力行省官,并针对那些抗命中央的节度使,建立一个强有力的控制体系。许多士大夫对开元时期所推行的职官制度颇多非议,他们进行负面评价时所依据的乃是《唐六典》而不是《周礼》等前代典章。士大夫于唐代发展的巅峰时期完成了《唐六典》的编撰,其历史影响堪称深远,唐玄宗甚至将其同《周礼》相提并论。由于《唐六典》对节度使只是略有提及,所以它成为人们主张省官的依据。事实上,比起《周礼》等前代典章,《唐六典》更具当代性和实践意义。故此,许多人在就职官制度问题同保守势力论辩时援引《唐六典》。

在唐代政治史的这个阶段,《唐六典》的解释力相当广泛。这里需要对《唐六典》重要地位形成的过程稍加解读,这将有助于理解安史之乱后的政治环境以及此时历史典章的地位。贞元二年(786)对文武百官朝谒班序确定规范,在所发布的敕

---

① 〔唐〕杜佑:《通典》,中华书局,1988年,第629页。
② 〔唐〕杜佑:《通典》,中华书局,1988年,第635页。
③ 《唐国史补》卷下:"开元已前,有事于外,则命使臣,否则止。自置八节度、十采访,始有坐而为使,其后名号益广。大抵生于置兵,盛于兴利,普于衔命,于是为使则重,为官则轻。"参见〔唐〕李肇:《唐国史补》,上海古籍出版社,1979年,第53页。

文中，同时引用了《唐六典》和《周礼》："据《周礼》先叙六官，准《六典》尚书为百官之本。今每班请以尚书省官为首。"①也有一些现实问题《周礼》中无案可稽，《唐六典》于是成了排忧解难的依据。例如，公主母的称号问题、国学学官中孔子的礼敬问题、武则天及其以后甄及理匦使的设置、御史在郊庙祭祀中的职责，以及御史大夫在唐前的设置变化、弘文馆和集贤院的内部职事名目等等，对这些问题的讨论皆曾引用《唐六典》作为规范标准。②因为《唐六典》委实具有重要的实践意义，故元稹曾在对策中提出，礼部理应将《唐六典》列为取士的科目之一。③李吉甫则将《唐六典》精编为《百司举要》一书奏上。④而吕温则上状称，当世礼俗制度颇失规范，其原因在于"《开元礼》《六典》等圣朝所制郁而未用"，《唐六典》乃是"考古训于秘文，以论材审官之法"而作，意义重大，故宜量加删定，同《开元礼》一起重新颁布，令"公私共守，贵贱通行"。⑤

相比之下，更为重要的是，士大夫此时求诸《唐六典》往往关乎基本的政治原则。唐代曾有每年将道州"矮奴"作为土贡进奉朝廷的陋规。白居易作《道州民》诗，基于人道的立场，认为所谓"矮奴"也是"民"，他在表达自己的意见时，径直以《唐六典》说事，其隐含的意义，是认为这种造成生离死别的做法于法无据。⑥另一个更为显著的例子发生在会昌五年（845）。当时朝廷就僧尼所隶问题发生争论。按原来的制度，僧尼归礼部之下的祠部管理。中书门下提出，应依《唐六典》的设计改隶于主客。当时僧尼众多，寺庙富有，有关部门提出改隶的主张，显然具有排佛倾向。而在改隶主张者的眼中，《唐六典》体现了真正适合中国国情的制度安排，所以，只有《唐六典》才有资格对来自异域的佛教给予不容置疑的准确定位，从而成为决策的根本依据。⑦这一点也表明，在主张变革者看来，在安史之乱后唐王朝新的发展阶段，制度安排方面具有权威性的法典是作为大唐鼎盛时代杰出成

---

① 〔宋〕王溥：《唐会要》卷二五，中华书局，1960年，第482页。
② 关于这些事例的记载，见《唐会要》卷三五、卷六〇、卷六一、卷六四等。
③ 〔唐〕元稹：《元氏长庆集》卷二八，上海古籍出版社，1994年。
④ 《新唐书》，中华书局，1975年。
⑤ 《文苑英华》卷六四四《代郑相公请删定施行六典开元礼状》，中华书局，1966年。
⑥ 〔唐〕白居易：《白氏长庆集》卷三《道州民》，文学古籍刊行社，1955年。
⑦ 《唐会要》卷四九《僧尼所隶》："天下僧尼，国朝以来并隶鸿胪寺。至天宝二年，隶祠部。臣等据《大唐六典》，祠部掌天下宗庙大祭，与僧事殊不相及，当务根本，不合归尚书省，属鸿胪寺亦未允当。又据《六典》，主客掌朝贡之国七十余番，五天竺并在数内。释氏出自天竺国，今陛下以其非中国之教，已有厘革。僧、尼名籍，便令系主客，不隶祠部及鸿胪寺，至为允当。从之。"参见〔宋〕王溥：《唐会要》，中华书局，1960年，第860页。

就的《唐六典》，而不是包括《周礼》在内的别的旧时代的典章。

上述讨论清晰地表明，安史之乱后的士大夫们在《唐六典》中发现了远比《周礼》更具有当代实践意义的合法性依据，无论是就政治原则还是职官制度而言，皆是如此。《唐六典》是一个显著的例证，它很好地体现了唐代文化的一个精神特征，即以审慎的态度对待古代制度传统的变革，在这一过程中既尊重古制，又尊重法典文本的权威，而不是偏激地执其一端。

四、《周礼》在国家礼法制度中的地位

让我们回到对《周礼》本身的讨论中来。如本文开头所言，公元803年权德舆所提出的问题反映出当时士大夫对于《周礼》和国家礼法制度的广泛关注。礼法制度是中世纪政体的核心。唐代士大夫对此所持态度与那些从事实际管理工作的官僚显著不同：在政府职能实现过程中存在着贵上与务实、尊神与从俗的不同。这种差别在唐代政治思想发展的任一阶段本不起主导作用，但唐代士大夫们习于区分制度和礼乐，并在区别对待《唐六典》和《开元礼》两个不同体系的典章规范问题上表现出来，使二者在政治架构中并行不悖而且相互依存。① 从制度上讲，礼部在六部中具有崇高声望，和太常寺一起，人员配备充足，其人员似乎占到中央政府的六分之一。据说安史之乱后礼部是六部中仅有的职责功能一仍其旧的部门。国家礼法制度中，包含150个左右经常性和临时性的仪典，皇帝往往予以特别的关切。重大的仪典需要国家投入大量时间、财富和精力。开元时期时不时举行大型仪典，对于王朝统治具有重大意义。它们反映了王朝的成就，也体现着王朝统治应天顺人的品行。开元十三年（725）于泰山行"封禅礼"即是一例，其祭辞夸张炫耀，所谓以成功告于上帝，而"文武百僚，二王后，孔子后"，"戎狄夷蛮羌胡朝献之国"，周边诸族可汗或使臣、外国君主"咸在位"，② 以作国家仪典的见证。

特定的仪典可以形成文化的传承，甚至体现独特的礼法精神。唐代国家礼法传统和礼仪规范几乎完全来源于儒家学说，无论是佛教还是道教在官方礼制的渊源中都未能占有一席之地。士大夫内心有一种反对宗教神权的倾向，正是这种倾向，使他们以《唐六典》为依据，坚持认为祠部与佛教僧尼的管理毫无关系。然而秦焚书之后，诸子所书，止论其意，儒家文本的可靠性既存疑问，而屡见不鲜的王朝丧乱更令仪典沦没。这就意味着后世的官僚士大夫们必然会对当代礼法制度的构想与安排是否正当合理而产生激烈的争论。以唐代论，仪典一经规划，争论即如影随形。

---

① 《文苑英华》卷六四四《代郑相公请删定施行六典开元礼状》，中华书局，1966年。
② 〔宋〕王溥：《唐会要》卷八《郊议》，中华书局，1960年，第115页。

如若涉及宗教信仰，亦须纳入传统礼法的范畴；对礼制仪典的态度，同对待政治制度一样，一般而言，既要务实，亦须无可置疑。

争论之所以产生，其原因之一在于对信仰仪式的关切，即如《礼记》所言既"诚"且"庄"①。欲求仪式成立，其表达必以经典为依据，并参以后代对于经典的解读和历史实践。因此，一般而言，《周礼》及郑玄注作用重大。就唐代而论，士大夫于《周礼》的采用，既做到引经据典，又体现历史传承，还实现了对于时代的超越。

关于唐代礼仪制度的论争，当时的文献记录为数不少。《贞观礼》和《显庆礼》历史文献皆语焉不详，至今已无由知其具体。显庆以后，朝廷礼仪所据典章多次变动。据《旧唐书》载，高宗仪凤二年（677）诏："其五礼并依《周礼》行事。自是礼司益无凭准，每有大事，皆参会古今礼文，临时撰定。然贞观、显庆二礼，皆行用不废。"②直到开元二十年（732），唐代第三部礼典即著名的《开元礼》方告编成。《开元礼》为8世纪中叶王朝的全部礼仪规定了详尽的规范。唐玄宗之后，在朝廷关于政治制度的讨论中，《开元礼》同《唐六典》并行不悖，分别扮演着重要的角色。此外，我们还能够从王泾的《大唐郊祀录》以及新旧《唐书》中见到关于礼仪内容与程序的记载，而杜佑的《通典》则提供了关于包括《开元礼》在内的唐代礼仪制度详尽的沿革史。这就能够很好地解释，为什么后世的儒家，就如朱熹那样，对唐代礼仪制度推崇有加了。

毫无疑问，《周礼》对于中国古代以"礼"为主题的各类撰述具有重要的影响，这里不予赘述。我们只想具体地分析，唐王朝的礼法制度是否更为凸显了《周礼》的地位。关于这一问题，我们需要在天地鬼神、特定的仪式程度和礼仪规范的文字表述三个层面进行说明，或许能够得到解释。

在基本概念上，唐代士大夫如前代一样，将礼仪规范划分为吉、宾、军、嘉、凶五个类别。这种做法可以追溯至《周礼》对小宗伯职责的说明："掌五礼之禁令与其用"③。而唐代礼仪由著至微分为上、中、下三个层次，此亦源自《周礼》。④最上为"吉礼"，源于《周礼·春官》：大宗伯之职，"以吉礼事邦国之鬼神示"，祀昊天上帝、日、月、星、辰，以及司中、司命、风师、雨师。《大宗伯》还提及对于社稷、五岳、山林川泽的祭祀，而先王祭祀的内容则多处出现。其中还

---

① 《礼记·曲礼上》："祷祠祭祀，供给鬼神，非礼不诚不庄。"
② 《旧唐书》，中华书局，1975年，第818页。
③ 杨家骆：《尚书注疏及补正》卷一九，世界书局，1963年。
④ 《旧唐书》卷二一《礼仪志》："昊天上帝、五方帝、皇地祇、神州及宗庙为大祀，社稷、日月星辰、先代帝王、岳镇海渎、帝社、先蚕、释奠为中祀，司中、司命、风伯、雨师、诸星、山林川泽之属为小祀。"参见《旧唐书》，中华书局，1975年，第819页。

专门言及一个特别的程序问题，即"王不与祭祀，则摄位"，而唐代的规定亦相类似。①显然，两相比较，可以看出，《周礼》提供了唐《开元礼》中"吉礼"的基本框架。

7世纪及8世纪初，唐代就礼仪问题屡有争议，而《周礼》在其中起到了重要作用。问题之一是，本朝皇帝如何配祀"五帝"？《周礼》以及郑玄注本是"五帝"或"五天帝"祭祀体系的权威支撑，而唐代士大夫曾为配祀安排争议不已，这一事实本身就表明，礼仪传统在经历长期的历史演化之后变得异常复杂。《周礼·春官》称，小宗伯"兆五帝于四郊"，其后郑玄提出"六天之说"，而后王肃等人亦异说纷纭，直到唐代仍是如此。长孙无忌、许敬宗皆反对郑玄之说，其结果便是"存祀太微五帝于南郊"②，昊天上帝则在祭祀体系中具有了至高无上的地位。这一点在《开元礼》中得到强调，冬至日首祭即祀昊天上帝于圜丘③，而五方帝祭祀仍然存在，且各有其祀所。以此，《开元礼》表现出自己的特点：这一时期的礼法制度基于当代的繁荣与稳定，具有显著的包容性，并对《周礼》以及郑玄注仍然保持高度尊重。

类似的事例还有不少。开元十二年（724）春二月玄宗"祠后土于汾阴脽上"④。于汾阴祠后土的传统可追溯至汉代，然而祠后土本身是可以从《周礼》中找到依据的。元和十四年（819）还发生了一件事。按《开元礼》之制，太庙五年一禘，三年一祫，同《周礼》相一致。不过到了元和十四年，发生了一场争议，它非常典型地反映出传统典章、历史旧制与当前政治三者之间的关系是如何协调的。早在"天宝末，玄宗令尚食每月朔望具常馔，令宫闱令上食于太庙，后遂为常。由是朔望不视朝，比之大祠"⑤。不过，此举实属改变太庙祭祀常规，而其依据却不足。故国子博士李翱上奏，认为此举不当。他说：

> 《国语》曰：王者日祭。《礼记》曰：王立七庙，皆月祭之。《周礼》时祭，禴祠蒸尝。汉氏皆杂而用之。盖遭秦火，《诗》《书》《礼经》烬灭，编残简缺，汉乃求之。先儒穿凿，各伸己见，皆托古圣贤之名，以信其语，故所记各不同也。古者庙有寝而不墓祭，秦、汉始建寝庙于园陵，而上食焉。国家因之而不改。贞观、开元礼并无宗庙日祭月祭之

---

① 《新唐书》，中华书局，1975年，第4105页。
② 〔宋〕王溥：《唐会要》卷九《杂郊议上》，中华书局，1960年，第146页。
③ 《大唐开元礼》卷四，洪氏唐石经馆丛书，东京古典研究会，1972年。
④ 〔唐〕杜佑：《通典》，中华书局，1988年，第1262页。
⑤ 《旧唐书》，中华书局，1975年，第4206页。

礼，盖以日祭月祭既已行于陵寝矣，故太庙之中，每岁五飨六告而已。不然者，房玄龄、魏徵辈皆一代名臣，穷极经史，岂不见《国语》《礼记》有日祭月祭之词乎？斯足以明矣。[①]

李翱奏文中一字不差地引用《开元礼》中的祝文，从《礼记》和《周礼》中引用古语，又屡屡以《贞观礼》和《开元礼》说事，且主张"因秦汉之制，修而存之"。显然，传统典章、历史旧制和当今政治是需要综合考虑的，此即所谓"经义可据，故事不遗"[②]。特别是李翱强调《周礼》，一个重要的原因是《周礼》的意义在唐前期本已得到认可，"大礼既明"，自当"永息议论"。当然，或许还有一个原因，即他基于政治原因，以反对违礼祭祀作为取消朝会的托词。

唐代士大夫们也曾就女性参与礼仪问题进行辩论，而《周礼》竟然也能够提供这方面的依据。神龙三年（709）唐中宗将亲祀南郊，有官员奏言皇后亦合助祭，中宗颇以为疑，召礼官询问。结果反对者明言此议于礼不合。双方在表达自己意见时，皆煞有介事地大段援引《周礼》。结果中宗皇帝采纳了前者的建议，竟以皇后为亚献。不过，景云元年（710）睿宗甫一上台，即听取侍御史的劾奏，指斥出主意者败坏了礼制。[③]此例再次说明，现实的政治争议能够深刻地影响包括《周礼》在内的典章解释，以及时人对于历史经典所代表的传统的态度。

唐代礼仪制度同《周礼》的关系还表现在语汇表达方面。《开元礼》载，吉礼正式开始前有一个斋戒的准备环节。"太尉誓百官于尚书省，曰：某月某日祀昊天上帝于圜丘，各扬其职，不供其事，国有常刑"[④]。此语的表述颇类《周礼》："不用法者，国有常刑。"[⑤]又《开元礼》规定，狩猎之时，须待皇帝贵族结束，"然后百姓猎"，而"大兽公之，小兽私之"[⑥]。这直接取自《周礼》："天子……佐车止，则百姓田猎"[⑦]；"大兽公之，小禽私之"[⑧]。按唐代社会中"私""家"与"公""官"之分是相当重要的概念，士大夫以历史典章为据，强调"公"优于"私"，这样一来，《周礼》的原则也在当代礼法制度的框架中得到明确。我们还可以从唐代封禅礼以及其他一些祭祀礼仪的表述中，看到更多的利用《周礼》语汇

---

① 《旧唐书》，中华书局，1975年，第4206页。
② 《旧唐书》，中华书局，1975年，第4207页。
③ 《旧唐书》，中华书局，1975年，第4970页。
④ 《大唐开元礼》卷五，洪氏唐石经馆丛书，东京古典研究会，1972年。
⑤ 杨家骆：《尚书注疏及补正》卷三，世界书局，1963年。
⑥ 《大唐开元礼》卷八五，洪氏唐石经馆丛书，东京古典研究会，1972年。
⑦ 杨家骆：《尚书注疏及补正》卷一八，世界书局，1963年。
⑧ 杨家骆：《尚书注疏及补正》卷二九，世界书局，1963年。

的例子，这里就不再赘述了。

我们还可以对本文的主题进行更为广泛的研究。然而至此已经能够看出，正是通过积极地推动礼法制度的变革，唐代的士大夫们表现出对于儒家经典以及《周礼》本身的尊重。他们做到了既汲取历史的经验又能够超越时代，因此彰显了自己所处时代的独特和强大。而《周礼》以自己在礼法制度方面的特殊声望与历史价值，影响了唐王朝士大夫们的思维，并因此成为推动新时期制度变革的重要因素。然而《周礼》只是儒家经典文本之一，除了在武则天和唐中宗短暂的统治时期外，它并未比其他礼仪典章具有更为显著的独一无二的地位。在唐王朝国家礼仪与行政制度的变革中，《周礼》并非被全盘照搬，其作用仍是有限的。

五、结语

唐德宗贞元十九年（803）权德舆基于对《周礼》的思考所拟明经策问，实际上揭示了公元7—8世纪政治思想中的若干重要问题。本文对其内涵的复杂性进行了探索。唐代政治制度的等级体系相比前代更为庞大，也更复杂。对高层官员来说，传统的渊博知识对于维护王朝统治的权威性至关重要。士大夫们深知《周礼》能够为构建理想的治理结构提供一个渊源久远的经典蓝本，在国家行政架构、司法体系和内宫机构设置等各个方面提供历史依据。他们认可《周礼》所包含的一些治国原则，例如司法体系中的等级制、对于死刑的约束性规定、对于社会贫困的救济等等。在国家政治制度的变革中恰当地援引《周礼》，一方面体现了对于历史和典章渊源的倚重，另一方面也反映了基于当代的自重。当然，有时候或许也是为了迎合某些当朝的帝王。

制度的不断变革是唐朝历史经验的一个重要方面，这一点得到公认。唐代各个阶段皆有试图革新的欲求，但并不是所有的变革都能得到士大夫精英的欢迎。官僚机构的膨胀，特别是8世纪对政治产生了极大影响的节度使体制的扩张，皆受到了士大夫们的抵制。于是理财、宫廷省费等变革主张得以提出，而《周礼》正好提供了历史典章制度方面的依据。然而，基于当时认识分歧相当严重的政治状况，无法真正按照《周礼》模式进行制度调整，也就在情理之中了。

在思维更具反思特征的安史之乱以后的唐朝统治时期，古代是士大夫解决当代危机的思想宝库。《唐六典》为完善治理结构提供了新的典章，它适当地尊重了《周礼》的权威性，但毕竟时过境迁，制定者并未全盘照抄其中同当代有可能还存在直接关联的内容。这或许也是因为在8世纪后期普遍存在的对于古典文本的怀疑主义风气中，《周礼》确已风光不再。诚如杜佑所为，出于准确理解历史变革的讲求，对任何将唐代六部同《周礼》六官之间存在继承性的简单化观点提出疑问。不过，《周礼》作为经典的地位依然得以保持，它虽非通俗读物，但仍存在于国家教育体系之中，并成为科举考试的内容。故此，安史之乱以后，一直有人相信唐代行政管理制度至少有某些部分确实是源于《周礼》的。

无论如何，唐代的礼仪制度无疑以独尊儒术为其根基。国家礼仪制度作为政体的组成部分在唐代达到巅峰，整体而论，此后在帝制时代的后期式微。当然，《周礼》只是"三礼"之一，其内容也往往零散地见于其他典章文献，并在历史实践中得到体现。然而，《周礼》在中国中世纪的政治思想流变中扮演了极其重要的角色，它以礼法治国的理念一直被视为儒家独尊地位的体现。而唐代的这一事实对后世更具哲学思辨特征的理学的形成产生了重要的、或许并非直接的影响。

此外，《周礼》对唐代政治话语的影响也是显著的。唐人的态度是尊重而不是照搬。唐人作文，必讲"摸拟"，其风于文、史尤著。然而以刘知几等人的观点，"貌异而心同者，摸拟之上也；貌同而心异者，摸拟之下也"①。以此论之，在公元7—8世纪的行政管理制度中照搬《周礼》的366个职官当然全无必要，重要的是理解其原则并且因时而变。王朝礼仪制度并非一成不变，其构建涉及超越时代、借鉴历史、尊崇祖宗鬼神等多个方面，而这些原则本已见载于儒家经典，对于唐代帝制亦极端重要。若礼仪至诚，则其行必果。而对于至诚信念的追求当自古代经典始，《周礼》的意义即在此。即此而论，《周礼》对后世思想史产生了重要影响，其权威性不容置疑。

原载《陕西师范大学学报》（哲学社会科学版）2019年第3期
（麦大维，剑桥大学亚洲与中东研究学院教授）

---

① 〔清〕浦起龙：《史通通释》卷八《内篇》，里仁书局，1980年。

想象之城
——南朝诗歌中的洛阳长安书写及其文化意涵

祁立峰

一、前言

当代人文地理学的研究已经指出，人与空间存在着复杂的辩证关系。人居住于真实存在的空间，但当空间或地景被描叙时，往往有再现的成分。如班雅明（Walter Benjamin）的理论——城市空间经由一种想象与梦幻的历程产生意义，留存在记忆之中。但记忆中的城市又无法完整再现，因此我们以记忆（也包含书写）所再现的城市，仅是一系列的零碎意象。① 人文地理学者科斯格罗夫（Denis Cosgrove）提到：地景本身可以当作一种文化意象，探讨其再现与结构的意涵。② 此外，城市书写更是一专门课题，如莱汉（Richard Lehan）或罗兰巴特（Roland Barthes）都提到：写作者关于一座城市的作品也将成为其历史③，或所谓属于一座城市的"入族式"④。

卡尔维诺（Italo Calvino）在《看不见的城市》中，描写到欲望之城费多拉（Fedora）时曾说：当人们根据玻璃球里城市模型建筑它时，它就已经产生变动。⑤ 我们知道城市的概念并不同于荒原或园田，物质建设或人文活动的正在进行式，使

---

① 关于班雅明的相关论述，笔者参酌德国本雅明《单行道》（王才勇译，江苏人民出版社，2006年）一书，然而本文内容因考虑在地惯用译名，故以"班雅明"称之，于此说明。而此诠释与进一步的运用，笔者也参酌了蔡振念的论述（蔡振念：《漫游与记忆——论朱天心的城市书写》，《台湾文学研究学报》2012年第14期，第235页）。

② Denis Cosgrove, *Geography and Vision: Seeing, Imagining and Representing the World*, New York: Palgrave Macmillan, 2008, pp. 1-12.

③ Richard Lehan, *The City in Literature*, Berkeley: University of California Press, 1998, p. 289.

④ 关于罗兰巴特的"城市入族式"概念，出自其《艾菲尔铁塔》一书。笔者此处参酌黄丽玲、夏铸九《文化、现在与地方感》文中的分析与论述，该文收录于陈光兴《文化研究在台湾》（巨流图书公司，2000年）一书。此外笔者也参酌 Roland Barthes, "Semiology and the Urban", in M. Gottdiener and Alexandres ph. Lagopoulos, *The City and the Sign: an Introduction to Urban Semiotics*, New York: Columbia University Press, 1986, pp. 87-98.

⑤ ［意］卡尔维诺：《看不见的城市》，王志弘译，时报文化出版事业公司，1993年，第45页。本文标题"想象之城"即由此而来。

得城市始终处于变动不居的状态。由于它随时处于变动中，几乎无法被精准地再现，只能成为玻璃雪球里的模型。但反过来说，正因为一座城市无法准确或完整地被再现，因此，每个人都可以透过自己的想象去填补（更进一步去积极建构）这座心中的"想象之城"，这可能即郑毓瑜所说的"人与空间相互定义指涉"[①]；或是蔡振念所谓"城市居民以语言建构城市"[②]。人、或者说城市的居民，成了影响一座城市重大的变因。如过去学者研究唐代长安城的论述中所指出的：我们关注都城"不仅是皇家庄重的礼仪举行的场所，也是市井百姓平凡生活的空间"[③]，也确如其所说："物质性的空间架构与人类活动息息相关，社会关系结构的运作反过来又界定、限制或调节了不同空间的发展趋向"[④]。

对于六朝写作者而言，都城建康代表的是政治、经济的中心，也可能是他们宦游官署的居处地景，建康本身的商业、经济的繁荣毋庸置疑，根据《金陵记》"梁都之时，城中二十八万余户"[⑤]，刘淑芬认为若以一户五口人计算，则居民多达一百四十万余人，[⑥]至侯景之乱爆发后才沦落至幸存者十分之一或二的惨况。[⑦]且据刘氏考察，建康城的特色在于城内全无耕地，居民若非贵族则即商人小贩，且市场数目繁多，足见其商业活动之兴盛：

> 建康为六朝之都城，其城市中土地之利用本和其他乡村社会的地区不同，建康城没有耕地就是一大特色，宋世江夏王（刘）义恭与孔灵符争论迁徙山阴居民时，就曾以"京师无田，不闻徙居他县"为理由，可知建康的居民中没有农民。《隋书·地理志》中也指出建康城居民分为两大类，一种是王官贵臣，一种是平民，而平民中又多为商人小贩。[⑧]

从"小人率多商贩，君子资于官禄，市廛列肆，埒于二京，人杂五方，故俗颇相

---

① "正因为破除了主/客观或现实/想象的二元分界，空间无法单纯被反应，同样也无法完全被编造，这应该是个人与空间'相互定义'的文本世界。"参见郑毓瑜：《文本风景：自我与空间的互相定义》，麦田出版社，2005年，第16页。
② 蔡振念：《漫游与记忆——论朱天心的城市书写》，《台湾文学研究学报》2012年第14期。
③ 荣新江：《隋唐长安：性别、记忆与其他》，复旦大学出版社，2010年，第9页。
④ 荣新江：《隋唐长安：性别、记忆与其他》，复旦大学出版社，2010年，第9页。
⑤ 刘淑芬：《六朝的城市与社会》，台湾学生书局，1992年，第135页。此处特别提到城市的繁荣，乃因克特金于其《城市的历史》书中有个说法，称一座城市之所以能延续长存，有赖于"安全""繁荣"与"神圣"三个要素。参见［美］克特金：《城市的历史》，谢佩妏译，左岸文化事业公司，2006年，第33—36页。
⑥ 刘淑芬：《六朝的城市与社会》，台湾学生书局，1992年，第135—136页。
⑦ 《资治通鉴》载："死者什八九，乘城者不满四千人，率皆赢喘。横尸满路，不可瘗埋，烂汁满沟，而众心犹望外援。"参见《资治通鉴》，古籍出版社，1956年，第5008页。
⑧ 刘淑芬：《六朝的城市与社会》，台湾学生书局，1992年，第135—136页。

类"①的描述，大抵可见建康之士庶繁众，商业活动之兴盛。然而又如王文进所观察，六朝作者所创作的诗歌之中描写或提及都城建康者甚少（其实辞赋的数量也很有限）②，反而描写洛阳或长安的作品甚多。而根据王文进所推测，应是透过历史想象与投射，将建康与大汉都城长安与洛阳的描述结合：

> 我的推测是：南朝士人根本就是以写"长安"的名目来写建康，试看下面几首《长安道》的纵歌声色，何处不像是"江南佳丽地，金陵帝王州"的氛围。③

> 南朝出现"长安"、"洛阳"之名者，尚不止限于"长安道"、"洛阳道"。……据笔者统计，长安之名出现七十二处，洛阳出现六十二处（包括篇名），考以金陵四见，而长安、洛阳一百三十四见的比例，南朝人士的时空思维，的确超乎正常的逻辑运作。④

王文进所谓的历史投射或许言之成理，但所谓以"长安"纵歌声色或"洛阳"正统正朔来侧写建康，主要是通过《长安道》《洛阳道》与《永明乐》诗句或意象的类似联想。其后的研究者也有类似的观点：譬如认为南朝乐府诗里的长安，虽然只存在于文献记载与文学想象中（长安不在南朝版图之内），然而南朝城市（譬如建康）正是南朝乐府中的长安的蓝图。⑤而按照《颜氏家训》所记，六朝当时士人原本即喜欢用古代词语（如"分陕"⑥这一类词语）来指称江南空间，这并不奇特或违和。"长安道""洛阳道"等旧题乐府之意象到底是现实的建康投影，抑或是历史的两都城之想象，笔者以为还有待进一步厘清。

若将先行研究者的论述综合来看，我们一方面可以了解六朝的都城建康的繁荣与富庶，确实是南朝士庶阶级生活居处的场所；然而也确实如王文进所说，六朝作

---

① 《隋书》卷三一《地理志》，鼎文书局，1979年，第887页。
② 就如今所见，除庾阐《扬都赋》保留较完整外，其余如曹毗的《杨都赋》仅剩一句，至于夏侯湛《杨都赋》则仅存残篇。
③ 王文进：《南朝山水与长城想象》，里仁书局，2008年，第163页。
④ 王文进：《南朝山水与长城想象》，里仁书局，2008年，第168页。此处需补充说明，王文进所谓的历史想象，乃是从其《南朝边塞诗新论》（里仁书局，2000年）研究一系列而来的，故此处所谓的"超乎正常的逻辑"，并非说此现象不合逻辑，而是说不符合南朝士人身处金陵却吟咏他方的现象。笔者亦延续此论，认为南朝士人一方面有此想象，但另一方面将北方都城也想象成另外一种情欲与宫体的城市。
⑤ 杨基燕、王志清：《乐府文学中的"都市书写"——以〈长安道〉〈洛阳道〉为中心》，《云南师范大学学报》2012年第44卷第2期。
⑥ 《颜氏家训集解》卷三言："上荆州必称陕西"，旧注称"梁以荆州在西，有如周之分陕，故称荆陕"。参见〔北齐〕颜之推撰，王利器集解：《颜氏家训集解》，上海古籍出版社，1980年，第141页。

者书写都城之盛况或熙攘之诗歌相当有限，这样文本匮乏的现况，一方面或许即王氏所谓的将建康形象投射到长安、洛阳的历史脉络之中；但就笔者所见，也可能是江南都城的庶民性与俚俗性有些关联①，最著名的例证即齐东昏侯在芳乐苑模拟市集之紊乱杂沓②，此部分郑毓瑜于其《文本风景》书中已有相关的论述。③在本文中，笔者进一步诘问的部分在于——对于身处的建康之繁盛，我们可以在哪些文本看到残余？又或者这些长安、洛阳的想象与纪实，是否有其前文本之模拟轨迹脉络可寻？六朝写作者如此将看得见的记忆之城与看不见的想象之城结合在一起的书写策略，实际上究竟如何呈现？

对权力与空间研究颇为深刻的社会学者傅柯（Michel Foucault），曾有一个著名的异托邦（heterotopia）理论，傅柯提到异托邦有几个特点：一方面它的内部运作是一种异质时间，在异托邦内时间并非永恒，而是处于绝对瞬间（chroniques）；此外，异托邦扮演一个创造幻想空间的意义，以确保现实世界的运作。④本文并不在于套用理论，只是在实际探讨中，我们会发现南朝作者透过某种异托邦的元素，来描绘他们认识的、充满幻想的长安与洛阳。接着我们先从两汉文本中所建构的"长安"与"洛阳"形象谈起。

二、错把"建康"作"京洛"？

（一）繁荣的西都与文化的东都

日本学者斯波信义曾于《中国都市史》一书中指出，在先秦过渡到两汉的过程中，几个重要的大城市也逐渐由"邑制国家"转变成为"郡县制国家"，这进而造

---

① 关于此典，郑毓瑜《市井与围城：南朝"建康"宫廷文化之一侧面》有进一步论述。参见郑毓瑜：《文本风景：自我与空间的互相定义》，麦田出版社，2005年，第97页。
② 《南史》卷五《东昏侯本纪》载："（东昏侯）于苑中立店肆，模大市，日游市中，杂所货物，与宫人阉竖共为裨贩。以潘妃为市令，自为市吏录事，将斗者就潘妃罚之。帝小有得失，潘则与杖，乃敕虎贲威仪不得进大荆子……每游走，潘氏乘小舆，宫人皆露裈，着绿丝屩，帝自戎服骑马从后。又开渠立埭，躬自引船，埭上设店，坐而屠肉。"参见《南史》，中华书局，1974年，第155页。
③ 郑毓瑜：《文本风景：自我与空间的互相定义》，麦田出版社，2005年，第97页。
④ 傅柯的原文参见 Michel Foucault, "Heterotopias", *Of Other Spaces*, 1967, https://foucault.info/documents/heterotopia/foucault.heteroTopia.en/（最后浏览日期为2018年5月5日）。"绝对瞬间"意思是譬如游乐场这样的庆典，那是一种欢愉的瞬间不断复制的场所。

就了汉代"通都大邑"的诞生。[1]而探讨长安变迁的学者如王翰也注意到：除了城市实质的物质建设，一座城市或宫殿被书写之时，即是一种"历史叙事的改造"[2]，同时也是"文学想象的填充"[3]。

若论及"京洛"在六朝以前最著名的经典作品，大概就是班固与张衡久负盛名的《两都赋》与《两京赋》了。在班固《两都赋》序中，很明确提到当时的"西土耆老，咸怀怨思，冀上之眷顾，而盛称长安旧制，有陋雒邑之议"[4]，因此辞赋里巧设的西都宾和东都主人之客主问答，就希望能"极众人之所眩曜，折以今之法度"。在《两都赋》的预设中，西都长安的崤函之固以及繁荣街市，相对于东都洛阳的文化建置与典章制度。而班固的《西都赋》之格局，很显然直接影响到张衡《西京赋》的铺衍隶事，于是乎汉大赋的长安有了一派被设定好的格局与脉络，而这样恢宏、人马杂沓、食客与游侠丰饶簇聚的城市，成为其后六朝诗歌的典故来源。我们此处节录《西都赋》与《西京赋》各一关键片段，一窥其书写策略：

> 历十二之延祚，故穷泰而极侈。建金城而万雉，呀周池而成渊。披三条之广路，立十二之通门。内则街衢洞达，闾阎且千，九市开场，货别隧分。人不得顾，车不得旋。阗城溢郭，旁流百廛。红尘四合，烟云相连。于是既庶且富，娱乐无疆。都人士女，殊异乎五方。游士拟于公侯，列肆侈于姬姜。乡曲豪举，游侠之雄，节慕原尝，名亚春陵。连交合众。骋骛乎其中。若乃观其四郊，浮游近县。则南望杜霸，北眺五陵，名都对郭，邑居相承。英俊之域，绂冕所兴。冠盖如云，七相五公。与乎州郡之豪杰，五都之货殖。三选七迁，充奉陵邑。[5]

> 徒观其城郭之制，则旁开三门，参涂夷庭，方轨十二，街衢相经。廛里端直，甍宇齐平。北阙甲第，当道直启。程巧致功，期不陁陊。木衣绨锦，土被朱紫。……尔乃廓开九市，通阛带阓。旗亭五重，俯察百隧。

---

[1] 相关论述笔者参见〔日〕斯波义信：《中国都市史》，北京大学出版社，2013年，第14—16页。

[2] 王瀚：《长安叙事：史与诗》，见董乃斌主编：《古代城市生活与文学叙事》，上海大学出版社，2015年，第26页。

[3] 董乃斌主编：《古代城市生活与文学叙事》，上海大学出版社，2015年，第26页。

[4] 〔汉〕班固：《两都赋序》，见〔梁〕萧统编：《文选》，〔唐〕李善注，上海古籍出版社，1986年，第4页。

[5] 〔汉〕班固：《西都赋》，见〔梁〕萧统编：《文选》，〔唐〕李善注，上海古籍出版社，1986年，第7—8页。

周制大胥，今也惟尉。瑰货方至，鸟集鳞萃。鬻者兼赢，求者不匮。尔乃商贾百族，裨贩夫妇。鬻良杂苦，蚩眩边鄙。何必昏于作劳，邪赢优而足恃。彼肆人之男女，丽美奢乎许史。若夫翁伯浊质，张里之家，击钟鼎食，连骑相过。东京公侯，壮何能加。都邑游侠，张赵之伦，齐志无忌，拟迹田文。轻死重气，结党连群。实蕃有徒，其从如云。①

就算大赋的"踵事增华"②本来就是其文类条件，但很明显关于西都长安的书写，重心在于街市的熙攘、商贾的繁盛、甲族的贵盛。《西都赋》的"街衢洞达，闾阎且千，九市开场，货别隧分""人不得顾，车不得旋"，一直到"红尘四合，烟云相连""既庶且富，娱乐无疆"一段，写九市的繁荣、拥挤，车龙流水之城市盛况，进而将四合东南西北之方位，以一种全幅全景的镜头式观看，将繁盛的都城、欢乐未央的饶富表露无遗。同样，《西京赋》中"廛里端直，甍宇齐平""木衣绨锦，土被朱紫"或"彼肆人之男女，丽美奢乎许史"等等的叙述，透过物质的建设、人文的丰饶、小历史的庶民街景，这显然并不同于写东都洛阳的大历史式、国家式宗庙祭祀描述。

除了上述士庶杂沓的繁华与喧腾，城市的人文基础更与历史纵深有关，时间的流变必须透过固定的空间进行动态性的建构。在以上两段引文中，班、张描写了长安的"乡曲豪举，游侠之雄"，更有所谓的"张、赵之伦"，他们"齐志无忌，拟迹田文"。西都长安的物质建设超越先秦的名都，而组成分子同样得与先秦那些重要的公子信陵君、平原君齐名，而这些游侠甲族，也就进而成为都城最显著的风景，成为都城历史的一部分，成为尔后六朝拟仿的典故。

过去的人文地理学者大多注意到，一座城市的外貌内涵，与其被叙述、被再现有密切的关系。莱汉与柯兰（Mike Crang）都提到，如果城市本身就可以作为一种文本阅读，③那么描写一座城市的文本，其实也同时建构了一座城市本身。④当写作者对一座城市进行描绘的同时，实体之城早已变迁、改易或湮灭，那么这座城市仅存在于作品中。换言之或更进一步来说：所谓的城市书写已然成为城市风景的一部分，如《看不见的城市》所说的"费拉多城"——一枚永远无法处于纯粹静置状态

---

① 〔汉〕张衡：《西京赋》，见〔梁〕萧统编：《文选》，〔唐〕李善注，上海古籍出版社，1986年，第61—62页。

② 关于汉赋的"踵其事而增华"的文类特质，笔者参酌王梦鸥对六朝"文章辞赋化"的观点。参见王梦鸥：《古典文学论探索》，正中书局，1984年，第117页。

③ Richard Lehan, *The City in Literature*, Berkeley: University of California Press, 1998, p.289.

④ 〔美〕柯兰：《文化地理学》，王志弘等译，巨流图书公司，2003年，第58—59页。

的玻璃雪球。

诚如我们前面所提到的西都风景，如果说西都是庶民性与小传统较浓厚的叙事，那么东都洛阳则是国家式、典章礼教式的描叙。此处同样分别举班、张的两段引文为例：

> 是以皇城之内，宫室光明，阙庭神丽，奢不可踰，俭不能侈。外则因原野以作苑，填流泉而为沼。发蘋藻以潜鱼，丰圃草以毓兽。制同乎梁邹，谊合乎灵囿。若乃顺时节而蒐狩，简车徒以讲武。则必临之以王制，考之以风雅。历驺虞，览驷铁，嘉车攻，采吉日。礼官整仪，乘舆乃出。①

> 乃营三宫，布教颁常。复庙重屋，八达九房。规天矩地，授时顺乡。造舟清池，惟水泱泱。左制辟雍，右立灵台。因进距衰，表贤简能。冯相观祲，祈禳禳灾。②

很明显，东都洛阳呈现出典正、仪礼备至的风貌。"奢不可踰，俭不能侈"的宫室皇城，外围"原野作苑，流泉为沼"的风景，或"复庙重屋，八达九房"等形容，在城市营建的物质规模以及器物之侈丽繁荣上，其实并不逊色于长安，而"辟雍""灵台"之规模，"嘉车""吉日"之礼仪，在在足以显示洛阳代表的庄严肃穆且文化鼎盛的都城样貌。那么这样看来，本文下一节将谈的六朝诗歌"洛阳道"此一乐府旧题，以及其内如"红尘百戏多""金爪斗场鸡"，显然更接近长安的文本形象而非洛阳风景。似乎长安与洛阳这两座真实存在却又成为历史胜景的都城，随着时代的演变，文风的递嬗，典故的挪用，终于呈现出了现实风景与文本再现层次上截然不同的风貌。本文在重探乐府诗中的"长安""洛阳"之前，希望先稍微一提建康与京洛的相似性。

（二）到处存在的"新亭"

相对长安这个西汉的都城来说，作为东汉与西晋都城的洛阳，显然与东晋之后的南渡士人，有着更紧密的联结。周顗与王导那段"风景不殊，正自有江河之异"③的典故非常著名，"新亭"与"洛水"风景形势的联系，学者也早有论述，如刘淑

---

① 〔汉〕班固：《东都赋》，见〔梁〕萧统编：《文选》，〔唐〕李善注，上海古籍出版社，1986年，第33页。
② 〔汉〕张衡：《东京赋》，见〔梁〕萧统编：《文选》，〔唐〕李善注，上海古籍出版社，1986年，第106页。
③ 〔刘宋〕刘义庆：《世说新语笺疏》，〔梁〕刘孝标注，〔清〕余嘉锡笺疏，上海古籍出版社，1984年，第92页。

芬就说：

> 以地理环境而言，洛阳和建康极为相似，洛阳北有芒山，南枕洛水，西有伊水，东环穀水。建康北有覆舟、鸡笼山，南枕秦淮河，西远临大江，东有青溪，两者山川形势颇为相近。因此，在东晋初年之时，由北方南渡的人士在此一和洛阳相似的环境中，更有深刻的感受。①

其实洛阳与建康的相似实不仅于此，如刘淑芬另外举的例证，任昉形容萧子良的宅邸，称其"良田广宅，符仲长之言，邙山洛水，协应叟之志"②；而朱异称其建康的居宅曰"卜田宅兮西京之阳，面清洛兮背修邙"③。可见将建康比作洛阳，或至少言及建康时联想到洛阳，这对当时以及对其后唐宋文人而言，可能是常见的。郑毓瑜进而引述刘淑芬此段，进行更深刻的思索：

> 周顗认为"风景不殊"，只是江、河之异，这固然可以从洛阳和建康的地理环境非常相似来加以解释，但是如果也考虑西晋名士常常共至洛水戏游谈道，那么新亭所在更深刻的感受应该是如何在江东复现这种名士文化活动中共感的氛围。④

郑毓瑜文中所谓的西晋名士常"共至洛水戏游"，可见于《世说·言语》："诸名士共至洛水戏。还，乐令问王夷甫曰：'今日戏乐乎？'王曰：'裴仆射善谈名理，混混有雅致；张茂先论史汉，靡靡可听；我与王安丰说延陵、子房，亦超超玄箸。'"⑤显然对西晋士人而言，洛水成了清谈论玄的文化地景，相较而言，东晋士人之所以前往新亭"藉卉饮宴"，而后犹如楚囚对泣的发展，本身就隐含着对相似与想象的地景之再现。

事实上一座城市与另一座城市的联结，未必非得透过空间的相似，或所谓共感的氛围，众所周知台湾各地（尤其是台北）的街道名称，刻意浓缩了中国的地域，而在当代小说家朱天心的代表作《击壤歌》中，小虾与同学望见淡水河感叹"多像扬子江"的段落，大抵都是属于我们此代人更切身的经验。王德威论朱天心时曾说："她自己到底是外来客，还是在地人？所有的欲望、记忆与身份重重掩映，让

---

① 刘淑芬：《六朝的城市与社会》，台湾学生书局，1992页，第170页。
② 〔梁〕任昉：《齐竟陵文宣王行状》，见〔清〕严可均校辑：《全上古三代秦汉三国六朝文》，中华书局，1958年，第3205页。
③ 〔梁〕朱异：《田饮引》，见〔清〕严可均校辑：《全上古三代秦汉三国六朝文》，中华书局，1958年，第3320页。
④ 郑毓瑜：《文本风景：自我与空间的互相定义》，麦田出版社，2005年，第137页。
⑤ 〔刘宋〕刘义庆撰，〔梁〕刘孝标注，〔清〕余嘉锡笺疏：《世说新语笺疏》，上海古籍出版社，1984年，第85页。

人难分彼此，所谓事物的真理、历史的因缘都成了众生法相的投射"。而随着时移事往，淡水河已经不再相似扬子江，只见"时间的逐客，历史的移民徘徊在江畔"。[1]

所以我们若将"建康比拟长安"这样的历史现象，视为六朝士人对于江南的欲望、记忆以及身份的错置或歪打正着，当然是可能的诠释方式，而这种难分彼此的空间叠合，正是"移民"终成"遗民"的六朝士族以其亲身经历所呈现的文本风貌。因此笔者以为，即便建康的地理形势与洛阳有所近似，但就算与建康并不类似的长安，在士人的叙事与再现中，同样被发掘出与建康的联结。那么也就诚如王文进所说的：南朝士人由于在大汉图腾的历史想象中，以长安、洛阳想象建康，是"超乎正常的逻辑运作"[2]，他们透过历史与现实都城的结合，在文本中将古都与今都"混"为一谈。

但在本文中若我们重新来阅读六朝诗歌中的"京洛"，就会发现它未必完全等同于建康此一都城，有时是现实的投射，有时是历史的残余；有些部分表现出作者心目中与想象中的名都残影，也有作者将欲望、历史与记忆进行融合。于是乎长安、洛阳可能就成为前言所说的一种"幻想的异托邦"。它一方面在南朝被叙述，但另外一方面只停留在《两都赋》或《世说新语》所描绘的那一个瞬间时态。或许遍索六朝文献，我们查不到太多关于建康的文学书写，但在这些大量关于京洛的书写中，我们却能进一步体味六朝士人究竟如何描写他们看得见以及看不见的——文献里、想象中与现实中的城市。

三、当"地理"成为"历史"

（一）"洛阳道"的想象与再现

若以"长安道""洛阳道"这样的诗题进行检索，可以发现此一同题作品在齐梁时达到高峰，不可否认这样的题材与齐梁之后新变风气有密切关联。我们知道譬如陈叔宝、张正见这样的宫体作家对汉乐府诗特别感兴趣，如原本仅是在言妇女织机技术的《相逢行》《长安有狭邪行》等作品，被他们改写成为《三妇艳》或《中妇织流黄》这样香艳旖旎的内涵。过去的乐府诗研究者认为，南朝因"门阀制度发达，贵族文人把持文坛，人们在文艺方面的价值趣向和审美标准，也是依据贵族文

---

[1] 王德威：《老灵魂前世今生——朱天心论》，见王德威：《跨世纪风华：当代小说20家》，麦田出版社，2002年，第131页。
[2] 参见王文进：《南朝山水与长城想象》，里仁书局，2008年，第163页。

人的嗜好为转移",而将这些艳情题材的乐府视为"模仿汉乐府古题的诗,注意形式的华美,内容则往往沿袭旧题,缺乏新意"。①

本文此处将写作者较多的"洛阳道"此一题材个别挑出来,且暂时搁置作者与诗成的时间顺序,而按照诗歌中所征引的典故、营造之意象区辨,将其概分而为两类,其一是与"潘岳挟弹于洛阳道"这一典故密切相关的同题共作:

> 洛阳佳丽所,大道满春光,游童初挟弹,蚕妾始提筐。金鞍照龙马,罗袂拂春桑。玉车争晓入,潘果溢高箱。(萧纲《洛阳道》,《梁诗》卷二〇)②

> 徼道临河曲,层城傍洛川。金门才出柳,桐井半含泉。日起罕罳外,车回双阙前。潘生时未返,遥心徒眷然。(庾肩吾《洛阳道》,《梁诗》卷二三)

> 绿柳三春暗,红尘百戏多。东门向金马,南陌接铜驼。华轩翼葆吹,飞盖响鸣珂。潘郎车欲满,无奈掷花何。(徐陵《洛阳道》,《陈诗》卷五)

> 曾城启旦扉,上路落春晖。柳影缘沟合,槐花夹岸飞。苏合弹珠罢,黄间负弩归。红尘暮不息,相看连骑稀。(张正见《洛阳道》,《陈诗》卷二)

> 洛阳夜漏尽,九重平旦开。日照苍龙阙,烟绕凤凰台。浮云翻似盖,流水到成雷。曹王斗鸡返,潘仁载果来。(王瑳《洛阳道》,《陈诗》卷九)

此处萧纲诗中的"洛阳佳丽所",与其后沈约的"佳丽实无比"构句很相似,这也容易让人联想到谢朓写建康城的名句"江南佳丽地,金陵帝王州"③。诚如研究者所说,洛阳成为建康的投射④,但也可能"佳丽"就是形容一座繁盛都城的第一印象——无论是历史中或现实中存在的都城。萧纲的诗明确提到城市机能运作运转时的熙攘和繁荣("金鞍照龙马,罗袂拂春桑");至于徐陵的"东门向金马"提到的金马门,大致上延续《东都赋》中洛阳的形象。但笔者以为此一组《洛阳道》同题共作,值得一提的是他们共享了潘岳的典故。潘岳的这个典故在本质上必须与"洛阳"此一都城意象结合在一起,而与建康没有太大的关联,其典故可见于《世说新语》和《晋书》:

---

① 王运熙:《乐府诗述论》,上海古籍出版社,1996年,第407页。
② 〔梁〕萧纲:《洛阳道》,见〔清〕逯钦立辑:《先秦汉魏晋南北朝诗》,木铎出版社,1983年,第1911页。以下引诗皆据逯钦立辑本,仅注明卷数,不另外作注。
③ 谢朓《入朝曲》是少数以建康为题材的诗歌:"江南佳丽地,金陵帝王州。逶迤带绿水,迢递起朱楼。飞甍夹驰道,垂杨荫御沟。凝笳翼高盖,叠鼓送华辀。献纳云台表,功名良可收。"〔清〕逯钦立辑:《先秦汉魏晋南北朝诗》,木铎出版社,1983年,第1414页。
④ 王文进:《南朝山水与长城想象》,里仁书局,2008年,第163页。

> 潘岳妙有姿容，好神情。少时挟弹出洛阳道，妇人遇者，莫不连手共萦之。（《世说新语·容止》）[1]

> （潘）岳美姿仪，辞藻绝丽，尤善为哀诔之文。少时常挟弹出洛阳道，妇人遇之者，皆连手萦绕，投之以果，遂满车而归。（《晋书·潘岳传》）[2]

潘岳挟弹出洛阳道、掷果盈车的典故其实是一个熟典，关于此事余嘉锡另有解释，称所谓"夫老年妇人爱怜小儿，乃其常情，了不足异。既令年在成童，亦不过以儿孙辈相视"[3]。但姑且不论妇人钦羡潘岳是出于长辈的怜爱抑或情感的欲望，这个典故显然与梁陈写作者心目中对于洛阳的形象及欲望联结在一起。在上述诗歌中，包括"潘生时未返""潘郎车欲满，无奈掷花何""苏合弹珠罢"，其实用了"挟弹掷果"的典故，却又不断地进行拆解，如果说掷果导致"潘果溢高箱"或"潘仁载果来"，那么"无奈掷花何"或"潘生时未返，遥心徒眷然"则是对原典的意象进行翻转与置移。

笔者以为从这些诗歌来看，作者所书写的"洛阳"无疑是文献中或典故里的洛阳，而这样的城市又加入了六朝特殊的美感观看，比方说"日照苍龙阙，烟绕凤凰台"或"东门向金马，南陌接铜驼"等对偶俪辞。前面提过无论班、张的《东都赋》或《东京赋》，东都洛阳象征的是文化地景，是一典正富瞻、重视典章仪式的都城，并非只是物质文明的华丽堂皇而已，但到了这批《洛阳道》作者的视角下，他们运用的却是一种宫体化的视觉与感官美学，加上异色艳情典故来重构洛阳。因此，说这样的洛阳是否等同建康，或许推论过快，因为如潘岳的典故虽然是从"洛阳道"所联想，但这些宫体作家笔下的洛阳，已不同于汉代大赋中的典正东都形象。

至于另外一组《洛阳道》，则宫体化、巧似化的迹象更为明显，此处节选几首：

> 洛阳大道中，佳丽实无比。燕裙傍日开，赵带随风靡。领上蒲桃绣，腰中合欢绮。佳人殊未来，薄暮空徙倚。（沈约《洛阳道》，《梁诗》卷六）

> 洛阳开大道，城北达城西。青槐随幔拂，绿柳逐风低。玉珂鸣战马，金爪斗场鸡。桑萎日行暮，多逢秦氏妻。（萧绎《洛阳道》，《梁诗》卷二五）

---

[1]〔刘宋〕刘义庆撰，〔梁〕刘孝标注，〔清〕余嘉锡笺疏：《世说新语笺疏》，上海古籍出版社，1984年，第610页。
[2]〔唐〕房玄龄：《潘岳传》，见《晋书》卷五五，鼎文书局，1980年，第1507页。
[3]〔刘宋〕刘义庆撰，〔梁〕刘孝标注，〔清〕余嘉锡笺疏：《世说新语笺疏》，上海古籍出版社，1984年，第610页。

> 洛阳道八达，洛阳城九重。重关如隐起，双阙似芙蓉。王孙重行乐，公子好游从。别有倾人处，佳丽夜相逢。（车𢾭《洛阳道》，《梁诗》卷二八）
>
> 洛阳九逵上，罗绮四时春。路傍避骢马，车中看玉人。镇西歌艳曲，临淄逢丽神。欲知双璧价，潘夏正连茵。（陈暄《洛阳道》，《陈诗》卷六）
>
> 建都开洛汭，中地乃城阳。纵横肆八达，左右辟康庄。铜沟飞柳絮，金谷落花光。忘情伊水侧，税驾河桥傍。（陈叔宝《洛阳道》，《陈诗》卷四）
>
> 百尺瞰金埒，九衢通玉堂。柳花尘里暗，槐色露中光。游侠幽并客，当垆京兆妆。向夕风烟晚，金羁满洛阳。（陈叔宝《洛阳道》，《陈诗》卷四）
>
> 青槐夹驰道，御水映铜沟。远望凌霄阙，遥看井干楼。黄金弹侠少，朱轮盛彻侯。桃花杂渡马，纷披聚陌头。（陈叔宝《洛阳道》，《陈诗》卷四）

上述这些诗人如陈暄、陈叔宝或萧绎，很明确是宫体作者，但沈约时代较早，其时尚无宫体之名。然而笔者此处所谓的"宫体化"，指的是像"燕裙傍日开，赵带随风靡""领上蒲桃绣，腰中合欢绮"这一类写燕赵佳人、男女游人外貌衣装等细腻与巧似的形容。在这一组诗中，我们可以看到洛阳"八达""九重"的意象，但同时会发现如"王孙行乐""幽并游侠""金羁满路""黄金少年"等更近似长安的城市形象书写。前面的弹挟较明确地用潘岳的典故，但笔者以为此处如陈叔宝的"黄金弹侠少，朱轮盛彻侯"或"铜沟飞柳絮，金谷落花光"，写的是洛阳侈丽，但更是一种全景全幅的描述，不仅限定于特定城市。这种从文字风格到形容意象的奢华、雕琢与夸张，本身就是本文此处指的宫体化倾向。

很显然这些诗歌极力要描写一座城市繁华富庶、歌舞升平的样貌，但它未必聚焦于洛阳（即便有"金谷"或"九衢"之类的关键词），也不尽然就是建康的比拟与联想。他们笔下的城市更接近想象与欲望之城，是所有繁华绚烂、纸醉金迷幻想形象的集大成。当然，过去研究者可能已经注意到这种"狭斜"特质，[①]但由于南朝写作者透过文献与想象建构两都，其意象密切叠合并相互指涉，于是乎长安的游侠与物质奢靡，洛阳的大道交通，再加上建康与洛阳在地理形势上共有的驰道、御水、青槐与绿柳，甚至是去地景化的"秦氏有好女"的陌上桑故事，最后集大成则如岑之敬的这首《洛阳道》：

[①] 杨基燕、王志清：《乐府文学中的"都市书写"——以〈长安道〉〈洛阳道〉为中心》，《云南师范大学学报》2012年第44卷第2期。祝丽君也提道："陈人对洛阳的想象不仅仅是作为帝国的东都，而主要是一个佳丽之地。是轻薄儿、浪荡子肆意挥霍的地方。"参见祝丽君：《论陈隋乐府诗中的都市书写及其影响》，《名作欣赏》2015年第33期。

> 喧喧洛水滨，郁郁小平津。路傍桃李节，陌上采桑春。聚车看卫玠，连手望安仁。复有能留客，莫愁娇态新。（岑之敬《洛阳道》，《陈诗》卷六）

无论与洛阳有没有关系的典故和意象——罗敷、卫玠、潘岳、洛水或平津等等，全都融为一炉，以一种时间暂停瞬间的异托邦之姿，构成士人心目中一座伟大繁盛的都城形象，这座都城看似应该是指洛阳，但也可能是长安、建康或京洛这样的全称形象。这其实也间接形塑出了六朝士人所描写城市的独特性，由此殊性我们也能读出其后的文化隐喻和意涵。接着我们再来谈六朝诗歌中提到的长安以及京洛这样的全称意象。

（二）"长安"与"京洛"

前文已经提过，若从汉大赋所建构的"东都"与"西都"形象来说，相对洛阳的典章文治，长安代表的就是一座城市奢华繁盛、富丽与享乐的形象。而关于南朝士人同题共作的《长安道》，一方面即如前述，将与长安相关或未必有直接联结的意象或乐府情节镶嵌进诗歌，另外一方面也运用了非常宫体化（甚至直接搬引宫体诗句套语）的模式，书写江南作者想象中的西都长安。因此，与其说长安洛阳在南朝的形象被"建康化"，笔者以为更贴切的说法应当是：这两座历史的名都都被"梁陈化"，透过一种似旧实新的面向呈现。

此处同样不按照时代次序或文学集团的归属，而按照其意象形塑与经营，将《长安道》同题共作分为两组。首先是透过长安的典故进行联想的作品：

> 西接长楸道，南望小平津。飞薨临绮翼，轻轩影画轮。雕鞍承赭汗，槐路起红尘。燕姬杂赵女，淹留重上春。（萧绎《长安道》，《梁诗》卷二五）

> 槐衢回北第，驰道度西宫。树阴连袖色，尘影杂衣风。采桑逢五马，停车对两童。喧喧许史座，钟鸣宾未穷。（王褒《长安道》，《北周诗》卷七）

> 辇道乘双阙，豪雄被五都。横桥象天汉，法驾应坤图。韩康卖良药，董偃鬻明珠。喧喧拥车骑，非但执金吾。（徐陵《长安道》，《陈诗》卷五）

> 凤楼临广路，仙掌入烟霞。章台京兆马，逸陌富平车。东门疏广饯，北阙董贤家。渭桥纵观罢，安能访狭斜。（顾野王《长安道》，《陈诗》卷五）

我们看到如"平津""槐路""广路""燕姬赵女"这些出现于《洛阳道》的意象，并不专属于某一特定城市，且无违和感地再度出现于这组诗歌中。另外值得注意的就是如《艳歌行》《长安有狭邪行》《相逢行》《陌上桑》等汉乐府的情节与意象，反复被召唤（如"采桑逢五马""辇道乘双阙""非但执金吾"等），透过更动意象或辞藻，让这样的拟作更具变化性。这让人联想到宋玉《登徒子好色赋》里章华大夫"周览九土，足历五都，出咸阳，熙邯郸"，邂逅"群女出桑"的景象。①这些美女原本就是伴随着名都而出现的意象，并不专属于哪一座城市。徐陵诗中用了两个典故——"韩康卖良药"和"董偃鬻明珠"。若根据史传的原典，韩康"常采药名山，卖于长安市，口不二价，三十余年"②，明确提到长安的地景；然而"（董）偃与母以卖珠为事，偃年十三，随母出入主家"③这段，虽为西汉史料但原文倒没有特别提到长安这样的城市背景。顾野王的"东门疏广饯，北阙董贤家"也是类似叙事视角④，而这种隶事联想与叠加的技术，表现出齐梁后的典型藻丽文风。在这些写作者的想象与勾勒中，长安犹如一座平行时空的存在，各种典故隶事中的人物、故事、意象或情节，都可以同时在这座想象之城中并行并存，而全无生涩乖违之处。

过去学者有一说法，认为南朝作家热衷于将惯见的通俗典故，进行字面词汇的更动，造成踵事增华的新奇效果。⑤一方面当然是这样的书写策略，让长安、洛阳这样对于南朝士人而言只能出于想象的古都增添了历史的繁华与雕饰；⑥但另一方面来说，这样的繁荣又仅存在于想象、文献的记忆或出于欲望的投射。或许过去乐府研究认为《洛阳道》《长安道》本来即属于游冶观览题材，但笔者认为，此体到了南朝写作者笔下增添了宫体叙述与欲望，将典故辞藻拼贴、夸饰、虚构，却又反而呼应当时的作者心态与文化意向。

至于另外一组《长安道》，宫体化的迹象更为显著，包括萧纲、陈叔宝以及陈

---

① 〔先秦〕宋玉：《登徒子好色赋》，见〔清〕严可均校辑：《全上古三代两汉三国六朝文》，中华书局，1958年，第75页。
② 《汉书》卷八三《逸民传》，中华书局，1963年，第2770—2771页。
③ 《汉书》卷六五《东方朔传》，中华书局，1963年，第2853页。
④ 当然，这些西汉典故与隶事的主角与其背景，自然与长安有关，此典故联想并非错误的嫁接，但长安地景与这些典故情节上并没有必然的联结，笔者指的是这样的一种联想"技术"。
⑤ 如萧纲《与湘东王书》以及赵景真《与嵇茂齐书》都会刻意用换句法来表现典故的新奇。参见王梦鸥：《传统文学论衡》，时报文化出版事业公司，1987年，第125—126页。
⑥ 如梁代王囧的一首偕拟《长安有狭邪行》的作品："道逢佳丽子，问我居何乡。我家洛川上，甲第遥相望。珠扉玳瑁床，绮席流苏帐。大子执金吾，次子中郎将，小子陪金马，遨游蔑卿相。三子俱休沐，风流郁何壮。"参见〔清〕逯钦立辑：《先秦汉魏晋南北朝诗》，木铎出版社，1983年，第2091页。

叔宝著名的"狎客"[①]陈暄这些写作者：

> 神皋开陇右，陆海实西秦。金槌抵长乐，复道向宜春。落花依度幰，垂柳拂行轮。金张及许史，夜夜尚留宾。（萧纲《长安道》，《梁诗》卷二〇）

> 建章通未央，长乐属明光。大道移甲第，甲第玉为堂。游荡新丰里，戏马渭桥傍。当垆晚留客，夜夜苦红妆。（陈叔宝《长安道》，《陈诗》卷四）

> 长安开绣陌，三条向绮门。张敞车单马，韩嫣乘副轩。宠深来借殿，功多竞置园。将军夜夜返，弦歌著曙喧。（陈暄《长安道》，《陈诗》卷六）

> 翠盖承轻雾，金羁照落晖。五侯新拜罢，七贵早朝归。轰轰紫陌上，蔼蔼红尘飞。日暮延平客，风花拂舞衣。（江总《长安道》，《陈诗》卷七）

这几首诗歌就笔者观察，有明确且强烈的宫体或艳情诗的既视感，比如说萧纲的"金张及许史，夜夜尚留宾"，与徐陵《奉和咏舞诗》最末句"当由好留客，故作舞衣长"在结构造意上颇为近似。而陈叔宝《长安道》看似写故都的"建章""未央""长乐"等宫，写三条大道甲第万千的气象，但最末还是收束在其擅长的宫体形容，这"当垆晚留客，夜夜苦红妆"的叙事，分明就是从陈叔宝所作的《三妇艳》中的"大妇正当垆，中妇裁罗襦""河低帐未掩，夜夜画眉齐"脱胎而来，陈暄的同题共作"将军夜夜返"同样是这般宫体化的书写风格。

这种乐府诗的艳情化或宫体化，或许并不是什么太新奇的发现，像《相逢行》或《长安有狭邪行》等诗原本即被收录于《玉台新咏》，而梁陈作者又热衷写这类《中妇织流黄》或《三妇艳》的题材[②]，原本三妇或工机杼或理丝桐的形象，被南朝文人情欲化而成了宫体派势十足的作品，但笔者觉得《长安道》更值得探索之处在于——此类诗题原本应当以"都城"，尤其像长安这样的历史名都为主轴，而《相逢行》这类诗歌只是长安城日常即景的一个断面。在汉大赋中长安除了富丽的宫殿苑猎、豪奢的游侠少年，更多添加笔墨之处如地势天险和所谓的"崤函之固"，而这些在乐府诗旧题新作、拟作中，似乎已经被边缘化而隐藏了。

虽然我们仍然能从字里行间看到《长安道》的写作者们如何透过将长安的地

[①] "后主之世，总当权宰，不持政务，但日与后主游宴后庭，共陈暄、孔范、王瑳等十余人，当时谓之狎客。由是国政日颓，纪纲不立，有言之者，辄以罪斥之，君臣昏乱，以至于灭。"参见〔唐〕姚思廉：《江总传》，见《陈书》卷二七，中华书局，1992年，第343页。

[②] 萧纲、徐陵皆有《中妇织流黄》，而萧统、刘孝绰、王筠、陈叔宝等作者都有《三妇艳》诗，显然这个从乐府里脱胎来的概念，已经成为新的乐府题目。

景融入，呼应这样的乐府旧题，如"金槌抵长乐""三条向绮门""五侯""七贵""轰轰紫陌，蔼蔼红尘"等关于都城的繁盛、熙攘与豪族市井的形容，但他们书写下的长安终究还是归结到了一个偏向艳情、女性、宫体化的空间。笔者以为这一方面当然是他们熟悉也习惯于这样的语言风格，但我们可以更进一步说，这是梁陈特有的"泛宫体化"的书写策略。也因为在此风气之中，长安有了与过去迥然有别的形象与意象，它成了一座投射欲望之城，成了一座幻想之城、艳情之城。它当然可能如研究者所说隐含江南士人对自身熟悉都城建康的叠合，但却也未必非得要与建康叠合。这座旖旎、多情而幻美的长安城，可能只是傅柯的异托邦理论中的"绝对瞬时"，甚至从来不曾存在于任何的历史或任何人的真实记忆之中。

另外笔者也想延伸来谈一下"京洛"这样一个复合词，"京洛"本为东京洛阳之称，其典出班固《东都赋》"子徒习秦阿房之造天，而不知京洛之有制也"①，而这个复合词于六朝时就已经泛指都城，且是一个无特定指涉的、想象的名都。关于京洛在诗歌中的叙述原型，或许可以追溯至曹植的《名都篇》：

> 名都多妖女，京洛出少年。宝剑直千金，被服丽且鲜。斗鸡东郊道，走马长楸间。驰骋未能半，双兔过我前。揽弓捷鸣镝，长驱上南山。左挽因右发，一纵两禽连。余巧未及展，仰手接飞鸢。（曹植《名都篇》，《魏诗》卷六）

曹植的这首诗其实同样镶嵌沿用了几个乐府诗的套语和意象，如汉乐府"腰中辘轳剑"或古诗的"披服纨与素"等，然而曹植所建构的这个以燕赵妖女与游侠少年组成的想象之城、熙攘之城，成为其后"京洛书写"的主轴，如王褒首句与之致敬的拟作《游侠篇》：

> 京洛出名讴，豪侠竞交游。河南期四姓，关西谒五侯。斗鸡横大道，走马出长楸。桑阴徒将夕，槐路转淹留。（王褒《游侠篇》，《北周诗》卷一）

这种斗鸡走马、快意扬鞭等等的豪族游侠生活写真、日常即景，成为构筑城市繁荣熙攘的关键意象，在陈隋时有不少类似作品。若如王文进所说，这是透过现实的建康进而勾摹想象的京洛，那么确实可以由此一窥当时都城建康的繁荣、甲族门第的富饶，还有膏腴子弟贵游总角的日常生活形态。至于笔者所说的"无特定指涉"或"去背景"的城市描写，萧纲、张正见分别有一首以京洛为主题的诗歌，可以作为例证：

> 南游偃师县，斜上灞陵东。回瞻龙首堞，遥望德阳宫。重门远照耀，

---

① 〔梁〕萧统编：《文选》，〔唐〕李善注，上海古籍出版社，1986年，第39页。

天阁复穹窿。城傍疑复道，树里识松风。黄河入洛水，丹泉绕射熊。夜轮悬素魄，朝光荡碧空。秋霜晓驱雁，春雨暮成虹。曲阳造甲第，高安还禁中。刘苍归作相，窦宪出临戎。此时车马合，兹晨冠盖通。谁知两京盛？欢宴遂无穷。（萧纲《京洛篇》，《梁诗》卷六）

千门俨西汉，万户擅东京。凌云霞上起，鹍鹊月中生。风尘暮不息，萧筦夜恒鸣。唯当卖药处，不入长安城。（张正见《煌煌京洛行》，《陈诗》卷二）

萧纲的诗很明显是将两大都城长安洛阳做了联结，透过复写"灞陵东""入洛水"这种种两大名都的关键地景，将这些历史名都变成同一个文学题材，成为都城书写的意象。张正见的"卖药"同样用了韩康的典故，表现了长安与政治场域的联结。

在萧纲诗的收尾，与其说"谁知两京盛？欢宴遂无穷"是对南朝都城建康的折射，或将历史名都作为文学题材，是所谓新亭对泣或收复故土不得的欲望，笔者倒觉得这象征所谓的长安、洛阳等故国旧都，对于此际的梁陈士人来说已经从现实走向了非现实，从历史走向幻想。唯有透过文学的戏仿、游戏与联想，这些历史的名都才勉强有意义——且所谓的意义不过只是存在于文献、存在于典故的意义。过去学者比对陈隋对城市的书写差异，认为"陈代诗人想象长安、洛阳的繁华与热闹，因为那是他们不能实现的梦想；隋人不喜作关于长安、洛阳的诗，因为他们正忙于建造自己的新城市"[1]。但除了梦想，笔者认为这样再现之城与真实之城的差异，正是傅柯式和班雅明式的想象。阿多诺称班雅明之所以片段描述巴黎，是因为其"写作方式力图展现梦幻所追回的那些被丢弃的真实"；而这并非出于对现实或理性的鄙视，而是班雅明试图"透过反智的方式重建当今世界剔除的思维本身"。[2]

对南朝写作者而言，这些文献里的意象与地景，都有些类似去除背景后的城市意象——无论是灞陵堤岸、颍川洛水、章台走马或长乐未央，它们成了静止的、瞬间的、只能吟诵抄录而无法企及的场所，成了一种典故拼贴的游戏，成了文字的蒙太奇。笔者并不认为这些以都城为名的乐府，应当要忠实具现长安、洛阳的风貌。更重要的是在南朝作者的美学视域中，洛阳与长安已从实际的场所成了想象的场

---

[1] 祝丽君：《论陈隋乐府诗中的都市书写及其影响》，《名作欣赏》2015年第33期。
[2] ［法］阿多诺：《本雅明的〈单行道〉》，见［德］本雅明：《单行道》，王才勇译，江苏人民出版社，2006年，第152页。

域①，它们一方面何其独特，另一方面却又被覆写、被改动了，成为永远处于被记录、被覆写却无法被完整描叙的城市。这样趋于永恒的场景，本身就带有重要的文学和美学意义，且符合当代空间思维之下一座看不见却存在于文本中的城市。

四、结语：记忆与欲望之城

美学汉学家宇文所安（Stephen Owen）在其《追忆》一书中曾有段论及鲍照的《芜城赋》，提出了一个他所观察的新说：

> 旧注以为"芜城"指的是广陵，不过，从赋文中找不出任何证据来肯定这一点。作品可以适用于类似的别的故城。……一般来说，描述某一城市或者某一地方的赋，总是可以看出它描写的是哪里，他们往往大量堆砌细节和传闻逸事。②

姑且搁置此新见的对错，若依据宇文所安的说法，鲍照于《芜城赋》中运用的就是一种去除特定城市的书写策略。相对来说，南朝作者书写的洛阳与长安，一方面确实"大量堆砌细节和传闻逸事"，但即便如此，从这些意象彼此混合、融裁、交渗的状态中，我们仍能发现"去特定城市"与"去背景"的倾向与写作策略。长安与洛阳都"如实地"全然比照南朝士人所阅读的文献典故而被再现出来，但事实上它们已经成为想象。③

总括前文，笔者主要从以"洛阳道""长安道"等乐府为主题，兼论汉代的"两都""两京"与南朝诗歌里京洛的意象。过去如王文进就认为南朝写作者较少描述江南的都城建康，这是因为他们笔下的洛阳与长安事实上就是建康的投射，而这与他们独特的时空思维有关；至于刘淑芬也从地志等文献切入，认为如洛阳之山川地势，确实与江南的都城建康颇为类似；郑毓瑜更谈到，建康城构筑时的"迁余

---

① 有论者认为，这些乐府同题原本就是出于作者主观，并不能将之等同于再现与具现，又提到其实本文所谓的再现原本就包含主观的想象与复写，且这样的复写确实是文学不同于地理学的特征，值得重视。此外，文学作品的结构、修辞、比喻以及典故的延异等等，笔者同样重视，只是为聚焦本文谈的"真实/想象"之城，将重点聚焦于这些比喻与修辞如何游移于现实和文献之中。

② ［美］宇文所安：《追忆：中国古典文学中的往事再现》，郑学勤译，联经出版事业股份有限公司，2006年，第83页。

③ 田晓菲《烽火与流星》一书第七章"南、北观念的文化建构"也提到类似的说法，譬如边塞诗与采莲曲，正是南朝士人用以建构"南""北"空间形象的题材。参见［美］田晓菲：《烽火与流星：萧梁王朝的文学与文化》，台湾"清华大学"出版社，2009年，第251—274页。此外亦可对照田氏此书原文（XiaoFei Tian, *Beacon Fire and Shooting Star: The Literary Culture of the Liang*, Boston: Harvard University Press, 2007, pp. 323-358）。

委曲",象征的可能就是士族的心灵图像。①本文重论南朝写作者对"洛阳""长安"的叙事,发现了这些写作者通过大量连类、夸饰将他们未必亲身见证而只从文献阅读中得来的及想象的意象和典故带入名都的描写技术。他们笔下的洛阳、长安,成了犹如异托邦的幻想与一瞬间的瞬时。依笔者观察,这些都城虽未必一定与建康有所联结,但确实反映出了南朝作者的独特心态,表现出与当时的风格混合的结果,也呈现出他们并非复国而是艳异的欲望。

就笔者所见,南朝写作者笔下的"洛阳道""长安道"等乐府旧题,其专属特色在于它们高度的宫体诗化,如萧纲、陈叔宝或陈暄特别偏好"长安有狭邪行""相逢行"这类题材,将其作为他们致敬的对象(且聚焦于后半段描写家中女眷的段落),进而将这些艳情意象作为长安或洛阳最主要的特征。而这些词汇、形容、构句同样出现在他们的宫体诗中。总体来说,笔者以为洛阳、长安未必"建康化",但经过梁陈文人的大量拟作,他们呈现出宫体化、情欲化的趋向。这样的情欲或欲望,或许不仅是对乐府诗的女性,更是对洛阳、长安士庶杂沓、男女熙攘的绮艳想象。

当代人文地理学提示我们,写作者描述一座城市,或许可能不科学也不客观,因为真实的空间与地理给予人们的体贴,本身就充满了各种不科学与不客观的成分。②时间流动充满主观,空间体验同样也充满直觉的感受。对一座城市的记忆包含了欲望的成分,就如同那些被宫体化艳情化的"京洛"——城市里的风景尽是游侠金鞭,燕赵妖女。文献被欲望改写成作者期望的样貌,进而成为真实的风景,最后这些长安与洛阳的书写也被保存下来,成为洛阳与长安这两座城市的某一部分样貌。它们的繁华与情欲可能与历史事实有所不同,与"两都""两京"的真实图绘也有所不同,但这些去地景化的城市,正是南朝士人所认知的长安与洛阳。或许本文将这些分明以洛阳与长安为题的诗歌,推演成"去背景"的过程有些论述过快,但最后笔者想以萧绎的一首《春赋》作为本文结语:

洛阳小苑之西,长安大道之东。苔染池而尽绿,桃舍山而并红。露沾

---

① 郑毓瑜:《文本风景:自我与空间的互相定义》,麦田出版社,2005年,第112—113页。

② 郑毓瑜在论及其《文本风景:自我与空间的互相定义》一书的空间理论运用时,曾经谈道:"当空间成为社会关系的产物,或者出现充满情感的地理学书写,首先让文学文本相关的空间的描绘可以脱除'太主观'或'不科学(不是地理事实)'的世俗认定。"参见郑毓瑜:《抒情自我的诠释脉络》,见《文本风景:自我与空间的互相定义》,麦田出版社,2005年,第16页。

枝而重叶，网萦花而曳风。（萧绎《春赋》）①

如今所见萧绎的这首《春赋》仅存六句，不确定是部分亡佚，或原本就是如此篇幅（就笔者推论，若此赋仅此六句亦已完足）。赋的开头"洛阳小苑"与"长安大道"，就已经完足表现了"春"到处存在的涵盖性。萧绎以此两座都城当成气势恢宏的赋端，或许要描写的是春满大地的意象，但这篇赋却侧面映衬了南朝士人对于长安、洛阳的混淆、想象与不真实。它们成了文献典故里美好的用来游戏、拼贴与对偶的词汇。即便两座名都曾经如此真实地存在过，但它们如今都成了春风春鸟、草木物色的背景声。这也就是本文所尝试论述的、南朝写作者独特的长安洛阳书写，以及其背后的文化意涵与指涉。

原载《国文学报》2018年第63期

（祁立峰，台湾中兴大学中国文学系副教授）

---

① 〔梁〕萧绎：《春赋》，见〔清〕严可均校辑：《全上古三代秦汉三国六朝》，中华书局，1958年，第3505页。

西安的"蒙古记忆"
——受元代政治文化影响的西安地名探析

张 博

截至20世纪80年代，西安有建于民国之前的街巷坊里358个，建于民国前的自然村更是多达877个。[①]但至今存留最多、为人熟知、且被广泛研究的多为受周秦汉唐文化影响的地名，而被元代文化影响的地名则往往容易被忽视。作为由北方游牧民族建立的大一统王朝，蒙古政权与它的文化不可能不在西安地区留下影响，而"地名是'活化石'，是各个不同历史时期有关方面的真实记载"[②]。本文对西安受蒙古文化影响的地名的研究，既有助于我们了解西安的多民族文化结构的形成，又有助于我们更加深刻地体会蒙汉民族之间的交流交往。

一、元代西安蒙古军民的迁入与浐沱地名的思考

元代关中地区虽然失去都城地位，但仍以"臂指陇蜀"[③]的重要战略地位受到元朝统治者的重视。因而元代关中地区部署有两支蒙古驻军：一是安西王所领的宗王蒙古军队；二是陕西四川蒙古军都万户府所领的探马赤军。

至元九年（1272），皇子忙哥剌受封为安西王，出镇关中，"统河西、土番、四川诸处"[④]，成为"元朝在我国西北西南的最高统治者"[⑤]。而与安西王一同前来的，还有他的部众属民以及大量的蒙古军。《史集》载，安西王拥有蒙古军15万。[⑥]

[①] 参见西安市地名委员会、西安市民政局编：《陕西省西安市地名志》，内部资料，1986年。

[②] 王际桐：《地名的基本概念》，见《王际桐地名学论稿》，社会科学文献出版社，1999年，第25页。

[③] 苏天爵：《元朝名臣事略》，中华书局，1996年，第125页。

[④] 《元史》，中华书局，1976年，第302页。

[⑤] 马健君：《陕西回族形成与发展的历史探寻》，《西北大学学报》（哲学社会科学版）2014年第6期。

[⑥] ［波斯］拉施特主编：《史集》（第2卷），余大钧、周建奇译，商务印书馆，1985年，第379页。

虽然这15万蒙古军人不可能全部驻扎在关中，但"随安西王出镇关中蒙古军队比不在少数"①。除宗王之军外，元世祖在"河洛、山东据天下腹心"②之地设立都万户府，以蒙古军与探马赤军驻守。李治安先生认为："'河洛'指黄河中游与洛水一带，大体囊括陕西四川蒙古军都万户府在关中的屯驻地和河南淮北蒙古军都万户府在洛阳附近的屯驻地。"③由此可见，关中地区也有大量都万户府的探马赤军。而关于探马赤军是蒙古人，还是色目、契丹等其他民族，抑或是两者兼而有之的问题，学术界虽然进行了长久的争论，但探马赤军中确有相当数量的蒙古人这一观点，得到了杨志玖、李治安以及日本学者大叶升一等大部分学者的认可。综上所述，元代关中地区，特别是今西安地区有大量蒙古军士屯驻。

此外，大量蒙古移民也在今西安地区集聚。④蒙古向来就有士兵家属随军而行的风俗，《蒙鞑备录》载："其俗出师，不以贵贱，多带妻孥而行，自云管行李衣服钱物之类。"⑤《黑鞑事略》亦载："其头目民户辎重及老小畜产，尽室而行。"⑥后来这一风俗逐渐发展为"管理军人家属，替军人筹办军需和一切作战物资"⑦的奥鲁制度，即蒙古军士出征，其家人亦组成"奥鲁"随军而行，进行生产。由此可知，当时西安地区除了驻扎的蒙古军士外，还有相当部分军士的家属。另外按照元代军制，"蒙古军即营以家"⑧，《元史》亦载：蒙古军"上马则备战斗，下马则屯聚牧养"⑨。因此，蒙古士兵不仅以军营形式战斗，战后也以军营形式生产。为了安置前来驻守的蒙古军士及其家属，也为了更好地供应军事戍守，镇压当地汉族民众的反抗，维护蒙古统治者的统治，一大批蒙古军民聚居进行生产生活的场所开始出现。

元代西安部分地区也有较好的牧业生产条件，如金浮沱、马浮沱等地平坦且有良好水源，部分地区亦"所有营盘草地极广"⑩，这些均为蒙古军民的牧业生产

---

① 周伟洲：《陕西通史》，陕西师范大学出版社，1998年，第242页。
② 《元史》，中华书局，1976年，第2538页。
③ 李治安：《元代川陕甘军队的征行与奥鲁探微》，《西北师大学报》（社会科学版）2017年第4期。
④ 吴松弟：《中国移民史》（第4卷），福建人民出版社，1997年，第541页。
⑤ 〔宋〕赵珙：《蒙鞑备录》，景印元明善本丛书本。
⑥ 〔宋〕彭大雅：《黑鞑事略》，国家图书馆藏明嘉靖二十一年钞本。
⑦ 贾敬颜：《奥鲁制度与游牧民族》，《中央民族学院学报》（哲学社会科学版）1988年第6期。
⑧ 〔元〕苏天爵：《元文类》卷四一《屯戍》，四部丛刊景元至正本。
⑨ 《元史》，中华书局，1976年，第2508页。
⑩ 〔元〕王恽：《秋涧集》卷九〇《定夺官地给民》，四部丛刊景明弘治本。

提供了条件。此外，这一时期元政府在陕西积极进行屯田，包括"终南九屯，渭南一十六屯，泾阳九屯，栎阳九屯，平凉五屯"①，其中今西安地区就有大量蒙古军民屯居，如周至县青化乡的浮沱寨"元初将驻军转入地方屯田，其军携家带口，战时为兵，平时为农，游牧之风未脱"②。屯田的进行使浮沱内的蒙古军民逐渐掌握了农业生产技术，与汉民的交流往来越来越多，民族之间的隔阂也逐渐打破。

由此可知，元代今西安地区曾有较多蒙古军民居住，其在一段时间内保持着军事化、单一民族化的聚居方式，既进行军事防卫，又从事经济生产。关于这些军民的居住地，目前有部分学者认为今西安地区的浮沱（亦读写作乎沱、窟沱、骨都、扶沱）是元代蒙古军民的聚居地，并将浮沱与蒙语"qota"相对应，如王宗维先生指出："浮沱为蒙古语集镇之意，如今称'浩特'。说明这些地方当时是蒙古军民聚居之地。"③辛玉璞先生认为："蒙语称水边的村镇（泛指有人定居之处）为'溥沱'，汉族亦采用这一称呼。"④刘轩子亦认为："浮沱，指水汽磅礴的样子，在蒙语中意为'水边的村镇'，有关地名大多得名于元代，如'浮沱寨''马浮沱''金浮沱''沙浮沱'。"⑤这一观点流传极广，不仅地方政府对此表示认可⑥，而且《陕西省西安市地名志》⑦《西安市灞桥区地名志》⑧等地方史志也采用这一观点，部分语言学、历史学及民族学学者亦认可与引用这一观点。值得注意的是，"qota"仅为城子之意，从字面上与水边并无关系，但根据对西安浮沱村寨地理条件的分析以及对当地人的采访，多数浮沱均位于水源条件较好的地方。如安西王府北的浮沱寨（今未央区谭家乡）北望渭河、东临泸河，雷家浮沱（今雷寨）则在东城河附近，浮沱寨位于清水河附近，军浮沱则位于剪子河入滈河处，等等。

但直到目前为止，尚未有元代文献直接提及所谓浮沱的建立，且西安地区现存如金浮沱、马浮沱等浮沱村寨也多最早见于清代文献。因此，部分学者认为西安浮

---

① 〔元〕李好文：《长安志图》，辛德勇、郎洁点校，三秦出版社，2013年，第96—97页。
② 《周至县志》编纂委员会：《周至县志》，三秦出版社，1993年，第72页。
③ 王宗维：《清代中叶前西安地区回民的分布和经济生活》，见《中国西北少数民族史论集》，三秦出版社，2009年，第420页。
④ 辛玉璞：《西安地区元代遗址的几个问题》，《考古与文物》1999年第3期。
⑤ 刘轩子：《西安地名与文化》，硕士学位论文，西安外国语大学，2012年，第59页。
⑥ 在金浮沱、马浮沱整体拆迁之前，其村前村史石碑亦认为其村名中的"浮沱"二字来自蒙古语，其村建立与蒙古军民有关。
⑦ 西安市地名委员会、西安市民政局：《陕西省西安市地名志》，内部资料，1986年。
⑧ 灞桥区地名志编纂办公室：《西安市灞桥区地名志》，内部资料，1990年。

沱地名与蒙古语无关①，且河南、山西、河北省亦有与蒙古语无关的浮沱村寨存在，但其也未能拿出实际证据证明为何在中国的众多浮沱地名中，只有西安地区的浮沱有来源于蒙古语与蒙古驻军的说法，且广为流传。笔者对西安市区现存最大的三个浮沱村（金浮沱、马浮沱、沙浮坨）进行了走访，当地民众对于浮沱的来源也多不了解，仅限于之前村口石碑（当地政府立）上的记载（即浮沱来源于蒙古语，与蒙古驻军有关）。因此，关于西安浮沱地名是否为蒙古语音译，是否与蒙古军民有关，目前仍需要新证据的搜寻与进一步的讨论。

值得注意的是，在中国有浮沱地名的地区中，只有汉文化底蕴深厚的古都西安地区的浮沱地名有来源于少数民族的蒙古语与蒙古军民的说法，且为地方所认可，这一点也是值得我们继续思考和探索的。

二、西安与安西王府有关的地名

元朝灭亡后，在安西王府的旧址周边兴起了众多汉族村镇。这里的人们对元代安西王府的历史记忆并没有随着元朝的灭亡而消失，因而在对村镇的命名上仍受安西王府的影响。这主要体现在以下两个方面：一是"斡耳垛"一名的沿用；二是地名中以"街""门"之名代"村"现象的出现。

（一）"斡耳垛"一名的沿用

"斡耳垛"（又称斡鲁朵），为蒙古语词汇"Ordo（n）"的音译，意为宫殿。日本学者箭内亘认为："斡耳垛之原义，亦非单指住宅或帐篷者，实指君主、酋长、长官等之住宅或帐篷者也。"②至元九年，安西王忙哥剌出镇关中，于京兆府城外另建安西王府。这不是一座简单的王府，考古资料显示，安西王斡耳垛"东西二墙基南北长各603米，南城基542米，北城基较南墙略短，长为534米，周围2282米"③，与元大都正殿大明殿相比，"安西王府正殿殿基，无论长度、宽度还是高度，均超出了皇宫正殿殿基"④，可谓规模宏大。马可·波罗亦称：安西王府"壮丽

---

① 王明权先生在2010年7月11日的《西安晚报》发表了《话说"乎沱"》一文，通过对"滹沱"古汉语词意的研究认为，"不管'乎沱'是否和'滹沱河'有关，也不管它怎样写法和其写法历史上曾发生怎样的变化，这是一个地道的汉语地名，应该是毫无疑问的"。
② 箭内亘：《元朝怯薛及斡耳朵考》，陈捷、陈清泉译，商务印书馆，1934年，第61页。
③ 马得志：《西安元代安西王府勘查记》，《考古》1960年第5期。
④ 陈广恩：《元安西王忙哥剌死因之谜》，《民族研究》2008年第3期。

之甚，布置之佳，罕有与比"①。《蒙兀儿史记》亦载："关中父老望之眙目怵心，以为威仪之盛，虽古之单于无以过也。"②此外，安西王府及其周边还有大量的驻军以及诸如团楼等军事防卫设施，故陈子怡称："斡耳垛在当日既为一宫，且包兵卫在内，实即一宫城也"③。由此可见，安西王府集政治、军事等多种功能于一身，是当时川陕陇地区真正的权力中心、蒙古统治者的权力象征。此外，其还在一定程度上蕴含着"元初地方藩王权与中央皇权之间的矛盾，以及蒙古贵族为维护统治而防范汉化的心理"④，因而具有极大的影响力。

元朝灭亡后，安西王府也逐渐荒废，但人们并没有因政治、民族因素而将斡耳垛之名抹杀，因而使得安西王府附近地区"斡耳垛"的称谓一直流传下来。《肇域志》载："安西王城，在府城东北二十里。元世祖以子忙哥剌为安西王，开府京兆，镇秦防留凉之地，置城，今俗名斡耳朵，故址尚存。"⑤清嘉庆《咸宁县志》载："斡耳垛社：龙首原，南自韩森社迤北，又北入沙谷堆社东北，入午门社。"⑥光绪《咸宁县志》载：安西王府旧址"今名其城为阿尔垛，即今斡耳垛社，故址犹存"⑦。至民国时期，斡耳垛社依然存在，根据西京筹备委员陈子怡的考察走访，当时斡耳垛社内共有19个村，虽然"斡耳垛社中各村，不尽为原来之斡耳垛地"⑧，且有自己村庄的专名，但它们皆被他人称为斡耳垛。而成书于1936年的《咸宁长安两县续志》则载"孟家街、秦家街……以上十六村统名斡耳垛"⑨。此外，还有"斡耳垛13村，家家户户卖凉粉"之说法。关于斡耳垛社出现了13、16、19村的不同说法，应该是各村迁移合并后形成的结果，但无论怎样变化，斡耳垛社的各村仍然被大众"以蒙古语统称作'斡耳垛坊'"⑩。

当年斡耳垛社所辖的19个村庄经过裁撤与合并，如今仍存12个。从这12个村庄的分布范围，我们可以看到安西王斡耳垛的影响力之广，即使在安西王府消失数

---

① [意]马可·波罗：《马可波罗行记》，冯承钧译，上海书店出版社，2001年，第269页。
② 屠寄：《蒙兀儿史记》，民国刊本。
③ 陈子怡：《西安斡耳垛考》，见西京筹备委员会编：《西京访古丛稿》，1935年，第6页。
④ 张博：《西安元代安西王府选址布局的政治文化内涵》，《西安文理学院学报》（社会科学版）2018年第2期。
⑤ 〔清〕顾炎武：《肇域志》，见华东师范大学古籍研究所整理：《顾炎武全集》（6），上海古籍出版社，2011年，第2139页。
⑥ 《（嘉庆）咸宁县志》，三秦出版社，2014年，第3页。
⑦ 《咸宁县志》，光绪八年刊本。
⑧ 陈子怡：《西安斡耳垛考》，见西京筹备委员会编：《西京访古丛稿》，1935年，第6页。
⑨ 《咸宁长安两县续志》，成文出版社，1969年，第187页。
⑩ 田景云：《斡耳垛坊的由来》，见《灞桥文史资料》（第7辑），1995年，第172页。

百年后，斡耳垛的名称依旧存留。如今，虽然斡耳垛社与斡耳垛坊的建置已经不存在，其下辖的十几个村也不再拥有"斡耳垛"的统称，但斡耳垛的名字仍然保存了下来，在元安西王遗址周边至今依然有斡耳垛小学、斡耳垛实验幼儿园等，可见这个古老地名的强大生命力。

（二）以"街""门"代"村"现象

受元安西王府影响的地名不仅有斡耳垛，明清时期在安西王府附近兴起的村镇之名也深受其影响。安西王府周边曾有大量蒙古驻军，元朝灭亡后，"西安附近的许多蒙古移民失去了依赖，成了自食其力的劳动者"[1]，其余大部分被明军捕获的蒙古俘虏或被整合集中屯田，或迁入内省，自耕自食[2]，曾经的游牧民逐渐转为农民。与此同时，大量汉民族民众也开始在昔日蒙古人的居住区定居，明清时期，安西王斡耳垛附近兴起了许多汉族村庄。

安西王斡耳垛虽为北方游牧民族的权力象征，但迁移而来的汉族民众并未因此否定和抹杀这一段历史，"明代，尽管这一带已成为农村，仍因原为街市，分别名石家街、尹家街、秦孟街等五街"[3]。这些明清时期形成的村庄的名字中处处可见安西王府的影子（如表1）。

表1　安西王斡耳垛附近村庄名称来源

村镇名	位置	来源
董家门	西安市灞桥区	"相传清道光年间，因董姓居住在原鞑王城遗址东门而得名。"
杜家街	西安市灞桥区	"相传清道光年间，因杜姓居住在原鞑王城遗址街上而得名杜家街。"
尹家街	西安市灞桥区	"相传明嘉靖年间，因李姓居住在原鞑王城街遗址得名李家街。清光绪年间，因尹姓在朝为官改名为尹家街。"
秦孟街	西安市灞桥区	"相传明嘉靖年间，因秦姓居住在原鞑王城遗址得名秦家街。又有孟姓在此定居叫孟家村。1949年将两村合并改名为秦孟街。"
石家街	西安市灞桥区	"相传清康熙年间，因石姓居住在原鞑王城遗址而得名。"
苏王村	西安市灞桥区	"清光绪年间，因苏姓居住原鞑王城遗址得名王家门。中华民国二十六年，因苏家街、王家门两村合并得名苏王村。"

资料来源：

灞桥区地名志编纂办公室编：《西安市灞桥区地名志》，内部资料，1990年。

---

[1] 王宗维：《清代中叶前西安地区回民的分布和经济生活》，见《中国西北少数民族史论集》，三秦出版社，2009年，第111页。
[2] 任崇岳：《元明鼎革之际蒙古人的去向》，《西部蒙古论坛》2017年第2期。
[3] 西安市太华路街志编纂委员会：《太华路街志》，内部资料，2000年，第224页。

从上表可以看到，这些明清时期在安西王府附近兴起的村庄，多以街、门命名，与其他内地村庄多以村、庄、寨、堡等命名方式不同。其原因在于这些村子所处的地方为安西王府内的街、门遗址。正如王宗维先生所指出的：这些村民"是元以后陆续从别处迁来，定居于此，而不是元代居民"[①]，且村民为汉族而非蒙古族，他们以地名的形式保留了这一段历史。在安西王府荒废后的数百年间，这一地区的居民与大姓家族均发生了变化，如明嘉靖年间由李氏主导的李家街变为清道光年间由尹氏主导的尹家街，但其地名始终以原来的街、门命名，可见安西王府对这一地区深远长久的影响。

三、蒙古文化地名长期传承的原因

"及至元灭宋后，元代的屯田事业不断发展，军士解职为农者不断增加，这样表现元朝特征的一批地名相继出现。"[②]元朝灭亡后，诸如斡耳垛等具有蒙古文化特色的地名，不仅没有因为其源于北方游牧民族而被汉族民众舍弃，反而保存至今。造成这一现象的主要原因可归为以下两点：一是安西王的巨大影响力；二是蒙汉民族之间的交流融合。

无论是具有争议的浮沱还是斡耳垛及其下辖的杜家街、尹家街、秦孟街、董家门等地名，均与安西王的出镇有关。安西王在元前中期的影响力可谓巨大，首先，安西王控制陕西、四川、甘肃等广大地区，其"教令之加，于陇、于凉、于蜀、于羌"[③]，并兼管怯怜口民匠总管府、织染提举司等机构。安西王的出镇使"至元二十三年以前的二十七年间，陕西四川行省竟然因安西王相府的替代而被废罢近八年，接近这段时间的三分之一"[④]。此外，安西王财力雄厚，"凡河东、河南、山之南与陕西食解盐池皆置使，督其赋悉输王府"[⑤]。安西王忙哥剌更是"颇受人民爱戴"[⑥]，且"诸侯王、郡牧、藩酋，星罗棋错于是间者，靡不舆金帛，效马献琛，辐

[①] 王宗维：《元代安西王及其与伊斯兰教的关系》，兰州大学出版社，1993年，第123—124页。
[②] 王宗维：《清代中叶前西安地区回民的分布和经济生活》，见《中国西北少数民族史论集》，三秦出版社，2009年，第421页。
[③] 〔元〕姚燧：《牧庵集》，清武英殿聚珍版丛书本。
[④] 李治安、薛磊：《中国行政区划通史·元代卷》，复旦大学出版社，2009年，第143页。
[⑤] 〔元〕姚燧：《故提举太原监使司徐君神道碑》，见〔元〕苏天爵：《元文类》，四部丛刊景元至正本。
[⑥] 〔意〕马可·波罗：《马可波罗行记》，冯承钧译，上海书店出版社，2001年，第269页。

辇庭下，勃磎竭蹷，如恐于后"①。由此可见，安西王势力的强大，不仅是陕西乃至四川、甘肃地区的实际统治者，更是元代君主皇权的巨大威胁。相比于忽必烈在内地分封的其他宗王，安西王势力存在时间较长，且影响力最大，在元代政坛有着举足轻重的地位。

贾晞儒认为："当一个普通名词作为某个地理实体的代码，并被固定下来的时候，它就被个性化了，跟它所标记的那个事物紧密地联系在一起，转化成为个别的概念。"②安西王势力虽因皇权的争夺而被消灭，安西王府也在元朝灭亡后逐渐荒废，但安西王曾有的巨大影响力依旧存在，安西王府的壮丽也是当地史志必载之事。此外，"安西王之历史，并不甚长，故此地别无遗迹可寻，只有斡耳垛一名词，及北面半壁旧址存在口碑，故至今人民尤得而称之"③。历史文献的记载与后人的口耳相传，使斡耳垛与这一地区紧密地联系在了一起。而"长安、咸宁二县，民多以故宫殿门阙名其所居"④，故安西王府及其相关事物也成为这一带村庄名称的首选，即使其中不乏附会讹谬之处，但斡耳垛等名称还是保留了下来。

除了安西王的巨大影响力，西安地区蒙汉民族之间的交流与融合也是促进蒙古特色地名流传至今的重要因素。范玉梅认为："地名告诉我们历史上我国民族关系的一个侧面。"⑤许辑五先生更为具体地指出：蒙汉合璧的地名"充分反映出各族人民间的相处关系来"⑥。而西安地区受蒙古政治、文化影响的地名均有蒙汉合璧现象，如斡耳垛社等，这充分反映出西安地区蒙汉两族群众的相互交流与融合。

元朝政府为了巩固在汉地的统治，将大量蒙古军、探马赤军部署在关中、河南原等汉族民众密集的战略要地。起初两族民众之间存有隔阂，但随着各地军屯的进行，蒙古军士"与民杂耕"⑦的现象也频繁出现。而随军而来，由蒙军家属组成的各个奥鲁"亦编间民屯，使之杂耕"⑧。此外，为了让蒙古军民更好地进行生产，元政府更给蒙古移民"可使久居，且免每岁疲于奔命之役"⑨的权利。蒙古军民通过屯田

---

① 〔元〕姚燧：《牧庵集》，清武英殿聚珍版丛书本。
② 贾晞儒：《试析蒙古语地名结构及其语义特征》，《西部蒙古论坛》2013年第2期。
③ 陈子怡：《西安斡耳垛考》，见西京筹备委员会：《西京访古丛稿》，1935年，第8页。
④ 〔元〕李好文：《长安志图》，辛德勇、郎洁点校，三秦出版社，2013，第53页。
⑤ 范玉梅：《地名在民族研究中的应用》，见中国地名委员会办公室编：《地名学文集》，测绘出版社，1985年，第83页。
⑥ 许辑五：《蒙古语地名初探》，见中国地名委员会办公室编：《地名学文集》，测绘出版社，1985年。
⑦ 〔元〕虞集：《道园学古录》卷二四《曹南王世勋碑》，四部丛刊景明景奉翻元小字本。
⑧ 〔元〕王恽：《秋涧集》卷一〇《论屯田五利事状》，四部丛刊景明弘治本。
⑨ 〔元〕王恽：《秋涧集》卷一〇《论屯田五利事状》，四部丛刊景明弘治本。

使关中、河南等地区初步出现了蒙汉民众"大杂居，小聚居"的局面，蒙汉民众之间的交流也逐渐增多，"北方人初至，犹以射猎为俗，后渐知耕垦播殖如华人"[①]的现象不仅在河北，在关中也广泛出现。

元朝灭亡后，大量蒙古驻军与移民未能撤回蒙古，故《蒙古黄金史纲》称：元顺帝"抛弃了三十万蒙古"[②]。而散居各州的大部分蒙古民众也不愿返回蒙古，他们无论在经济上还是文化上，已与当地汉族民众"相忘相化而亦不易以别识之"[③]。而对于蒙汉民族的融合，明朝政府并没有抵制与排斥，反而积极鼓励推动。如明代法令规定："蒙古、色目人氏既居中国，许与中国人家结婚姻，不许本类自相嫁娶。"[④]"蒙古色目人氏，既居我土，即吾赤子，果有才能，一体擢用。"[⑤]在这种政策的推动下，诸如斡耳垛等有着蒙古文化特点或受蒙古政治、文化影响的地名被汉族民众沿用。与此同时，大量蒙古民众也在汉地村庄中生产生活，甚至"在西安方言中，有一些词据说自元代时蒙古语变化而来"[⑥]。可见关中地区蒙汉民众的交流与相互影响的逐渐加深。

综上所述，在安西王势力的巨大影响以及民族交流与融合大势的推动下，诸如浮沱、斡耳垛等带有蒙古特色的地名，以及李家街、董家门等与安西王府有关的地名，不仅没有被当地的汉族民众摒弃，反而得到了很好的保护与传承。

四、西安地区受蒙古文化影响地名的现状与保护

正如许辑五先生所指出："一些地名，长期以来，一再转译或简化，到今天很不容易辩出它的原义来，再加上蒙古语在各个地区也有着一定的差别，这样就更增加了了解原意的困难。"[⑦]在西安地区受蒙古政治、文化影响的地名中，杜家街、董家门等由于仍符合汉地命名方式，故不存在歧义，仍为人所熟知。而由蒙古语词汇演变而来的地名，却让后世很多人摸不着头脑。由于关于西安浮沱地名是否为蒙古语、是否与蒙古军民有关尚有较大争议，故接下来关于受蒙古文化影响的西安地名的现状与保护主要针对斡耳垛。

---

① 《（正德）大名府志》卷一〇《伯颜宗道传》，明正德刻本。
② 佚名：《蒙古黄金史纲》，朱凤、敬颜译注，内蒙古大学出版社，2014年，第28页。
③ 〔明〕丘浚：《内夏外夷之限》，见《皇明经世文编》，明崇祯平露堂刻本。
④ 《大明会典》卷二二《户部七》，明万历内府刻本。
⑤ 佚名：《皇明诏令》卷一《太祖高皇帝》，明刻增修本。
⑥ 宗鸣安：《西安旧事》，西安出版社，2009年，第243页。
⑦ 许辑五：《蒙古语地名初探》，见中国地名委员会办公室编：《地名学文集》，测绘出版社，1985年，第208页。

安西王府遗址的发掘和安西王幻方的发现，虽然使斡耳垛遗址在学界大放异彩[1]，但对于广大市民来说，斡耳垛仍是"西安最为诡异的一个地名"[2]。随着近年来人们文化意识的增强，大众对斡耳垛的关注度也在提升，相关单位在斡耳垛遗址、斡耳垛小学等地建立了对其地名进行介绍的展板或碑石，《华商报》《西安晚报》《三秦都市报》等媒体也先后对斡耳垛进行过报道，介绍了它们的历史与现状，这不得不说是民众对于历史文化的尊重与传承。

虽然之前的保护取得了一定的成效，但当前我们对于西安元代文化地名的保护和宣传工作仍需加强。第一，继续加大保护力度，在之后的城市建设改造中，要尽量保有其原名，不做简化与更改；第二，要继续加大宣传力度，当前仅在斡耳垛遗址、斡耳垛小学等地设有展板与碑石，受众量较小，影响力有限，之后应该加大宣传力度，制作和拍摄相关专题宣传册或纪录片；第三，要积极与各大高校合作，加大对元代西安蒙古民众社会生活以及文化的研究。

此外，值得注意的是，随着近些年来西安地铁的建设，每一个地铁站都有自己的代表性文化图标（"一站一标"）与主体浮雕（"一站一景"）。地铁三号线的胡家庙、石家街以及辛家庙站，其在元代不仅临近安西王府，有蒙古军队驻扎，深受蒙古文化影响，且至清代仍属斡耳垛社的管辖之内，故可将其视为西安对于元代的重要"记忆"。故可在上述三个地铁站已建成的"丝路巨作"文化墙之外，适当增加安西王斡耳垛的内容，从而加大对后都城时代西安"西北重镇"的宣传力度，也促进对西安元代文化地名的进一步保护与宣传。

结论：西安地名中蕴含的"元代记忆"

元代西安不仅有大量蒙古军民驻扎，更有实力强大的安西王势力镇守，这些游牧民在西安地区的生产生活，以及与当地汉族民众的交流融合，均被这些流传至今的地名"记录"下来。西安地区目前保留的受蒙古文化影响的地名一共有两种：一种是斡耳垛等源于蒙古语，且在元代就已出现的地名，这类地名产生于元代安西王的出镇及蒙古军民的聚居戍守；另一种则是诸如杜家街、董家门、石家街等明清时期建于斡耳垛遗址之上的村庄名称，这类地名则源于新迁至此的汉族民众对于安西王府的追忆。上述两类受蒙古政治、文化影响的地名一直流传至今。至于浮沱地

---

[1] 马得志：《西安元代安西王府勘查记》，《考古》1960年第5期；章巽：《西安元代"安西王府"的创建年代》，《考古》1960年第7期；夏鼐：《元安西王府址和阿拉伯数码幻方》，《考古》1960年第5期。

[2] 秦子：《西安有个"斡耳垛"》，《华商报》2013年6月19日。

名，虽然目前关于其来源与建立仍然存在争议，但不同于其他省份，西安浮沱地名有着来源于蒙古语与蒙古军民的说法，且被当地政府民众及部分学者认可，这本身也体现了元代的历史文化对西安地区的影响。

关于这些受元代政治、文化影响的地名拥有如此强大生命力的原因，苏联学者塔古诺娃曾指出地名具有稳固性的八个因素，其中"地名在口语中的广泛使用"，"地名已在文献中固定下来"，以及"地名与具体人名、历史事件、经济和社会概念等有联系"[①]均为地名保持长久生命力的重要因素。而安西王及安西王府的巨大影响力，以及蒙汉民族交流融合的大势，使这些受元代政治、文化影响的地名拥有了上述因素，因而获得了长久的生命力，延续至今。

随着社会经济的发展，这些老地名面临着被遗忘和抹杀的威胁，虽然相关部门已经采取了一定的保护措施，但形势依然严峻，需要我们进一步加强对西安蒙古文化地名的保护工作，并且要在保护的过程中，积极利用媒体、地铁站文化墙等新媒介加大宣传，使更多人特别是年轻一代了解这些蒙古文化地名的历史，并积极参与到宣传与保护工作中来，将西安的这段元代记忆继续传承。

原载《唐都学刊》2020年第2期，收入本书时有修改

（张博，该文发表时为陕西师范大学西北历史环境与经济社会发展研究院博士生，西北大学历史学院讲师）

---

① 转引自［苏］茹奇克维奇：《普通地名学》，崔志升译，高等教育出版社，1983年，第56页。

旧秩序衰解前的内陆重镇
——晚清西安城市意象解读

张晓虹

一、引子

1898—1901年，与华北其他省份一样，陕西省也发生了极为严重的干旱，旱灾范围包括整个关中及陕北地区，并导致了陕西秦岭以北地区几乎颗粒无收，人口大量流散。这场世纪之交的灾荒因慈禧挟光绪避八国联军入侵而西入关中后才始为外界所关注，并获得了多方救助，一些外国机构也募集善款通过在华机构发放给陕西灾民。正是由于这一原因，一些西方人在义和团起义失败后不久得以进入深居中国内陆的陕西地区，并把他们眼中的中国内地百姓及其生活状况记录下来，从而使得内陆中国不再成为一个神秘的所在，同时也为中国内地了解外部世界打开了一个窗口。

这一时期来自外部世界的政治、经济、文化冲击，对东部沿海地区影响渐显，但在开埠港口之外的内陆中国，这一冲击对当地社会生活的影响如何，尤其在被认为最保守、最传统的陕西西安，我们并不十分清晰。这是因为以往对晚清陕西西安的研究大多仰仗中国文献[①]，而在传统文献的言说模式中，社会生活中那些丰富而感性的内容往往被概括掉，留下的仅仅是被认为与社会历史发展关系密切的主题。可是，这些重大事件或内容只能勾勒出晚清西安社会生活的大概，很难反映出社会变革对人们日常生活的影响。

值得庆幸的是，这一时期不少外国人进入中国，或旅行，或工作。他们的特殊身份与地位，尤其是其异域文化的独特视角，使得他们成为中国传统文化与社会生活的最佳观察者与记录者。所以，笔者试图通过一个美国记者的旅行记录，考察义和团运动之后西安的社会生活状况以及大变革在中国内陆城市景观方面的反映。

---

① 吴宏岐：《西安历史地理研究》，西安地图出版社，2006年，第311—313页。

二、关于《穿越神秘的陕西》

1904年12月底,《穿越神秘的陕西》①的作者弗朗西斯·亨利·尼科尔斯(Francis Henry Nichols)因肺炎逝世于西藏南部的江孜(Gyangtse)。尼科尔斯是纽约《基督教先驱报》的记者,逝世时虽年仅35岁,却与中国有着不解之缘。光绪二十六年(1901),他作为《基督教先驱报》的通讯记者被派往中国,目的是了解当时发生在陕西省的大饥荒状况。正是这次任务促成了《穿越神秘的陕西》的写作,为我们留下了一部珍贵的描写世纪之交社会大变革前夜的陕西及西安社会生活的著作。

《穿越神秘的陕西》主要讲述了20世纪初期还很少为人所知的中国内陆省份陕西及其省会西安的故事。书中详细地记录了作者为调查陕西的饥荒状况,从北京经保定、太原长途跋涉到达西安,以及在调查结束后越过秦岭从龙驹寨(今陕西丹凤县)沿水路到汉口、经上海返回美国的整个旅途中的所见所闻。这部以反映古老的陕西、西安以及生活在这里的陕西人、西安人和满洲人及其生活方式为中心的著作,1902年秋天在纽约出版后立即引发了美国公众的持续兴趣,很快于1904年再版。

这部旅行记录之所以引起人们的兴趣,不仅是因为尼科尔斯先生在他所从事的工作领域有着罕见的天赋和气质,更重要的是他具备令人钦佩的宽广视野和强烈的人文精神。本书的再版前言是这样评价他的:他对他所研究的那些人群抱有真挚的同情心,同时具有与东方民族成功交往的能力。②而尼科尔斯之所以能够成功地与中国人进行交流,引用他自己的话来说是:

> 我从事的职业所具有的脚踏实地的特质,不给我的偏见留下一丁点儿空间。我那作为外国人高人一等的特权也不被承认,我很难保持高高在上的态度去思考我下面的人们,我也不得不在他们自己的古老平原上与他们相见。这样的结果使得我必须设法从他们的角度来看待事物,并且很容易接受他们的观点。③

从本书的叙述中,我们发现尼科尔斯在沿途结交了许多当地的朋友,尤其是在陕西、在西安,这就使得他能在极短的时间内了解中国社会、了解西安城市,并顺利地完成他的调查工作。而对我们来讲,这一特点也使得他的记录有着其他文献、

---

① Francis Henry Nichols. *Through Hidden Shensi*, New York: C. Scribners Sons, 1904.
② Francis Henry Nichols. *Through Hidden Shensi*, New York, C. Scribners Sons, 1904, p. 5.
③ Francis Henry Nichols. *Through Hidden Shensi*, New York, C. Scribners Sons, 1904, p. 8.

特别是本土文献少有的那种对当地社会最直接的触及肌肤般的观感,其文献的价值也恰恰在此。

《穿越神秘的陕西》从内容上分为三大部分:第一部分从第一章到第三章,主要介绍尼科尔斯的旅行目的以及最初从北京出发经过直隶、山西两省过程中的所见所闻;第二部分重点记录了他从潼关进入陕西以及在西安、关中停留时所做的调查,在调查过程中对陕西地方社会、西安城市景观的观察;第三部分是他离开西安经龙驹寨,从水路穿过湖北抵达汉口、上海的经历。其中,第二部分是本书的主体。由于作者此行的目的是调查正在发生的饥荒状况,因此为了获取必要的数据,尼科尔斯走遍了整个西安城,访问城内的不同街区,了解各个阶层在饥荒中的状况以及对饥荒的反应:

> 在调查饥荒情形的过程中,我必须骑马前往城市的各个角落,进行大量调查询问。在此类活动中,通常只有王翻译陪着我。不仅从来没有人骚扰或者干涉我,而且各行各业、形形色色的人都停下自己手中的活儿帮助我,向我提供信息。①

正因为如此,我们才能够透过作者的眼睛来观察晚清西安城市生活与城市景观。

另外,本书的价值还在于,陕西和西安对于当时的西方世界来讲,完全是一个陌生的地方。因为直到1880年代,外国人才可以公开进入西安居住。事实上,仅仅在作者到达西安前不久,义和团运动在这里所引发的排外现象也十分严重,天主堂和基督堂大多被摧毁,几乎所有的外国人被驱逐了出去。由于在1901年之前只有极个别来自发达国家的西方人访问过西安,以至于作者在第一章中首先这样向西方读者介绍他的目的地——陕西:

> 在中国西北一隅,有一个被称作陕西的省份,其辖区比英格兰和苏格兰合在一起还要广阔,人口将近800万。陕西是如此古老而僻远,古老到即使在中国都无人知晓其历史的源头,偏僻到连北京人提到它的时候,都好像在说异国之地。②

显然,尼科尔斯认为,不仅在外国人看来陕西与西安是一个隐秘的所在,就是对中国人来讲,这里也代表着古老的传统和极端的保守。甚至作者认为正因为陕

---

① [美]弗朗西斯·亨利·尼科尔斯:《穿越神秘的陕西》,史红帅译,三秦出版社,2009年,第74页。

② [美]弗朗西斯·亨利·尼科尔斯:《穿越神秘的陕西》,史红帅译,三秦出版社,2009年,第1页。

西、西安在中国文化中的这种地位，西安才为西太后所选中，作为她与光绪皇帝躲避八国联军的临时避难所。也就是说，在20世纪初，陕西、西安被处于内外夹攻之中的满清王朝视为最后一块净土，是保卫中国传统文化的最后堡垒。

三、晚清西安城市景观元素特征

在仔细研读《穿越神秘的陕西》的文本之后，我们发现尼科尔斯大致是按天际线、规模与结构、路径、标志物、区域这样的顺序来认知西安城市景观与城市空间的。

1.天际线（horizon）

经过10余天的长途跋涉后，尼科尔斯带着他的小分队终于从东面接近了西安。在经过著名的灞桥之后，尼科尔斯首先注意到在西边地平线上有一列延伸的"低丘"：

> 在西边的地平线上，我很快注意到那个我最初当作是一列低丘的东西。山脊线不时地被尖耸的山峰打断，好像是小型的山顶。当我们走近它们时，轮廓的棱角便清晰可见了，这使得我首先怀疑它们可能是其他东西而并非山丘。我叫来卫队长，指着西边地平线上的脊线。
> "那是什么？"我问道。
> "是西安，"他回答道。[①]

显然，天际线是尼科尔斯认识西安城的第一个景观元素。而事实上，西安城墙之所以首先进入观察者的眼帘，是因为它的与众不同。尽管尼科尔斯之前对中国的城墙已有所了解，但他还是为西安城墙的壮丽而震惊。因此，他不惜笔墨详细地对城墙进行了描述："与西安城墙的宏阔高大和极佳状况相比，北京的城墙衰败落伍，无足挂齿。西安城墙约15英里长，在明洪武皇帝统治时期的1368年拓建，形成今天所见的形态。城墙各处高度均不低于30英尺，靠近城门之处从地面到城墙顶部高达70英尺。"[②] 而那些被他最初误以为"山峰"的跨越城墙的敌楼体量巨大，每个敌楼大约有四五层高，上有60或70个窗户。在古代冷兵器时代，透过这些窗户，箭

[①] Francis Henry Nichols. *Through Hidden Shensi*, New York：C. Scribners Sons, 1904，p. 157.

[②] ［美］弗朗西斯·亨利·尼科尔斯：《穿越神秘的陕西》，史红帅译，三秦出版社，2009年，第63页。

手们可以从容地射击从平原上进攻西安的来犯之敌。①

毋庸置疑,正因为其高大壮观,西安城墙不仅从外部构成了西安城市背景中的天际线,从视觉上给观察者以强烈的震撼,形成冲击力极强的意象,就是在西安城市内部,城墙也总是不经意地出现在游走于城市中的观察者的视野里,这一点在尼科尔斯后来为描述城市空间所拍摄的街道照片中可以清晰地看出。

2.规模与结构(scale and structure)

尼科尔斯一到达西安,就对它的规模留下了深刻的印象:

> 在向他(敦崇礼)的寓所骑行的途中,我有了一次了解西安城占地规模的机会。我们骑马穿过长逾3英里的街道,两侧的商铺、钱庄和市场鳞次栉比。手推车、官员的轿子、骑马的人都在涌动的人群中穿行,到处都是人们忙于生计和从事各种活动的景象。②

从这段描述中看,显然西安是一个占地规模不小的大城市,仅从东城门到"美国公馆"所在的市中心就有3英里的距离。而熙熙攘攘的人群也给尼科尔斯留下了深刻的印象,尽管在后文中他也承认,就像中国大多数城市一样,西安当时的人口很难精确地计算,并不可能像当地官员估计的饥荒之前西安人口大约有100万,而比较接近的数字估计是70万。③但应该说,这也是一个十分可观的规模了。

此外,尼科尔斯很快就发现,当时的西安城市缺乏西方工业城市中普遍存在的贫民窟:"但在这座庞大的古老城市中,人口稠密、行业众多,却并没有出现贫民窟。没有一条街巷在任何一点上符合我们所称的'贫民窟'的特点。"④也就是说,虽然这一时期在西安城墙以外的路边窑洞中每天有数以百计的饿殍等着城里的人们去收埋,但尼科尔斯指出这是因干旱导致的饥荒造成的,也就是说,并非西安城市结构中的正常状态。⑤可见,贫民窟的缺失是当时西安与纽约这样的西方工业城市在城市空间结构中最显著的差异。尼科尔斯对于这一现象还进一步论证道:

---

① [美]弗朗西斯·亨利·尼科尔斯:《穿越神秘的陕西》,史红帅译,三秦出版社,2009年,第63页。
② [美]弗朗西斯·亨利·尼科尔斯:《穿越神秘的陕西》,史红帅译,三秦出版社,2009年,第63页。
③ [美]弗朗西斯·亨利·尼科尔斯:《穿越神秘的陕西》,史红帅译,三秦出版社,2009年,第66页。
④ [美]弗朗西斯·亨利·尼科尔斯:《穿越神秘的陕西》,史红帅译,三秦出版社,2009年,第70页。
⑤ [美]弗朗西斯·亨利·尼科尔斯:《穿越神秘的陕西》,史红帅译,三秦出版社,2009年,第70页。

骑马穿过整个西安城，找不到证据表明这里有像拥挤在纽约贫民区街巷中的那些绝望的、令人心碎的、堕落的社区，那里的人们总是"必然的邪恶"，有时也被描述为"沉沦"。①

尽管在官员、商人和银行家中间还有一大帮在世界任何地方都算是富人的人，但是西安城里却没有那种以基督教世界的标准来看是"很穷的人"，这一事实在作者看来是十分独特的。尼科尔斯还得出一个印象，即靠近南城墙有别墅的富人和城内最穷的居民之间在受教育、机遇和环境方面的差异，显然并不像作者生活的纽约那么巨大。不仅如此，尼科尔斯甚至认为一般情况下在西安城墙内的每个人都有自己的家和舒适的衣服，唯一的例外是鸦片烟鬼。②

3.路径（paths）

西安城市道路系统的清晰与易辨识性，自古以来一直让很多观察者与描述者惊喜，尼科尔斯也不例外：

西安城街巷虽未专设人行道，但都很宽阔，从一侧城墙延伸穿越城区，直达另一侧城墙。这些街巷总能以适宜的角度相互连通，主要大街均以石板铺就，在沿用了几百年后，往往多有磨损。③

街道大多以直角相交，自然容易形成简明清晰、便于识别的意象。事实上，在尼科尔斯随后几天对西安各阶层人士的访问中，走向明确的道路无疑使他对西安城市空间结构的把握变得相对容易。加之西安街道布局极为规则，城市结构也显得十分紧凑，使西安成了比北京更令人难忘的城市。④

与西安道路体系密不可分的城门，显然也是路径的重要组成，尼科尔斯在西安城市空间内部的穿行中多次关照到城门：

我们穿过东门前护城河上的吊桥，进入城里。⑤

---

① Francis Henry Nichols. *Through Hidden Shensi*, New York：C. Scribners Sons, 1904, p. 179.

② ［美］弗朗西斯·亨利·尼科尔斯：《穿越神秘的陕西》，史红帅译，三秦出版社，2009年，第70页。

③ ［美］弗朗西斯·亨利·尼科尔斯：《穿越神秘的陕西》，史红帅译，三秦出版社，2009年，第66页。

④ ［美］弗朗西斯·亨利·尼科尔斯：《穿越神秘的陕西》，史红帅译，三秦出版社，2009年，第66页。

⑤ ［美］弗朗西斯·亨利·尼科尔斯：《穿越神秘的陕西》，史红帅译，三秦出版社，2009年，第63页。

西安城连接南、北城门的大街靠近东城墙。①

在北门附近他（一位回族茶商）的店铺里，我们就穆斯林起义谈论了一下午，这次斗争功亏一篑，最终失败。②

我在西安停留一周后，一天晚饭前，我和王翻译从公馆出去散步。我们在公共广场转悠了一会儿，然后朝北城门走去。③

皇帝抵达西安时，是从东门入城的。因此，他在离开流徙之城时，虽然返回北京的路线是向东过潼关，穿越河南省，都是他之前旅行过的相同线路，但他必须从西门出城。皇帝若从来时进入的城门离开该城，被认为会给国家带来厄运。④

4.标志物（landmark）

城墙不仅是西安天际线的重要构成，它还是西安最重要的标志性景观，因为它代表着西安城市的骄傲，尼科尔斯到西安后不久便发现了这一特点："西安人以城墙为骄傲。在提到城市名胜时，西安人总将陌生人的注意力引向城墙"⑤。他还把西安人的这一特点与美国芝加哥人喜欢询问每一个外地人"您参观过stock yard吗？"联系在一起。显然，尼科尔斯认为城墙之于西安，就像stock yard之于芝加哥一样，这是代表他们城市个性的标志物。正因为如此，西安人对待城墙的态度也不像中国其他大多数城市那样——随着战争工具的改进以及来自蒙古人入侵威胁的消失任由这种古老的防御工事日渐颓圮——而是仍然每年付巨额的税收，专门用来不断地修

---

① ［美］弗朗西斯·亨利·尼科尔斯：《穿越神秘的陕西》，史红帅译，三秦出版社，2009年，第67页。
② ［美］弗朗西斯·亨利·尼科尔斯：《穿越神秘的陕西》，史红帅译，三秦出版社，2009年，第71页。
③ ［美］弗朗西斯·亨利·尼科尔斯：《穿越神秘的陕西》，史红帅译，三秦出版社，2009年，第83页。
④ ［美］弗朗西斯·亨利·尼科尔斯：《穿越神秘的陕西》，史红帅译，三秦出版社，2009年，第87页。
⑤ ［美］弗朗西斯·亨利·尼科尔斯：《穿越神秘的陕西》，史红帅译，三秦出版社，2009年，第63页。

缮这个让他们引以为荣的城市标志。[1]

著名的碑林是西安城内当然的标志物："在西安城东南隅的一处园林里，有一长排单层的砖砌棚廊。里面就是闻名遐迩的碑林，以收藏古老碑刻而享誉全国。"[2]像所有到西安的游客一样，尼科尔斯也被引导到碑林去观赏保存在那里的历代碑帖石刻：

> 任何一个对中国语言和文献有足够知识的人都会发现，几乎没有什么事情比在西安碑林花费数周时间研读古老的灰褐色石碑更令人感到愉快的了。一天下午，我和王翻译去参观碑林，我们找到了一位和尚担任导游。很多显然是学生或游客的中国人，分散在长廊各处阅读碑文。他们的言行与美国国内图片展上举止有度的人群非常相像。每个人说话时都压低声音，走动时也尽可能悄然无声。[3]

对于来自基督教国家的西方人来讲，耸立在碑林内的《大秦景教流行中国碑》尤其具有强烈的吸引力："无论从哪个方面而言，西安唯一一件吸引西方世界关注的东西是被称为《大秦景教流行中国碑》的高大花岗岩碑刻。"[4]也正因为此，尼科尔斯详细介绍了这块碑的发现经过，并对碑上的十字花纹做了仔细的观察。

坐落在城市北部的前陕甘总督衙门因为曾作为慈禧和光绪西狩的行宫而成为西安另一个重要的标志物。不过，这个标志物是以行宫前的大门作为代表的：

> 守卫（行宫）大门的是两尊伟岸的石狮。当哥伦布首度航行去美洲时，它们也许就已经端坐在那里了，但是最近被明亮的绿漆涂刷一新，看着更显年轻，伸出嘴外的舌头也被涂上金色。[5]

同样类型的位于市中心的陕西巡抚宅邸无疑也可视为西安的标志物："李（绍棻）大人的府邸被称为宫殿，长而低平，距离城中心的衙门（或称议事厅）不远。"[6]

---

[1]［美］弗朗西斯·亨利·尼科尔斯：《穿越神秘的陕西》，史红帅译，三秦出版社，2009年，第63页。

[2]［美］弗朗西斯·亨利·尼科尔斯：《穿越神秘的陕西》，史红帅译，三秦出版社，2009年，第100页。

[3]［美］弗朗西斯·亨利·尼科尔斯：《穿越神秘的陕西》，史红帅译，三秦出版社，2009年，第101页。

[4]［美］弗朗西斯·亨利·尼科尔斯：《穿越神秘的陕西》，史红帅译，三秦出版社，2009年，第102页。

[5]［美］弗朗西斯·亨利·尼科尔斯：《穿越神秘的陕西》，史红帅译，三秦出版社，2009年，第83页。

[6]［美］弗朗西斯·亨利·尼科尔斯：《穿越神秘的陕西》，史红帅译，三秦出版社，2009年，第75页。

因为它的标志性作用,尼科尔斯在描述其他场景时也会借用它作为空间参照物。

另外,遍布西安城内的各类会馆也引起了尼科尔斯的注意。或许是因为数量众多,难以尽述其所处的空间位置,尼科尔斯在书中只是简单地认定它们是占据城市中心的大建筑:"这些会馆在城市中心拥有规模很大的屋宇。各省的会馆只为来自该省的人服务。"他把更多的注意力放在了描述会馆的社会功用上。①显然,他已意识到会馆在当时西安城市社会空间结构中居于十分重要的地位。

除了上述尼科尔斯辨识出的标志物外,名为"都城商号"的百货公司也算得上当时西安一个标志性景观。有人给尼科尔斯描述那是一个出售舶来品的地方,但事实似乎并非如此:"西安有一家叫作'都城商号'的百货商店。有人告诉我这里是出售外国商品的地方,但我参观过才发现,少量非中国生产的商品仅仅包括几块法国香皂和大约十盒美国香烟。"②另一个与外国、与西方有联系的空间,则是敦崇礼牧师所居住的"美国公馆":"当地赈灾委员会将西安城中心的一所大房子交给他(敦崇礼),作为办公室和寓所。……在敦崇礼先生寓所的大门上方,悬挂着刻有'美国公馆'的牌匾。"③

5.区域（area）

西安城内因各种不同的功能构成了形形色色的区域。初到西安的尼科尔斯最先被巡抚衙门前趣味盎然、生机勃勃的公共广场（public square）吸引:

> 在城市中心的巡抚宅邸前有一个公共广场,从日出到日落,集市贸易持续不断。广场的四周布满了陕西人熟悉的做买卖的、变戏法的、算命先生以及杂耍逗乐的各种各样的帐篷和货摊。傍晚时分,在一天的劳作结束之后,广场上到处都是带笑的、愉快的人群。他们从一个摊子逛到另一个摊子,为精彩纷呈的表演鼓掌喝彩,给表演者投掷钱币。④

就是在这个广场上,作者第一次看到了中国的木偶戏。不过,显然最受当地人欢迎的还是"说书"。另一个很快引起尼科尔斯注意的区域是因为它鲜明的宗教特

---

① [美]弗朗西斯·亨利·尼科尔斯:《穿越神秘的陕西》,史红帅译,三秦出版社,2009年,第69页。
② [美]弗朗西斯·亨利·尼科尔斯:《穿越神秘的陕西》,史红帅译,三秦出版社,2009年,第67—68页。
③ [美]弗朗西斯·亨利·尼科尔斯:《穿越神秘的陕西》,史红帅译,三秦出版社,2009年,第92页。
④ [美]弗朗西斯·亨利·尼科尔斯:《穿越神秘的陕西》,史红帅译,三秦出版社,2009年,第67页。

色："西安城西北部是穆斯林聚居区。这里有两座清真寺和学校，可在此研习《古兰经》。唯有宗教能够区分先知的追随者和其他西安市民。"[1]尼科尔斯敏锐地意识到，除了宗教信仰不同外，回族在生活的其他方面与汉族并没有太大的区别，他用穆斯林女孩儿甚至也会像佛教徒和道教徒一样从小要裹脚为例说明。事实上，宗教信仰也并没有影响到西安城内的回族商人与其他信仰商人的业务往来，尽管几年前这里曾爆发过回民起义。[2]

随后，在尼科尔斯的描写中开始出现了商业区：

> 西安城连接南、北城门的大街靠近东城墙。沿途有许多规模很大的商店，商人们陈列出售的常备商品，数量众多且品种丰富。商铺及其经营项目不如上海和某些南方城市那样富有商业气息。银饰珠宝、象牙雕刻、玉制饰品很少在西安城的柜台出售。需求似乎集中在那些更为实用的东西上，如丝绸、棉布和茶叶。[3]

而且随着观察的深入，尼科尔斯发现这个商业区内部明显可以再区分出一个皮毛业区："沿着长街有好几个街区都是皮毛交易的市场。"[4]这个综合性的商业区外，在西安城市的另一部分显然还存在一个专业性极强的金融业区："从公共广场向西延伸约半英里长的大街上，分布着将近二十家钱庄，每年经手的银两数以百万计。"[5]

"西安城内南部地区分布有很多官绅宅邸"，并且因为其内部空间布局特色鲜明而成为尼科尔斯关注的区域。实际上，从尼科尔斯对这一区域内部空间的描述来看，其不仅对于他那个时代的外国人，即使是对于今天的我们来讲也十分珍贵：

> 房屋外表无法反映其内部的曼妙。位于临街矮墙上的大门通往庭院，而院子里面通常会有一池清泉或一个鱼缸。居室坐落在庭院的后部，从三面环绕着院落。有钱人家里的家具总是用檀香木或柚木制成的。室内的各个角落装饰着色彩艳丽的丝绸，倚墙的橱柜上搁置着各式稀见的瓷器，其

---

[1] [美]弗朗西斯·亨利·尼科尔斯：《穿越神秘的陕西》，史红帅译，三秦出版社，2009年，第67页。

[2] [美]弗朗西斯·亨利·尼科尔斯：《穿越神秘的陕西》，史红帅译，三秦出版社，2009年，第67页。

[3] [美]弗朗西斯·亨利·尼科尔斯：《穿越神秘的陕西》，史红帅译，三秦出版社，2009年，第67页。

[4] [美]弗朗西斯·亨利·尼科尔斯：《穿越神秘的陕西》，史红帅译，三秦出版社，2009年，第67页。

[5] [美]弗朗西斯·亨利·尼科尔斯：《穿越神秘的陕西》，史红帅译，三秦出版社，2009年，第68页。

中许多在中国与在纽约一样昂贵。[①]

由于西安的冬天非常寒冷，富裕的人家都有室内取暖设施。尼科尔斯在文中详细地描述了这种供热系统，还特别指出由于木柴在陕西很稀少，人们所使用的燃料是经渭河从山西运来的优质无烟煤。[②]

在西安居留期间，尼科尔斯有机会进入巡抚官邸进行访问，也为我们留下了难得的内部空间描述：

> 李大人的府邸被称为官殿，长而低平，距离城中心的衙门（或称议事厅）不远。当敦崇礼先生和我按时抵达门口，下了马车之后，大人的一个仆人接待了我们，拿着我们的名帖，引领我们穿过府邸大门内的一个个庭院，长逾400英尺，他忽然留下我们，消失在偏房中。[③]

尼科尔斯与敦崇礼先生不安地等候在庭院中，直到几分钟后正门所有的门被打开。接着，两位西方人被一个年轻的幕僚引导着："我们跟着他走到门口，看到一间长厅。在长厅中央面对面站着两列士兵和仆役，形成一条通道，屋子尽头放着一把椅子。……当我们经过两列队伍的通道时，他们一个接一个地单膝跪地，屈膝行礼。"[④]这样的仪式无疑让尼科尔斯对其空间产生了强烈的意象。

另一个类似的区域是前陕甘总督衙门：

> 在西安城内北部的一处园林里，矗立着一座长而低平的砖瓦建筑。它非常古老，在几百年间都是西安诸省的总督的官衙。自从中国皇帝将新疆地区纳入版图起，总督衙署就迁往甘肃兰州。这座园林中的古老房屋一度由继任的陕西巡抚占用，但大约二十年前，有人报告说那里有鬼怪出没。……但因有鬼出没，所以它被弃置给老鼠和蝙蝠长达近二十年。[⑤]

根据尼科尔斯的记载，这组建筑规模可观，是西安城内规模最大的公共建筑：

> 古老的总督衙门比城里的任何其他公共建筑物都大。三百名工匠将其整修一新。附近的大量屋宇都用来作为朝廷官员的驻所，这些建筑也得以

[①] [美]弗朗西斯·亨利·尼科尔斯：《穿越神秘的陕西》，史红帅译，三秦出版社，2009年，第157页。

[②] [美]弗朗西斯·亨利·尼科尔斯：《穿越神秘的陕西》，史红帅译，三秦出版社，2009年，第69页。

[③] [美]弗朗西斯·亨利·尼科尔斯：《穿越神秘的陕西》，史红帅译，三秦出版社，2009年，第75页。

[④] [美]弗朗西斯·亨利·尼科尔斯：《穿越神秘的陕西》，史红帅译，三秦出版社，2009年，第75页。

[⑤] [美]弗朗西斯·亨利·尼科尔斯：《穿越神秘的陕西》，史红帅译，三秦出版社，2009年，第82页。

重新改建，周围的场地建有凉亭和藤架。行官所在的整个区域约15英亩，有高大的砖墙环绕。显而易见，这是在模仿北京的紫禁城。①

根据尼科尔斯后面的描写，这座被临时作为宫廷之用的建筑包含有几个不同的部分，分别代表前朝、后寝和东宫：

> 行宫的主要殿宇均漆成朱红色，屋顶上覆盖着褐色琉璃瓦。与大多数中国上流阶层的府邸相似，行宫前门开在中间。行宫没有门廊或走廊，进门后直接就进入了朝堂。屋内天花板很高，以明黄色纸裱糊。地上铺着红布缝缀而成的地毯。与门相对，靠着的是一张柚木方椅。椅背及其两侧雕刻十分精美，其上悬挂着深红色遮篷。光绪皇帝就是盘腿坐在这张椅子上接见满族皇亲国胄的。……行宫左侧厢房用于召见文武百官。
>
> 行宫的后部是慈禧太后和光绪皇帝的居所，建筑大同小异。这里两侧也是规模很大的厢房，慈禧太后的寝宫位于居中入口的左侧。
>
> 西安行宫内最为独特别致的地方是大阿哥的院落，几年前他已被宣布作为中国皇帝的继承者。大阿哥住在后花园里的一间大屋内，与朝堂有一段距离。他的屋子前面是个人工池塘，养有金鱼。大阿哥屋子的一侧厢房是一个长厅，设计奇巧的前墙能像屏风一样挪动。在炎夏之际，这里是年轻皇子们最喜欢的游憩之地。在这里，他们躺在椅子上，一边闲聊，一边抽着水烟和少量的鸦片，观赏池中的金鱼。②

此外，还有一些区域为尼科尔斯所记录，如东关外的关城：

> 西安城关有着纽约附属地区的诸多标志性要素，有庞大的人口、学校和庙宇，但没有商店或市场。要想购物，居民就得进城去。③

还有位于周（Chung）代宫殿的旧址上的教场、临近西安的灞桥以及城外的窑洞区等等，但由于少有细节的描写，反映出尼科尔斯对这些区域所形成的意象并不十分强烈。

四、晚清西安城市意象解读

作为人类经济、社会、文化活动的集中区域，城市空间无疑通过其可视性的

---

① ［美］弗朗西斯·亨利·尼科尔斯：《穿越神秘的陕西》，史红帅译，三秦出版社，2009年，第82页。

② ［美］弗朗西斯·亨利·尼科尔斯：《穿越神秘的陕西》，史红帅译，三秦出版社，2009年，第84—85页。

③ ［美］弗朗西斯·亨利·尼科尔斯：《穿越神秘的陕西》，史红帅译，三秦出版社，2009年，第63页。

表象——城市景观传递出隐含其中的深层文化、价值动机等信息。如何安排城市空间，在不同的文化背景下、不同的经济形态中以及不同的政治结构内有着迥异的处理方式。事实上，城市景观正是以一种曲折而委婉的方式表达了城市建造者处理城市空间的主观意愿。

从《穿越神秘的陕西》中对1901年西安城市景观的描述来看，当时西安的城市意象总体来讲呈现出清晰、连贯的形象特征和明确的空间结构。在上文对文本仔细分析之后，我们发现尼科尔斯对1901年西安的城市意象明显可以分为三个层次：

1.从天际线、规模与结构、路径来把握西安整体空间意象

天际线不必需要进入城市才可以观察与把握，显然尼科尔斯对西安最初的认知开始于从东郊所观察到的由城墙所构成的天际线：矗立在平原上的高大城墙首先给了他深刻的印象。而形成西安城市规模与结构这类景观元素的意象，却经历不同：尽管尼科尔斯在刚一进入西安后就得出了大致的结论，但形成牢固的意象却并非仅仰仗直接的观察。尤其是城市空间结构，往往需要观察者对城市深入了解后，甚至在对城市空间细部有了认知后才能得出。例如对西安没有贫民区的结构特征，尼科尔斯在对西安各个区域有了一定的认识后才形成这一意象。这反映了规模与结构的意象是逐步形成的。

然而，尼科尔斯对晚清西安城市空间能很快形成清晰的意象，与连接城市各部分的道路系统结构简洁有着直接的关联。作为城市意象骨架的主要街道，因其明确的方向感和尺度感，使得城市内部各种活动场所可以较容易地被观察者编织进空间中，形成清晰的结构意象。另外，通过道路不仅可以轻易地穿行在西安城市内部空间，而且主要道路还提供了界定周围事物的标识，如皮毛业区就是用从北门到南门的主街来界定，而金融商业区则是以公共广场向西延伸的街道进行定位。显然，正是由于西安城市街道有着明确的方向和简洁的结构，才使得晚清西安城市环境的可意象性极高，即观察者易于识别空间和组织空间，保证了所有的景观元素在城市尺度内创造出具有坚实、独特结构的空间实体。实际上，凯文·林奇通过对波士顿、洛杉矶、泽西城的研究也认为，道路构成了城市综合体中最常见、最可能的运动路径网络，是城市整体赖以组织的最有效手段。

2.观察者借用景观特征与空间指示性很强的标志物建构城市的空间逻辑

城墙具有的标志性特征，不仅是因为它有清晰的基本形态：高大的墙体、高耸的敌楼，特别是敌楼上的窗与墙体上的垛口使其有了颇为丰富的细部，独具魅力，而且人们几乎可以从任意一个方向在远处意识到城墙的存在，即它与西安城市其他部分在大多数情况下都可以通过视线相联系，因此也成为西安城内其他景观元素借以定位的标志。如尼科尔斯在用照片描述南部官绅居住区时就用城墙作为背景，反映了作者以城墙来界定这一区域在城市中的空间位置的意图。另外，本书还有多处像"在拥有南城墙附近豪宅的最富的人和最穷的西安市民之间"这样的表述。正如林奇所指出的那样，"标志物如果恰巧集中了一系列的联系，其意象的强度会因此提高"①。当然，西安城墙与前现代很多的中国城市一样，作为城乡界线的明确标志，其意象意义无形中也得到了强化。

3.区域细部的描述反映了观察者对城市空间的认知与把握层层深入

城市的区域，在最简单意义上是一个具有相似特征的地区，因为具有与外部其他地方不同的连续线索而被识别。如金融商业区之所以被意象为一个独特的区域，主要是因为其中分布有20余家钱庄。同时，区域因为具有一定规模的空间，所以无法很快地浏览并获得意象，而是需要通过一定的时间来体验其秩序的空间转换。如在公共广场中，作者只有多次进入并细细品味其中正在发生的丰富多彩的市井百态，才能够深刻理解这里作为一个意象鲜明的商业娱乐区域的意义。同样，作者对前陕甘总督衙门——西狩行宫的探访也耗费了许多时间。但只有通过这一方式才能使区域内部的空间关联得以展现，形成区域整体意象。另外，区域不仅在空间特性上具有简单相似，更需要具有一定层次的空间结构，即其内部还可以再组织，进一步划成不同的分区。正如城南官绅居民区一样，通过街道、院落等一系列的空间元素，这一区域内部被析置成更小的区域，使人们的认知不断递进，形成对这个区域的整体意象。事实上，结构清晰的区域更容易形成生动的意象，加深人们对这一区域甚至其在整个城市空间中位置的认知，如通过对前陕甘总督衙门——西狩行宫内部各组建筑物的详细描述，进一步区分出前朝、后寝及东宫各个功能区，使观察者所形成的对行宫及其在整个西安城市空间中地位的意象更加强烈。

但我们需要注意的是，各景观元素并非各自独立、互不相关，而是彼此交织在一起，共同营造着城市意象：区域并非独立于城市的空间存在，相反大多数城市内部的区域正是透过可渗透的边界与城市的其他部分保持一定的空间联系，如皮毛业区通过北门到南门主要街道与西安城内的其他部分相联系。但也有些区域并不强调其与城市的有机联系，甚至是特意通过密闭的屏障围合成一个难以穿透的空间，以

---

① ［美］凯文·林奇：《城市意象》，方益萍、何晓军译，华夏出版社，2001年，第77页。

强化其高高在上的极权体制的景观意象，显然无论是陕甘总督衙门——西狩行宫，还是陕西巡抚衙门都是具备这一意象特点的区域：

> 在中国人看来，皇帝居住过的任何地方都神圣无比，当皇帝离开后，驻跸之地必须要保持原封不动达数月之久。皇帝返回北京后，西安行宫的大门即刻关闭，一队士兵驻守于宫门之外。……巡抚严禁没有得到负责官员特别许可的人进入行宫，否则严惩不贷。而特别许可只偶尔给予高级官员。①

明显地，这一区域不仅对于普通的西安人来讲是一个空白，在当时那个特殊的年代，它对外国人来讲更是如此。甚至连倍受陕西各级官员尊敬的敦崇礼先生也告诫尼科尔斯，"他觉得，西安城内唯一一处不宜于外国人访问，也不安全的地方，就是行宫"②。事实上，尼科尔斯最初也没有奢望能有机会进入到这一空间：

> 我曾经放弃了参观行宫的念头，但在那个特定的下午，那座宫门出现在我们面前的时候，去看看宫门后是什么的愿望猛然涌现、无法遏制。③

尼科尔斯随后是在一个很偶然的情况下，凭借着自己的真诚与出色的交际能力幸运地得以进入这块禁地。

显然，尼科尔斯对1901年的西安的认知，最先是形成一个整体性的综合意象，如城市天际线构成、规模与结构、道路体系特征等等，随后渐次进入城市空间内部，由标志物而及于区域，形成局部的但更为准确的认知，从而又强化了他对西安的意象。而从尼科尔斯对各个区域的感知顺序来看，最先是易于把握的呈现出市井百态的公共广场、宗教特色鲜明的回族区，其次是功能明确的商业区、皮毛业区和金融业区，再次是需要对城市有一定认知后才可以辨析出的官绅居住区，最后是封闭的、难以进入的官府衙门区。

对城市意象的研究，最初是以城市规划为指向，这与整个城市地理学发展的路径相一致。但这种研究方法一旦进入历史城市地理研究领域，我们不再视其为设计城市空间的一种前瞻性的研究思路，而是将城市意象中所透露出的各种空间信息组织起来，通过分析景观元素，对已不可再现的历史时期城市景观的可视特征进行复原，剖析城市的空间架构特点，并透过这些看似表层的、个性的意象去分析城市社

---

① [美] 弗朗西斯·亨利·尼科尔斯：《穿越神秘的陕西》，史红帅译，三秦出版社，2009年，第82页。
② [美] 弗朗西斯·亨利·尼科尔斯：《穿越神秘的陕西》，史红帅译，三秦出版社，2009年，第83页。
③ [美] 弗朗西斯·亨利·尼科尔斯：《穿越神秘的陕西》，史红帅译，三秦出版社，2009年，第83页。

会空间的特征及其所反映的城市社会结构。也就是说，我们应该通过城市意象的特征，重组城市环境，厘清城市结构，进一步识别城市空间。

五、讨论

美国学者凯文·林奇对于城市意象有精湛的研究和认识。他通过分析人们对路径、边界、区域、节点、标志物等五种意象元素的认知，辨识出城市空间的特点，为我们深刻透察城市空间格局提供了一个极富创意的研究理路。[1]此后中国不少研究者借用他这种对城市空间的研究方式，通过解析城市景观，辨识出城市空间形成过程中的各种因素。[2]

不过，用城市意象进行中国历史城市个案分析目前还处于探索阶段。[3]对历史时期中国城市意象进行研究，最困难的还在于第一步工作，也就是分类描述。按照景观元素的类型来探讨城市意象，容易忽略组成城市整体各部分之间的相互关联，因为正是意象单元的整体编组、相互交织，才形成了浓郁而生动的城市意象。但是我们又无法否认的是，只有基于或是围绕着分类体系，人们才有可能组织起城市中大量的意象信息，形成城市意象。正如林奇认为的那样："主动调整环境，区分和组织感官所感知到的事物，是人们亘古以来的习惯"[4]。

与林奇所分析的现代西方工商业城市不同，以行政、商业多重职能为特点的中国古代城市，其景观元素分类体系的设定在没有进行文献分析之前，我们还很难主观地去认定。此外，林奇的景观分类更注重城市空间的平面形态，而城市本身由于土地利用的高强度所导致的空间立体化无疑是其区别于乡村的重要景观特征。因此，在本文的景观元素分类中，天际线的使用正是表达了此意。但毋庸讳言，林奇的景观元素分类体系，对本研究具有启发性和指导性。

中国有着绵长悠久的地方文献编撰传统，为我们保留了大量极为珍贵的文献记录。但是，在进行城市意象分析时这些记载的不足之处就显露出来，即它们总是依大体固定的格式描述城市、记录城市景观，而对社会生活的微观描述很难进入中国文献传统的言说模式。在我们常用的地方文献中，城市往往是作为权力中心来表现，城市中的衙署与庙宇得到了非同寻常的关注，城墙和街坊则是另外两个重点照

---

[1] ［美］凯文·林奇：《城市意象》，方益萍、何晓军译，华夏出版社，2001年。
[2] 李郇、许学强：《广州市城市意象空间分析》，《人文地理》1993年第3期；林玉莲：《武汉城市意象的研究》，《新建筑》1999年第1期。
[3] 顾朝林、宋国臣：《北京城市意象空间和构成要素研究》，《地理学报》2001年第1期。
[4] ［美］凯文·林奇：《城市意象》，方益萍、何晓军译，华夏出版社，2001年，第73页。

顾的内容。即使是重点描述，其表述的刻板往往遮蔽了城市生活中真实存在的丰富性，如城墙常用可以反映权力等级的周长来表达，街坊则以沉闷的罗列坊名来显示。只有极少数的文献会用丰富的细节描述给后人留下当时城市生活真实的一面，如《东京梦华录》《梦梁录》《旧京遗事》之类。但这些描述大多属于对都城生活喧嚣和浮华的追忆，撰著者的目的在于以古喻今。即使是这样的描述，对于晚清西安这样的内地城市来讲也是难以企求的。与此同时，由于中国传统文化中并不强调城乡之间的差异，地方文献中少有专门对城市社会生活的关照。显然，用中国官方编修的地方文献进行城市意象研究目前还有一定的困难。

晚清大量进入中国的外国人对异质的中国文化充满好奇，不惜笔墨将所游历的中国城市详细地记录下来介绍给他们的同胞。而这些笔触细腻的游记为我们保留了不少从直接观察而来的中国城市景观与社会生活的资料。本书显然是一个很好的样本。身为外国记者，尼科尔斯细致入微的观察与描述为我们今天研究晚清西安城市意象提供了弥足珍贵的第一手材料。因此，我们才能够得以分析晚清西安城市意象的特征，从而辨析出清末中国城市空间中那些用中国传统地方文献难以言传的特征。

此外，透过仔细研读《穿越神秘的陕西》所获得的晚清西安城市意象，我们还发现中国历史研究存在着极其复杂的多面性。首先，在现代性的叙事中，1900年前后的中国已到了危机四伏的紧要关头，中国社会走到崩溃的边缘，民不聊生是这一时期中国社会的基本特征。但从本书作者对西安的观察中，我们却很难直接看到这一预想的历史图景。尤其令人不可思议的是，尼科尔斯到达西安时，正是这个独具魅力的城市刚从世纪之交的严重饥荒中恢复过来，甚至在作者来访的6个月前，西安城内还在卖人肉，而成千上万的人饿死在郊区的窑洞内。①但我们得到的总体印象却是西安社会安定、经济活跃、市场兴盛，这或许反映了传统社会在面临现代性的冲击时表现出的超稳定性——在平静中隐藏着巨大的危机，显露了传统社会的惯性与麻木。其次，我们在回顾过去时常容易用后见之明去度量历史，而如果我们更多地关注当时人的感受，可能在历史研究中会得出极为不同的结论，至少不会是僵硬而刻板地去认识中国的历史进程。从作者对西安以及其他城市的描述中，中国各地受到西方现代性的冲击时存在着明显的地域差异：作为首都的北京与最早开埠的沿海城市，现代性侵袭到社会生活的各个方面，这是第一等级；第二等级的是汉口、太原等内地城市，社会生活的部分内容受到现代化的影响；西安显然处于第三个等级，即已开始感受到来自外部世界的影响，但这种影响十分有限，"都城商号"就

---

① ［美］弗朗西斯·亨利·尼科尔斯：《穿越神秘的陕西》，史红帅译，三秦出版社，2009年，第70页。

是一个极好的例证。事实上，更为意外的是，西安所遭遇的外界压迫并非直接来自西方列强，而是受到清帝国内部要求变革的压力，如尼科尔斯他们返程时途经蓝田，两位当地官员在例行访问中向敦崇礼询问起"新学"的内容，但他们强调"新学"并不是必需的、有用的，而是中央政府要求他们掌握的。[①]这样看来，我们已形成的认为1901年满清王朝已处于风雨飘摇、全中国已被深刻地卷入以西方为主导的世界经济大潮之中的那种刻板印象，显然存在着某些非历史主义的倾向。

当然，仅研究个体意象，我们很容易受个体观察者自身特殊性的局限，如在中国城市中最为重要的庙宇，在本书中并未得到重视，尽管作者也曾指出"这些被选择用于分发赈济款的建筑物通常是庙宇或衙门。它们带有最基本的中国特色，也是通常情况下，世界上欢迎外国人的最后之地"[②]。另外，作为一个来自西方发达国家的外国人，我们还需对作者或多或少的东方主义倾向保持必要的警惕，即他以一种深藏不露的文化优越感来观察、记录东方社会。实际上，尼科尔斯自己也承认，对于这个无数次被围攻、占领、劫掠和重建以及在它厚重的城墙内众多的皇帝们被谋杀、十数个皇朝先后更迭的充满了迷人气息的古老城市，他的确倾注了极大的热情！

原载《陕西师范大学学报》（哲学社会科学版）2010年第4期

（张晓虹，复旦大学历史地理研究中心教授）

[①] ［美］弗朗西斯·亨利·尼科尔斯：《穿越神秘的陕西》，史红帅译，三秦出版社，2009年，第106页。

[②] ［美］弗朗西斯·亨利·尼科尔斯：《穿越神秘的陕西》，史红帅译，三秦出版社，2009年，第92页。

1926 年的记忆
——关于"西安围城"事件的诗史书写

任小青

"西安围城"事件是民国军阀混战时期发生的惨烈事件之一。1926年,为巩固北方割据势力,遏制广东革命政府北伐,曾统治陕西长达八年的刘镇华,在直系军阀吴佩孚的支持下,于4月率领河南镇嵩军十万人马从潼关西入,围攻西安。身在三原的陕西国民军将领杨虎城,与坐镇西安的陕西军务督办李虎臣策应,率部进入西安城。杨、李二人带领守城军不到一万人"坚守"孤城,直到11月28日冯玉祥遣孙良诚部援陕,西安八个月的围困始得解除。其间,西安城内硝烟弥漫、流弹横飞,加之粮薪匮乏,军民死伤4万余人。这一事件在当时引起很大的轰动,《大公报》《申报》《新闻报》等都对围城中西安的惨状进行了报道。吴芳吉、胡文豹、胡步川[1]当时被困城内,他们是"西安围城"事件的见证者、亲历者和受害者。三人皆善诗文,围城期间几濒于死,然弦歌不辍。西安围解一个月后,"学衡派"代表人物吴宓前往西安探视,得见三人诗作,异常惊喜,急谋集钞《西安围城诗录》,刊布于《学衡》第59期。

《大公报》称"西安围城"事件为"千古未有之奇闻,近代未有之惨劫"[2]。然翻检民国史、近现代民族革命史方面的著述,与之相关的本事书写或寥寥几笔,或根本不予提及,以至这段历史被湮没、遗忘。好在1926年刊布的《西安围城诗录》对这一苦难记忆的委曲有所钩沉。笔者拟以诗歌考证其史,抉发《西安围城诗录》的诗学史意义。

---

[1] 吴芳吉(1896—1932),字碧柳,号白屋吴生,四川江津人,1925年7月应吴宓(1984—1978)邀请,执教于西北大学,讲授中国文学史及诗文选读等课程。胡文豹(1891—1958),字仲侯,号潜龙,陕西三原人,毕业于北京大学经济系,1925年6月起执教于陕西省立女子师范学校。胡步川(1893—1981),名正国,字竹铭,号步川,浙江临海人,毕业于南京河海工程专门学校,1925年应近代著名治水先驱李仪祉邀请,担任西北大学工科教授。吴芳吉、胡步川与吴宓是密友,胡文豹与吴宓是近亲关系。

[2] 《西安围解经过之又一报告:八个月大战与结束情况》,《大公报》1926年12月31日。

一、《西安围城诗录》的纪实性叙事

吴宓推重《西安围城诗录》："著民生之疾苦、丧乱之景况，香山乐府、杜陵诗史，实近之矣。"①吴芳吉、胡文豹、胡步川遭逢"西安围城"之难，蒿目时艰，西安城的丧乱景况、民生哀苦、军阀鱼肉百姓的残暴行径等毕陈于诗，推见至隐，是民国军阀混战导致国衰民困这一晦暗历史的再现。

（一）描写丧乱景况

《西安围城诗录》能够根据战事战局，对战乱中城市的破坏与无辜百姓的死难之事进行具体而微的描写。4月14日，镇嵩军发起进攻，占领了西安东郊的韩森冢，西安城情况十分危急。胡文豹《望韩森冢》咏叹道："千年高冢葬庄襄，俯瞰全城作战场。万户长安愁对汝，差如六国畏贤郎。"②战国时期曾对六国发起攻势的秦庄襄王死后葬于韩森冢，而今刘镇华在此处建设炮台，开辟战场，一个"愁"字，道出笼罩在西安上空的肃杀之气。围城之初，镇嵩军留出西门，等待城内守军撤出，只从南、北、东三个方向对西安城发动进攻，胡文豹《战城南》用乐府古题咏时事："前日战城南，流丸满塔钻。昨日战城北，妪死枕席侧。今日战城东，火云映酒红。何日城西战，屈指色先变。"③诗中通过四个场景的推移，将日益激烈的战事所造成的损害与人们的战栗情绪真实地反映出来。5月15日，刘镇华见守军毫无动静，便将西门封堵，西安完全陷入四面包围的境地。自此，城下日日交战不休，炮弹如潮，房屋墙壁摧毁，死伤者无处安顿。吴芳吉《壮岁诗》对战祸中百姓仓皇逃窜的情形做了十分细致的描绘：

> 传闻昨夜总攻击，困久如逢甘露滴。人人色喜幸城开，战危兵凶宁自惜。初如驾舸出长江，飓起天昏东海立。浪大舟轻不自主，但闻六合摇碨浤浤而汩汩。同居妇孺不期集，头蒙襗被下露膝。各就墙阴自藏躲，始着裙裾始颤栗。黑云嵬磊砅岩逼，天无曈昽横鲸吸。樯摧帆碎孤岛远，成连冻死伯牙泣。渺弥兮无依，猛挚兮霹雳。路迷兮星隙，舷倾兮舵擘。下沉浸兮无底，见海怪兮艅艥。欲转侧兮惝恍，惟屏息兮自戚。逮东方之已

---

① 吴宓：《西安围城诗录序》，《学衡》1926年第59期。
② 胡文豹：《西安围城诗录二》，《学衡》1926年第59期。
③ 胡文豹：《西安围城诗录二》，《学衡》1926年第59期。

曙，乃额手乎犹谥。慑余威兮未坠，仍呀呷以澎濞。[①]

此时城围已逾半载，正值初冬，守军选在晚上发起攻击。"浪大舟轻""六合摇碌""黑云嵬磊砯岩逼，天无曉晱横鲸吸""路迷兮星陨，舷倾兮舵擘"等字句形象逼真地描绘了炮火连天、烽烟遍地的激战场面，以及百姓藏躲不及、颠迷无从的惊骇窘迫之状和无处藏身而致炸死、冻死的悲惨遭遇。战事整整持续一夜，直到天亮，百姓仍沉浸在硝云弹雨的恐惧当中。

死伤之外，城中百业凋敝、万事萧条。"十年树木，百年树人"，西安城拥有名贵的唐槐汉柏和历史悠久的太学传统，但围城以来，军中乏薪，士兵大肆伐木，教学活动被迫废弛。胡文豹《薪桂叹》云："乱世谁能谈教育，学堂终竟断脩束。而今欲树百年人，纵斧先伐千寻木。君不见，台城坐困防侯景，熏鼠捕雀胜画饼。愁绝官家待爨炊，纵教坯却尚书省。"[②]后四句用侯景叛乱，梁武帝被困台城，不得不拆毁尚书省名贵梁木、熏鼠捕鸟以烧火做饭的典故，说明政教失养，十分困顿。

（二）直陈民生哀苦

入秋以后，粮食问题日益严峻。据围解后出城难民所言：百姓最初以麦麸解饿，后又杀牛马骡济之，牛马食尽，又食油渣，到了十月，油渣食尽，城中每日饿死者不下数百。死者最初尚可席卷，后来只能以绳系头、足，有的饿死路旁者被弃于沟壑最终被鹰狗噉食，情状极其惨烈。[③]吴芳吉《长安野老行》："朝逢野老不能言，但垂清泪似烦冤。面瘦深知绝食久，路旁倒傍酒家垣。向午归来野老死，头枕树根沾马屎。半身裸露骨班班，市儿偷去破襦子。黄昏重过血泥糊，腿肉遭割作鲜脯。酒家人散登车去，垣头睒睒来饥鸟。"[④]这与《诗经·苕之华》中"人可以食，鲜可以饱"一样，写尽了人生的悲哀。

而军阀盘剥是造成民不聊生的根本原因。为补给军中钱粮，守军大肆搜刮民脂民膏。胡文豹《捐输》："似我梁鸿常赁舂，也同卜式要输财。"以居于侧屋替人舂米的梁鸿自比，说明一贫如洗也难逃脱纳资、捐输。《陌上桑》写百姓无秕糠可食，只能采桑果腹，但官军却挝门打户谋裕军食，向各家派粮，要求按日交纳，诗人愤而慨叹"昔日猛虎变硕鼠，朝朝伏处入困仓"。《续秦中吟十首》其七《难民谣》写遭遇蝗灾的城外百姓难以承受镇嵩军的催征盘剥，逃到城内同样面临僧多粥

[①] 吴芳吉：《西安围城诗录一》，《学衡》1926年第59期。
[②] 胡文豹：《西安围城诗录二》，《学衡》1926年第59期。
[③] 《西安围城难民之一封书》，《大公报》1926年12月29日。
[④] 吴芳吉：《西安围城诗录一》，《学衡》1926年第59期。

少、寝处辗转、蚊虫肆虐的厄运。①胡步川《军歌叹》更以鲜明对比,深刻揭露了军民矛盾:

> 清晨闻军歌,其声何洋洋。随风成断续,调壮歌且长。北鄙杀伐声,惜非战沙场。又似凯旋还,声势虚铺张。城围兵学操,操罢学楚狂。饱食闲终日,借此忙其肠。问食何自来,灾民口中粮。灾民饿且死,何以勇输将。我见东街上,一翁走且僵。霜降衣正单,脸黑眼苍黄。肩负数升粟,言送至县堂。粟买于军中,值自卖衣裳。衣价得什一,粟价廿倍昂。衣粟出入间,二百倍可偿。可怜八口家,日食乏秕糠。油渣塞朽腹,籍作续命汤。渣苦思沾粟,吏虐不可当。岂不想乐土,高城围四方。此事何日了,帝醉正荒荒。言罢走楼西,老泪泗沱滂。是时城围久,街上少人行。只有饿死尸,南北靠短墙。老翁比饿尸,生死间差强。饿尸胜老翁,魂魄任翱翔。惟有唱歌兵,饱暖肆横行。孔子哭不歌,不饱于吊丧。宜不适乱世,卒老于栖遑。②

开头极写守军终日饱食悠闲,大唱军歌以遣无聊、以"忙其肠"的场景,接着用一个反问"问食何自来",将镜头转向大街上枯瘠羸弱的老翁。通过详写老翁以二百倍差价换来的粟米,不能养家糊口,却得上贡县堂的事实,抨击官吏囤积居奇、百般欺压,致使百姓苦不堪言。结尾以"楚狂"人接舆凤歌笑孔丘的典故,讽刺官兵于百姓安危置若罔闻。诗人以孔圣人自比,表明自己虽以民生为念,无奈饥肠辘辘,无力长歌当哭,发摅乱世的悲哀。除了供养军粮,城中百姓还饱受劳役之苦与守军的玩弄糟践。胡文豹《续秦中吟十首》其一《月芽城》写守将为了缩短战线、加强防御,拉丁服役。官兵甚至进驻百姓家中,扰民特甚。吴芳吉《壮岁诗》云:"尽室驻大兵,深宵惊激战。堂前随马溲,酒后索人玩。闺女逃不得,苍黄枯井践。"可见城中百姓面临着惨绝人寰的灾难。

(三)怒斥军阀残暴行径

在围城斗争中,攻守双方都暴露出了军阀残酷凶狠、肆无忌惮的特点。6月初,刘镇华为断绝城内粮食供应,不顾百姓死活,将西安城郊十万余亩成熟的麦子全部烧毁。胡步川《浣溪沙·烧麦田》:"陇黄云慰我民,漫天炮火遍三秦,农时不顾野心人。野火蔓烧一片黑,平原浩浩好陈兵,暴殄天物,逆天心。"抨击刘镇华暴虐无道、不得民心。胡步川《渭南李生行》云:"悬之槐树上,鞭以广竹藤。死去

---

① 胡文豹:《西安围城诗录二》,《学衡》1926年第59期。
② 胡步川:《西安围城诗录三》,《学衡》1926年第59期。

复醒来，八次返幽魂。"①不仅写败退的镇嵩军在渭南肆意掠夺，更揭露得胜的守军诈称李生家藏寇枪，随意搜捕、毒打无辜的暴行。可见，鱼肉百姓的不只是镇嵩军。因西安城易守难攻，守军只能对镇嵩军发动夜战。胡文豹《续秦中吟十首》之三《点红灯》写守城官兵为疏散镇嵩军的炮火攻击，要求城里百姓家家点灯，百姓被逼无奈，夜不敢寐："伏处屋隅睡难成，闭目充耳屏息立。"而城头的戍卒却恣意欢谑："此时尚未解宿醒，道是只少鱼龙戏。"诗人将满街的火树银花之景比作正月十五上元节。古代这一天有"金吾不禁夜"之说，而现在"金吾断人行"，百姓不允许出城。诗人将批判的矛头直指守城将领，"果然虎臣真矫矫，长安已号不夜城"。其四《挖城壕》写守军仗着雍州天堑，派官兵捕捉市民挖城壕事。诗中借服役归来者哭诉"长官驱得市人去，犹将笑语作解嘲。操戈捍卫仗老子，区区差徭赖尔曹。荷锸负版泥没髁，宛如凫鹥水中飘。眼中少觉不称意，鞭棰交至声咆哮"，刻画了守军凶狠狰狞、恃强凌弱的丑陋嘴脸。其五《派饭》写守城之初守军挥霍无度、恣意享乐："依稀忆得杨与李，三月守城夸天堑。美酒大烹无余事，一榻横陈芙蓉艳。"待军粮紧缺，守军又将城中百姓用于不时之需的斗米强行征走。吴芳吉《壮岁诗》抨击了守军骄奢淫逸、凶残蛮横的行径。诗曰：

> 独有辕门乐事喧，烟灯锦褥管弦繁。侍宴中军娇粉队，鸣驺半夜降梨园。走卒马夫皆得意，虾蟆陵与开元寺。作战为民辛苦多，绑票括钱属正义。但云通敌肆捕捉，但云藏奸私处治。但云储米当籍没，但云厝薪成罪戾。煌煌禁令枪空发，街头瞄准击人戏。②

仗着守城的功劳，在围城期间过度纵欲，寻求刺激。绑票括钱、诬陷栽赃、捕杀枪击，桩桩件件，无不将批判的矛头对准贪婪无厌、草菅人命的军阀。在看似冷静的书写中，蕴藏着诗人的一腔怨气。

（四）揭露攻守双方利益争夺的阴谋

两军相敌，尺寸必争，争城以战，杀人盈城。吴芳吉《壮岁诗》云："自从开战人尽亡，过时不获野荒荒。两军交恐敌人藏，争先纵火肆焚将。腾空黑焰比城长，深宵烛见心刀创。噫嘻此景何能忘，闯献不闻斯戾狼。"交战双方狼戾不仁、大肆烧杀甚过李自成、张献忠。吴芳吉对城中各方力量的所谋所图做过透彻分析：

> 呜呼！此时二竖何所希？快意荣身知已备。此时兵士何所希？败降改编仍势利。此时群小何所希？祈祷异族频接济。此时长安百姓何所希？恨

---

① 胡步川：《西安围城诗录三》，《学衡》1926年第59期。
② 吴芳吉：《西安围城诗录一》，《学衡》1926年第59期。

不亡国逍遥为奴隶。①

据诗人附注所云，"群小"指国民党欢迎二虎守城之辈，其首领为西北大学事务长。该党首领在守城之初，极力怂恿二虎坚守长安。待到二虎食尽兵稀，愿与敌言和，或冲围而去之际，又上书攀留，表示守城乃长安百姓的殷切期望。及至中秋以后，军中困顿，二虎部下逐门搜粮搜钱，该派首当其冲，受祸尤惨。于是，该首领发起西安市民自救大会，耸动民心，暗中运动兵变，以袭击二虎。且派人出城，与敌相应。②为防城内情况外泄，二虎下令许进不许出。胡文豹借李斯《谏逐客书》揭示了推行严酷禁令的真实意图在于铲除异己："罪犯所，长安县，请君入瓮谁能逃。君不闻，非秦者去客者逐，古来法严今岂独！又不闻，非我族类心必异，传言分明今须记。"（《洋车夫》）可见，"西安围城"事件战祸绵延正是小人反复无常，从中作梗，助纣为虐。胡文豹《夏历六月初五作》云："郁郁围城感不禁，伤时念乱一沉吟。汉家都尉工搜粟，曹氏郎官善摸金。征燕几回旋渭北，放牛何日返桃林。诸君误读《睢阳传》，往事前朝迥异今。"③《睢阳传》又名《张巡传》，是李翰为表彰安史之乱期间睢阳守将张巡而作，后来韩愈作《张中丞传后叙》进一步肯定张巡、许远"守一城，捍天下"的英明决策和历史功绩，但对于守城当中食人的不仁之举，后世多有诟病。明清易代之际王夫之就对《睢阳传》提出疑问，指出："守孤城，绝外救，粮尽而绥，君子于此唯一死而志事毕矣。臣之于君，子之于父，所自致者至于死而蔑以加矣。过此者，则恣尤之府矣，适以贼仁戕义而已矣。"④三百年后士人再次提出异议。吴芳吉以"弥沟壑而无告，比土芥而尤怜。不敢侧目，况能揭竿！未若凌迟待死之残。虽倾东海之荡荡，莫填此恨之绵绵"（《壮岁诗》），宣露了遭受守军凌辱比屠城更惨的事实，及怨声载道、恨海难填的滔天民愤。胡步川《炮声歌》最后两句"遗民只望有生机，不管谁得与谁失"，也逗露出城中百姓反战的真实心理。

1926年11月28日，西安围解，古城内外遭到严重破坏，满目苍夷。1927年杨虎城在公祭死难军民的挽联中写道："生也千古，死也千古；功满三秦，怨满三秦"⑤，表达了他作为守将的哀痛和愧疚。不过"九一八"事变后，"功"逐渐替代

---

① 吴芳吉：《西安围城诗录一》，《学衡》1926年第59期。
② 吴芳吉：《壮岁诗》，见《吴芳吉全集》（上），傅宏星编校，华东师范大学出版社，2014年，第204页。
③ 胡文豹：《西安围城诗录二》，《学衡》1926年第59期。
④〔明〕王夫之：《读通鉴论》卷二三，舒士彦点校，中华书局，2013年，第705页。
⑤ 绥子：《坚守西安胜利之前夕：为纪念故友作》，《军事周刊》1931年《坚守西安胜利专号》。

"怨","二虎守长安"被传为佳话,"其气弥励忠烈之概,拟诸张巡、许远之守睢阳,史可法之守扬州,殆无愧色"①。1936年《中央日报》开辟"西安围城纪念十周年公祭"特刊,极力宣扬李、杨坚守孤城的革命意义和西安百姓的忠勇牺牲精神。时任国民军联军驻陕总司令部办公厅主任的王陆一撰写纪念辞,谓:"我革命军与民众,保党帜之威严,守主义以贞亮,持大无畏之精神,作无限量之牺牲,天可荒而地可老,骨为岳而血为渊。"②在国民政府供职的杨幼炯同样描述道:"军民以油渣延性命,守者誓死益坚,而人民亦不作有生之望。此种尽忠革命惨烈牺牲之精神,诚将低昂天地而震烁史籍也。"③

显然,在抗战形势日益严峻的关头,"西安围城"事件中充斥的"怨"的精神因为不能适应社会需要而实现了重塑,演变、升华为军民团结,为正义而战、为革命而战的"群"的精神。因此,遗民的血泪控诉、"围城"的暴行和守将的功过评价最终成为承载"苦难"精神、"光荣"历史和"英雄"形象的"坚守西安"记忆。④但真实的历史应得到揭示,今天重新检视这段史实,发掘阐述"当日幽人惎士"之诗歌,无疑能补史之阙,可作"诗史"看待。从这个意义上讲,《西安围城诗录》不啻为"西安围城实录"。

二、《西安围城诗录》之"史外传心"

关于"西安围城"事件"诗史"书写的另一个重要特点是"以心为史""史外传心"。"史外传心"是明清之际士大夫对传统"诗史"观的突破,认为诗不仅在叙事纪实,更在抒发真实沉挚之情。如果说,明遗民诗所传之心主要为易代之际的亡国之痛,那么《西安围城诗录》则表达了诗人对民国风衰世乱的忧愤、对西安帝京风流的追忆及对国家和平一统的渴望。

"西安围城"事件给诗人身心带来深刻创伤,使他们对军阀混战悲愤填膺。胡步川《初冬之夜大雨西风翌日尤甚继之以雪想灾民之未饿死者亦将冻死感怀记事凡三首》其二云:"伐罪偏为万罪首(刘镇华自称吊民伐罪),三民何似杀民军(杨虎城曾办三民军官学校)。铜驼荆棘丛中泣,火热水深日已曛。"⑤将"西安围

---

① 王根倳:《西安围城十周年纪念词》,《西北文化日报》1936年11月28日。
② 王陆一:《西安围城纪念——十周年公祭纪念辞》,《中央日报》1936年11月28日。
③ 杨幼炯:《西安围城纪念——在国民革命史上之价值》,《中央日报》1936年11月28日。
④ 参见叶欣明:《唤起与重构:抗战动员中的"坚守西安"记忆》,《武陵学刊》2021年第2期。
⑤ 胡步川:《西安围城诗录三》,《学衡》1926年第59期。

城"事件定义为祸国殃民的惨战,讽刺刘镇华以人民的名义,发起残害人民的不义之战。胡文豹《碧柳寄诗慨当以慷弥有同感辄复此》云:"春秋无义战,何事苦相攻。遥遥关塞路,何事丸泥封"①,对无休止的争霸战争深恶痛绝。胡步川《念奴娇·破迷网》对乱世中士兵的忠心问题做了反思性批判:

> 攻城略地,尽苦心,总为他人作嫁。一将成功万命毕,何况未知成败。闾巷兵墟,老弱沟壑罪孽如天大。几人奏凯,论功赏凌烟画。
>
> 运梯掘土农民,力难抗拒,尽身亡家破。若论三军富勇气,人各手持军械,生死由人。马牛驱使,风雨昏沉夜,逃生什一,愚忠博得人骂。②

在诗人看来,掠夺性的战争,真正获利的只是统将,而为之驱遣卖命的士兵不仅没有体现出保卫家园的荣耀,反而徒增杀戮、罪孽深重。诗人透彻地揭示并破除了尽忠报国的军人精神在乱世中所显现出的悖谬,进一步谴责了军阀间的混战。民国以来,祸结兵连,炮弹为奸人所用,造成了深重灾难。胡文豹《责落弹》云:"豺狼仗汝,生杀予夺操世权;狐鼠仗汝,焚烧淫掠留腥膻。于是杀人盈城,城池倾为风吹雨打之残砖。血流漂杵,杵臼浮于一片汪洋之巨川。……何不化为上方剑,置之朱云前,斩绝不能匡主益民之官员;何不化为警恶刀,执之杨琰拳,杀尽盗名欺世之豪贤;或者幻作长蛇蜿蜒之云輧,或者幻作一日千里之楼船,一举旋坤而转乾。"③运用想象、排比,表达了惩奸除恶、匡扶正义的美好心愿。

在谴责战争的同时,诗人更忧心于儒家道统的断裂。民国建立以后,革命果实很快被袁世凯窃取,后军阀混战的局面形成,民主共和胎死腹中。不少爱国人士为了拥护共和、弘扬正道,自觉继承孔孟以来的"道统"思想,对道德沦丧、仁义不施的不良世风予以抨击。吴芳吉身在孤城,目睹守军的卑劣残忍,对其虐政害民,尤为恼怒,感叹说:"王道迹销霸道出,匡合犹存仁义敷。不闻政令夸民主,翻新匪道尚萑苻。萑苻此土尤猖獗,当中两虎声赫赫。恃城死守足风威,二十万人非所恻。"(《壮岁诗》)直接鞭挞"二虎"在西安所行政令违背民主,不合"王道"。胡步川《秋夜叹》慨叹:"扰扰干戈无已时,生命涂炭随衰草。土地人民与政事,专制之时诸侯宝。而今共和民为贵,岂容横流漫浩浩。……孤注一掷骄独夫,蝇营狗苟环群小。蒙马虎皮不屑责,贤士大夫应不少。如何噤口学秋蝉,一任桑梓腥风扫。"④一方面揭示军阀独裁,小人当道,是非乖违、民主委弃、国事蜩螗

---

① 胡文豹:《西安围城诗录二》,《学衡》1926年第59期。
② 胡步川:《西安围城诗录三》,《学衡》1926年第59期。
③ 胡文豹:《西安围城诗录二》,《学衡》1926年第59期。
④ 胡步川:《西安围城诗录三》,《学衡》1926年第59期。

的残酷现实；另一方面抨击二虎忤逆民意，乡党寡廉鲜耻、枉道求容。胡文豹《长安县》以"一县竟有两县官"来讽刺世道的怪诞离奇。《难民谣》更是揭示了共和徒托空言，民国弊蠹丛积的现实："十五年来日月迈，预征四载民力惫。他日催科若到门，仓剩将儿女卖。吁嗟乎！君不见，昔年张勋复辟，玄黄血战京城中，瑞金大楼楼上电灯红。一寸黄金一寸土，豪贵争来作寓公。哀哉野民诚无告，琐兮尾兮流离道路中。"①十五年来，官吏盘剥欺压致使百姓卖儿鬻女；豪贵侵占土地，致使百姓流离失所。以上种种，不得不让人感叹"城头变幻大王旗"，兴亡皆是百姓苦。

面对军阀混战的动荡局势，诗人呼唤圣贤、渴求盛世。胡文豹《韩森冢》最后一句"差如六国畏贤狼"，以"贤"字论秦庄襄王，同样说明了镇嵩军对西安城的围攻与秦国吞并六国、结束战国纷争的意义迥然不同。胡步川《初冬之夜大雨西风翌日尤甚继之以雪想灾民之未饿死者亦将冻死感怀记事凡三首》其二："格苗伯禹勤修德，纳土钱镠勇息兵。"歌颂大禹以德治国，能使边民臣服；吴越国钱镠勇于息兵止戈，纳土归宋，促成国家一统。吴芳吉痛恨割据势力，愤懑难抑发出天问。《壮岁诗》云：

> 问天天意醉如泥，生我何不在山西？昼无徭役夜无警，春有余粮冬有衣。十载不闻征战苦，千山喜见树林齐。胡为襟带隔河水，民命抛残直犬鸡！生我何不在甘肃？问天天意醉如穀。省长廉能县令清，妇人知礼儿童育。兵民相助各熙熙，道路平修何踧踧。胡为箭筈邻关陇，民命凋伤永桎梏！阎百川，薛子良，民之父母邦之光。东西隆治今周召，忍见雍岐乱未央？②

表面上称颂阎锡山、薛子良等地方官，清廉爱民，政绩突出，是现世之周公、召公，实际上先扬后抑，抨击他们在利益争夺中的自私自利行为。当时，阎锡山在军火方面援助刘镇华，薛子良忙于接应甘肃一带的北伐战争。诗人以诘问收束，强烈谴责内战与分裂。对统一的向往在现实中得不到满足，诗人只能通过神游，挖掘盛世西安的历史记忆。

《西安围城诗录》是昔日帝京风流的记忆和现实情景的叠合。在动乱之前，吴芳吉、胡步川等西北大学教师同游过西安四郊的华清池、大雁塔、韦曲、终南山、玄都观，拜谒了周王陵、秦始皇陵，凭吊了玄奘墓、杜少陵墓等胜地。对着历史陈迹，诗人不禁生发思古之幽情。胡步川《登未央宫故址》《游樊川谒杜甫祠》

---

① 胡文豹：《西安围城诗录三》，《学衡》1926年第59期。
② 吴芳吉：《西安围城诗录一》，《学衡》1926年第59期。

《骊山元宵》等无一不在金碧辉煌、风光无限的想象中交织着凄迷的现时感伤。吴芳吉更是愁肠满腹，心有戚戚。其《咸阳毕原瞻拜周陵纪游》八章，反复咏叹"周之德，其可谓至德"，歌颂文武成康及周公就贤体远、化民成俗的丰功伟绩。其四"惟成王之陵兮，毕原之右。嗟享殿之蓬荜兮，廊庑侧陋。忆刑措之逾世兮，民无劳疚。哀今人之多庚兮，谁岳含覆？"是诗人神往"成康之治"的说明。其三："惟周公之陵兮，毕原之左。想东山之风流兮，伊其媚我。三吐哺而握发兮，吁何尾琐？吾欲从公以待旦兮，且其未果。""东山"指涉周公东征（平武庚、管叔之乱）一事。诗人用周公"一沐三捉发，一饭三吐哺，起以待士"的典故，倾吐了对圣贤明主的倾心追慕，及匡扶社稷的远大抱负。可事与愿违，无论是第二章"思美人而不获兮，我心如蓬"，还是第三章"吾欲从公以待旦兮，且其未果"，都暗示了理想的破灭。吴芳吉特意画"西京游踪图"赠予胡文豹，胡作诗《碧柳以西京游踪图草见贻用作长歌报之》回报，感慨系之："坐对城南尺五天，想象开元全盛年。都人士女赏佳节，乐游原上曲江边。东西天街如周道，槐衙两行风光好。每逢十日一放朝，丈八沟，第五桥，佳句应忆杜陵老。只今新亭泣楚囚，闭置车中使人愁。"[①]杜甫有不少诗追忆长安的盛世胜事，借此表达对国家盛衰的忧念和个人孤寂处境的慨叹，而今诗人被困城中，与杜甫一样，痛心国难而无可奈何。

不过，缅怀帝京风流，与其说是怀古伤今，不如说是直面惨淡的世道。吴芳吉《壮岁诗》感叹云：

> 呜呼！黑水西河，雍州之土，百座雄关四面开。球琳琅玕，钟毓凝聚，自古郁郁乎人才。秦皇汉武，隋文唐太，建树真宏哉！奈何俱逝，皇风绝响，而旷代不重来。呜呼！古人颜色流星陨，古人事业九泉冷，古人长逝讵吾忧？忧我先圣先哲精神黯然隐，忧我人心人道纲维涣然泯。政莫大于惜民，而拥兵者曰：谁教汝民生此境。恩莫大于六亲，而士夫者流，杯水勺浆难见悯。彼文王忠厚之风夙夙淳淳，秦穆同仇之气固炳炳。何以澌灭了无余，举世不闻此冥蠢？今知五胡辽夏之祸中我深，犬羊之俗污我永。二竖何足责，民风有由挺。何以撷我兰熏，陶汝知识蒙屯。何以鼓我瑶琴，化汝天性残忍。何以挹我清冷，涤汝生活浊浑。何以度我金针，催汝梦中觉醒。何以汲我铜瓶，溉汝心胸诚悃。何以扬我鸾铃，挈汝坦途驰骋。何以还我炎黄旧性根，赐汝同情十万顷。[②]

诗人一面歌颂秦地山河壮美、钟灵毓秀，孕育了秦始皇、汉武帝、隋文帝、唐太宗

---

① 胡文豹：《西安围城诗录二》，《学衡》1926年第59期。
② 吴芳吉：《西安围城诗录一》，《学衡》1926年第59期。

这样完成国家统一大业、创造太平盛世的杰出帝王，一面又惜乎西安民风丕变。围城期间，吴芳吉曾参与乡党组织的自救会，为民请命，但守军给以冷漠的回应："谁教汝民生此境"。乡党首领翻云覆雨，对乡亲疾苦袖手旁观，这让诗人不由自主地感叹文王时期忠厚淳朴的民风及《秦风·无衣》中恢宏的秦国军民同仇敌忾、共御犬戎入侵的爱国主义精神荡然无存。他痛诋这种残暴不仁、野蛮龌龊风气渊源有自，是"五胡辽夏""犬羊之俗"对中原文明的祸害与玷污。诗歌结尾"我"出现八次，将诗人忧国忧民的淑世情怀全盘托出。"我"是诗人以中原正统文化的传承者自许的表征，体现了强烈的民族认同感、文化认同感及身份认同感。

这不是吴芳吉个人的心声、心迹，而是面对干戈扰攘、国事维艰的时代变局，以弘道自期的士人的共同心曲，是他们个人坎坷经历与丰富情感所凝成的心灵史。

三、《西安围城诗录》的文体学意义

当然，如果解读这些诗歌仅仅是为了还原历史，其意义还是有限的。吴宓刊布《西安围城诗录》并作序表彰其作者为今日中国之"伟大诗人"[①]，一方面是基于亲友关系，提升吴芳吉等人在诗坛的影响力；另一方面则是要通过确立诗歌范式，重塑诗在"文学革命"以来失落的文体权力。

诗在古代文学的文体序列中具有颇高的文体权力。自孔子提出"兴""观""群""怨"的诗教功能，中国古代诗歌的基本撰写方向和创作宗旨便得以确立。迨到唐代，皎然《诗式》云："夫诗者，众妙之华实，六经之菁英。"[②]在诗体与诗德两方面进一步确认了诗的崇高地位。吴宓承续古人论诗意指并申衍其说：

> 诗中有根本二义，则为众所公认而万不能废者：一曰温柔敦厚，是为诗教。诗之妙用，乃在持人性情之正，而使归于无邪。二曰作诗者必有忧患，诗必穷愁而后工也。……以赋性温柔敦厚之人，生值浩劫大乱，处穷愁之境，有忧患之思，而能不改其本真，常保其性情之正，发而为诗。此如稀世奇珍，更加琢磨，其光芒万丈，造诣夐绝，不卜可知矣。[③]

"温柔敦厚"与"穷而后工"，本是中国古代诗学中老生常谈的话题，但吴宓重申这二义，不是对语词概念的简单重复与辨析，而是为了回应时代环境和文化语境对中国诗教传统的冲击。自1913年袁世凯窃取辛亥革命果实，建立北洋政府，到1928

---

① 吴宓：《西安围城诗录序》，《学衡》1926年第59期。
② 〔唐〕皎然著，李壮鹰校注：《诗式校注》，人民文学出版社，2003年，第34页。
③ 吴宓：《西安围城诗录序》，《学衡》1926年第59期。

年国民政府北伐取得胜利,近十五年的军阀混战暴露出一系列问题:居于上位者,狡黠不仁,视百姓为刍狗群氓,大肆杀戮;居于下位者,狐媚鼠窜、阴险狠毒;上下串通,贪功攘利,致使屠杀劫夺、干戈相向、国乱民穷。西安围城事件即为内战的缩影。吴宓感喟此时"政刑隳废,礼教衰微,雅化灭绝",发为诗歌皆"噍杀粗厉之声,苟偷淫靡之思;讽刺则流于刻,描状则伤乎俗;而工力艺术,则不免破碎支离而纤巧"。[1]对于民初这种绮靡颓废、骨格凡猥的文风,他忧愤不已,迫切要求整饬以明道淑世、补察时政。《西安围城诗录》及其作者超尘拔俗,与他的诗论宗旨吻合,因而深受推重。

以吴芳吉为例,民胞物与、正大光明的情志在其诗中表露无遗。城内粮食断绝,诗人心系城内民众:"顾念孑遗如同体"(《叠歌》)。西北大学学生柳潜死于战祸,吴芳吉作《哭柳潜》三首,其一云:"柳子性情正,能传老杜诗。从今无处觅,念汝欲成痴。陇水何呜咽,秦关尚鼓鼙。满怀契与稷,后起定谁宜?"柳潜诗学杜甫,有窃比"契与稷"的抱负,可惜壮志未酬身先死。吴芳吉化悲痛为力量,蓄志砥砺前行。这种刚正忠厚的性情渗透于字里行间,以至梁启超读后称赏道:"纯乎其纯,将来必为诗坛开新世界。"[2]吴芳吉曾说:"照诗人的眼光看来,那般浮云富贵,走狗功名,兽性的战争,傀儡的法度,都是不值他一看。他所看出来的,只有光明澄澈的景象"[3]。所以生命垂危之际,他带领学生琅琅吟诵,已全然将生死置之度外:"生命何渺茫,此心日恬泰。直到弦歌辍,坦然归上界。"(《民国十五年中秋后二日粮绝》)哀而不伤、中正平和,完全符合儒家"思无邪"的文学批评标准。

艺术方面,《西安围城诗录》三位作者工力精粗虽有差别,但因诗人性情纯正而总体呈现出宏大精严的特点。题材方面,《西安围城诗录》工于纪实讽喻、怀古咏史题材的抒写,但另外的思乡怀人、记游咏物类诗同样寄托了爱国忧民的怀抱。文学性方面,虽因叙事纪实被称为"诗史",但赋笔之外,诗人亦善用比兴,增强意蕴。如胡文豹《姑恶篇》:"一姑不慈有威严,一姑待妾情更薄。此妇只知贪宴安,此妇别自有肺腑",表面写少妇夹在两姑中间难以做人,实际在叙事中夹杂了政治隐喻,以"两姑"的薄情寡义暗指两军统将的蛮横霸道,委婉含蓄而讽意自见。体格方面,其中所集录的百余首旧体诗词,皆能根据表情达意的需要选

---

[1] 吴宓:《西安围城诗录序》,《学衡》1926年第59期。
[2] 吴芳吉:《哭柳潜》,见《吴芳吉全集》(上),傅宏星编校,华东师范大学出版社,2014年,第215页。
[3] 吴芳吉:《谈诗人》,《新人》1920年第1卷第4期。

择合适的诗体。如吴芳吉《咸阳毕原瞻拜周陵纪游》利用组诗形式，由八章组成一个完整的诗篇，每一章形式上又不尽相同：第一章为七言绝句；第二章至第八章是以杂言为主的骚体诗。八首诗既各自独立，每首之间又有内在关联，从不同角度、不同层面表现诗人游览毕原周王陵的所见所感：其一写面对周王陵发出"王道不昌三千年"的慨叹；其二至其五分写诗人对文王、周公、成王、武王丰功盛举的追慕；其七、其八总结全诗，又照应其一，深化游历体验。这种联章组诗有叙事的发展脉络，层层渲染，其感染力是单首诗难以企及的。值得一提的是，吴芳吉的《壮岁诗》是融合古代各种诗体的一种有益尝试。全诗共三四百句，达3102字，篇制之巨，不逊色于屈原《离骚》。四言、五言、六言、七言、九言等长短错杂交织，大开大合，不主故常。叙事艺术上铺陈始终，排比声律，显示了颇高的创作才能。林损《书吴碧柳西安围城诗后》不吝赞许："得句胜搴旗，审律轻借箸。笔阵乃尔雄，三军何足惧。"[①]尽管友人评价此诗"格太芜杂而语累冗长"[②]，但诚如吴宓所说："凡为真诗人，必皆有悲天悯人之心，利世济物之志，忧国恤民之意。盖由其身之所感受而然，非好为铺张夸诞也。"[③]胡文豹所作多为乐府体诗，以乐府古题为诗者，如《战城南》《陌上桑》；以新题写时事者，则仿效白居易《秦中吟十首》，创作了《续秦中吟十首》，主题明确，选取典型事件，一诗写一事，与新乐府一样具有语言质朴、劲直剀切的特点。胡步川《西安围城诗录三》收入十首词，无不是"以诗为词"。如《南歌子·扑坚城》："扑城渡濠水，云梯一角围，恰逢炸弹尽成灰，只剩青磷碧血满龙堆。虎帐严军令，冲锋不许回，明知生死没人哀，谁敢强颜一试犯淫威。"[④]宋人用此调，内容多涉及游赏、写景、谐谑、赠酬、节令、感旧、抒情等，胡步川用来写军阀混战和民生疾苦，进一步解放了词的狭隘题材。其他如《风流子·哀长安》《忆江南·伤残躯》《蝶恋花·思家乡》《菩萨蛮·守战壕》等愤激悲怆，毫无旖旎纤柔之态。这些诗歌经过诗人的陶冶铸炼，是"穷而后工"的产物。

再看《西安围城诗录》刊布时的文化语境。吴宓在《西安围城诗录序》中感慨道："宗教之衰微，道德之崩丧，科学之奋兴，教育之歧误，政治之纷更，社会经济组织之根本动摇，文学艺术理论技术之偏谬，生人思想之迷乱惶惑、愤激麻醉，

---

① 吴芳吉：《西安围城诗录一》，《学衡》1926年第59期。
② 吴芳吉：《壮岁诗》，见《吴芳吉全集》（上），傅宏星编校，华东师范大学出版社，2014年，第202页。
③ 吴宓：《余生随笔》，见吴学昭整理：《吴宓诗话》，商务印书馆，2005年，第35页。
④ 胡步川：《西安围城诗录三》，《学衡》1926年第59期。

则今之西洋、今之世界，实处千古希见之一大变局。"①这里提到的宗教道德、文艺理论等变化明显针对的是新文化派。新文化运动主张向西方学习，不遗余力地反孔教、反文言、抵制儒家学派、抨击诗教传统。新青年派代表人物杨鸿烈撰写、发表《中国诗学大纲》（1924—1925年连载于《晨报副刊·文学旬刊》），用西方输入的"纯文学观"对中国诗的定义、功能进行评判。他认为中国之所以未能产生纯粹的伟大的诗章，病根在将伦理功能推为正则；他指摘"诗者，天地之心，君德之祖"，是将诗与哲学、伦理学、天文学、心理学等混为一谈；贬斥黄彻《碧溪诗话》笼罩着浓厚的道德教训意味；等等。诸如此类的批评不胜枚举，目的是解构儒家的诗教传统。这种极端的做法严重触及了吴宓的底线。早在新文化运动之前，他就提出了"诗以载道，且以布道"②的命题，并对诗在当代的现实功用予以阐发：

> 吾以为国人欲振兴民气，导扬爱国心，作育其进取之精神，则诗宜重视。而欲保存我国粹，发挥我文明，则诗宜重视。而欲效法我优秀先民之行事立言，而欲研究人心治道之本原，而欲使民德进而国事起，则诗尤宜重视也。盖诗者一国一时，乃至世界人类间之摄力也。其效至伟，以其入人心者深也。国与种有别，而其诗之内容不异。诗人之喜怒哀乐，为凡人类所同具。诗为社会之小影，诗人莫不心在斯民。③

近现代以来报刊等传播媒介的流行对传统文体观念产生了重要影响，但一些本质性的特点仍被保留。梁启超以"笔锋常带感情"的"报章文体"蜚声晚清文坛，而吴宓同样看中诗歌摄人心魂的伟大效应，因此指出"古人之诗，即今世最良之报纸，所以伸公理而重舆情"④。新文化运动以后，他以《学衡》为阵地，进一步加强宣传力度。刊布《西安围城诗录》就是新文化运动场域下学衡派重建儒家诗教地位的一种理论谋略。的确，吴芳吉的诗歌成就得到了时人的认可，梁启超、于右任、卢前等都给予了颇高的评价，甚至新文化派的顾颉刚在多年以后亦赞许道："吴芳吉天才横溢，若假以年，当可在文坛树一巨帜。"⑤

《西安围城诗录》作为选本，与吴宓所作诗序构成了互文关系，二者旨在确立与新文学迥然有别的文学范式，共同服务于文体秩序的建设鹄的。《西安围城诗录》的作者不是普通的平民，而是受传统文化熏陶而成长起来的知识分子，他们对

---

① 吴宓：《西安围城诗录序》，《学衡》1926年第59期。
② 吴宓：《余生随笔》，见吴学昭整理：《吴宓诗话》，商务印书馆，2005年，第43页。
③ 吴宓：《余生随笔》，见吴学昭整理：《吴宓诗话》，商务印书馆，2005年，第41页。
④ 吴宓：《余生随笔》，见吴学昭整理：《吴宓诗话》，商务印书馆，2005年，第41页。
⑤ 顾颉刚：《顾颉刚日记》（第4卷），联经出版事业股份有限公司，2007年，第551页。

儒家诗教传统有深刻的认同。吴芳吉《壮岁诗》说:"当为吾民作喉舌,当为先型述仪表。当为海隅苍生导光明,高烧人类灵犀烬烦恼。"①这是一种多么崇高、神圣的使命啊!吴芳吉、胡文豹、胡步川客居西安,孤独悲苦之情郁积胸中,不得不借诗畅为宣泄。三人初不相识,但共命于危城,嗷咻慰藉,以诗简相酬答,②将各自的闻见感想发为不平之鸣,发挥了诗可以"兴""观""群""怨"的文体功能。所以吴宓欣慰地感慨道:"中国诗尚未亡,而诗之前途大可为也。"③表达了他对旧体诗歌文体权力的追求与期冀。

四、结语

总结以上考察,关于"西安围城"事件的诗史书写可以说明下列问题:

其一,还原历史,揭露了"西安围城"惨祸的根源是长久以来的军阀内战与争斗。"吴佩孚挟其复位中原之余威,驱其精锐,摧关西指,意欲征服西北,实现其武力统一之大梦"④,依附吴佩孚的军阀刘镇华就是祸乱之首。杨虎城在1926年西安反围城斗争中的核心作用以及坚守西安"援助了北伐胜利革命成功"⑤,是不容否定的。但"二虎守长安"受城内国民党政客煽动,违背西安民众意愿,造成惨况也属事实。所以围解之初,鉴于四万余人惨烈牺牲的现实和对"新旧军阀之争"的认识,对守城的意义存有争议,一般人民认定西安罹难是"军阀家自相鱼肉"⑥。然而需要强调的是,《西安围城诗录》作为一个典型的文学事件,不仅是对攻守双方暴酷行径的声讨,更是对军阀混战、民不聊生的社会历史与现实所做出的普遍而深刻的反思。

其二,谱写了民国乱世中传统知识分子"道济天下之溺"的动人诗篇。民国战乱频仍,世风日下,给士人留下了深刻的创伤记忆和灾难记忆。但一直以来,内战时期的士人心态史没有得到足够的重视与检讨。《西安围城诗录》是对军阀混战时期"治乱成败得失"与"风俗贞淫奢俭"的如实记录,传达了士人谴责内战、分

---

① 吴芳吉:《西安围城诗录一》,《学衡》1926年第59期。
② 吴芳吉有《围城中有寄诗来问吾猜得其为谁者,意必雨僧诗中之胡仲侯君也,赋此猜答》;胡文豹有《寄吴碧柳》《重寄碧柳》《三寄碧柳》《碧柳寄诗慨当以慷弥有同感辄复赋此》《碧柳以西京游踪图草见贻用作长歌报之》等诗;胡步川有《立秋日吴碧柳兄赠诗次韵答之》;等等。
③ 吴宓:《西安围城诗录序》,《学衡》1926年第59期。
④ 《庆祝西安胜利九周年纪念》,《西北文化日报》1935年11月28日。
⑤ 《坚守西安胜利纪念歌》,《西北文化日报》1934年11月27日。
⑥ 《西安解围经过之又一报告:八个月大战与结束情况》,《大公报》1926年12月31日。

裂，希望国家和平统一的心愿，体现了中国传统知识分子"以天下为己任"的人文精神和道德境界。从中也可看出为戡乱救国而秉笔直书者代不乏人。从上古到近现代，儒家道统在士人中不断承传，正因为如此，近现代民族存亡之际，为民族复兴、为中华崛起慷慨悲歌的优秀诗人不断涌现。

其三，民初诗坛浮靡浇薄面临着"文体解散，离本弥甚"的局面，吴宓刊布《西安围城诗录》有重塑诗的文体权力的意图。新文化运动以后，旧有的文体秩序被解构，在新的文体序列与文学格局中，小说跻身为正宗，诗的功能遭到"贬谪"。而围城诗人继承杜甫、白居易、陆游等人的创作精神，拓展了旧文学样式的表现功能，发挥了诗歌"化成天下"的重要职能。所以吴宓推重西安围城诗，正是出于"规略文统"的目的。在现当代文坛，诗歌被放逐到文苑之外已成为不争的事实，且日趋私人化、娱乐化。近年来，不断有学者对这种畸形的现象从不同角度予以反思，有论者还明确要求重视"当前古体诗歌文体权力的内在诉求"[1]，恢复诗歌强大的文体功能，这无疑是整饬当前文坛文体乱象的一种努力。

关于"西安围城"事件的诗史书写，作为一个典型的文学事件，留下了不少话题值得今天去回忆、思考。本文姑为试论，求正于有道与方家。

原载《苏州大学学报》（哲学社会科学版）2022年第3期

（任小青，太原师范学院文学院讲师）

---

[1] 郭鹏：《当前古体诗歌文体权力的内在诉求》，《晋中学院学报》2020年第1期。

唤起与重构
——抗战动员中的"坚守西安"记忆

叶欣明

1926年4月至11月，直系军阀刘镇华率十万镇嵩军围攻西安，西安军民在李虎臣、杨虎城的率领下坚守八月之久，直至冯玉祥五原誓师后方才解围，《大公报》称之为"千古未有之奇闻，近代未有之惨劫"[1]。"九一八"事变后，西安各界于每年11月28日的解围日举行纪念活动，"二虎守长安"的英雄事迹被广为传颂，"其气弥励忠烈之慨，拟诸张巡许达之守睢阳，史可法之守扬州，殆无愧色"[2]。一个伟大的民族总是在对历史的庄重回望中汲取前进的力量，在抵抗日本帝国主义侵略的过程中，"坚守西安"的记忆一方面融入了"巩固革命基础，促北伐之成功"[3]的革命意义，另一方面又与抗日卫国主题相关联，同心协力的守土防边之责和以一当百、誓死拼命的坚韧精神不断被发掘出来，记忆的对象遂从战祸绵延、民不聊生的"围城"暴行演变为承载历史苦难的"坚守"义举，反映了"适合社会需要的文化符号的建构过程"[4]。关于这一事件目前学界多聚焦于历史史实和个人回忆，笔者拟以事件亲历者、知识分子和陕西地方政府的集体记忆为切入口，考察时人如何重塑"坚守西安"的历史记忆，并将此运用于抗战救亡。

一、"苦难"记忆：崇扬民族精神共赴国难

事件发生之初，"一般人民尚认定为军阀家自相鱼肉"[5]，着重凸显西安被军阀戕害的腥风血雨，聚焦于对加害者刘镇华和镇嵩军的声讨以及对受害者惨况的同

---

[1] 《西安解围经过之又一报告：八个月大战与结束情况》，《大公报》1926年12月31日。
[2] 王根绘：《西安围城十周年纪念词》，《西北文化日报》1936年11月28日。
[3] 中共西安市委党史研究室编：《坚守西安》，中共西安市委党史研究室，1993年，第240页。
[4] 郭辉、曾子恒：《抗战时期史可法"民族英雄"记忆的多重建构》，《武陵学刊》2018年第5期。
[5] 《西安解围经过之又一报告：八个月大战与结束情况》，《大公报》1926年12月31日。

情,或悲痛于"饿殍触目皆是,血肉狼籍、满目惨状",或指摘刘镇华"极人生之恶事,无所不作",或惊骇于"环城数十里战壕埦埏、深可丈余、宽可丈余"。① 在西北大学黄成垬的记叙中,攻守双方不过是各为其野心所驱使,"个人争权利竟殃及全城人民,使其受莫大之痛苦,最巨之惨灾"②。在抗战中,这种记忆被重新检视,事件的亲历亲闻者抛开个人的恩怨得失,站在民族主义的旗帜之下,力图彰显中华民族的艰苦奋斗精神和中国人民竭力守城的历史伟绩。

(一)"油渣"与不畏强权、自强不息的精神动员

西安围城时,由于粮运不通,罗掘俱穷,加之斗粟百元,一餐数金,犬马食尽,油渣即成上珍。据冯钦哉回忆,"十月以后,城内粮食即形缺乏,人民多以油渣充饥"③。因而有人形象地将"坚守西安"纪念日比喻为"油渣节"④。在抗战中,油渣如同一块"纪念碑",其上铭刻的是令人"思之犹觉心悸"⑤的围城往事,启示、鞭策着国人以苦难意识和坚定信念,冲出日寇围困,复兴民族。

忍饥耐苦的"油渣"记忆激发了守城将士誓死不屈的抗日斗志。中共派往杨虎城军部的宋绮云就指出,当时的守城将士"油渣尽则宁愿殉城以死,鲜屈服于暴力之下",正是这种精神的感召使民众"革命之情绪,慨奋之热情,益趋高涨,且具铁似的坚决之意志"。⑥薛镇东认为吃油渣咬菜根充分体现出"茹苦含辛,甘之如饴"的民族历史文化精神,堪称"孔子所称'见危授命'的成人,孟子所赞许'威武不能屈'的大丈夫"⑦。一首《无题》的纪念诗这样写道:"任凭你残暴者攻击围困,强烈的炮火怎敌民众热情!"在民族受日寇暴力侵迫之时,国家之危殆也如同置于重围之中,高昂的民情化作馑腹中呐喊的呼号:"啊残暴,不除残暴不回头!"⑧西安政府也借助《公祭宣传纲要》向世人宣示:"中国民族有坚守西安的精

---

① 《西安解围经过之又一报告:八个月大战与结束情况》,《大公报》1926年12月31日。
② 黄成垬:《西安围城记》,《晨报》1927年5月21日。
③ 中共西安市委党史研究室编:《坚守西安》,中共西安市委党史研究室,1993年,第239页。
④ 中共西安市委党史研究室编:《坚守西安》,中共西安市委党史研究室,1993年,第357页。
⑤ 绥子:《坚守西安胜利之前夕:为纪念故友作》,《军事周刊》1931年《坚守西安胜利专号》。
⑥ 绮云:《坚守西安为三民主义之胜利》,《西北文化日报》1934年11月28日。
⑦ 《坚守西安的感想与建设西北的希望》,《西北文化日报》1934年12月31日。
⑧ 恒三:《无题:为军事周刊举行坚守西安五周纪念特发专号而作》,《军事周刊》1931年《坚守西安胜利专号》。

神,即有坚守国土的毅力。"[1]

惨烈牺牲的"油渣"记忆激励了军民裹创杀敌。在宋绮云的叙述中,坚守西安之于中国如同《最后一课》之于法国,[2]是国民陷于垂死之绝境必奋起而觉醒的重要记忆,象征着"粮尽则嘴及油渣,裹创犹起而杀敌"[3]的革命斗志。当秋粮已尽,油渣无存之时,便是"城存与存,城亡与亡"的最后关头,必须"俯敌垒为墉垣,共油渣为性命"[4]。署名"秋平"的作者感慨于当时"冒百刃,与敌人肉搏!万众一心,齐呼着打出去!或者就死在这里!"[5]在他的描述中,民众丝毫没有绝望和悲切,眼中只升腾起革命的火焰,勇往直前。

饥兵羸卒的"油渣"记忆警醒了时人发展生产、充实国防的热情。围城前西安虽获丰收,但"入秋粮渐尽,人民之饿毙者,尤无可数计"[6]。郭英夫对当时坚守西安的情形十分惊叹:"少数的兵力,残缺的枪械,储存无隔宿之粮,守城的士兵仅随身佩带着数排药弹,在严重时局以此种单薄的力量,自卫不遑,何堪言战?"[7]他呼吁今后更要惨淡经营,努力发展生产建设,完善交通,充实国防,方能恢复民族自信精神。[8]当下如何看待历史是记忆重构的重要方式,民族危亡背景下的"油渣"记忆具有鲜明的时代特征,蕴含了直面苦难、不畏强暴、不屈不挠的精神,成为振奋人民意志的精神象征。

(二)"军阀祸国"和与民更始、团结统一的精神动员

西安罹难的祸首是当时依附于吴佩孚的地方军阀刘镇华。抗战之中,对刘镇华暴酷惨无人道的罪行刻画,不单是对其个人罪恶行径的声讨,更是对独裁专制、军阀混战、民不聊生的社会历史与现实的深刻反思。有人这样描述当时围城的场景:"村社为虚,鸡犬全无,死尸遍野,骨暴沙砾,至为惨痛!此为陕西亘古未有之浩劫,亦军阀祸国之现象也。"[9]造成这一惨况的祸源则是长久以来的军阀内战与争

---

[1] 《西安围城纪念十周年公祭宣传纲要》,《西北文化日报》1936年11月28日。
[2] 绮云:《坚守西安为三民主义之胜利》,《西北文化日报》1934年11月28日。
[3] 周学昌:《西安围城十周纪念文》,《西北文化日报》1936年11月28日。
[4] 《西安围城纪念十周年公祭典礼筹备委员会纪念辞》,《西北文化日报》1936年11月28日。
[5] 秋平:《以血肉写成的革命奇迹》,《西北文化日报》1933年11月28日。
[6] 王一山:《纪念坚守西安胜利的意义》,《军事周刊》1931年《坚守西安胜利专号》。
[7] 《坚守西安胜利》,《西京日报》1934年12月4日。
[8] 《坚守西安胜利》,《西京日报》1934年12月4日。
[9] 中共西安市委党史研究室编:《坚守西安》,中共西安市委党史研究室,1993年,第246页。

斗，"吴佩孚挟期复位中原之余威，驱其精锐，摧关西指，意欲征服西北，实现其武力统一之大梦"[1]。

因之，必须首先铲除军阀余孽，与民更始、整军修政。张学良认为坚守西安最为痛念的"是由于军阀野心致此惨剧，牺牲无数中国人性命，中国人金钱，亦即在内战中消耗仅有的国力、人力、财力"[2]。封建势力的故态复萌是20世纪30年代中国的一大社会弊病，军阀余孽、劣绅土豪、政客官僚"横作淫威，民众痛苦有增无已，地方糜烂时刻加剧，社会现象，日趋险恶"，加之国民党这个"革命政府比军阀政府还残酷多少倍"，民族危机的根源在于政治，唯有"积极扶植民众势力，涤清政治，方能解救中国的劫运"[3]。

其次，必须反对同室操戈，要团结统一、众志成城。西安围城虽不是帝国主义侵略的直接结果，却是民初以来帝国主义操控下"争权夺利自相鱼肉之恶风"[4]的产物，曹冷泉就对当时"酣歌恒舞，忘国难于九霄，或拥巨兵以自固，视危亡而不救，甚或甘为倭奴臣妾，以同胞为敌仇"[5]的国人大加挞伐。《告全陕同志书》则对同室操戈者深表痛心，并告诫全国上下"再不同心一德，精诚团结，以国家民族前途为愿念，我恐不惟国亡，而人民将在毒气与炮弹下绝尽矣"[6]。批评的最终目的在于激发爱国之心，雪耻复兴，昭告国人"精诚团结，一致争取国家胜利"[7]，"以枕戈待旦的志气，肩起复地雪耻的重任"[8]。

抗战之中坚守西安的记忆被不约而同地升华为体现民族坚强意志和反抗精神的绝佳素材，守城之悲壮的"油渣"记忆是崇扬民族精神的重要符号，代表着一种知耻后勇的决心和勇气；同仇敌忾的守城精神，既是刻骨铭心的历史鉴镜，又是中华民族摆脱困境、迎接光明的希望之光和取胜之道。对苦难的反思在抗日救亡时期成为民族复兴的时代呼唤，体现出中华民族的精神境界和道德追求，号召人们"以坚守西安忍饥耐苦的精神打倒日本帝国主义"[9]。

---

[1] 《庆祝坚守西安胜利五周年纪念》，《西北文化日报》1931年11月28日。
[2] 毕万闻、金凤玉露：《张学良与赵一荻合集》（第5卷），时代文艺出版社，2000年，第422—423页。
[3] 漾醇：《以中国革命的立场来衡论坚守西安》，《军事周刊》1931年《坚守西安胜利专号》。
[4] 《坚守西安胜利九周年纪念》，《西北文化日报》1935年11月28日。
[5] 曹冷泉：《坚守西安日录序》，《西北文化日报》1936年11月28日。
[6] 《告全陕同胞同志书》，《西北文化日报》1933年11月28日。
[7] 《坚守西安胜利九周年纪念》，《西北文化日报》1935年11月28日。
[8] 超夫：《西安围城十周年纪念日感言》，《秦风周报》1936年第2卷第41期。
[9] 《坚守西安胜利》，《西北文化日报》1937年11月29日。

二、"光荣"记忆：恪尽守土之责坚守中国

西安坚守历八月而不破，解围之初，基于牺牲四万余众的惨烈现实和对"新旧军阀之争"的认识，时人对守城的意义还颇有争议。西北大学教授黄成垿将其视为"孤注一掷以争一己之地盘"，而国民党人则推此举为"大有造于西北革命，从而盛称其丰功伟烈"[①]。抗战之中，坚守西安"保全西北、策应北伐"的光荣记忆因时代需要而被各界追认，如纪念歌中所唱"固守西安援助了北伐胜利革命成功……荣中华民族于东亚"[②]，又如祭文所写"厥功伟矣，勋被全民，岂独梓里"[③]。由此，坚守西安保卫战的记忆成为召唤全国军民保家卫国、捍卫疆土的号角，并借以成为反对投降主义，强化守土之责的一面旗帜。

（一）"西京依旧金瓯无缺"与保卫国土收复东北

西安坚守中曾发生多次大型攻守之战，东北城角"以手榴弹、大刀相肉搏"，小雁塔"陷两次，克复两次，敌终未得据"。[④]在军民的共同抵御之下，西安城坚如金瓯，镇嵩军未越雷池一步，后人常以"金汤永固"褒扬坚守西安之绩。抗战之中坚守西安保全西北革命策源地、襄助国民革命军北伐的意义使这段记忆历久弥新，"光荣"记忆的生成与收复东北四省、坚守中华民族国土的时代诉求密切相关，寄托了时人重整河山，恢复故土的夙愿和理想。

强调保全西北革命策源地旨在激励将士守国之信念。坚守西安保全了秦川半壁山河免于枪林弹雨，"于一线危机中保持了全陕数百千万之生命财产"[⑤]，使民众明了今日抵抗日寇自求解放，"中华民族才有生存希望"[⑥]。渗透着国难意识和解放意义的坚守记忆被唤起和加强，激励着国人用鲜血和生命捍卫家园。坚守西安还使当时危如累卵的西北形势重现生机，促使革命运动澎湃发展，杨幼炯在纪念文章中指出："北方革命局势之转变，既以是役为枢纽。在反革命势力重重围迫之中而突

---

① 黄成垿：《西安围城记》，近代史料馆，1927年，第67页。
② 《坚守西安胜利纪念歌》，《西北文化日报》1934年11月27日。
③ 《坚守西安胜利纪念大会》，《西北文化日报》1931年12月5日。
④ 中共西安市委党史研究室编：《坚守西安》，中共西安市委党史研究室，1993年，第244页。
⑤ 绿野：《用坚守西安的精神来坚守中国》，《军事周刊》1931年《坚守西安胜利专号》。
⑥ 陈子坚：《坚守西安之三大意义：在坚守西安胜利五周年纪念会上之演词》，《新陕西月刊》1932年第2卷第1期。

出,为爱护国家民族而努力。"危城坚守,即是为了"维系革命军民之信念"[①],勉励危难中的民众始终保持斗志。

强调促北伐成功的意义旨在维护统一,收复失地。坚守西安,"国民革命军方能摧毁孙传芳、吴佩孚等联合之师,而肃清长江,奠都金陵"[②]。西安解围使南北革命军会师中原,提振了革命信心,特别是冲出重围、兵合一处、主动出击更为国人收复东北、维护统一提供了重要参照。杨虎城强调:"守城与守国,并没有怎样的不同,一寸一分都是不让与人的。"[③]守城与守国的象征性比拟旨在警醒人们只有"以扫荡军阀的勇气收复失地",才能"使十年前璀璨的革命重复照耀在锦绣河山上"。[④]郭乐三进一步指出,守国的关键在于东北将士、国防军及民众"本着守西安的革命信念、奋斗决心、牺牲精神,冲出中国的重围,收复东北失地"[⑤]。

奠邦基、固西北、促北伐是镌刻在坚守西安丰碑上闪耀的时代记忆。在救亡图存、爱国主义的主旋律渲染和激发下,坚守西安成为坚守中国的历史印证,彰显出炎黄子孙英勇不屈的民族自豪和自信,即相信能守、相信能胜、相信军民能共守斯城,[⑥]对全民族联合抗战起到了巨大的鼓舞作用。

(二)"捍一城而卫天下"与反对弃城避敌

西安围城中,刘镇华曾利用城中"和平期成会"进行诱降活动,杨虎城为表守城决心,将首恶毙杀于西华门,乞和投降活动始告敛迹。宋联奎有诗言此:"共传诸将语,城下耻言盟。"[⑦]此外,有人因目睹惨状,声称坚守西安是"不恤民艰"。[⑧]抗战之中,正义与非正义的判断变得泾渭分明,"捍一城而卫天下"的记忆逐渐生成和凸显,并被赋予"惕刷现在和启发未来斗争的历史发展性"[⑨]价值,借以批判弃城投降之策。

一是利用西安坚守所折射的正义价值进行驳斥。国民军将领刘润民声称坚守西安的价值在于"为正义而奋斗,决不为利害打算",体现了"中华民族为正义而战

---

① 《西安围城纪念在国民革命史上之价值》,《中央日报》1936年11月28日。
② 度:《坚守西安与中国革命》,《秦风周报》1936年第2卷第40期。
③ 《西安围城纪念十周年告本路军官兵书》,《西北文化日报》1936年11月28日。
④ 北:《今年的坚守西安胜利纪念》,《西北文化日报》1936年11月28日。
⑤ 郭乐三:《西安围城十周年纪念感言》,《西北文化日报》,1936年11月28日。
⑥ 《坚守西安胜利》,《西京日报》1934年12月4日。
⑦ 刘迈:《西安围城诗注》,陕西人民出版社,1992年,第89页。
⑧ 中共西安市委党史研究室编:《坚守西安》,中共西安市委党史研究室,1993年,第379—380页。
⑨ 《怎样纪念坚守西安胜利》,《西北文化日报》1933年11月28日。

的最大决心"。①在抗战现实的投射下,坚守西安成为用生命和鲜血谱写的反抗暴虐奴役、捍卫民族国家正义的壮举。"九一八"事变后,张刃鸣便坚决反对放弃抵抗,"坚城不守,任敌长入,则宰割践踏,陕民为状,又将奚若?"张氏视"以孤城死守为非计"者为"浅识者流",并呼吁继西安之大义,"以增长其光荣"。②西安纪念大会通过《宣传大纲》向民众传达:"西安不守,西北各省无疑地变成军阀的俎上肉了,为祸之惨更不堪言了。"③

二是利用守一城与保一国的历史经验进行驳斥。《塘沽协定》签订及华北危机后,日本的"渐进蚕食"更使国人深感守土守城之必要。杨虎城坦言:"倘国人一遇敌,皆以不抵抗得计,则吾民前途尚堪问耶!"④原本主张中日交涉的胡适也转变了对日态度,开始强调"守"对国家和主权的重要性。⑤受胡适影响,越来越多的人开始发文谴责不抵抗的思想,并质问避敌者:"设使九年以前守西安的将士们,也像今日的一走了事,不但国民革命难以顺利进行,而今日国家的主人,究是谁何?"诘问国民政府及军政要员:"倘使中枢主持者责令疆吏坚守,负守土责任的将士知道'凿斯池也,筑斯城也,与民守之,效死勿去'的大义,能造成今日不可收拾的局面吗?"⑥放眼中外,守国的策略亦体现在守城之中,"比利时固守列日要塞一月,弹丸之比利时得以不亡,法兰西坚守凡尔登要塞卒能复兴。辛亥革命图一时之和平,此后全国各省几无日不在战争中"⑦。"七七"事变后,"保卫一个角落,就是保卫全省,保卫全省,就是保卫全国"的记忆不断警醒着时人不可心存苟安,必须"要坚守每一个城市,每一个山头,每一条河流"⑧。

坚守西安对保卫西北、策应北伐起到了重要作用,这段荣耀的记忆为后人的不断言说提供了丰富的解读空间,在抗战中成为凝聚民族情感、呼唤个人与国家命运共振的教育资源。对"弃城而图存者"的强烈愤慨,彰显了国人的民族救亡意识,汇聚了抗战守土、匹夫有责的时代强音,更体现出自古以来中华儿女一脉相承的家国情怀和民族大义。追溯北伐成功、感怀国土沦丧、思考守城意义和批判不抵抗策

---

① 润民:《读了继续坚守西安的精神以后》,《西北文化日报》1934年12月3日。
② 张刃鸣:《西安守城胜利与国难》,《军事周刊》1931年《坚守西安胜利专号》。
③ 中共西安市委党史研究室编:《坚守西安》,中共西安市委党史研究室,1993年,第379—380页。
④ 中共西安市委党史研究室编:《坚守西安》,中共西安市委党史研究室,1993年,第388页。
⑤ 胡适:《用统一的力量守卫国家》,《国闻周报》1935年第12卷第46期。
⑥ 丕:《坚守西安纪念》,《秦风周报》1935年第1卷第38期。
⑦ 《坚守西安与今后之民族自卫战争》,《西北文化日报》1936年11月28日。
⑧ 《坚守西安与保卫国土》,《西北文化日报》1937年11月28日。

略，无不衬托出时人为守卫疆土而不辞艰危的壮志。

三、"英雄"记忆：高昂抗战情绪加强军民合作

1927年杨虎城在公祭死难军民的挽联中写道："生也千古，死也千古；功满三秦，怨满三秦"①。哀痛之中尽显愧疚之情。抗战之中，"怨"逐渐为"誉"所替代，凝聚着英雄记忆的石碑与热血沸腾的文字，成为对守城者由衷的赞誉和真切的历史评价。无论是对杨虎城的个人尊崇，还是对坚守军民的讴歌，无一不是在塑造坚毅、威武又充满胜利信念的抵抗者形象，以激起民族自信，增强民族凝聚力与向心力，为与侵略者进行斗争做准备。

（一）对"人民的英雄"与国之干城的呼唤

坚守西安中的杨虎城团结了李虎臣等各方力量，率众抵抗，发挥了核心作用，相较于诸多英雄高蹈于民众之上的圣贤化，时人对其形象塑造更为立体，既表现了其英雄性格，也描述了杨虎城作为普通陕人的品格特征，使之成为时代所呼唤的具有爱国情感的军人和领袖，激人奋进。

作为抵抗者和指挥者，人们多褒扬杨氏"力持抵抗主义"的"独具卓识"②。镇嵩军曾雇用飞机散发投降传单，致使民心不稳，经杨虎城"会衔布告，晓以中国革命之趋势，及坚守西安之重要，而市面照常，秩序不紊"③。杨虎城的部下姬汇百回忆说："杨公终日血战，冲锋陷阵，胆益豪，气益劲，全体官兵感杨公忠勇坚毅，咸一德一心，无怀二志者。"④炮火威逼、物资缺乏，杨公仍"百般劝慰于镇静，千方设计于不穷"，终使"落日孤城，不被恶魔所吞噬"。⑤英雄是历史叙事成为集体记忆的重要符号和结晶，为国家争生存、为民众谋解放的杨虎城得到时人的青睐，既是人民对英雄的褒奖和呼唤，更是对抗战救国领袖的渴望与期盼。

作为秦人的表率和楷模，杨虎城是"关西大汉"的典范，与民同甘苦、共患难。魏炳文述其"气不稍馁，风夕雪夜，愈加振奋，虽矢穷弹绝，尤以瓯瓦相搏，

---

① 绥子：《坚守西安胜利之前夕：为纪念故友作》，《军事周刊》1931年《坚守西安胜利专号》。
② 绥子：《坚守西安胜利之前夕：为纪念故友作》，《军事周刊》1931年《坚守西安胜利专号》。
③ 中共西安市委党史研究室编：《坚守西安》，中共西安市委党史研究室，1993年，第245页。
④ 姬汇百、党澄清：《坚守西安胜利八周年纪念感言》，《西北文化日报》1934年12月17日。
⑤ 《坚守西安十周年纪念献辞》，《西北文化日报》1936年11月28日。

苦心鏖战，毅力擎持"①。杨氏的形象在秦人彪悍豪迈的民风映衬下，具体表现为"壮志雄魄、凛若冰霜"②的卓绝勇气，"不惧强敌、不怕强虏"③的革命魄力，"四千年来养成的朴实刚毅、机敏坚韧的特性"，以及象征"秦人之敌忾"④的古风。其形象建构恰好符合抗战救国所需的"坚决意志，持久力量"⑤，彰显出秦人执戟而战、振臂高呼的如歌情怀。

作为为国尽忠者，时人着重刻画杨虎城"始终服从，效命国家"的军人形象。郭则沉称赞其"历二十余年，无役不从，每战必先，为西北革命之中坚"⑥。西安解围后，他只身离开隐居，"谦虚而明大业"⑦。抗战中，如何激起全民族同仇敌忾的决心是时人最为瞻念的，以英雄品质灌注人民心灵，焕发出救国生机是最有效的号召方式，因而杨虎城被塑造为"以救国救民为己任，一切绝不以个人利益为向背"的"民族国家之干城"⑧，其满腔的忠忱激励着人们坚忍迈进，赴身疆场。1936年在中共抗日统一战线政策的感召下，坚守西安十周年纪念大会成为十七路军团结抗日的动员大会。西安事变中，杨虎城响应中共的号召，秉持"为大局之需要，且以保障陕民之安全"⑨的原则，促使事件和平解决，此后杨虽被蒋介石长期囚禁，但其英雄形象却长留时人心中。

（二）号召"英雄的人民"与军民合作抗敌

坚守西安事件不仅承载了英雄个体的记忆，也展现了守城将士的光辉形象，建构出军民合作守城的抗敌记忆。从杨虎城到守城官兵，直至延伸为英勇抵抗的军民，英雄群像契合了全民族团结御辱的抗战需要，增进了民族认同感和战斗热情，为抗战动员提供了更加丰富的资源。

坚守西安的记忆再现了革命军人与革命民众的合作，成为全陕民众迎击敌人的总动员。"军民一心，誓死无二"的共同撑持成就了西安"封垒坚守"之功，1934年杨虎城于《告民众书》中肯定了守城及牺牲民众的卓越勋劳："可歌可泣之伟

---

① 《坚守西安十周年纪念献辞》，《西北文化日报》1936年11月28日。
② 《坚守西安十周年纪念献辞》，《西北文化日报》1936年11月28日。
③ 魏炳文：《希望国人本坚守西安之精神以挽救国难》，《西北文化日报》1934年12月24日。
④ 笑俺：《由十五年的围城想到现在》，《西北文化日报》1934年11月28日。
⑤ 《纪念会志盛》，《西京日报》1933年11月30日。
⑥ 郭则沉：《坚守西安与保守领土》，《西北文化日报》1936年11月28日。
⑦ 《坚守西安十周年纪念献辞》，《西北文化日报》1936年11月28日。
⑧ 《坚守西安十周年纪念献辞》，《西北文化日报》1936年11月28日。
⑨ 社评：《西安事变之善后》，《大公报》1936年12月14日。

绩，亦壮亦烈之奇勋。"[1]《中央日报》称所纪念者乃"守城将领"，所哀思者乃"牺牲的四万民众"，他们"坚守与救助之精诚苦行，交相辉映，如日月之光芒，照耀天理"。[2]

坚守西安中的军民合作一方面使民众知晓"效死勿去"，从而倍感其所肩负的重大使命，踏上先烈血路；同时使军队战斗力最大化，其效用"能使万众一心，动如掣电，静如山岳"[3]。冲锋陷阵、壮烈牺牲的守城将士形象体现的是凛然的侠气和守土卫国的志向。1933年杨虎城在祭文中盛赞守城"六千君子"当"填海同心，百二河山，铭功纪绩"[4]。而与杨虎城并肩守城的李虎臣、冯钦哉、卫定一等均被纳入英雄行列，孙蔚如、赵寿珊、李与中、许权中、李振西的勇敢善战也得到时人关注和纪念。[5]此外，西安的求援者于右任和解围者冯玉祥也成为英雄的代表，"于公间关重澜，奔走乞援，日夜兼程，濒死者数。冯副委员长不待包胥之哭，即兴救楚之师，衔枚疾走，破釜沉舟"[6]，以此鼓舞将士"如守西安之忠贞，如援西安之热烈"[7]。

另一方面也肯定了民众武力的重要性。抗战以来所积蓄的民众力量逐渐充实与勃兴，胡毓威指出，"坚守西安中的军民合作便是全民族的真表现"[8]，民众不仅充当军队的后勤和运输，更是亲身参与战斗，军队在与民众的共同奋战中受到拥护，[9]从"人民的英雄"到"英雄的人民"，反映出民众抗战主体意识和责任意识的觉醒与增强。民众的广泛动员是抗战胜利的主要条件，军民结合的目的在于"动员民众，组织自卫军保卫国土"[10]。在这一话语中，"无役不参加，无役无坚持到底"的陕西民众及其"长久之革命历史及坚毅之革命精神"构成了坚守西安记忆的底色。

历史记忆的建构离不开对人的塑造，其中英雄形象是历史记忆在现实中的投影和延续，壮怀激烈的英雄赞歌不仅是对过去历史的阐述，更是将民族共同的价值观投射于对现实人物的称颂。西安民众匹夫有责的自我觉悟，杨虎城"岂因祸福避趋之"的大义情怀，守城将士马革裹尸的壮志豪情，都使这一记忆具有了无穷的崇高

---

[1] 《八周纪念告民众书》，《西京日报》1934年11月28日。
[2] 《西安围城纪念在国民革命史上之价值》，《中央日报》1936年11月28日。
[3] 《八周纪念告民众书》，《西京日报》1934年11月28日。
[4] 《坚守西安胜利纪念》，《西北文化日报》1933年11月28日。
[5] 《今日的西安》，《西北文化日报》1938年11月28日。
[6] 周学昌：《西安围城十周纪念文》，《西北文化日报》1936年11月28日。
[7] 周学昌：《西安围城十周纪念文》，《西北文化日报》1936年11月28日。
[8] 《纪念会志盛》，《西京日报》1933年11月30日。
[9] 北：《今年的坚守西安胜利纪念》，《西北文化日报》1936年11月28日。
[10] 《坚守西安与保卫国土》，《西北文化日报》1937年11月28日。

性，深刻影响抗战时人。爱国热情的鼓荡，使中华民族齐集在抗战的旌旗之下，义无反顾地拼杀，浴血沙场，"军民合作力量之伟大，只要有决心，则一切苦难无不可以渡过"[①]。

  坚守西安是抵抗军阀围城，保卫西安古城的正义斗争，是近代中国革命史上悲壮而辉煌的历史篇章。在此过程中，西安军民付出了惨重的代价，守城的英勇、军阀的残暴、人民的苦难理应长存史册，鉴往训今。时人所塑造的坚守西安的历史记忆在抗战中成为民族共同体的价值共识，"苦难"记忆的呈现，深刻透视出中华民族的精神内涵，古老的中华优秀传统文化与民族独立解放的价值观融合在一起，成为激励民族不断前行的内在驱动力；辉煌历程的"光荣"记忆，使爱国意识、奉献意识、团结意识、尊严意识不断被唤醒和激发；不畏牺牲、视死如归的"英雄"谱写，号召人民在风雨如晦的救亡岁月里视死如归，用意志化作枪炮，用血肉铸就长城，共同投身抗战。坚守西安既是民族悲情的寄托，也是民族奋起的源泉。正是这种自信而坚毅态度的注入，才使饱经战乱洗礼、政权更迭的人们依旧对胜利充满信心，在战火中重燃斗志，在废墟中重建家园。

原载《武陵学刊》2021年第2期
（叶欣明，湖北经济学院马克思主义学院讲师）

---

  ① 《西安各界庆祝围城十周年纪念》，《大公报》1936年12月1日。

日本仪式空间中的长安记忆

聂 宁

古代日本对长安空间的关注，在奈良、平安时代"几乎都集中于城郭之内。更具体地说，唐皇帝所居住及理朝的皇城、宫城，尤其是接待遣唐使的礼仪空间被高度重视，被赋予一种象征的意义，而对王权之外的市井、民间景观则鲜有关注"①。因此，日本对长安空间的继承，也多体现在都城之中。论及日本对长安空间的受容，在都城地理位置选择方面、里坊设计方面、都城整体布局方面、罗城配备方面、街道和绿化方面、里坊区划方面、市场安排方面、寺院建筑方面、园林设计方面、宫城位置方面、大学寮安排方面皆有论著。②

一、作为"记忆场"的仪式空间

文化记忆是德国海德堡大学教授扬·阿斯曼（Jan Assmann）提出的用以概括人类社会的各种文化传承现象的极具当下意义的关键概念。③记忆的唤起需要媒介，文化记忆的媒介能够在集体层面将当下与过去和民族身份联系起来，④而仪式空间正是这样一种媒介，是文化记忆中的重要组成部分之一。

"空间正是表现我们'在世界中存在'的各种结构之一"⑤，具体的仪式需要具体的仪式空间，空间场所的存在是仪式举行的基础。当仪式举行之时，其对应的仪式空间也随之出现。在一个仪式空间中，仪式作为人类行为被赋予了特殊的意义，

---

① 郭雪妮：《从长安到日本：都城空间与文学考古》，社会科学文献出版社，2020年，第409页。
② 王维坤：《隋唐长安城与日本平城京的比较研究——中日古代都城研究之一》，《西北大学学报》（哲学社会科学版）1990年第1期。
③ ［德］扬·阿斯曼：《文化记忆》，见冯亚琳、［德］阿斯特莉特·埃尔主编：《文化记忆理论读本》，余传玲等译，北京大学出版社，2012年，第3—19页。
④ 姚继中、聂宁、杨清：《日本文化记忆场》，重庆出版社，2016年，第1页。
⑤ ［挪威］诺伯格·舒尔兹：《存在·空间·建筑》，尹培桐译，中国建筑工业出版社，1990年，第15页。

而空间也因为仪式的举行拥有不同于其他空间的含义。

仪式空间的记忆元素包含两个方面，即行为活动、活动空间。在行为活动中，尤以被形式化、固定化的仪式更加具备稳定的文化传承性，即更贴近文化核心。在活动空间中，空间是活动发生的具体场所，是与活动相关的记忆的具象化载体。空间的记忆媒介作用主要发生在两个方面：一是伴随空间内典型活动的进行而唤起的对空间的记忆；二是对空间本身的建筑结构的记忆延续。本文探讨的重点正是仪式空间本身的空间记忆元素。

二、仪式空间中的长安元素

（一）中和院与长安

一个都城之中，最为重要的是宫城，而宫城之中，最为重要的是中枢区域。在以长安为原型而建构的平安宫中，中和院正是位于宫城的中枢区域，准确地说是位于宫城正中央。中和院是日本天皇举行"亲祭"仪式之新尝祭、神今食的场所，又称"祭社稷神所"。[①]所谓社稷神，实际涵盖了日本的天神地祇。新尝祭于每年11月的下卯日（或中卯日）及辰日举行，以天皇于神嘉殿与"神"共食当年"新稻"所制的新膳、新酒为仪式的核心内容。神今食与新尝祭内容一致，不同之处在于神今食所用的是"旧谷"而非"新稻"。

中和院于宫城中的位置其实与长安并不相同，但它延续了长安于中轴线之上设立重大典礼仪式举行场所的传统。同时，中和院对长安的记忆延续更多地体现在院内建筑结构的设置上采用了含元殿的模式这一点上。中和院由主殿神嘉殿，以及东舍、西舍、殿后屋组成。东舍位于神嘉殿东南侧，西舍位于神嘉殿西南侧。神嘉殿与东舍、西舍之间皆有回廊相连，形成了一个类似"凹"字形的建筑结构，与平安时代朝廷正殿之大极殿的空间构造相似，[②]而这一建筑结构的原型是长安大明宫含元殿。即是说，在平安宫中，天皇的祭政空间的核心建筑结构皆采用长安大明宫含元殿的建筑形式。这是以长安模式来强调天皇祭政空间的具体表现。

时至现代，新尝祭仍然每年举行。在皇居之中，神嘉殿作为中和院的留存仍然存在，位于宫中三殿（神殿、贤所、皇灵殿）之内侧。天皇于每年11月23日于神嘉殿举行新尝祭。而在日本民间，11月23日以"勤劳感谢日"的形式被延续着。现今

---

① ［日］今泉定介：《故实丛书·大内里图考证》，东京筑地活版制造所，1893年。
② ［日］山田邦和：《桓武朝における楼阁附设建筑》，《国立历史民俗博物馆研究报告》2007年第134集。

的神嘉殿并没有复制原本的"凹"字形空间设计，但神嘉殿的存在本身就使得源自长安的祭祀仪式空间作为一种"过去"而被记忆。随着每年新尝祭仪式的举行，对于这一"过去"的记忆不断被唤醒和强调。

（二）朝堂院与长安

在古代日本，"天皇御大极殿受朝"①。以大极殿为核心建筑的朝觐仪空间中，有着长安的"三阶"元素、"太极""殿阁"元素、"龙尾道"元素、朝门的"门楼"元素。对于这些记忆元素，笔者以另一稿详述。在此，将对以朝堂为主要组成部分的朝堂院中的长安元素进行讨论。朝堂院为"诸司告朔所"，亦是"行大尝事"的场所②，设置于宫城主殿大极殿前，是在"模仿了隋唐长安城宫城和皇城的制度"③的基础上建造的。按文献所记载，长安太极宫承天门前设有朝堂，在大明宫含元殿左右两侧"翔鸾阁"和"栖凤阁"之前设有朝堂。并且据考古发掘证实，大明宫含元殿前的朝堂分设于左右两侧，"不仅位置对称，面积相同，而且还置有'肺石'和'登闻鼓'"④。此种殿前设朝堂的形制，于日本多个宫城可见。在难波宫，宫城中已然可以见到朝堂院的存在，"朝堂院的规模为南北263.2米，东西233.4米，朝堂院的内部东西各分列7堂，合计14个朝堂；朝堂院的南侧东西各有一个南北达50米以上的建筑物，其南是宫城的南门"⑤。此后的大津宫、飞鸟净御原宫、藤原宫、平城宫、长冈宫、平安宫，同样在宫城主殿南侧设立朝堂院。⑥尤其是"日本平城京大极殿前的朝堂，不仅名称沿用了中国朝堂的名称，更重要的是还模拟了唐长安城中所设立的省、寺、台、监等政务机构"⑦。而"至平安宫，朝堂于朝堂院中仍保持着左右对称的分布形式，分列在中轴线的两侧"⑧。这种以长安为原型的政务仪式空间的布局设计，对当下日本政治空间构成仍有影响。

---

① ［日］今泉定介：《故实丛书·大内里图考证》，东京筑地活版制造所，1893年，第94页。
② ［日］今泉定介：《故实丛书·大内里图考证》，东京筑地活版制造所，1893年。
③ 王维坤：《隋唐长安城与日本平城京的比较研究——中日古代都城研究之一》，《西北大学学报》（哲学社会科学版）1990年第1期。
④ 王维坤：《隋唐长安城与日本平城京的比较研究——中日古代都城研究之一》，《西北大学学报》（哲学社会科学版）1990年第1期。
⑤ 王海燕：《古代日本的都城空间与礼仪》，浙江大学出版社，2006年。
⑥ 王海燕：《古代日本的都城空间与礼仪》，浙江大学出版社，2006年。
⑦ 王维坤：《隋唐长安城与日本平城京的比较研究——中日古代都城研究之一》，《西北大学学报》（哲学社会科学版）1990年第1期。
⑧ 王海燕：《古代日本的都城空间与礼仪》，浙江大学出版社，2006年。

在明治以后，天皇迁都东京，改变了在平安宫时期将官僚政务仪式空间建立于宫城内的传统，[1]皇居作为"内里"的作用更为明显，而政务仪式空间的开放性变得突出。此后的日本政务仪式空间，以皇居、国会议事堂为端点，"文部省、大藏省、厚生省、法务省、外务省等日本政府的各大部门依次排开"[2]，在日本东京市内的霞关一带形成了"官厅街"。

（三）丰乐院与长安

《大内里图考证》引《西宫记》有载："丰乐院，天子宴会所"，又引《拾芥抄》有载："丰乐院，八省西，天子宴会所"[3]。在平安时期，宫城之中设立了国家宴会之仪举行的专属空间——丰乐院，其主殿为丰乐殿。丰乐院位于朝堂院之西，与朝堂院比邻，是新尝祭、大尝祭等祭祀仪式举行之后的"会"的举行地，亦是正月庆贺等重要节日时大宴举办场所。

按《旧唐书》所记，贞观八年（634）唐高祖宴请突厥使者于两仪殿，长安二年（702）武则天宴请吐蕃使者于麟德殿，长安三年（703）武则天同样宴请日本使者于麟德殿。两仪殿在太极宫，位于主殿太极殿之后；麟德殿在大明宫中，位于三大殿——含元殿、宣政殿、紫宸殿之西北方。两仪殿、麟德殿皆非宫城主殿。即是说，日本使者于长安之时，所接触到的正是朝政空间与宴会空间分开的状态。

同时，丰乐院主殿丰乐殿的空间建造形式，有日本学者将其归纳为"变形式的大极殿构造"，是在"凹"字形的大极殿与神嘉殿的建筑形式的基础上以"I"字形建造的主殿及"楼阁附属建筑"[4]。作为天皇宴会仪式空间主殿的丰乐殿，与宫城主殿大极殿、祭祀仪式空间中和院主殿神嘉殿一样，皆采用正阶设置左中右"三阶"的形式。按《大内里图考证》所引之《弘仁内程序》"元会"条所记："皇帝，受群臣贺，讫还御丰殿，飨宴侍臣，其仪，南向铺御座"[5]，于丰乐殿中所设之天皇朝位与大极殿相同。朝位本身沿袭的是长安大朝之后置酒的设置方式。

---

[1] 韩宾娜：《日本历史上的迁都与社会转型——关于中日古代都城的相互关联》，博士学位论文，东北师范大学，2006年，第91页。

[2] 韩宾娜：《日本历史上的迁都与社会转型——关于中日古代都城的相互关联》，博士学位论文，东北师范大学，2006年，第91页。

[3] ［日］今泉定介：《故实丛书·大内里图考证》，东京筑地活版制造所，1893年。

[4] ［日］山田邦和：《桓武朝における楼阁附设建筑》，《国立历史民俗博物馆研究报告》2007年第134集。

[5] ［日］今泉定介：《故实丛书·大内里图考证》，东京筑地活版制造所，1893年。

（四）郊祀坛与长安

在古代，君主祭祀为"国之大事"，然而，属神道皇统祭祀体系的天皇，与中国祭祀归属本是不同的。但据史料记载，在桓武天皇在位的延历四年（785）与延历六年（787），以及文德天皇在位的齐衡三年（856），于都城南郊设郊祀坛举行郊祀。《续日本纪》"延历四年十一月十日"条与"延历六年十一月五日"条皆有记："祀天神于交野"[①]。《日本文德天皇实录》"齐衡三年十一月二十五日"条有记："有事圆丘"[②]。此三次郊祀仪式，实是证明了"当时日本的仪礼制度在很大的程度上仿自中国唐王朝"[③]。曾于大明宫麟德殿接受宴请的日本使臣粟田真人，亦经历了长安二年（702）十一月冬日在长安城南郊的祭祀。按王仲殊先生所考，日本使臣虽未必真正列席郊祀仪式，但对长安郊祀本身当有着清楚的认知。[④]这也是此后日本采用长安郊祀规制的源头所在。

值得注意的是，属于中国传统国家祭祀的郊祀与日本天皇皇统祭祀体系是不同的，故而，时至今日，天皇虽仍有祭祀活动，但与长安郊祀确然不同。长安郊祀仍然成了一个记忆符号被记忆着，其原因正是古代日本天皇以模仿长安郊祀来强调自身皇统身份这一点。桓武天皇以长安郊祀为模板建立日本郊祀体制，正是因其遭遇叛乱，皇统地位稳固受到影响。而桓武天皇采用的方式，就是以长安模式强调地位。这是通过具象空间来突出抽象身份的体现。而这一体现恰恰反映了在当时的日本，长安在其认知中所具有的地位和影响力。

三、仪式空间对长安记忆的唤起与重构

在奈良与平安交替之时，长安仪式空间制度大量融入日本仪式空间。祭祀仪式空间中的主殿结构、朝政仪式空间中的主殿结构与朝堂布局、政务与宴会仪式空间的分离布局、宴会仪式空间中的主殿结构、郊祀空间的设置本身，无一不是对长安的承继。其中，从中和院神嘉殿、宫城主殿大极殿、丰乐院丰乐殿的建筑形式的类同，可以看到天皇的祭、政、宴仪式空间的建筑形式都有着对长安的记忆体现。可以说，长安以空间制度的形式对日本仪式空间产生直接影响。

仪式空间与其他记忆媒介有所不同，根据仪式内容的不同其空间设置本身也会

[①] ［日］国史大系编修会：《续日本纪》，吉川弘文馆，1982年，第526页。
[②] ［日］国史大系编修会：《日本文德天皇实录》，吉川弘文馆，1981年，第86页。
[③] 王仲殊：《论唐长安城圆丘对日本交野圆丘的影响》，《考古》2004年第10期。
[④] 王仲殊：《论唐长安城圆丘对日本交野圆丘的影响》，《考古》2004年第10期。

存在区别。当仪式的行为主体在仪式空间中进行相关仪式活动时，与该仪式相关联的记忆内容则被唤醒。这是仪式作为记忆媒介所产生的作用。而具体的仪式空间则通过客观存在的具体的场所使得记忆的唤醒保持着活跃性。这是仪式空间所普遍具有的记忆性。

四、结语

作为"记忆场"的日本祭祀仪式空间、朝政仪式空间、宴会仪式空间、郊祀空间，都有着对长安的记忆承继。这种记忆承继，不是抽象的而是具象的、可视的。仪式空间将日本对长安记忆的唤起与重构具象地、可视地展现了出来。通过日本仪式空间可以看到，长安已经作为一个记忆符号成为日本文化记忆的一部分。

原载《文化产业》2020年第36期

［聂宁，西安外国语大学日本文化经济学院讲师、东北亚研究中心（教育部国别和区域研究中心）研究员］

文化记忆视域下日本朝觐仪空间中的长安元素

聂 宁

文化记忆是德国海德堡大学古埃及学教授扬·阿斯曼（Jan Assmann）在法国心理学家莫里斯·哈布瓦赫（Maurice Halbwachs）的"集体记忆"概念的基础上提出的，是用以概括人类社会的各种文化传承现象的极具当下意义的关键概念。[①]具体地说，文化记忆的基础是一个社会、地区、民族或国家的集体记忆力，文化认同正是文化记忆探究的问题。"文化记忆的内容通常是一个社会群体共同拥有的过去"[②]，可以说文化记忆是构建文化内核的重要组成部分，因此，文化记忆为我们探究"民族文化的内核提供了方法论"[③]。

记忆的唤起需要媒介，而"与仪式相关的"（Rituelle Kohrenz）[④]的仪式空间正是文化记忆的媒介之一。空间不同于时间与意识形态，是可视化的存在。空间所具备的建筑物理属性具有稳定性，一个空间往往可以历经数代而不改变，即是说，空间自身的存续可以不受到时间的限制。仪式空间的稳定性，伴随着仪式的固定化而更为突出。

在日本的仪式空间中，朝觐仪空间是天皇正式接受朝贺、觐见的场所，亦是日本国家重大典礼的举行地，是国家核心空间之一。且因日本天皇制度的存在，日本朝觐仪空间从古至今一直存续着。其空间存续的本身便包含着日本文化核心元素，而在这一蕴含着日本文化内核元素的仪式空间中存在着不可忽视的长安元素。本文在文化记忆的视域下，对日本朝觐仪空间中的长安元素进行解析，对其中的陛阶之"三阶"元素、主殿之"太极""殿阁"元素、龙尾坛之"龙尾道"元素、朝门之"门楼"元素的记忆存续进行分析。

[①] ［德］扬·阿斯曼：《文化记忆》，见冯亚琳、［德］阿斯特莉特·埃尔主编：《文化记忆理论读本》，余传玲等译，北京大学出版社，2012年，第3—19页。
[②] 姚继中、聂宁、杨清：《日本文化记忆场研究》，重庆出版社，2016年，第1页。
[③] 姚继中、聂宁、杨清：《日本文化记忆场研究》，重庆出版社，2016年，第4页。
[④] 姚继中、聂宁、杨清：《日本文化记忆场研究》，重庆出版社，2016年，第1页。

一、陛阶的"三阶"元素

天子之称为"陛下","陛"之本义是阶梯。自秦汉以来,随着"陛下"称谓专属化,陛阶开始成为仅设置于君王空间的设施,成为强调君王身份的空间设施之一。作为君主身份表征的设施,陛阶的设置亦有其规制,其中"三阶"之制是当今日本朝觐仪空间仍然采用的建构制度,而其承继之源是长安。

在西汉长安未央宫中,前殿为宫城主殿,是君主执政的核心空间,前殿之陛阶有以下特点: 第一,以南阶为正阶。《礼记·大传》有记: "圣人南面而听天下……南面而治天下。"未央宫前殿遗址呈现的正是"南面而听天下"的设置,其正阶为前殿南阶。南阶下有广庭,是朝觐之时臣下位置所在。第二,设置"三阶"。班固《西都赋》对未央宫前殿陛阶记为"重轩三阶"。第三,置"二十七级"阶梯,这成为中国古代帝国宫城主殿的陛阶形制。东汉洛阳继承西汉长安之设置模式,同样在宫城主殿德阳殿设置"三阶"为正阶。

可以确认的是,日本至迟在飞鸟时代,宫城就已经形成了"自北向南为大殿、阁门、朝庭、宫门(南门)"[①]的空间构造,主殿便已然以南向为主了。此后日本朝觐仪空间中的主殿都是南向,其陛阶同样都以南阶为正阶。关于此正阶,在平城宫主殿大极殿的复原方案中,日本考古学界曾将其设置为"三阶";在恭仁宫大极殿的考察报告中,主殿正阶同样呈现左中右的"三阶"特点[②]。由此可见,奈良时代朝觐仪空间的主殿陛阶有着对长安"三阶"的沿袭。

至平安时代,《贞信公记》逸文之"延喜八年(908)四月"条有记:"大臣东阶、大纳言中阶、参议以上西阶云云。"

又《小右记》卷七"万寿元年(1024)九月十九日"条有记:"少时章信、经隆、行任等参入,当中阶巽列立。"

又《后二条师通记》卷三"宽治七年(1093)五月二十六日"条有记:"自龙尾道升,自中阶着左右座,朝座了。"

上述"中阶""西阶"之记录,表明正阶置"三阶"的规制一直被承继。

至武家社会时期,按《萨戒记》卷四"正长元年(1428)七月二十八日"条所记:"升御殿东阶。"可知,这一时期的朝觐仪仍然有着"三阶"特点。武家社会时期,日本实际掌权者虽已不是天皇,但天皇朝廷仍然存在,朝觐仪空间仍

---

① 王海燕:《古代日本的都城空间与礼仪》,浙江大学出版社,2006年,第25页。
② [日]桥本义则:《恭仁宫に二つの"内里"——太上天皇宫再论》,《山口大学文学会志》2001年第51卷。

然存续。

至明治以后,日本都城由京都迁往东京,于东京新设朝觐仪空间。伴随着西方文化的大量涌入,日本推行了明治维新,其国内很多方面都经历了全面的变革,朝觐仪空间虽仍然存在,但空间设置发生了变化,值得注意的是,其中的"三阶"结构在重构的基础上被延续。以近年天皇的"退位礼正殿之仪"与登基之时"剑玺等承继之仪",以及"即位后朝见之仪",还有"立太子之仪"等仪式举行时的空间——正殿为例[1],在退位、登基、朝见等相关仪式举行之时,多以正殿的"松之间"为核心空间,其内设置临时的陛阶。此陛阶同样设置为"三阶"。这"三阶"的存在,使整个"松之间"内形成了上中下三重空间:"三阶"之上为天皇、皇后以及国玺、御玺、"神器"所在的空间;"三阶"的中阶为侍从长等可站立的空间,侍从长等不能到达"三阶"之上;"三阶"之下为仪式参与者所在空间。这一"三阶"的存在,是对过去"三阶"结构的继承,使得现今日本的朝觐仪空间成为一个"记忆场"。对"三阶"的重构,既是对过去源自长安的"三阶"的记忆体现,也是天皇身份的体现。在这里,记忆的重构实现了记忆的延续。此外,在现今的京都,存在着以平安宫大极殿为原型而建成的平安神宫。平安神宫正殿的殿阶亦为"三阶",这是当今日本对"三阶"记忆的重现。

朝觐仪空间中沿袭自长安的"三阶"传统,在现今日本朝觐仪空间中作为一个必要的空间设施存续着,发挥着实际的功能,同时又以一种对过去的复原的形式存续着。不论是朝觐仪式的举行,还是平安神宫对过去的复原,都是在当下对"三阶"元素的强调。这种强调将关于"三阶"的记忆一次次唤醒。可以说,沿袭自长安的"三阶"记忆,传承自过去,影响着当下。

二、主殿的"太极""殿阁"元素

按《日本书纪》《续日本纪》所记,"天皇御大极殿受朝"[2]。日本朝觐仪空间以大极殿为核心建筑。645年(皇极天皇在位时期)已有主殿称大极殿的记录。由此,至迟或许在飞鸟净御原宫时已将主殿称为大极殿。此后藤原宫正殿、平城宫正殿、恭仁宫正殿、长冈宫正殿、平安宫正殿等,皆称大极殿。[3]大极殿采用中国宫

---

[1] 参见日本宫内厅"ご大丧・ご即位・ご结婚などの行事"(2020年10月9日),https://www.kunaicho.go.jp/about/seido/seido10.html。

[2] [日]今泉定介:《故实丛书・大内里图考证》,东京筑地活版制造所,1893年,第94页。

[3] [日]桥本义则:《恭仁宫に二つの"内里"——太上天皇宫再论》,《山口大学文学会志》2001年第51卷;王仲殊:《关于日本古代都城制度的源流》,《考古》1983年第4期。

城正殿太极殿之称，唐长安之正宫太极宫不仅宫名为太极，主殿名亦为太极。可以说，长安的太极是中国古代都城"建中立极"营造理念的体现，而这一理念随着日本古代宫城主殿大极殿的营造，一直影响着日本的宫城空间规划。换言之，日本之大极正是对长安太极的继承。

除太极之外，还值得注意的是，日本平安宫大极殿的建筑设计未采用太极宫太极殿的建筑形式，而采用了大明宫含元殿的殿阁形式，这是长安独有的主殿建筑形式。

龙朔三年（663）四月后，唐代皇帝的朝寝空间开始自太极宫向大明宫转移，"此宫遂成为全国政治中枢之所在。含元殿为大明宫的正殿，凡属朝会、庆典等重大政治、仪礼活动，皆在此殿隆重举行"[1]。或许也正因为这一变化，在桓武天皇建设平安京宫城之时，将宫城中主要宫殿[2]按含元殿的殿阁形式来建造。随着大明宫的建设，主殿含元殿也同期建成，含元殿前面部分的左右两侧立有栖凤阁、翔鸾阁。栖凤阁位于含元殿东南，翔鸾阁位于含元殿西南，两阁与含元殿之间由回廊连接，形成了一个近似于"凹"字形的殿阁建筑形式。[3]这种建筑形式，在平安宫中也得以展现。作为朝觐仪空间主殿的大极殿及其东南的苍龙楼、西南的白虎楼之间同样以回廊连接，形成含元殿版的殿阁建筑形式。这种建筑形式在平安时代的朝觐仪空间中成为核心的部分。殿阁形式的朝觐仪核心空间，是平安时代对此前太极殿形式的重构。平安宫以前之大极殿，多采用独立式寝殿结构；而平安宫，以长安含元殿殿阁形式为直接参照模板进行建构。[4]这一建筑形式，被现今的日本朝觐仪空间记忆着。据宫内厅公布的皇居中宫殿各栋、各室的情况可知，东京皇居内的正殿虽未按平安宫大极殿及两楼模式"复制型"修建，但在正殿建筑两侧仍有附属建筑与回廊，仍然形成了类似殿阁模式的正殿空间，[5]同样以一种记忆重构的形式，实现着对长安的记忆延续。

---

[1] 王仲殊：《论日本古代都城宫内大极殿龙尾道》，《考古》1999年第3期。
[2] 平安宫采用殿阁形式修建的宫殿包含了朝觐仪空间的正殿大极殿，以及作为祭祀仪空间的中和院正殿神嘉殿。此外，作为宴会仪空间的丰乐院正殿丰乐殿的修建形式与殿阁形式类似，于正殿的两边设附属建筑，只是丰乐殿的附属建筑与正殿呈平行状态。
[3] 杨鸿勋：《宫殿考古通论》，紫禁城出版社，2001年，第434—436页。
[4] ［日］山田邦和：《桓武朝における楼阁附设建筑》，《国立历史民俗博物馆研究报告》2007年第134集。
[5] 参见日本宫内厅"宫殿各栋の概要"（2020年10月9日），https：//www.kunaicho.go.jp/about/shisetsu/kokyo/kyuden.html。

三、龙尾坛的"龙尾道"元素

长安含元殿之南的翔鸾、栖凤两阁前有龙尾道,王仲殊先生在《论日本古代都城宫内大极殿龙尾道》一文中有言:"平城宫第一次大极殿仿含元殿而建造,这正是其所坐落的大坛可称'龙尾坛'的原因所在","平安宫大极殿龙尾坛前设东西两阶,正与发掘所见平城宫第一次大极殿龙尾坛前面左(东)右(西)两边各有一斜坡道相同"。[①]可见,龙尾坛是继承长安元素的代表之一,而这一龙尾坛亦存在于日本朝觐仪空间。

至日本平安时代,朝觐仪空间中亦设置有龙尾坛。有意思的是,日本《大内里图考证》有记:"案江次第(御斋会)头书曰,唐含元殿,有龙尾道,结曲七转宛如龙尾,是唐含元殿之制,而国朝朝堂院龙尾道[②],假其名耳,其制则不同。"[③]即是说,平安之龙尾只是采用唐长安龙尾之名,而未采用其修建制度。

然而,建筑空间的可视化属性却将龙尾坛展现的长安元素表露无遗。日本之龙尾坛虽不是"结曲七转宛如龙尾"的建筑形式,仍有着承继自长安龙尾道的建筑布局与功能。第一,按"京兆图曰,龙尾坛,距苍龙白虎二楼,东西廊二间"[④]这一说法,此龙尾坛与长安相同,设置于主殿左右的两阁楼之前。第二,按"延喜兵库寮式曰,大极殿前庭,龙尾道上"[⑤]这一说法,龙尾坛发挥着连接主殿区域与殿前广庭的作用。第三,按"内里式(朝贺)曰,式部,龙尾道南去十七丈,置宣命位,(当昌福堂南一间)宣命位南去四丈,东折二丈五尺,置太政大臣位,西折二丈五尺,置亲王位,各南去重行如常"[⑥]与"北山抄(大尝会)曰……龙尾道前,造大尝官"[⑦]的说法,龙尾坛前为重要大典举行场所。换言之,日本朝觐仪空间中的龙尾坛,

---

① 王仲殊:《论日本古代都城宫内大极殿龙尾道》,《考古》1999年第3期。
② 据《京兆图》《文德实录》《延喜式》《愚昧记》,日本之龙尾坛于史料中多记为"龙尾道",亦有"龙尾道坛"之称。
③ [日]今泉定介:《故实丛书·大内里图考证》,东京筑地活版制造所,1893年,第211页。
④ [日]今泉定介:《故实丛书·大内里图考证》,东京筑地活版制造所,1893年,第208页。
⑤ [日]今泉定介:《故实丛书·大内里图考证》,东京筑地活版制造所,1893年,第208页。
⑥ [日]今泉定介:《故实丛书·大内里图考证》,东京筑地活版制造所,1893年,第211页。
⑦ [日]今泉定介:《故实丛书·大内里图考证》,东京筑地活版制造所,1893年,第212页。

不只是继承了长安"龙尾道"之名,而且延续了"龙尾"建构场所的选择以及"龙尾"的空间功能。所谓"其制则不同",只是未将长安龙尾道完全"复制"而已。然,其中的"龙尾"记忆,从其名称至其场所与功能,都被可视化地展现了出来。

与主殿的殿阁形式不同,龙尾坛在奈良时代已然出现,至平安时代仍被采用。但在现今日本,龙尾坛却并未被朝觐仪空间直接沿用,而是成为一个"过去的存在"。但平安神宫中仍然实现了对沿袭长安记忆的日本平安龙尾坛的复原,是长安龙尾道元素在当下的直接体现。同时,还需强调的是,"龙尾"之名本身的存续,已然以一个概念型的记忆元素实现了对长安龙尾道记忆的强调。

四、朝门的"门楼"元素

空间区划往往通过墙垣予以区分,朝觐仪空间同样如此。既有墙垣,那么门亦是不可缺少的。日本朝觐仪空间的朝门同样可见到对长安的记忆。长安太极宫朝门曰"承天",按《太平御览》居处部引韦述《西京新记》之"正南承天门,门外两观"这一记载,它的建筑形制是门外设"两观"。"观"即"阙",也就是说,长安元日大朝会、冬至大朝会、大赦以及国家大典礼等朝觐仪举行的场所的朝门是设"阙"之门。值得注意的是,朝门虽设"阙",却不称阙门。在史书记载中,关于唐之朝门,除"承天门"一名外,《旧唐书》《新唐书》《玉海》都将其记为"承天楼"或"承天门楼"。"楼"与"门楼"皆能展示设阙之门的建筑形式,但并不将朝门称为阙门。

长安朝门的这种设"阙"不称"阙"的特殊之处,对日本产生了直接的影响,作为日本朝门的朝堂院正门同样是设"阙"不称"阙"。日本主殿以南向为形制,故朝堂院正门为其南门。目前,考古发现可见的最早有设阙门楼形制的朝门是长冈宫朝堂院的南门。[①]平安时代,平安宫之朝门为应天门,从日本古记录中可知道应天门同样为设"阙"不称"阙"的情况。

如《小右记》卷八"长元三年(1030)九月十七日"条有记:"造应天门并东西楼廊卅二间等。"

又,《中右记》卷三"永长元年(1096)十一月二十四日"条有记:"应天门东西楼。"

将"阙"称为"楼"的门楼型朝门的存在,使得长冈宫、平安宫所展现的对长安的记忆沿袭特点更为明确。比对唐长安太极宫、唐长安大明宫、日本长冈宫、日

---

① [日]山田邦和:《桓武朝における楼阁附设建筑》,《国立历史民俗博物馆研究报告》2007年第134集。

本平安宫，可以见到朝门皆以门楼形制出现，并形成了内外空间的区分。

同时，日本长冈宫朝觐仪空间中的主殿前设置有"二门"，平安宫朝觐仪空间中的主殿前亦设置有"二门"，这样的空间布局与唐长安太极宫是相同的。具体地说，在唐长安太极宫中，主殿太极殿前设太极门，太极门前设附有门楼的承天门；在日本长冈宫中，主殿大极殿前设大极殿院门合门，门合门前设附有门楼的朝门；在日本平安宫中，主殿大极殿前设会昌门，会昌门前设附有门楼的应天门。而这种在朝觐仪空间主殿前设"二门"的形制，最早可追溯至汉长安未央宫。不同的是，未央宫朝觐仪空间的主殿与"二门"的位置关系并不完全是"北殿""南门"的关系，但或可言此是长安特点。

然而，在现今日本，立有双阙的门楼形制的朝门已难以见到。如日本学者在论文中所给出的定义，这一建筑形制被称为"楼阁附设建筑"[①]，其本身作为朝门的属性成为一个被"忘记"的存在。即是说，"门"与"楼"的复合型建筑形式作为一个记忆符号被"记住"，但门楼原意中包含的"阙"的属性却被"忘记"。这种"记住"与"忘记"的组合，使得长安的朝门记忆元素仍然保有活力。

五、结语

在现今的日本，朝觐仪空间作为仍然发挥着实际功能的仪式空间，在对长安元素有所重构的基础上，仍然延续着对长安元素的记忆。这也正是2019年日本天皇皇位交替之时，对于相关仪式之中的"唐礼"讨论兴起的原因之一。同时，在京都御所之内，以长安紫宸殿为原型修建的承继自平安时代的紫宸殿的存续，亦是对长安记忆的不断唤起。而平安神宫对包含长安"三阶"元素、"太极""殿阁"元素、"龙尾道"元素的平安宫朝觐仪空间的复原，使得长安元素作为一种"过去"直接出现在了当下的实际城市空间中。长安元素在此不仅是一个概念型记忆元素，而且成为一个具有实际空间载体的物理型记忆元素。而复原过程本身又实现了对长安记忆的"想起"与"强调"。可以说，日本朝觐仪空间将日本从古至今对长安的记忆以可视化的形式展现了出来，长安文化在当下仍然影响着日本仪式空间的建构。

原载《文化学刊》2021年第2期

[聂宁，西安外国语大学日本文化经济学院讲师、东北亚研究中心（教育部国别和区域研究中心）研究员]

---

① [日]山田邦和：《桓武朝における楼阁附设建筑》，《国立历史民俗博物馆研究报告》2007年第134集。

阿房宫：记忆与想象

郑　岩

　　清光绪三十二年（1906）至宣统二年（1910），日本学者足立喜六（1871—1949）受聘于陕西高等学堂，其间他利用闲暇踏查西安地区大量古代遗址，写成《长安史迹研究》①一书。在叙及阿房宫时，足立描述了遗址的位置、规模和形貌，配有一幅照片，并录引了司马迁《史记》的有关记载。此外，他还全文收入唐人杜牧的《阿房宫赋》。这篇六百余字的赋，篇幅远超过作者本人关于遗址状况的描述。②

　　足立喜六向读者展现了这样一个画面：底部是一张照片所显示的阿房宫前殿遗址，其上则是以古代文献重建的华美壮丽的亭台楼阁，眼前的废墟和两千多年前的景观重叠在一起。除了这个静止的画面，读者还可以凭借司马迁和杜牧的笔墨，穿越时间的阻隔，遥想当年那些屋殿台榭的生住异灭。

　　我在网络上还检索到几位中学语文教师制作的《阿房宫赋》教学课件，除了各色文字，其中也包括后人所绘制的《阿房宫图》③。这种做法与足立喜六的倾向类似，老师们显然相信，这些不同形式的材料之间可以相互印证，图画能够帮助学生更好地理解杜牧的文字。

　　在我看来，问题并不如此简单。在这篇文章中，我将阿房宫解析为五个层次：（1）秦代的阿房宫；（2）历史学的阿房宫；（3）文学的阿房宫；（4）图像的阿房宫；（5）作为废墟的阿房宫。

　　这些形式各异的层次都指向阿房宫，但它们不止停留在秦代，而是栖落在不同的时间点上，彼此并不完全重合。将这些层次联系起来，可以观察到一种多维的而

---

　　① 〔日〕足立喜六：《长安史迹の研究》，东洋文库，1933年。
　　② 〔日〕足立喜六：《长安史迹研究》，王双怀、淡懿诚、贾云译，三秦出版社，2003年，第71—72页；〔唐〕杜牧：《阿房宫赋》，见吴在庆：《杜牧集系年校注》（第1册），中华书局，2008年，第9—10页。
　　③ http://www.5156edu.com/serach.php，2011年3月20日17：27最后检索。

非线性的历史。从中我们可以看到一种历史形象如何在人与物跨时空的对话中逐步建构起来，可以看到记忆与想象在这个过程中所扮演的角色如何交织，可以看到文学、艺术巨大的繁衍滋生能力。于是，这也就成了一部关于心灵的历史。

一

"秦代的阿房宫"不仅包括物质层面的建筑，还包括各种相关的人物和事件。"人""事"都已经湮没在时间长河之中，"物"留给今天的也只有遗址，即"作为废墟的阿房宫"——当今田野考古学研究的对象。后人以各种形式对其内部、外部各种元素的记录、想象，无论多么逼真，都已经不是"秦代的阿房宫"本身，而是它留在历史中的影子。在对于这个影子重构的过程中又包括了三个层次，即"历史学的阿房宫""文学的阿房宫"和"图像的阿房宫"。

"历史学的阿房宫"指的是历史写作而非历史本身，它既体现为正史的记述，也体现为方志和笔记等形式。前者包括《史记》和《汉书》等，后者如汉末至曹魏时成书的《三辅黄图》[①]、曹魏至晋时潘岳（一说葛洪）的《关中记》[②]、晋人的《三辅故事》[③]、晋张华的《博物志》[④]、北魏郦道元的《水经注》[⑤]、唐人的《三辅旧事》[⑥]、北宋人宋敏求的《长安志》[⑦]、北宋人程大昌的《雍录》[⑧]、元人骆天骧的《类编长安志》[⑨]等等。无论质量如何，方志总体上可以看作历史学著作。笔记中的文字多搜神拾遗之说，介于文学与史学之间，但涉及阿房宫，态度上总有着纪实的倾向，所以也大致可以归到这里。

上述文献以《史记》成书的时间最接近秦代，其《秦本纪》记载，孝公"十二年（前350），作为咸阳，筑冀阙，秦徙都之"。[⑩]《秦始皇本纪》称，孝公"十三年（前349），始都咸阳"。[⑪]除了在渭河北岸营建咸阳城，秦统一全国之前，还在渭南营

[①] 何清谷校注：《三辅黄图校注》，三秦出版社，2006年，第57—62页。
[②] 刘庆柱辑注：《三秦记辑注》，三秦出版社，2006年，第9页。
[③] 〔清〕张澍辑：《三辅决录》，陈晓捷注，三秦出版社，2006年，第73页。
[④] 〔晋〕张华：《博物志》，见《汉魏六朝笔记小说大观》，王根林、黄益元、曹光甫校点，上海古籍出版社，1999年，第209页。
[⑤] 〔北魏〕郦道元：《水经注校证》，陈桥驿校证，中华书局，2007年，第451页。
[⑥] 〔清〕张澍辑：《三辅决录》，陈晓捷注，三秦出版社，2006年，第18页。
[⑦] 〔宋〕宋敏求：《长安志》卷十二。
[⑧] 〔宋〕程大昌：《雍录》，黄永年点校，中华书局，2002年，第17—20页。
[⑨] 〔元〕骆天骧：《类编长安志》，黄永年点校，中华书局，1990年，第46页。
[⑩] 《史记》，中华书局，1959年，第203页。
[⑪] 《史记》，中华书局，1959年，第288页。

建了兴乐宫、章台、诸庙、甘泉宫、上林苑等宫室苑囿。阿房宫就在上林苑内：

> 三十五年（前212）……，于是始皇以为咸阳人多，先王之宫廷小，吾闻周文王都丰，武王都镐，丰镐之间，帝王之都也。乃营作朝宫渭南上林苑中。先作前殿阿房，东西五百步，南北五十丈，上可以坐万人，下可以建五丈旗。周驰为阁道，自殿下直抵南山。表南山之颠以为阙。为复道，自阿房渡渭，属之咸阳，以象天极阁道绝汉抵营室也。阿房宫未成；成，欲更择令名名之。作宫阿房，故天下谓之阿房宫。隐宫徒刑者七十余万人，乃分作阿房宫，或作丽山。发北山石椁。乃写蜀、荆地材皆至。①

> （二世皇帝元年，前209）四月，二世还至咸阳，曰："先帝为咸阳朝廷小，故营阿房宫为室堂。未就，会上崩，罢其作者，复土郦山。郦山事大毕，今释阿房宫弗就，则是章先帝举事过也。"复作阿房宫。②

又《汉书·贾山传》记西汉孝文时，贾山言治乱之道，借秦为喻而作《至言》，其中说道：

> 又为阿旁之殿，殿高数十仞，东西五里，南北千步，从车罗骑，四马骛驰，旌旗不桡，为宫室之丽至于此，使其后世曾不得聚庐而讬处焉。③

上述记载主要叙述阿房宫的位置、规模和兴建过程。其他文献也常沿用这些记载，并踵事增华。这些文字多使用数据，将宫殿的规模加以量化，加之以周边的地标为参照，力求予人准确可靠的印象。

与《秦始皇本纪》《贾山传》相比，《汉书·五行志》中的一段文字则较少为后人所注意：

> 先是文惠王初都咸阳，广大宫室，南临渭，北临泾，思心失，逆土气。足者止也，戒秦建止奢泰，将至危亡。秦遂不改，至于离宫三百，复起阿房，未成而亡。④

唐人杜牧《阿房宫赋》一出，"未成而亡"四字被淹没，这就是"文学的阿房宫"的力量。这篇赋收入多种版本的中学语文课本，妇孺皆知。宋人史绳祖曾谈到，该赋"所用事，不出于秦时"。他以"烟斜雾横，焚椒兰也"两句为例，指出先秦只以椒兰为香，"至唐人诗文则盛引沉檀、龙麝为香，而不及椒兰矣。牧此赋

---

① 《史记》，中华书局，1959年，第256页。
② 《史记》，中华书局，1959年，第268—269页。
③ 《汉书》，中华书局，1962年，第2328页。
④ 《汉书》，中华书局，1962年，第1447页。

独引用椒兰,是不以秦时所无之物为香也"。[1]然也有论者认为,"牧之赋与秦事抵牾者甚多"[2]。

实际上,对于杜牧来说,历史学写作的意义只在于提供了一个基本背景,杜赋最终的目的,不在于记史,而在于讽今。杜牧本人在《上知己文章启》中说:"宝历大起宫室,广声色,故作《阿房宫赋》。"[3]缪钺据此考订该赋作于唐敬宗宝历元年(825)。[4]敬宗李湛十六岁登基,整日沉耽于声色犬马,大兴土木,致使朝政荒废,年轻的杜牧遂以此赋道出"天下人不敢言而敢怒"。

《阿房宫赋》先写天下一统,再写阿房宫的营造;继而描摹宫殿之宏壮,讲述其规模、结构以及建筑内外的人物活动;最后说到宫殿的毁灭。这种历时性的叙述与历史学写作的总体结构是相同的。杜牧也不乏历史学家的眼光,在他看来,阿房宫的生死与秦帝国的兴亡是同步的,它的身前身后是两次规模浩大的战争,"六王毕,四海一。蜀山兀,阿房出",可以说,阿房宫是秦始皇功业的纪念碑。[5]阿房宫的每个细节,都是始皇胜利的成果:"妃嫔媵嫱,王子皇孙,辞楼下殿,辇来于秦。朝歌夜弦,为秦宫人",这是"人"的集中;"燕、赵之收藏,韩、魏之经营,齐、楚之精英,几世几年,剽掠其人,倚叠如山。一旦不能有,输来其间",这是"物"的汇聚。"戍卒叫,函谷举,楚人一炬,可怜焦土!"另一场战争,则使阿房宫转化为秦始皇无道的象征。

这天下总会被下一个王朝继承,那么,前朝的灭亡体现于何处?当项羽还来不及考虑保留秦始皇罪恶的铁证时,阿房宫首先要作为秦帝国记忆和信心的依托被摧毁。[6]摧枯拉朽、土崩瓦解——人们如此描述对一个旧王朝的打击及其灭亡,这打击和灭亡不仅是比喻意义的,更是物质层面上的,因为战争首先意味着对敌人肉体的消灭。"一炬",这是多么小的代价。同样的方式,曾用来毁掉大批书籍及其蕴藏的思想以巩固秦帝国的统治,现在又反过来消灭这个帝国固若金汤的城池宫苑。秦始皇的另一座纪念碑是长城。摧毁它的不是火,而是水——弱女子孟姜女的眼泪。

---

[1] 张金海编:《杜牧资料汇编》,中华书局,2006年,第131页。
[2] 张金海编:《杜牧资料汇编》,中华书局,2006年,第113页。
[3] 〔唐〕杜牧:《上知己文章启》,见吴在庆:《杜牧集系年校注》(第3册),中华书局,2008年,第998页。
[4] 缪钺:《杜牧传·杜牧年谱》,河北教育出版社,1999年,第132—133页。
[5] [美]巫鸿:《中国古代艺术与建筑中的"纪念碑性"》,李清泉、郑岩等译,上海人民出版社,2009年,第139—140页。
[6] 关于近代战争中建筑毁灭与文化记忆的关系的研究,详见[英]罗伯特·贝文:《记忆的毁灭——战争中的建筑》,魏欣译,生活·读书·新知三联书店,2010年。

虽然长城的肉身难以撼动，但它却可以在代代相传的故事中一次次坍塌。①

阿房宫轰然倒下，光焰灿烂。灿烂之后，是巨大的虚空。这种强烈的对比，激发出无穷的想象力。想象力延展，构建出一个美轮美奂的万花筒，又反过来将虚空遮蔽。在赋中，旷日持久的战争以劲利简捷的笔法横空扫出，阿房宫短暂的繁荣却被细细铺陈：

> 覆压三百余里，隔离天日。骊山北构而西折，直走咸阳。二川溶溶，流入宫墙。五步一楼，十步一阁。廊腰缦回，檐牙高啄。各抱地势，钩心斗角。盘盘焉，囷囷焉，蜂房水涡，矗不知乎几千万落。

在这样的描述中，阿房宫的形象变得空前清晰。杜牧的思绪流连在时间与空间、宏观与微观、静止与运动中，他时而腾升到空中，俯瞰秦都咸阳内外的山川河流，时而漫游在危墙细栏、深宫高阁、廊腰檐牙之间。他的眼睛甚至看得见细密的瓦缝与钉头，帝王与宫女活跃的声音、温度、颜色、气味，乃至心绪也一点一滴从他的笔端溢出。

其实，在杜赋之前，以阿房宫为题的文学作品已有先例，如南朝刘宋鲍照《拟行路难十八首》之一云：

> 君不见柏梁台，今日丘墟生草莱。
> 君不见阿房宫，寒云泽雉栖其中。
> 歌妓舞女今谁在？高坟垒垒满山隅。
> 长袖纷纷徒竞世，非我昔时千金躯。
> 随酒逐乐任意去，莫令含叹下黄垆。②

柏梁台是汉武帝建造的豪华宫殿，诗人将它与阿房宫相提并论，使之类型化。如今，它们都已风光不再，变为丘墟。从这些宏大工程黍离麦秀、沧海桑田的变迁中，诗人深切感受到个人的渺小与无奈。

鲍照身在建康（今江苏南京），长安这时已经落入鲜卑人的手中。对他来说，柏梁台、阿房宫无论在时间和空间上，都是一个遥不可及的旧梦。与鲍照不同，杜牧的故乡在阿房宫近旁，他似乎就站立在阿房宫的废墟上。这令我们联想到杜牧的怀古诗《赤壁》：

> 折戟沉沙铁未销，自将磨洗认前朝。

---

① 关于孟姜女故事演变的研究，详见顾颉刚：《孟姜女故事研究集》，上海古籍出版社，1984年。

② 〔宋〕郭茂倩：《乐府诗集》，中华书局，1979年，第1000页。

东风不与周郎便，铜雀春深锁二乔。①

诗行从半埋在沙中的一柄残断的古戟升起。②古戟正可对应阿房宫的废墟，锈迹的这边是今，那边是古。将古戟把手在握，磨洗掉锈迹，诗人便看到了熟悉的前朝故事（"认"）。然后，他的目光从戟上移开，远望着那场东风中起伏的人与物。后两行反用其锋，感慨若非东风助力，周瑜则家国俱灭。历史如梦如戏，竟如此不合逻辑，想到这些，诗人的目光再也未回到眼前的戟上。

与《赤壁》不同，《阿房宫赋》的意义并不在于怀古，所以它的结构正好相反，即先说过去的故事，再落到眼前的废墟。在杜牧的时代，渭水南岸的长安仍延续着盛唐的余音，帝国的覆灭还没有最后到来。赋提醒世人思考——如今的长安城以及它所带领的这个王朝，明天又会怎样？

除了杜牧的《阿房宫赋》以外，在唐代还有一些诗作以阿房宫为题，如胡曾《咏史诗》之一二五《阿房宫》：

新建阿房壁未干，沛公兵已入长安。

帝王若竭生灵力，大业沙崩固不难。③

作者由阿房宫的毁灭联系到杨隋王朝的覆亡。这一次次重演的悲剧，皆源于帝王对民力的滥用。对于唐代人来说，阿房宫是很久以前的故事，隋帝国的失败却殷鉴不远。

《阿房宫赋》感人至深，影响久远。一千多年来，赋中所构建的阿房宫，成为后人再次回望这处著名宫殿的新起点，新的想象必须从杜牧而不是从秦代开始。值得注意的是，赋中的文字随时可以被转化为历史写作的元素。如郑午昌（1894—1952）在1926年完稿的《中国画学全史》一书中写道：

盖始皇既一统中国，行专制，张威福，以为非极宫室之壮丽，不足以示皇帝之尊严，于是合放各国宫室之制，大兴土木，而著名千古之阿房宫，乃于斯时出现于咸阳。宫东西五百步，南北五十丈，楼阁相属，几

---

① 〔唐〕杜牧：《赤壁》，见吴在庆：《杜牧集系年校注》（第2册），中华书局，2008年，第501页。

② 对这首诗精彩的讨论，见〔美〕宇文所安：《追忆——中国古典文学中的往事再现》，郑学勤译，生活·读书·新知三联书店，2004年，第59—61页。尽管宇文所安并没有提及《阿房宫赋》，但是按照他的指引，我们还可以将杜赋的结构追溯到5世纪中叶鲍照的《芜城赋》。旧注认为赋中的"芜城"指的是鲍照到访过的广陵。这座城市在前一年刚刚遭受到官兵的血洗。宇文所安注意到，"也许鲍照是为了避免因为批判当政者的政策而引起怀疑"，赋中并没有特别指出特定的地点、景色、人物和事件，只是描写了一座经历过盛与衰的抽象的古城。参见〔美〕宇文所安：《追忆——中国古典文学中的往事再现》，郑学勤译，生活·读书·新知三联书店，2004年，第68—75页。

③ 羊春秋主编：《增订注释全唐诗》（第4册），文化艺术出版社，2001年，第786页。

千万落。其建筑之壮阔如此,则其间之雕梁画栋,山节藻棁,当亦称是。惜被项羽一炬,尽化焦土,致无数精妙之工匠案画,不得留范于后世耳。①

这段文字将《史记》和《阿房宫赋》融为一体,天衣无缝,而"非极宫室之壮丽,不足以示皇帝之尊严"云云,则是移用萧何关于汉长安城宫殿建设的议论②。

不仅秦宫汉殿可以混为一谈,阿房宫还可以进一步从历史中抽离出来,与其他的宫殿重新组合。在当代画家黄秋园(1914—1979)的《十宫图画册》(图1)中,《阿房宫》是其中的一页,其他还有《吴宫》《汉宫》《未央宫》《九成宫》《章建宫》《连昌宫》《桃花宫》《清华宫》《广寒宫》等③。华丽无比的建筑群掩映在山水间,桥头岸边、檐下舟上,嫔妃粉黛徜徉在一片春色中。看到这样的画面,观者不禁又吟诵起杜牧的名篇,有关评论称:"黄秋园先生写阿房宫奢华之至,飞动之态,状其宫殿,融其神思,堪与汉赋和杜牧《阿房宫赋》相得益彰。"④

图1 黄秋园《十宫图画册》

---

① 郑午昌:《中国画学全史》,上海古籍出版社,2001年,第24页。
② 《史记》,中华书局,1959年,第385—386页;《汉书》,中华书局,1962年,第64页。
③ http://yishujia.findart.com.cn/82645-zixun.html,2010年9月19日15:15最后检索。
④ http://news.artxun.com/jiehua-1224-6116494.shtml,2011年3月25日19:16最后检索。

二

《史记·秦始皇本纪》载，"秦每破诸侯，写放其宫室，作之咸阳北阪上"[①]，或可证明秦宫殿建筑曾广泛地使用设计图纸。河北平山战国中山王墓出土的金银嵌错铜兆域图是一幅陵园平面图，图中绘出建筑各部分的位置并标注了尺寸，还附有一篇中山王的王命，反映了公元前3世纪初中山国王与王后陵墓总体规划的方案。[②] 据此可以推测，阿房宫的规划和施工也应使用过这种图。这是"图像的阿房宫"的第一个类型，但它们早已湮没于时光长河之中。

从黄秋园的《十宫图画册》回溯，"图像的阿房宫"是另一个历史悠久的传统。"十宫图"题材古已有之，清人杨恩涛《眼福编三集》有"宋赵千里《十宫图》赞"，所记宋代画家赵伯驹的《十宫图》中有《吴宫》《秦宫》《阿房宫》《汉宫》《长乐宫》《未央宫》《蓬莱宫》《甘泉宫》《九成宫》《连昌宫》等[③]，与黄秋园所列宫殿大同小异。与"科学的"兆域图不同，这个传统是色彩缤纷、动人心魄的绘画。然而，绘画中的建筑形象并不是画家面对阿房宫所作的写生，有据可查的最早以阿房宫入画的例子出现在阿房宫之后一千多年。明人张丑《清河书画舫》称："阿房宫样始于尹继昭氏，至卫贤而大备云。"[④]

尹继昭为晚唐人，宋人郭若虚《图画见闻志》卷二云："尹继昭，不知何许人。工画人物台阁，世推绝格。有移新丰阿房宫、吴宫等图传于世。"[⑤] 又，宋《宣和画谱》卷八云：

> 尹继昭，不知何许人。工画人物台阁，冠绝当世，盖专门之学耳。至其作《姑苏台》《阿房宫》等，不无劝戒，非俗画所能到，而千栋万柱，曲折广狭之制，皆有次第，又隐算学家乘除法于其间，亦可谓之能事矣。然考杜牧所赋，则不无太过者，骚人著戒，尤深远焉，画有所不能既也。
>
> 今御府所藏四：

---

① 《史记》，中华书局，1959年，第239页。

② 河北省文物研究所：《䜌墓：战国中山国国王之墓》（上），文物出版社，1996年，第104—110页。

③ 〔清〕杨恩涛：《眼福编三集》卷五，见徐娟主编：《中国历代书画艺术论著丛编》（第6册），中国大百科全书出版社，1997年，第683—684页。

④ 〔明〕张丑：《清河书画舫》，见卢辅圣主编：《中国书画全书》（第4册），上海书画出版社，1993年，第247页。

⑤ 〔宋〕郭若虚：《图画见闻志》卷二，卢辅圣主编：《中国书画全书》（第1册），上海书画出版社，1993年，第472页。

《汉宫图》一、《姑苏台》图二、《阿房宫图》一。[1]

尹继昭的作品属于建筑题材的绘画，晋人顾恺之称之为"台榭"，[2]与人、山水、狗马同列，唐人张彦远称之为"屋木"，与人物、山水、鞍马、鬼神、花鸟并称，[3]唐人朱景玄提到的四个绘画门类则是人物、禽兽、山水和"楼殿屋木"。[4]至元代，这类以界尺引线为技术特征的绘画被专列为"界画"[5]一科。

《宣和画谱》称，这类画作"虽一点一笔，必求诸绳矩，比他画为难工，故自晋宋迄于梁隋，未闻其工者；粤三百年之唐，历五代以还，仅得卫贤，以画宫室得名"[6]。卫贤是尹继昭的弟子，张丑提到阿房宫样"至卫贤而大备"，但《宣和画谱》所载北宋御府藏卫贤画目中并无《阿房宫图》[7]。卫贤有《高士图》传世[8]，描绘汉代人梁鸿与妻子孟光"相敬如宾，举案齐眉"的故事，其中有一歇山顶瓦屋，用笔工细，可能窥见其界画的风格。《宣和画谱》还收录有五代画家胡翼"《秦楼吴宫图》六"[9]，不知其"秦楼"是否包括阿房宫在内。张丑强调以阿房宫为题的绘画有一个创始和完善的过程，他所说的"样"，或有可能是一种白描画稿。但其他文献提到这类绘画，则多称为"图"。

除了尹继昭的《阿房宫图》外，据福开森（John Calvin Ferguson）《历代著录画目》所辑，《广川画跋》《佩文斋书画谱》《诸家藏画簿》《天水冰山录》等明清时期的著作还著录唐人无款《阿房宫图》[10]。这些晚期著录对作品年代的鉴定是否可靠，因画作不传已无从知晓，但是，仅据《宣和画谱》的记载已可以判定，《阿房

---

[1] 《宣和画谱》卷八，见于安澜编：《画史丛书》（第2册），上海人民美术出版社，1963年，第82页。

[2] 〔唐〕张彦远：《历代名画记》，俞剑华注释，上海人民美术出版社，1964年，第102页。

[3] 〔唐〕张彦远：《历代名画记》，俞剑华注释，上海人民美术出版社，1964年，第17页。

[4] 〔唐〕朱景玄：《唐朝名画录》，见于玉安编：《中国历代美术典籍汇编》（第6册），天津古籍出版社，1997年，第288页。

[5] 关于宋元界画概念的讨论，见陈韵如：《"界画"在宋元时期的转折：以王振鹏的界画为例》，《美术史研究集刊》2000年第26期。

[6] 《宣和画谱》卷八，见于安澜编：《画史丛书》（第2册），上海人民美术出版社，1963年，第81页。

[7] 《宣和画谱》卷八，见于安澜编：《画史丛书》（第2册），上海人民美术出版社，1963年，第83页。

[8] 金卫东主编：《晋唐两宋绘画·山水楼阁》（故宫博物院藏文物珍品全集），香港商务印书馆，2004年，第8—11页。

[9] 《宣和画谱》卷八，见于安澜编：《画史丛书》（第2册），上海人民美术出版社，1963年，第81页。

[10] 〔美〕福开森：《历代著录画目》，人民美术出版社，1993年，附录二第1—4页。

宫图》这一题材的出现不迟于晚唐。

《宣和画谱》记御府所藏五代南唐至宋时画家周文矩画作中有"《阿房宫图》二"①。《图画见闻志》称周文矩画《南庄图》"尽写其山川气象,亭台景物,精细详备,殆为绝格"②。由此可以想见,其《阿房宫图》大概也属于"精细详备"一格。张丑《清河书画舫》记有周文矩《阿房宫样》一卷,无法确定是否为《宣和画谱》所记《阿房宫图》之一:

> 《阿房宫样》一卷,南唐周文矩笔。今藏震泽王氏。树石茂密,人物古雅,前后界画楼阁尤精细。迥出恕先《避暑宫殿》上,乃是仿效唐人之作,诚绝品云。③

清陈撰《玉几山房画外录》曾著录有明人仇英临郭忠恕《阿房图》云:"工细之极,笔意殆不减小李将军。"④清李伯元《南亭四话》也记仇英有《阿房宫图》之作⑤。此外,文献还著录有南宋赵伯驹《阿房宫图卷》⑥《阿房宫图》⑦,元人何澄九十岁时曾向皇帝进献界画《姑苏台》《阿房宫》《昆明池》⑧。可见这类作品大概集中出现在晚唐至宋元,而这时期正是界画发展史上的高峰。

文人多认为界画近于众工之事,故不予重视。东晋画家顾恺之在《论画》中说:"凡画,人最难,次山水,次狗马,台榭一定器耳,难成而易好,不待迁想妙得也。"⑨元人汤垕《画论》称:"世俗论画,必曰画有十三科,山水打头,界画打

---

① 《宣和画谱》卷八,见于安澜编:《画史丛书》(第2册),上海人民美术出版社,1963年,第70页。

② 〔宋〕郭若虚:《图画见闻志》卷六,见卢辅圣主编:《中国书画全书》(第1册),上海人民美术出版社,1993年,第494页。

③ 〔明〕张丑:《清河书画舫》,见卢辅圣主编:《中国书画全书》(第4册),上海书画出版社,1993年,第247页。

④ 〔清〕陈撰:《玉几山房画外录》卷上,见邓实辑:《中国古代美术丛书》(第4册),国际文化出版公司,1993年,第95页。

⑤ 〔清〕李伯元:《南亭四话》,江苏古籍出版社,2000年,第41页。

⑥ 〔清〕杜瑞联:《古芬阁书画记》卷一〇,见徐娟主编:《中国历代书画艺术论著丛编》(第26册),中国大百科全书出版社,1997年,第358—369页。

⑦ 《宋赵千里〈阿房宫图〉赞》云:"祖龙宫殿媲于瀛洲,小杜一赋都京之流。千里画笔妙与相侔,冯心造境弹指崇楼。楚炬虽烈粉本能留,千载而下宛然旧游。"参见〔清〕杨恩涛:《眼福编三集》卷五,见徐娟主编:《中国历代书画艺术论著丛编》(第6册),中国大百科全书出版社,1997年,第680页。

⑧ 〔元〕程巨夫:《雪楼集》卷九,《题何澄界画三首》跋。

⑨ 〔唐〕张彦远:《历代名画记》,俞剑华注释,上海人民美术出版社,1963年,第102页。

底。故人以界画为易事。"①受这样的观念局限，文献中关于界画的记载并不多，具体到《阿房宫图》的记载更是有限。

《阿房宫图》始于晚唐，这就使人不由得想到它与杜赋的联系。这个问题已存在于《宣和画谱》作者的眼中了。《宣和画谱》指出，尹继昭《阿房宫图》等"不无劝戒，非俗画所能到"。这种劝戒之义，应与杜赋道出"天下人不敢言而敢怒"有所契合。不过，《宣和画谱》又云："然考杜牧所赋，则不无太过者。骚人著戒尤深远焉，画有所不能既也。"尽管古人强调绘画与六籍同功，可以扮演"成教化，助人伦"的角色②，但绘画与文字毕竟是不同的语言，文字适于直抒胸臆，绘画则用以陈列形象。对于"著戒"之类的道德批判，绘画难以正面地担当其任。

关于这个问题，明人董逌《广川画跋》卷四《书阿房宫图》也有很好的讨论：

> 宣徽南院使冯当世得《阿房宫图》，见谓绝艺。绍圣三年（1096），其子翊官河朔，携以示余。考之，此殆唐世善工所传，不知其经意致思，还自有所出哉？将发于心匠者能自到前人规矩地邪？然结构密致，善于位置，屋木石甓，皆有尺度可求，无毫发遗恨处，信全于技者也。

接下来，董逌引述了《史记》和《三秦记》对于阿房宫的记载，然后说：

> 此图虽极工力，终不能备写其制。至于围绕骊山，架谷凌虚，上下相连，重屋数十，相为掩覆，与史所书异矣。此疑其为后宫备游幸者也。

他比较了杜牧《阿房宫赋》的文字，认为赋中的许多细节描述"与此图相合，仿佛可以见也"。与《宣和画谱》的着眼点不同，他发现了杜赋与画作之间的共性，与以前将《阿房宫图》看作杜牧《阿房宫赋》的图解不同，他提出了另一种可能性："岂牧得见图像而赋之耶？"③这一点在理论上十分可贵。但早期的《阿房宫图》无一流传至今，所以我们已无从考证杜赋与《阿房宫图》孰先孰后。

传世《阿房宫图》画作的年代大都较为晚近。比较重要的除了中国国家博物馆所藏明佚名《阿房宫图卷》④，主要是清初袁江、袁耀父子（一说二人为叔侄）的作

---

① 〔元〕汤垕：《画论》，见于安澜编：《画论丛刊》（上册），人民美术出版社，1989年，第63页。
② 〔唐〕张彦远：《历代名画记》，俞剑华注释，上海人民美术出版社，1963年，第1页。
③ 〔明〕董逌：《广川画跋》，见卢辅圣主编：《中国书画全书》（第1册），上海书画出版社，1993年，第831—832页。
④ 首都博物馆编：《千古探秘——考古与发现》，中华书局，2009年，第11页。

品①，如南京博物院藏清初袁耀的《阿房宫图轴》②、广州美术馆藏袁耀《阿房宫图轴》③（图2）等。画幅最大的当属于北京故宫博物院藏袁江《阿房宫图屏》④（图3）。

尽管文献所载《阿房宫图》数量有限，传世画作的年代偏晚，但是可以判定这些作品与尹继昭、周文矩、赵伯驹所代表的传统有着密切的关联。这种关联不仅表现在题材上，同时表现在风格上。清初杰出的界画艺术家袁江、袁耀重新绘制这一题材，既是向古人致敬，也意味着历史悠久的界画在他们手中复兴。

袁江、袁耀创作《阿房宫图》时，面对的历史资源是什么？或者说，这种传统究竟是如何承续的呢？这里有几种可能性。

图2　清袁耀《阿房宫图轴》，广州美术馆藏

其一，像距离他们年代不远的董邦达一样，袁江、袁耀仍能看到宋人的作品。秦仲文引张庚《国朝画征录》续录卷上所记袁江"中年得无名氏所临古人画稿"，推

图3　清袁江《阿房宫图屏》，北京故宫博物院藏

---

① 关于袁江、袁耀较系统的研究，见聂崇正：《袁江与袁耀》，上海人民美术出版社，1982年；聂崇正：《袁江·袁耀》，河北教育出版社，2003年。关于清代界画最近的研究，见Anita Chung（钟妙芬），*Drawing Boundaries: Architectural Images in Qing China*, Honolulu: University of Hawai'i Press, 2004。

② 中国古代书画鉴定组编：《中国绘画全集》（第26卷），文物出版社、浙江人民美术出版社，2001年，第219页，图245。

③ 中国古代书画鉴定组编：《中国绘画全集》（第26卷），文物出版社、浙江人民美术出版社，2001年，第212页，图238。

④《袁江袁耀画集》，天津人民美术出版社，1996年，图版57—68。

阿房宫：记忆与想象 | 139

想这种画稿"有可能是宋人名迹"①。首都博物馆藏袁江于康熙四十一年（1702）所绘《骊山避暑图》题有"南宋人笔意拟之"②。研究者认为，唐宋青绿山水的传统对于袁江有重要影响。③除了二袁作品与宋人名迹共同性的一面，还应该注意到二者的差异，如二袁画作中的亭台楼阁在法式制度上已与宋代迥然不同。所以，即使他们可以见到宋画，其作品也绝不是泥古之作。

其二，历代绘画著录足以构成一种道统而受到后人的尊敬，那些关于古代作品的文字描述，可以再次转化成画面。在袁江的鸿篇巨制《阿房宫图屏》中，我们不难找到董逌所描绘的唐人《阿房宫图》"围绕骊山，架谷凌虚，上下相连，重屋数十，相为掩覆"的影子。但是，借助于文字，在多大程度上可以回归唐宋绘画的风貌，却值得怀疑。如果袁江果然受到了画史中文字的影响，也只能认为他以自己惯用的技法，表达了对那些文字的理解。

其三，杜牧的千古名赋仍在流传。最值得注意的是，袁江《阿房宫图屏》的左上角有礼泉人宋伯鲁（1854—1932）所书杜牧《阿房宫赋》全文，文字和图像互为映照，互为说明。杜赋本身对袁氏的影响自然也无法否定。

当然，要深入研究这类问题，还必须充分考虑在当时的历史条件下特有的信息传播渠道，而不能将二袁想象为随时可以走进博物馆或在互联网上冲浪的人物。可惜的是，有关二袁生平的材料实在少得可怜，我们只能大致说，他们的画作在题材上继承了唐宋以来的《阿房宫图》，在技术上继承了界画的传统而加以发展，在内容上则继续发挥了他们对于文学作品的理解。关于最后一点，还需要更进一步地讨论。

台湾故宫博物院藏有传赵伯驹《阿阁图轴》④，诗塘有明董其昌题"赵千里学李昭道宫殿，足称神品。董其昌审定"。阿阁传为黄帝时的宫室。⑤有研究者指出："细察此图所画内容，似绘唐著名诗人杜牧所作《阿房宫赋》中所描写宏伟壮丽的阿房宫。"⑥这句话实际上蕴涵着一种常见的方法，即根据文学作品来确定绘画的主

---

① 秦仲文：《清代初期绘画的发展》，《文物参考资料》1958年第8期。
② 《袁江袁耀画集》，天津人民美术出版社，1996年，图版7。
③ 聂崇正：《袁江、袁耀的生平及其艺术》，见《袁江袁耀画集》，天津人民美术出版社，1996年，第4页。
④ 林莉娜：《宫室楼阁之美——界画特展》，台湾故宫博物院，2000年，第28页，图6。
⑤ 《帝王世纪》第一云："黄帝服斋于中宫，坐于玄扈。洛上乃有大鸟，鸡头、燕喙、龟颈、龙形、麟翼、鱼尾，其状如鹤，体备五色，三文成字，首文曰顺德，背文曰信义，膺文曰仁智。不食生虫，不履生草，或止帝之东园，或集阿阁。"（〔晋〕皇甫谧：《帝王世纪》，辽宁教育出版社，1997年，第7页）。
⑥ 林莉娜：《宫室楼阁之美——界画特展》，台湾故宫博物院，2000年，第100页。

题。其中一个未被言明的前提是，绘画的细节与文字描述是一致的。在袁江的《阿房宫图屏》上，杜牧《阿房宫赋》与图像并存，将二者"对读"，既可以根据文字释读图像上那些细节的含义，又可以依据图像来理解杜牧的作品。然而，这种将文字与图像并置的做法，实际上是一种刻意的算计，其目的在于显示绘画对于文学中各种信息超乎寻常的转化能力。但是，如果删除宋伯鲁的题字，观者还能从图像返回杜牧的《阿房宫赋》吗？

袁江、袁耀二人作品的风格比较一致，多以青绿绘制雄伟壮阔的峻岭奇石、峰峦草木掩映的华美殿堂。以首都博物馆藏袁江《骊山避暑图轴》[1]（唐华清宫）（图4）、南京博物院藏袁耀《阿房宫图轴》[2]（图5）以及北京故宫博物院藏袁耀《蓬莱仙境图轴》[3]（图6）三图对比，可见其构图大同小异，内容和风格并无本质的差别。而天津艺术博物馆藏袁耀《蓬莱仙境图轴》[4]（图7）的格局也与袁江《阿房宫图屏》差别不大。作为商品性的绘画，它们都是同样类型的建筑、山石、云水、树木等组件进行一次次组合排列的结果，这类画作在绘制完成后，其实可以署上任何一座宫殿的名字，如九成宫、梁园、骊山宫、蓬莱岛、广寒宫。

画家使用了包括卷云、鬼面、斧劈等多种皴法，来表现山峦的靡丽流美；山峰间的水面开阔，波澜不惊。但是，这种风貌与阿房宫遗址周围的地理环境大相径庭。渭河南岸的上林苑较为平坦，距离山峰险峻的终南山有较大的距离。画中的山水并不是对实际景色的反映，而是闭门面壁的臆作。

宋代院画强调格物象真，在这一时代成熟的界画更加强调规矩绳墨。郭若虚《图画见闻志》卷一"叙制作楷模"节云：

> 设或未识汉殿吴殿，梁柱斗栱，叉手替木，熟柱驼峰，方茎额道，抱间昂头，罗花罗幔，暗制绰幕，猢狲头，琥珀枋，龟头虎座，飞檐扑水，膊风化废，垂鱼惹草，当钩曲脊之类，凭何以画屋木也？画者尚罕能精究，况观者乎？[5]

---

[1] 中国古代书画鉴定组编：《中国绘画全集》（第26卷），文物出版社，浙江人民美术出版社，2001年，第172页，图192。

[2] 中国古代书画鉴定组编：《中国绘画全集》（第26卷），文物出版社，浙江人民美术出版社，2001年，第219页，图245。

[3] 杨臣彬主编：《故宫博物院藏文物珍品大系·扬州绘画》，香港商务印书馆，2007年，第43页，图35。

[4] 《袁江袁耀画集》，天津人民美术出版社，1996年，图版148。

[5] 〔宋〕郭若虚：《图画见闻志》卷一，见卢辅圣主编：《中国书画全书》（第1册），上海书画出版社，1993年，第468页。

图4　清袁江《骊山避暑图轴》，首都博物馆藏 　　图5　清袁耀《阿房宫图轴》，南京博物院藏 　　图6　清袁耀《蓬莱仙境图轴》，北京故宫博物院藏

图7　清袁耀《蓬莱仙境图轴》，天津艺术博物馆藏

这些知识自然可以通过对建筑实物的观察研究获得。另外，按照明人唐志契的说法，师法古人的画作更为重要："学画楼阁，须先学《九成宫》《阿房宫》《滕王阁》《岳阳楼》等图，方能渐近旧人款式，不然纵使精细壮丽，终是杜撰。"[①]唐志契似乎相信，前人对于这些历史久远的宫殿的描绘并非出于"杜撰"。的确，在宋人的界画中，不乏"实对"而成的作品，袁江、袁耀的作品中也有很多是对江南园林的如实描摹，[②]但是，即使"旧人款式"也不一定真的可以反映物象的原貌。

---

① 〔明〕唐志契：《绘事微言·楼阁》，见卢辅圣主编：《中国书画全书》（第4册），上海书画出版社，1993年，第65页。

② 如北京故宫博物院藏乾隆四十三年（1778）袁耀《扬州四景图屏》就是写生之作。参见杨臣彬主编：《故宫博物院藏文物珍品大系·扬州绘画》，香港商务印书馆，2007年，第44—46页，图36。

台湾故宫博物院收藏有元人无款《滕王阁图》（图8），林莉娜细心地注意到，图中主殿"鸱吻、脊兽等构件皆简化，鸱吻极小仅以简笔暗示，斗栱、昂绘法亦较规格化"，"斗栱、窗棂、栏杆等已简化为固定形式和一些线条组织，几乎接近印刷者。这可能是因为界画画家重视师徒相传，临摹稿本，而渐不观察实物的结果"。[①]谢柏柯（Jerome Silbergeld）在最近发表的一篇文章中，对此做了更为细致的研

图8　元无款《滕王阁图》，台湾故宫博物院藏

究。他指出，这张画还有上海博物馆、美国华盛顿弗利尔美术馆和波士顿美术馆收藏的三个版本，多传为元代画家夏永所作。而夏永也用过同样的尺幅画过多幅岳阳楼，画面基本的成分和建筑格局几乎完全相同，只是左右颠倒为镜像。谢氏说，虽然我们不能肯定这些画作是否真正记录了滕王阁或岳阳楼的真实面貌，"然而，我们能肯定的是《滕王阁图》与《岳阳楼图》不可能同时描绘了历史上的真实建筑"[②]。唐志契既然将《阿房宫》与《滕王阁》《岳阳楼》作为"旧人款式"并举，那么，《阿房宫图》恐怕也是类似的情况。所谓"非杜撰"，只是与前人"款式"相合，而不是与画家所处时代的实际建筑结构相合，更不可能与所描绘的"古代"建筑的历史原貌相合。

退一步说，即使二袁的画作能够跨越千年与唐宋人的《阿房宫样》完全一致，又如何能够再跨越另一个千年，与那组早已毁灭了的宫殿群严丝合缝地重叠在一起？袁耀于乾隆十五年（1750）和四十五年（1780）所绘两幅《阿房宫图轴》（分别藏于广州美术馆和南京博物院）皆自题"拟阿房宫意"，或许可以理解为这些所

[①] 林莉娜：《宫室楼阁之美——界画特展》，台湾故宫博物院，2000年，第109页；林莉娜：《文学名著与美术特展》，台湾故宫博物院，2001年，第129页。对于元代界画技法更为深入的研究，见陈韵如：《"界画"在宋元时期的转折：以王振鹏的界画为例》，《美术史研究集刊》2000年第26期。

[②] ［美］谢柏柯：《去百斜：复制、变化，及中国界画研究中的若干基本问题》，见上海博物馆编：《千年丹青——细读中日藏唐宋元绘画珍品》，北京大学出版社，2010年，第140—145页。

谓的《阿房宫图》只是在意境、意念上与"秦代的阿房宫"虚虚实实地遥遥相应。

三

比杜牧《阿房宫赋》更为古老的一篇描写宫殿的赋，是东汉王延寿的《鲁灵光殿赋》[①]。王延寿自楚地北上，"观艺于鲁"，当他看到西汉鲁恭王刘馀所建造的豪华气派的灵光殿时，大为惊异。赋的开篇颂扬汉朝创基、俾侯于鲁，以及作京筑城的宏伟大业，继而叙述灵光殿丰丽博敞的建筑以及华丽无比的装饰。作者将这座建筑的平面布局与天上的星宿相比照，又依次经过"崇墉""朱阙""高门""太阶""堂"，穿越"金扉"北行，进入曲折幽邃的"旋室""洞房"，闲宴的"西厢"和重深的"东序"。作者随后勾描出梁柱、门窗、天井等华美的建筑构件以及其上的浮雕。接下来，种种建筑术语不复存在了，一些图画呈现在读者面前，使人意识到那是在平整的墙面上漫漫铺展开来的壁画。赋的最后呼应开头，再次采取宏观的视角回望整组建筑及其环境，将灵光殿的意义提升到"瑞我汉室，永不朽兮"的高度。

在《鲁灵光殿赋》中，王延寿独自登堂入室，步移景换，向我们展现出建筑完整的格局以及各种雕刻与壁画。与王延寿不同，杜牧并没有在阿房宫的柱楹间穿行，他甚至也不在那处废墟的旁边，他的赋不是游记。由于没有身体和物质的羁绊，杜牧的文字散漫而自由。凭借着独特的想象力，阿房宫的景象展现于作者胸次。但他不是画家，只能依靠文字将心中的阿房宫描摹出来。通过阅读，杜牧笔下的阿房宫又复制在读者胸中。读者延续着想象力的接力，那些宫殿愈加华美瑰丽。

当画家读到赋，这种传递方式就发生了改变，阿房宫被转化为图画，而下一批受众变成观者。观画者不是完全与画面不相干的局外人，他的目光和思绪被画中明丽的色彩和逼真的细节吸引，不知不觉已漫游于画中乾坤，就像王延寿走进了灵光殿。

"可游"，这是中国传统山水画普遍性的一种境界。早在南朝，宗炳就提出了著名的"卧游"说："老病俱至，名山恐难遍游，唯当澄怀观道，卧以游之。"[②]北宋郭熙《林泉高致》将"卧游"的理论发挥到极致，强调山水要可行、可望、可

[①] 费振刚、胡双宝、宗明华辑校：《全汉赋》，北京大学出版社，1993年，第528—529页。

[②] 〔唐〕张彦远：《历代名画记》，俞剑华注释，上海人民美术出版社，1963年，第129页。

游、可居,"但可行可望,不如可居可游之为得"[①]。"可游"说的确富有深层次的美学价值,然而在这里,"可居可游"的终极目标却不一定是"澄怀观道"。购买袁江、袁耀绘画者有一些是新贵的商人。这些画作并不流传在二袁的家乡扬州,而集中在山西一省。相传二袁一生为当地的富室作画,画幅大小均与主人房屋格式相合。[②]二袁在界画中加入的山水画元素,当然可以使购画者随时去附庸风雅,以塑造和提升其文化身份。但物质上的满足感对他们更为重要,将袁江的《阿房宫图屏》安置在自己的房间内,鸟瞰式的画面使得大好河山、亭台楼阁一览无余。这样,坐拥这具屏风的主人就成了画中世界的主宰。走入画中,其同游者也不再是农夫渔樵、隐士书生,而是妃嫔媵嫱、王子皇孙;他不是一位孤舟上的蓑笠翁,而是如皇帝般富贵的人。

王侯将相宁有种乎?

人的欲望被唤醒。毁灭的宫殿重新建立起来,时间的维度被取消,所有的享乐成为永恒。阿房宫、九成宫、蓬莱阁、广寒宫又有何区别?仙境难道不可以被转移到人间?人间难道不可以被建造成仙境?杜牧《阿房宫赋》的结尾被删除,"呜呼"与"嗟夫","哀"与"讽"都变得一片模糊。一幕历史的悲剧,已被替换为现世的视觉盛宴。

这场盛宴是通过一种超乎寻常的精细风格营造出来的。画笔下的宫殿十分逼真,钉头磷磷,瓦缝参差,纤毫毕现[③]。除了工整精细,作为商品的二袁画作中也可以看到绘画语言过度的铺张:主殿十字脊已足够繁复,却再加设一个宝顶,如贯珠累丸;怪岩危峦,若狼奔突豕,不免有虚张声势之感;青山绿水,朱栏黄瓦,这般秾丽美艳更是人见人爱。

---

① 〔宋〕郭熙:《林泉高致·山水训》,见卢辅圣主编:《中国书画全书》(第1册),上海书画出版社,1993年,第497页。

② 秦仲文:《清代初期绘画的发展》,《文物参考资料》1958年第8期。

③ 陈韵如提醒我们不能以西方绘画中"再现论述"的模式来看待界画写实的风格,她更加重视对于界画内在"图绘模式"的观察。她指出元代以王振鹏为代表的界画画家"灵活地运用画面单元的组合模式,终能借着'自由组构'的图绘模式以达成'炫目'画意"。(陈韵如:《"界画"在宋元时期的转折——以王振鹏的界画为例》,《美术史研究集刊》2000年第26期,第135—193页)我赞成陈文的基本看法。这种模式化的图像构成方式还见于本文下面将要谈到的辽宋金元墓室仿木结构的装饰。此前研究者比较多地注重讨论这些墓葬与地上建筑法式的共同性,而在我看来,这些结构只是运用梁架、斗栱、门窗等部件进行了更为灵活自由的重组,墓葬的总体空间与这些部件并不能匹配,墓室闭合的内部空间与门窗、斗栱的外部视觉形象也互相矛盾,其目的只是营造出一个恍如生前居室环境的虚拟的地下世界。关于这个问题,我将另文讨论。

如果我们不局限于卷轴画史，而将更多图像材料纳入视野，就会对界画这种超乎寻常的精细风格有更深的理解。

由于早期界画缺少传世品，所以研究界画历史的学者常常谈到唐神龙二年（706）陪葬于乾陵的懿德太子李重润墓墓道两侧的阙楼壁画①（图9）。需要补充的是，这对阙楼需要与过洞上方立面的门楼，乃至整个墓葬形制一起进行整体的观察，才能理解其意义。按照傅熹年的研究，这些以建筑为题材的壁画与墓葬的结构共同构成了一个有象征意义的空间，其平面布局与文献记载的长安城中的太子东宫基本一致。②在我看来，这种设计的意义不只是对太子生前居住环境被动的模仿和复制，它也是对死后世界的一种积极的想象。换言之，它是在关于死亡的观念下，以物质的手段、视觉的形式和造型的语言构建出的死后世界的一部分。

图9　陕西乾县唐乾陵懿德太子李重润墓墓道东壁壁画中的阙楼

从来没有人在生前亲眼见识过死后的世界，但壁画中的建筑却可以具体到了斗栱、窗棂和瓦片。在辽宋金元的民间墓葬中，繁复的直棂窗、斗栱、梁架柱子均用普通的青砖一刀刀雕刻而成，又一块块垒砌起来，毫厘不爽，死者在生前都未曾拥有过的华丽宫殿在地下立体地呈现（图10）。③人们以鲜活的艺术与死亡的现实对抗。

图10　河南禹县白沙北宋赵大翁墓结构透视图

---

①　陕西省博物馆、乾县文教局唐墓发掘组：《唐懿德太子墓发掘简报》，《文物》1972年第7期。

②　傅熹年：《唐代隧道形墓的形制构造和所反映的地上宫室》，见《傅熹年建筑史论文集》，文物出版社，1988年，第245—263页。

③　一个典型的例子是河南禹县白沙北宋元符二年（1099）赵大翁墓，见宿白：《白沙宋墓》，文物出版社，2002年。

146 | 传统与变革——历史记忆中的长安

敦煌佛教壁画中的建筑比李重润墓壁画更加复杂。从初唐开始，大量的经变画被安排在洞窟两壁最显著的位置，画面中大都画出建筑，其中尤以阿弥陀佛经变、观无量寿经变和药师经变中的建筑最为宏大壮丽。根据萧默的研究，这种绘画到盛唐时达到高峰，[①]172窟北壁的观无量寿经变就其中的杰作之一（图11）。这个画面为俯视角度的对称式构图，完整地表现了一组佛殿的结构：其中心是由建筑三面环抱而成的庭院，正中央是正在说法的佛，歌舞场面安排在水上的台榭中。在高于正殿的位置，还绘出第二进院落。画面中的一切，无论总体布局、单体建筑，还是局部建筑构件，均描绘得一丝不苟。

与这些壁画直接相关的宗教礼仪是观想。《观无量寿经》代表"观"（想）类文献的高级发展阶段。"观"指的是禅定过程，信徒集中意志观想一幅画，然后修习用心眼看到佛和菩萨的真形。这些绘画只是这个过程的开端，起到刺激禅定和观想以重现净土世界的功能。当心眼打开之后，才能真正认识到净土世界的美妙。[②]这些画面最后指向的是宗教观念中一个终极的乐土。

图 11　甘肃敦煌盛唐第 172 窟北壁观无量寿经变

[①] 萧默：《敦煌建筑研究》，文物出版社，1989年，第256—265页。
[②] ［美］巫鸿：《敦煌172窟〈观无量寿经变〉及其宗教、礼仪和美术的关系》，杭侃译，见郑岩、王睿编：《礼仪中的美术——巫鸿中国古代美术史文编》（下册），生活・读书・新知三联书店，2005年，第411—413页。

阿房宫：记忆与想象 | 147

"'想象中的天堂'并不是一个虚幻的概念,并不是无视现实世界的残酷故意虚构的;而是运用上帝所赐予人类的特定能力对神圣的现实进行塑造,并且以人类的心灵图景来进行表述。"①以细密绚烂的敦煌壁画与长安城发掘的寺院②、张彦远《历代名画记》对长安寺院的记载③进行比较,不难发现其中的一致性。《历代名画记》还提到,在长安的寺院中,也大量绘制变相壁画。许多研究者指出,敦煌壁画的画稿许多来自长安,其中也应包括这类变相的画稿。试想,当善男信女的心眼被这些绚烂的壁画打开,从载有这些壁画的佛堂回到庭院中,这时,他们眼前的寺院建筑难道只是一些普通的房子吗?

我们可以看到这种方式在许多领域被运用。一些元代瓷枕上满布着细密的镂孔,在枕面之下构建起玲珑剔透的微型宫殿,仿佛象牙雕刻的"鬼功球",其题材表现的或是月中的广寒宫④(图12),或者是杂剧中的一个场景⑤。据邓菲对于北宋材料的研究,这些瓷枕可能与梦的观念密切相关。⑥观者的目光和思绪不由得在层层孔眼中穿行和寻找,被亦真亦幻的魔法吸引。

图12 山西大同市齿轮厂元墓出土景德镇窑青白釉透雕人物枕

这些作品与《阿房宫图》的联系显而易见:它们所描绘的都是一场梦。梦境中的事物或者曾经出现于过去,或者将存在于未来;人们希望它是真实的,就像一个人在梦中遇到奇迹试图揪一下自己的耳朵,这些画面也必须为观者带来足够的感官体验,一切必须具体再具体,细致再细致。对于那些暴富的商人来说,他们拥有

---

① 〔英〕阿里斯特·E.麦格拉斯:《天堂简史——天堂概念与西方文化探究》,高民贵、陈晓霞译,北京大学出版社,2006年,第5页。此处所引译文略有修正,以求文意畅达。

② 中国社会科学院考古研究所西安唐城队:《唐长安青龙寺遗址》,《考古学报》1989年第2期;中国社会科学院考古研究所西安唐城工作队:《唐长安西明寺遗址发掘报告》,《考古》1990年第1期。

③ 〔唐〕张彦远:《历代名画记》,俞剑华注释,上海人民美术出版社,1963年,第60—71页。

④ 汪庆正主编:《中国陶瓷全集》(第11卷),上海人民美术出版社,2000年,第38页,图8。

⑤ 如江西丰城元景德镇窑青白釉透雕枕,见汪庆正主编:《中国陶瓷全集》(第11卷),上海人民美术出版社,2000年,第35页,图6。

⑥ 邓菲:《欲作高唐梦,须凭妙枕欹:从一件定窑殿宇式人物瓷枕说起》,台北《故宫文物月刊》2011年5月总第228期。

了现世的财富,当然也可以拥有历史上最奢华的宫殿。

这当然不是文人们的趣味。文人画家们每每标榜自己的作品为"士夫画""戾家画",他们无常法、非专业。站在文人们的立场上,界画是"打底"的工匠之事。然而,工匠自有工匠的天地和道理,绘画是他们一家老小衣食所出,他们是"专家"中的"专家",他们的技艺不是来自山水的启迪,不是来自诗词或琴瑟的启发,他们不长于写诗,甚至不太会写字,他们从师父那里接受代代相传的技术。他们不仅要懂得绘画,还要懂得建筑的每一个细节,懂得桌、椅、车、船、水闸、盘车的每一个零件,有的人甚至从前就是一位泥瓦匠或者木工。

文人们有时吝啬地选取一两幅界画载入他们的著作,却又倾向于那些不用界尺徒手而成的作品,以为抛弃了界尺才多少有一点"气韵",所以吴道子"弯弧挺刃,植柱构梁,不假界笔直尺"的事迹总是为他们所津津乐道[1]。但界画艺术家并没有因此而放弃界尺,对他们来说,工具非常重要。在汉代到唐代的墓葬绘画中,规与矩是人类始祖伏羲女娲的标志。无规矩不成方圆,不成天地,不成阴阳,不成人类所生存的大千世界。画家手中的界尺,如同夯土用的夹板、平木的刨子、墨斗中拉出的准线,他们就是用这样的工具在纸上、帛上耐心地搭建一根根柱、一道道梁、一片片瓦。画家也是建筑师,是魔术师,他以一人之力营造着山前山后的殿堂、飞梁、复道。"合抱之木,生于毫末;九层之台,起于累土","罗马不是一天建成的"(Rome was not built in a day),绘画的过程也同样漫长,作品浸泡在汗水和毅力中。当画完最后一条线,揉揉疲劳的双眼,他会为之四顾,为之提笔而立。

而拥有这些界画的买家,不仅占有了画中的图像,同时占有了画家艰辛的劳动。

四

"楚人一炬"四字与这场视觉的盛宴形成鲜明的对比。中国古代绘画对火灾的表现虽然不多见,但亦非绝无。如美国纳尔逊-阿特金斯美术馆(The Nelson-Atkins Museum of Art)所藏北魏孝子棺上的蔡顺故事就有邻家失火的情节,[2]这个故事在后世的孝子图中也一再出现。敦煌壁画法华经变《譬喻品》的"火宅喻"也有对火灾

---

[1] 〔唐〕张彦远:《历代名画记》,俞剑华注释,上海人民美术出版社,1963年,第35—36页。
[2] 黄明兰:《洛阳北魏世俗线刻画》,人民美术出版社,1987年,第1页。

的表现。在宋元人《妙法莲花经》的插图中，火宅直接以界画的技法表现出来。①这些绘画的目标均在于讲述故事，但诸多《阿房宫图》的指向却不是那个令人扼腕的悲剧，而在于重现已逝的繁华，所以祝融的角色完全被删去。

例外的作品出自兼有革命家身份的画家高剑父（1879—1951）。高剑父于1903至1921年往返日本期间，曾临摹许多日本人的画作，其中有多幅《火烧阿房宫》（图13）。②该画的祖本是日本画家木村武山（1876—1942）的《阿房劫火》（1907）。木村此作的意义有待考证，而高剑父临本的含义却十分明确。高氏于1906年加入同盟会，积极参与反清革命。在这幅画中，火是革命力量的化身；宫殿巍峨而森严，象征着貌似强大的清王朝；在冲天的烈焰中，它"忽喇喇似大厦倾"③。阿房宫，中国第一个帝国的纪念碑，现在又成了埋葬最后一个王朝的坟墓。

图13 高剑父《火烧阿房宫》，香港中文大学文物馆藏

那么，烈火后的"焦土"如今又怎样？

从2002年开始，中国社会科学院考古研究所与西安市文物保护考古所共同组建阿房宫考古工作队，对相关遗址进行了规模较大的勘探和试掘。考古工作者对于传为"秦始皇上天台""磁门石""烽火台"，以及纪杨寨、后围寨等遗址进行了勘探和试掘，证明这些遗址均为战国晚期至西汉时期上林苑内的高台建筑基址，与阿房宫并无直接关系。④

根据《史记》的记载，阿房宫建筑仅限于其前殿。前殿遗址位于今未央区三桥镇西南3.5公里处，其地在古潏河以西，沣河以东，与秦都咸阳北隔渭河相望（图

---

① 有关讨论见陈韵如：《"界画"在宋元时期的转折——以王振鹏的界画为例》，《美术史研究集刊》2000年第26期。
② 黎淑仪：《从临摹写生到创派成家——高剑父画稿展》，《收藏家》2007年第9期。
③ 〔清〕曹雪芹：《红楼梦》，人民文学出版社，1982年，第85页。
④ 相关考古报告见《西安市上林苑遗址一号、二号建筑发掘简报》（《考古》2006年第2期）、《西安市上林苑遗址六号建筑的勘探和试掘》（《考古》2007年第11期）、《西安市上林苑遗址三号建筑及五号建筑排水管道遗址的发掘》（《考古》2007年第3期）、《上林苑四号建筑遗址的勘探和发掘》（《考古学报》2007年第3期）。

14）。遗址夯土台基现存东西长1119米，南北宽400米，高出地面7—9米。

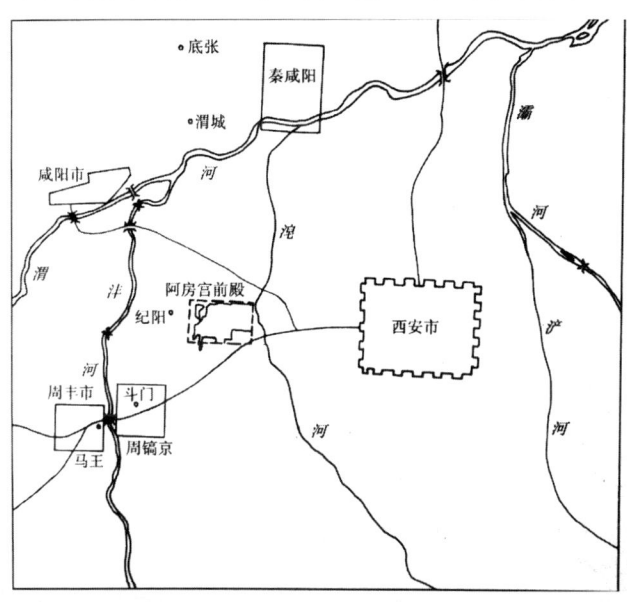

图14　阿房宫前殿遗址位置示意图

这处基址东部压在赵家堡、聚驾庄之下，西部被大古城、小古城村覆盖。在赵家堡以西的地方，立有一尊巨大的石佛像，传为北周时期的遗物。直到现在，当地的村民还常常在阴历初一和十五去拜佛。夯土台基顶部的西部、东部、北部则全被果树和墓葬破坏，墓葬年代最早的为东汉，而更多的是近代墓葬，其数量多达1300余座，与之相关的石碑、石狮触目皆是。夯土台的西南部则堆满了大批工业垃圾。近年，这处台基还是当地百姓垫猪圈、制土坯的重要土料来源。根据一位记者2006年的采访，遗址周围的砖窑不下20家。[①]

这就是废墟之"废"，它与袁江、袁耀画作中那满目的葱茏是多么大的反差。

其实，中国历史上不乏对于已消逝的"古迹"的重建。如长江边上著名的黄鹤楼就一次次遭到毁灭，又一次次在文人骚客的记忆与怀念中被唤醒、重建。[②]孔子故乡曲阜孔庙的建筑也屡遭火焚，又迅速复生并扩张。独有阿房宫遗址，两千年多年来一片死寂。

如上所述，阿房宫在绘画中的重建，实际上是其所有权被绘画拥有者剥夺。但是，"作为废墟的阿房宫"过于浩大，谁也无法再次拥有它。尤其待到小杜一赋，它

[①] http://news.sina.com.cn/c/2006-02-20/16559153185.shtml，2011年3月20日17：51最后检索。

[②] 陈熙远：《人去楼坍水自流——试论坐落在文化史上的黄鹤楼》，见李孝悌主编：《中国的城市生活》，新星出版社，2006年，第327—370页。

就彻底死掉了。有谁敢为秦始皇背负一个骂名而去一砖一瓦地重建他的宫殿？

经过2002年10月至2004年12月对阿房宫前殿的勘探和试掘[①]，考古工作者基本搞清了阿房宫前殿遗址的范围及其所属遗迹分布情况。经复原后的前殿基址东西长1270米，南北宽426米，面积达54万平方米，其基础利用自然地形在四周加工而成（图15），从秦代地面算起，现存最大高度12米。其北部边缘有夯土墙。在基址南面3米处还发现了一处屋顶铺瓦的遗迹，根据地层关系判断，其年代为秦至西汉。

图15　阿房宫遗址西侧夯土台基

这个基址的规模比《史记》描写的"东西五百步，南北五十丈"还要大。发掘报告认为，"司马迁描述的只是阿房宫前殿的核心宫殿之规模"，而不包括整个夯土台基。令人惊异的是，考古队发掘了3000平方米，钻探了35万平方米，却"未发现一处在当时被大火焚烧过的痕迹"。发掘报告指出，《史记·秦始皇本纪》记载项羽"遂屠咸阳，烧其宫室，虏其子女，收其珍宝货财，诸侯共分之"[②]，《项羽本纪》称"烧秦宫室，火三月不灭"[③]，指的都是对渭北咸阳城的破坏，司马迁"只字未提到项羽火烧阿房宫"。而以前发掘的秦都咸阳第一至三号宫殿，的确发现了火烧的痕迹[④]。也就是说，就阿房宫而言，"楚人一炬，可怜焦土"只是后人的想象。

---

① 中国社会科学院考古研究所、西安市文物保护考古所阿房宫考古工作队：《阿房宫前殿遗址的考古勘探与发掘》，《考古学报》2005年第2期。

② 《史记》，中华书局，1959年，第275页。

③ 《史记》，中华书局，1959年，第315页。

④ 陕西省考古研究所：《秦都咸阳考古报告》，科学出版社，2004年。

更加出人意料的是，发掘报告认为，秦阿房宫只建设了前殿，而前殿在秦代只完成了夯土台基及其三面墙的建筑，夯土台基上面没有秦代宫殿建筑的遗迹，例如，没有发现秦代的瓦当、柱础石、壁柱、明柱、廊道、散水以及排水设施等，可知前殿尚未竣工。《史记·秦始皇本纪》所谓"前殿阿房……自殿下直抵南山。表南山之颠以为阙。为复道，自阿房渡渭，属之咸阳以象天极阁道绝汉抵营室也"，可能只是规划设计的阿房宫的范围，并未能实施。报告提醒人们再次注意《汉书·五行志》"复起阿房，未成而亡"的说法。

这一发掘结果与早年刘敦桢主编的《中国古代建筑史》对阿房宫的叙述也是一致的，而后者所依据的基本是文献材料。[1]其实，北宋程大昌的《雍录》已通过对文献的考证得出了同样的结论：

> 然考首末，则始皇之世尚未竟功也。……二世复举役，而周章百万之军已至戏水，乃赦郦山徒使往击之。此时始皇陵既已复土，则丽山所发之徒，乃留其治阿房者也。则是胜、广已乱，而阿旁之堂未竟也。[2]

> 其曰"上可坐万人，下可建立五丈旗"者，乃立其模，期使及此。而始皇未尝于此受朝也，则可以知其初抚未究也。[3]

程大昌认为杜牧的《阿房宫赋》"可疑者多"，并一一指出了其行文与史实不合之处。[4]考古发掘报告支持了程大昌的结论。然而，这一板一眼的考证终究无法与杜牧绚烂的文笔抗衡，《雍录》无法进入公众的视野。而借助于现代媒体，考古学家的声音却引起了公众极大的兴趣。有关报道往往将发掘结论与杜牧的赋以及画中的阿房宫进行比照。瑰丽无比的《阿房宫赋》一下子飘浮在了半空之中，那些色彩明丽、栩栩如生的绘画又当作如何观呢？互联网上出现了大量的帖子，有的网友情绪激昂，完全不能接受这样一个结论。

也许这还不是最后的结论，毕竟发掘面积与基址的总面积相比微不足道。更值得注意的是，人们对阿房宫诗意的想象并没有到此终结。

在政府有关部门酝酿对阿房宫遗址进行系统保护的同时，一组名为"锦绣阿房宫"旅游景区的仿古建筑群已在遗址对面建成（图16）。[5]历史上所不能做的事情，现在却可以做了。这得益于20世纪以来考古学和建筑史研究的发展，这些建筑的形

---

[1] 刘敦桢主编：《中国古代建筑史》，中国建筑工业出版社，1984年，第48页。
[2] 〔宋〕程大昌：《雍录》，黄永年点校，中华书局，2002年，第18页。
[3] 〔宋〕程大昌：《雍录》，黄永年点校，中华书局，2002年，第20页。
[4] 〔宋〕程大昌：《雍录》，黄永年点校，中华书局，2002年，第19—20页。
[5] 金荣、愚木：《展现大秦恢弘，再造阿房盛景——记秦阿房宫重现者雷应魁》，《新西部》2002年第12期。

式均取自汉代图像，在最大限度上接近了秦始皇的时代。借助于现代学术而复活的古老的建筑法式，是尹继昭、袁江、袁耀所无法梦得的。

图16 仿古建筑"锦绣阿房宫"

在历代的《阿房宫图》中，秦始皇作为一个被剥夺者，始终是缺席的。而在"锦绣阿房宫"中，他的雕像就矗立在正殿台阶的中轴线上。20世纪初以来，在现代"国家""民族"概念下中国历史的重新书写，乃至极端的"评法批儒"闹剧，再加上1974年以来的兵马俑发掘等，使得秦始皇的形象越来越复杂，他已经不只是一个暴君的典型。

只有静止的雕塑还远远不够，景区内另有"一百多人的演出队，每天在四个演出点进行28场大型节目演出。内容有大型舞蹈《秦王加冕》、《歌舞升平》、编钟古乐、宫廷乐舞等"[①]。从2010年7月开始，由一位著名演员主演并担任艺术总监的《阿房宫赋》"史诗乐舞景观剧"开始在景区上演。尽管考古学家在不停地诉说着他们新的见解，杜牧的名篇仍然是该剧的蓝本。据说，"上演以来，这部大型史诗乐舞景观剧以其绚丽的歌舞，动听的音乐，时空交错的情境和精彩的表演，带给广大观众动人心魄的震撼与冲击，在文艺界刮起了新的旋风"[②]。

当人们在认真地谈论一部题为《英雄》的影片中刺客和皇帝谁是英雄时，导演却说："我不是个思想家，……那是一个传奇故事，大家把它当真理在说这个事，

---

① 金荣、愚木：《展现大秦恢弘，再造阿房盛景——记秦阿房宫重现者雷应魁》，《新西部》2002年第12期。

② 《陈宝根调研秦阿房宫遗址保护工作启动遗址公园建设拉开城西建设序幕》，《西安晚报》2010年7月25日。http：//www.xa.gov.cn/structure/xwzx/zwdnr_zwzy1413251_1.htm，2011年4月5日14：59最后检索。

不是作品所承担的。""一个历史学家的观点的东西,我不认为能做到,我也不想做到。"①电影导演当然不同于思想家和历史学家,但是如果缺失了思想维度,没有了起码的历史意识,电影剩下的就只有华丽的形式,就只有娱乐和商业的价值。回头再看那复建的阿房宫建筑群,也是同样宏伟华丽,同样空洞乏味。

一幅曾流传到日本传为仇英之作的《阿房宫宫女欢乐之图》描绘了秦朝的宫女们在融融春光中游戏的场景。②这种题材,令人联想到仇英的名作《汉宫春晓》。随着手卷自右而左缓缓打开,美艳的宫女们一一展现在观画者面前。画中人继续着她们的嬉戏,完全没有注意到观者的目光。观者是画外的偷窥者,是这些女子新的主人。"妃嫔媵嫱,王子皇孙,辞楼下殿,辇来于秦。朝歌夜弦,为秦宫人。"这时,始皇帝的斩获随着他的宫殿一同被转手。而今,这个传统被网络上的"人体艺术"取代。裸体的女模特扮演秦代的宫女,她的背后,是仿阿房宫而建的宫殿。还记得鲍照的诗句吗?"歌妓舞女今谁在?高坟垒垒满山隅。"时光倒流,那累累白骨已复原为有声有色的"千金躯"。

年轻人还沉浸于另一种图像中。据网络媒体报道,一款"大型战争策略类网页游戏"将在新近推出(图17)。③在这款游戏中,"海量阿房宫精美画作与你一同推开秦末楼阁的厚重大门,70余张不同地图将为你讲述秦末阿房宫的扑朔迷离"④,

图17 网络游戏《楚汉枭雄》截图

---

① 《印象·张艺谋》,中央电视台《面对面》栏目柴静专访张艺谋。http://www.tudou.com/programs/view/nM61Yzl0_Q4,2011年4月2日16:36最后检索。
② http://www.fmprc.gov.cn/chn/gxh/wzb/ywcf/t436708.htm,2010年9月9日14:30检索。
③ http://www.xw9w.com/index,2010年9月9日10:16最后检索。
④ http://game.163com/09/1027/23/5MLUIMKO00313RAU.html,2010年9月8日15:18最后检索。

阿房宫:记忆与想象 | 155

"阿房佳人邀你一醉朝歌夜弦的纸醉金迷"①。所有历史上曾经出现过的语言全部融为一体，游戏者可以像王延寿那样漫步在古代的宫殿中，也可以像杜牧那样尽情地发挥自己的想象力，甚至可以像秦始皇那样去再次创造已逝去的历史，时间和空间都不是障碍。

但是，从这些铺天盖地的图像中抬起头，人人都可以体面地说：我，热爱艺术，热爱文学，热爱历史，热爱我们的传统文化——这也是占有那些屏风画的人们使用过的措辞。

一位报考硕士研究生的考生如此回答我列出的名词解释题"唐长安城"："唐长安城在今天的洛阳，四面都是大海。"我不知道考试的前一天，这位考生是否将整个夜晚挥霍在了网络游戏中。

这就是数字时代人们特有的想象与迷狂。

原载《美术研究》2011年第3期
（郑岩，中央美术学院人文学院教授）

---

① http：//www.xw9w.com/index/xinxi_show.php？id=139，2010年9月8日15：34最后检索。

民国作家笔下的西安城市景观与文化空间初探

刘 宁

从1900年到1949年是中国社会经历重大历史变革的重要时期，也是西安城市由传统向现代转型的关键阶段。这段历史距离我们较近，绝大多数资料还以碎片形式、原始状态存在于各种载体之中。鉴此，抢救资料，复原近现代西安城市的历史人文地理就成为当前刻不容缓的工作。西安作为一座拥有千年历史的城市，深厚的历史文化底蕴，以及历代文人的吟咏已经赋予了它丰富的文化意蕴和旺盛的城市生命力。然而，当下有关近现代西安城市研究在地理分布、环境、结构等层面涉猎较多，而对城市景观和都市文化的研究相对薄弱。城市的布局、地理空间研究固然重要，但是城市是人的居所，人是城市的主体，人与城的关系始终是探讨城市生命力的重要尺度之一。文学是人文学科中极重要的分支之一，它延伸到个体以及人们的日常生活深处，因此，从文学视域，结合相关的历史文献和实地考察一起来考量近现代西安的都市景观和文化空间，或许更能发现西安城市鲜活而旺盛的生命力，廓清长期以来其不为人所知的近现代身影。

一、街道景观与南院门

城市景观是人们在城市表面留下的印迹，与乡村景观不同的是，城市的街巷、建筑、住宅、商场、书店、影院、寺院、学校是构成城市丰富多样的人文景观必不可少的内容。毫无疑问，作为一座举世瞩目的世界文化名城，西安的历史古迹、文化建筑遍布。同时，在现代化的进程中，现代化的城市街区巷道、文化娱乐空间在不断涌现。据美国著名地理学家索尔讲：在连续时期内对一个地区景观的再现，就是该地区文化史的一个组成部分。作家是一个思想锐敏的群体，他们凭借自己浓烈的情感和丰富的艺术想象往往能够构建出一座城市多姿多彩的文化景观来，这些景观在作家的描述下不仅可以获得强大的隐喻力量，而且作家也会凭借自己深刻的城市生活体验，将城市景观创造成"心灵的王国"。显然，文学作品对景观的表述在塑造城市景观的地理学构想方面起着核心作用，因此，文学文本本身就是一种文化表述的呈现。与京海派文学相比较，近现代描写西安的文学未成大气候，但是，从现存的本土作家文本中仍可见当时西安都市文化生活一斑。加之西安作为十三朝古都，深厚的历史文化吸引着大量的国内外学者、作家和游客来此旅游、考察，也因此留下林林总总描写西安的小说、诗歌、随笔、游记等文字。有意思的是，不论是大文豪，还是小作者，都喜欢从描写街道开始。

街道是城市基础设施，联系着城市各个空间，因此，若从街道角度来透析城市，便能观察到城市的经济水准、社会阶层分布以及文化生活。民国时期西安"城内一共有两条总路：一由东门到西门，其一则由南门到北门。两路的交叉点，正是一座钟楼，用来将此两条总路线分成东南西北四条大街"①。对于作家，描述这种街道布局只是他们对这座城市最初的印象，他们更侧重于对街道景观的展现。1924年，王桐龄应西北大学之邀前来暑假班讲学，之后他在《陕西旅行记》中写道："长安城东西宽约七八里，南北长约四五里，周围约二十四五里，东西二门及由东至西之大街稍偏南，故北半城较大，南半城较小。"②1930年代捷克汉学家普实克来到西安考察，在《中国——我的姐妹》一著中这样描述西安的街道状况："下着雨，虽然是小阵雨，但是足够让整个地区变为泥泞的海洋。省长禁止所有车辆和牲畜出门。不然的话，几个小时之内，泥土公路就会消失掉，整个城市的车辆就会被黄泥淹没。"③的确，民国西安街道的尘土非常严重。1943年，林语堂到西安也深有感触，他在其长篇小说《朱门》中描写街道肮脏："狂风从那已被骡车压成沟槽的人行道上刮起尘土。下雨的时候，污水流不进人行道与柏油路之间的水沟，于是把骡车的压痕化成一片泥沼，天一放晴，轻风又扬起尘土，抹得行人一脸的灰。"④"无风三尺土，有雨一街泥"，这是民国作家对近代西安城市的深刻印象之一。

然而，城里也并非全是土路，在清宣宗旻宁道光元年以前，东西南北大街均用石条铺路。街心是官员的行车道，铺"人"字形石条，两边的石条则是成排铺的，难免有些松弛。至民国初年张凤翙做都督时才将各大街的石条路翻修了一次，但不久就残破不全了。据1924年王桐龄所见："大街皆石路，用长四五尺，宽二三尺之大石砌成，多系数百年前旧物，高低凹凸不平，车行颠簸特甚。小巷皆土路，多坑

---

① 平越：《西安之行》，《关声》1937年第5卷第6、7期。
② 王桐龄：《陕西旅行记》，文化学社，1928年，第23页。
③ ［捷克］雅罗斯拉夫·普实克：《中国——我的姐妹》，丛林、陈平陵、李梅译，外语教学与研究出版社，2005年，第404页。
④ 林语堂：《朱门》，谢绮霞译，群言出版社，2010年，第1页。

坎，遇风则扬灰沙，下雨则成泥泞，行人裹足。"①这种状况，到了1927年冯玉祥督陕时才有所改善，冯氏将残破的石条路面全部拆掉，在石子和土筑好的马路边镶上了石条，但这也仅是在主街道所做的部分修葺，整个西安城的街市道路状况还比较差。直到1932年国民政府确定西安为陪都后，"西安市政工程处长张丙昌修筑碎石路。以西安南大街，东西木头市，南广济街、盐店街、二府街、粉巷等各处道路较为重要"②。碎石马路是1820年代运用在美国的马路关卡，19世纪下半叶成为普及欧洲和北美洲的标准技术，这种道路利用好几层不同的碎石子铺设稳固且富弹性的路基，从而使得道路可以承受更大的重量，不同路面的材质可用于铺设碎石马路的最上面，如石板、木头、柏油或沥青，有时除了泼洒防尘的一层薄油和煤渣的混合物之外，便不加其他铺设。据陈赓雅在《西北视察记》中所述："各街道正由主管机关逐渐修筑碎石路，惟因测量水准种种缘故，沟道尚少注意，致雨水无法外泄，有时泥泞不堪耳。"③不过，"主要街道很宽，石块铺路，人行道上甚至栽种了几棵树木。这里也可以看出行政管理机构办事迅速有力，力图提高本地的水平。主要街道纵横交错，布局和北平类似，城市中心有座圆鼓鼓的钟楼，设有岗哨，当某地发生火灾时，就会报警。广场上有几座欧式的现代化的房子，那里面是上海一些公司的分号，里面还有几家藏书丰富的书店，大概是因为这里的居民用读书来补偿与世隔绝的状况吧"④。上述资料表明，从"1930年至1937年，是民国时期陕西政局相对稳定，经济得以发展，文化开始振兴的黄金时期。就这一黄金岁月的主要缘由，首先是因为握有重兵、倾向进步的杨虎城将军开始登上了陕西政坛"⑤。1930年杨虎城掌握治陕军政大权之后，集中抓教育、水利，任命南汉宸、李仪祉、王幼农等一批杰出人物出掌陕西地区一些重要部门要职，在政府推进下，酝酿已久的阿房宫大戏院建成了。1932年，《西京日报》、西京医院以及陇海铁路潼西段工程与西兰公路等一系列大型工程建设项目，均在积极筹建之中。同年，国民党委派张继负责西京筹备委员会的创建，在西京筹备委员会存在的10余年期间标卖了些原来满城的官地和其他地方的零星官地，测绘了西安城和郊区的地图，用飞机拍下了咸阳地区的航空地图，组织人马调查西安周围的名胜古迹，修筑了部分西安城市的街道。这样"城里的街道，有新的，有旧的，有新兴的，鼓楼东大街完全是新路，宽有六七丈，是

---

① 王桐龄：《陕西旅行记》，文化学社，1928年，第26页。
② 路市建设：《西安市修筑碎石路》，《道路月刊》1934年第42卷第3期。
③ 陈赓雅：《西北视察记》，甘肃人民出版社，2002年，第294页。
④ ［捷克］雅罗斯拉夫·普实克：《中国——我的姐妹》，丛林、陈平陵、李梅译，外语教学与研究出版社，2005年，第396页。
⑤ 罗宏才：《陕西考古会史》，陕西师范大学出版总社有限公司，2014年，第55—56页。

马路式的土路，有明沟，也有路树［行道树］。两旁的店户，有平房也有楼房，如旅馆、饭店、洗澡堂、汽油灯行（这是西安的特种买卖）、长途汽车行，都在这一带，大概是旅客集合的地方。鼓楼西大街，那是旧式的。街宽不过一丈多，汽车是刚好过去。两旁的店户，十之八九是旧式的，大概是旧日精华所在，什么店铺也有"①。

伴随着街道状态的好转，西安城市的交通也发生了变化。1922年陕西长潼汽车公司抽调的在钟楼到东门一带营业的两辆汽车，便是西安最早的公共汽车了。1934年7月，又以美国1933年产的小道奇和雪佛兰客车各一辆及技术优良司机两名，投入市内营运。民国时期，像其他中国城市一样，西安街上呈现18世纪的大车、牛车和20世纪现代化的汽车比赛的景观。黄包车是西安城内能够延伸到大街小巷的交通工具。林语堂在其《朱门》中多次讲述主人公乘坐黄包车往来于城市各个区域及街巷之间。如果说街道是城市的血管的话，那么这些黄包车则保证了城市的运输和人员流动。

在1934年陇海线开通之前，作家们几乎一致认为南院门是民国西安最繁华的街区。所谓南院门，实指竹笆市以西，南广济街、五味什字以东，东西长三四百米，北起马坊门，南至粉巷——五味什字大道，南北宽200余米的地域。据《咸宁县志》记载："清顺治元年（1644年），陕西总督部院行署设此，因与鼓楼北的巡抚部院相对，故名南院，门前街道得名南院门。"②南院门兴起于1920年代，在其最为繁华时期，这里是西安商业区的集合地，各种作坊、商铺、药店、饮食服务行业几乎都集中于此。"有几家商店，也改建几层楼的新式门面，似乎也很堂皇，这一带都是百货商店，里面所陈列的，都是洋货，尤以改了牌号的东洋货为最多"③。从这些作者的描述中，可见当年的西安南院门相当于上海的南京路，各种商铺云集于此。民国二十年（1931），浙江宁波人许庸令在南院门购进鼎立商馆铺底，开设了"亨德利"钟表眼镜公司，这是西安第一家大型钟表店。民国二十三年（1934），宁波人周庆标在南院门开设"大西洋"钟表行，后来又有北平慎昌钟表行在西安开设了"慎昌"钟表行。"世界"大药房、"五洲"大药房也开设在此。"世界"大药房位于街心花园的东北隅，经营西药及一般医疗器械，后来经营百货。随着西安商业在南院门及其附近集结，"西京市商业，年来机关增多，交通发达，日呈繁荣之象。如中山大街（东大街）、竹笆市、民众大街（南院门）一带，均为百货、绸

---

① 张恨水：《西游小记》，甘肃人民出版社，2003年，第46—47页。
② 田荣编著：《老西安街村》，陕西旅游出版社，2012年，第23页。
③ 刘风五：《西安见闻》，《新文化》1934年第1卷第11期。

缎、皮货、纸庄等商店，装潢尚不少新式者。旅馆饭店，如中山大街之西京饭店及西北饭店，建筑设备，在西北尚属难得。街道亦甚宽敞，人车分行，可免杂沓"①。然而，至"1934年陇海铁路西展至西安，火车站成为新的对外交通联系的枢纽地，火车站正南所对尚仁路沿线成为商业发展的繁荣区域"②。

西安另一处繁华地段是东大街。在接近钟楼处有一座砖木结构的两层楼房，这是1912年英国人罗士所建的西安老邮政局。而沿着这条大街至端履门十字往东路南是前清西安府考院所在范围。光绪二十八年（1902）关中书院改名为"陕西高等学堂"，迁到原考院旧址上。这所高等学堂是当时陕西的最高学府，曾聘日本国静冈郡人足立喜六为教习，他在此任教期间利用课余时间考察，写下了《长安史迹考》。路北西头民国初年间建有基督教青年会。东大街南院门附近还有阿房宫电影院，国产片和舶来货都有，有声无声皆可播放。西京大戏院后来也改迁到东大街。据一些作者描述，当时有公共汽车专驶向西京大戏院，为的就是一观《渔光曲》。民光大戏院在南院门附近的马坊门。东大街还有著名的开元寺，元时《开元寺兴致碑》曰："开元二十八年正月二十八日，玄宗于'延庆殿'（在兴庆宫内）与胜光师论佛恩德，乃令天下卅府各置开元寺一所"③。《通志》里讲："宋建隆四年中书令王彦超修。明嘉靖中亦增修。谨按：寺内有唐《琼公道行碑》、元《华严世界海图》、唐梵体《陀罗尼幢刻石》《兴致碑》，上有绘像，元延祐六年立。"④宣侠父的《西北远征记》中也提及："钟楼之东，有开元寺，唐开元年间所建。宋建隆明嘉靖、清康熙时，屡有增修。原藏有宋版《全藏》三千余册，为国内孤本，现已移入省立图书馆；寺已改为警察派出所，而四周为娼寮所据，诚有玷名胜也。"⑤这是讲，陆建章督陕时，曾经所做的最坏的一件事就是将开元寺变成妓女大本营。古时延讲佛法之地演变成妓女迎来送往之地，确实令人扼腕叹息。对于东大街，1934年作家鲁彦到西安曾写过《西安印象记》一文，他看到"东大街是西安城里最热闹的街道，岂止两旁开满了各色各样的店铺，就连店铺外面的人行道上也摆满了摊子。这些摊子上摆着的是水果，是锅盔，是腊肉，是杂货，是古董……"⑥

---

① 陈赓雅：《西北视察记》，甘肃人民出版社，2002年，第293页。
② 任云英：《近代西安城市空间结构演变研究（1840—1949）》，博士学位论文，陕西师范大学，2005年，第199页。
③ 《西安文史资料》委员会编：《西安老街巷》，陕西人民教育出版社，2006年，第19页。
④ 《西安文史资料》委员会编：《西安老街巷》，陕西人民教育出版社，2006年，第19页。
⑤ 宣侠父：《西北远征记》，甘肃人民出版社，2002年，第169页。
⑥ 沈斯亨编：《鲁彦散文选集》，百花文艺出版社，1982年，第134页。

然而，1937年抗战全面爆发之后，在日机轰炸之下，西安繁华热闹的景象就逐渐消失了。1938年，西安空袭进入最为惨烈的阶段，8月6日敌侦察机及轰炸机三十八架复来西安肆虐，"于十一时五十分分四批由东北、西北、西南三方面侵入本市上空，高度达三千余公尺"，旋"在西郊外及东郊外仓皇投弹百余枚，内有烧夷弹（即燃烧弹）十余枚"。①是年，作家碧野流亡到西安，"象到了一个陌生的地方，西安已不比往昔，日本轰炸机经常飞临上空，瓦砾成堆，市面萧条"②。1940年，茅盾从新疆到达西安，就赶上了"头天晚上敌机炸坏了发电厂，今天尚未修复，这一晚西安市没有电灯。这次空袭，西安的繁华街道落弹数枚，造成了伤亡和损失，更引起了市民的惊慌"③。在日寇的疯狂进攻下，为了保存中国教育实力，许多著名的大学纷纷从北京、上海以及沿海等城市迁往内地，陕南的汉中、安康以其崇山峻岭，阻挡了日本人的轰炸，接纳了很多流亡学校和学生。从汉中、安康到西安是当时这些流亡学生必到的地域，因此，当年的流亡学生，后来到台湾后成为作家的作品里可以看到抗战中的西安身影。尹雪曼在其《战时的西北角》中描述："抗战开展后，西安不特成为西北军事政治重心，同时文化事业也相当的蓬勃展开了。商业自然也不能例外，许多北平，天津，太原的大商店，都迁移到了这里，顿然使这古城的市面活跃了起来，和其他的大城市一样，白天马路的行人道上，拥挤着很多的行人，马路中间飞驰着各色各样的车，装着橡皮轮的马车来往的奔驰着，不停的。"④1945年还是流亡学生的王鼎均从山东来到西安，他"看见一片妓寮，屋内有人拉胡琴唱戏，屋外电灯光下冷冷清清，一个女子穿着红色的毛衣拉客。经过一处路旁，停着一具棺材，几个学生在材头烧香，上前探问，知道是某大学的一个女生死了，想起流亡学生郊外的累累新坟"⑤。抗战烽火中，南京、武汉、重庆、汉口、昆明、桂林等中国一些大城市都遭到日机的重创，西安城里充斥着混乱、死亡。

二、胜迹、废墟与作家的黍离感

作为一座历史悠久的古都，西安这座城市在文人眼中是："任踏一砖，即疑为秦；偶拾一瓦，又疑为汉。人谓长安灰尘，皆五千年故物，信然耶？"⑥加之，秦中

---

① 罗宏才：《陕西考古会史》，陕西师范大学出版总社有限公司，2014年，第414页。
② 碧野：《两都纪事》，《新文学史料》1982年第4期。
③ 茅盾：《延安行》，《新文学史料》1985年第1期。
④ 尹雪曼：《战时的西北角》，《创导》1938年第2卷第6期。
⑤ 王鼎均：《关山夺路》，生活·读书·新知三联书店，2013年，第27页。
⑥ 易君左：《西安述胜》，《圣公会报》1937年第10期。

有金石渊薮之称，故此，海内博雅君子涉足于此，一则为了寻古访胜，二则无不肆力搜求购买碑帖。唐代王建有诗云："古碑凭人拓，闲诗任客吟。"唐时长安碑帖业就已经很兴隆了，到清乾隆年间山东人赵均在其《游碑林日记》里描述："秦人射利贩字遍天下，凡穷乡村塾，皆知碑洞，固奇观也。历常巷到学宫，多列帖肆，充积为堵墙。"①由此可见，长安碑帖业发达的迹象。1924年鲁迅先生到西安，游碑林、孔庙、大小雁塔，看灞桥曲江，前后七次"阅市"，穷搜西安古碑，先后购买了《张僧妙碑》《大智禅师碑侧》《苍公碑》等碑帖。

更重要的是，这些作家逗留西安之际，留下了大量的小说、述胜、散记之类的作品，或表现西北人的生活状况，或抒发西安城衰败的哀痛，或为国民政府开发西北提供资料依据。民国二十九年（1940），作家张恨水到西北考察，历时近3个月，写下了《燕归来》《小西天》两部长篇小说以反映西北大社会，并将西北沿途所见所闻写成了《西游小记》游记，介绍风景名胜、民生民俗、历史地理，以引起国人对于开发西北的关注。碑林是但凡至西安的文人必然要拜谒的地方，张恨水也不例外。"进门在苍苔满径的小巷子里过，正北有个小殿，供有孔子的塑像，朝南有三进旧的屋宇，一齐拆通，一列一列的立着石碑。这里面共分着10区，第一区的唐隶，第二区的《颜字家庙碑》《圣教序》《多宝塔》，第三区的《十三经》全文，第六区的《景教流行碑》（大唐建中二年刻石），这都是国内惟一无二的国宝，在别的所在，是看不到的。"②其实，碑林在宋时就有了，宋人王辟之云："长安故都，多古碑石，景祐初，庄献太后遣中使建塔城中，时姜遵知永兴，尽力于塔，悉取碑碣以为塔材，汉唐公卿墓石，十亡八九。杨大年《谈苑》叙五行德金石厄事，宋有国百余年，长安碑刻再厄矣，惜哉，惜哉！"③南宋吴曾亦云："元祐中，韩丞相玉汝帅长安，修石桥，督责甚竣。村民急于应期，率皆磨石刻以代之，前人之碑尽矣！说者，谓石刻之一厄会也。"④后来在转运使吕大忠的倡议下，由京兆府学官黎持主持，先周密计划，后命役兴工，"凡石刻僵仆者，悉攀置于其地，东西陈列。明皇孝经及建学碑则立之中央，颜、褚、欧阳、徐、柳之书，逮偏夸字源之类，则分布于庭之左右。如入东序，河图洛书，大璧琬琰，烂然盈目"⑤。清初，再刻《圣教序》与《淳化阁帖》于其中，中西交通史上极具价值的《大秦景教流行中国碑》被发现后，

---

① 罗宏才：《陕西考古会史》，陕西师范大学出版总社有限公司，2014年，第282—283页。
② 张恨水：《西游小记》，甘肃人民出版社，2003年，第50页。
③ 王辟之：《渑水燕谈录》，中华书局，1985年，第70页。
④〔宋〕吴曾：《能改斋漫录》，中华书局，1960年，第349页。
⑤ 此处引《京兆府学新移石经记》，参见杨德泉：《试论宋代的长安》，《陕西师范大学学报》（哲学社会科学版）1984年第4期。

亦藏于此，林语堂则在其《朱门》里反复讲述此碑在中国文化史上的重要性。

此外，在西安，"新城大楼"也是作家必然要提及的地域。此地原是民国时的绥靖公署所在、明朝的秦王府、清朝驻防旗人的校场，辛亥革命时期被焚之一炬，民国十年（1921）杨虎城在此重建大楼，谓之"新城"。另有省立第一图书馆是西安城内重要的胜迹，此处珍藏的《宋版碛砂藏经》是著名的佛教典籍丛书，它是南宋理宗时平江府碛砂延圣禅院大藏经局开版雕印的，是研究宋代艺术尤关重要的文献。1923年康有为在卧龙寺所发生的"盗经事件"中所盗之经指的即是此经，旅陕作家的文本里多描述了"康圣人盗经"之事。

当作家走遍城里街衢巷道，寻找历史遗迹之际，他们仍热衷于到郊外寻访胜迹。如果从东而来，过华山，经临潼，就可见唐明皇与杨玉环的行宫华清池。华清池故址，在今临潼区南门外的骊山下。华清池系唐贞观十八年（644）所建，咸亨二年（671）改名为温泉宫，天宝六年（744）仍复旧名。然而，当年建筑被清朝咸丰年间战乱毁坏，现在的建筑乃为同治年间新造。华清池本起源于骊山脚下的温泉，经过白居易的《长恨歌》以及历代文人的吟咏，从而久负盛名。历来有杜牧的《过华清池》、洪升的《长生殿》、白朴的《梧桐雨》。近代以来，有王独清的《杨贵妃之死》，就连鲁迅先生也有写历史剧《杨贵妃》的打算，这些文学作品在很大程度上将华清池的文化内涵打造出来了。与华清池演绎帝妃间朝不保夕的悲剧爱情不同，武家坡这个地域传诵着另一个坚贞的爱情故事。王宝钏的故事在民间广为流传，有《宝钏》曲词，弹词《龙凤金钗传》，京剧《红鬃烈马》《花园赠金》《彩楼配》《三击掌》《探寒窑》《平贵别窑》《武家坡》《大登殿》等，秦腔则有《五典坡》，也有如《陕西民间传说》《中国民间传说》《历代名女的传说》等故事书的记载。大概是民间这种广泛的影响力，清末在曲江修建了王宝钏祠堂，可是，到民国时期武家坡所处的曲江已是一片平地。20世纪30年代作家张恨水到此，"但见山容入画，树影连村，麦秀平畴，鸦翻白日。昔时宫殿乐游燕喜之迹，已丝毫不见"[①]。

从西安出西关，行至四十里便是渭水桥，作家们吟着唐诗，感叹着周的灵囿、秦的阿房宫全看不到了，只见"咸阳城外，临水有三五十户人家，映带着两个小箭楼，和一条混浊的渭水照着，那种荒寒的景象，是深深的印在我们脑筋里"[②]。而"河岸两边，都停有渡船四五只。这船和黄河的渡船，形式也差不多，是平扁的，舱面上盖着板子，骡车人担，一齐上船。……扶橹的汉子脱得赤条条的，不挂一根

[①] 田荣：《长安一月》，见西安市政协文史资料委员会编：《西安记忆》，陕西人民教育出版社，2010年，第331页。

[②] 张恨水：《西游小记》，甘肃人民出版社，2003年，第59页。

丝，口里吆喝着，当是指挥的口令。在他的指挥下，有四五个船夫，拿着瘦小的树干，当了篙撑"①。作家如数家珍地描写古城的废墟遗迹，兴废无常之中寄托着他们领略到的历史变迁的信息，从而滋生出无尽的黍离之悲。1924年鲁迅先生应邀在西安讲学，返京后写下《说胡须》："知道的朋友便问我：'你以为那边怎样？'我这才栗然地回想长安，记得看见很多的白杨，很大的石榴树，道中喝了不少的黄河水。然而这些又有什么可谈呢？"②显然鲁迅对西安失望之极。同行的孙伏园也哀叹："唐都并不是现在的长安，现在的长安城里几乎看不见一点唐人的遗迹。……陵墓而外，古代建筑物，如大小二雁塔，名声虽然甚为好听，但细看他的重修碑记，至早也只不过清之乾嘉，叫人如何引起古代的印象？照样重修，原不要紧，但看建筑时大抵加入新鲜份子，所以一代一代的去真愈远。"③这使我们想起从盛唐之后，大凡在陕以及入陕学人的诗词来。白居易吟道："我自秦来君莫问，骊山渭水如荒村。新丰树老笼明月，长生殿阁锁春云。"④韦庄诗云："长安寂寂今何有，废市荒街麦苗秀。"⑤因而，民国作者笔下出现这样的描写也不足为奇。历史兴废无常，敏感的作家感悟到都市盛衰盈虚的信息，西安这座千年古都确实有太多萧条、悲凉的缘由了。

仅就20世纪初期而言，1900年至1901年，陕西发生严重的自然灾害，城内大批人口饿毙，流离失所者不计其数。民国十八年（1929），关中的灾荒达到惊人的程度。至1930年代末期西安都市人口有11万，商户占千户，而饥民却有3万人。潼西路上，除了麦田已不容易找到其他树木，遍地都是荒山土岭，而且人烟稀少。据笔者所看到的民国报刊讲，灾民拆屋卖料之事常见。南北蜿蜒成堆的是从屋上拆下来的旧木料，宛如露天市场，门窗板柱应有尽有。商店前、马路上灾民如织，当以旱灾为最。咸阳等80个县凶年大旱，颗粒无收，自然灾害也很严重。这种灾害蔓延全陕达到十分之七，尤以关中、陕南为最。天灾人祸战火使民国西安愈发荒凉残败，对作家而言，"在西安——一个墓场似地荒凉的旧都——黄昏，却给了我一个难忘的印象。是天空卷着了黄沙的时候，在满城乌鸦的院落里，窗口飘进了使人窒息着的叫声，屋子里是灰暗的，火油灯闪闪地在寒冷的风中飘摇着，心是那么沉着的"⑥。这种深刻的城市体验可能只在西安城里才能找得到。国都地位的丧失，长期处于

---

① 张恨水：《西游小记》，甘肃人民出版社，2003年，第59页。
② 鲁迅：《鲁迅文集》（第1卷），人民文学出版社，1981年，第174页。
③ 孙伏园：《长安道上》，见《现代散文鉴赏辞典》，农村读物出版社，1988年，第519页。
④〔唐〕白居易：《白居易集》，顾学颉校点，中华书局，2009年，第228页。
⑤〔五代〕韦庄著，聂福安笺注：《韦庄集笺注》，上海古籍出版社，2002年，第317页。
⑥ 王莹：《西安的女儿们——"古城里的记忆"之一》，《现代》1934年第6期。

封闭环境之中的西安城市"虽然电报局、电话局也在胜利怠工之中，但外表上，这里确有秦、汉、唐、宋等等的尸骸气，加上陇海路运来的洋里洋气。陇海路的火车头一声声啸叫，挟带着一个象征，但也冲不破这里的衰老"①。

显然，当作家描写那些胜迹废墟时，他们的城市生活体验是带有浓郁的中国传统士大夫味道的，但是也不能简单将其称之为凭吊、感伤情怀。因为这些民国作家都接受了新式的现代教育，拥有现代思想和理念，所以当他们面对城市的新鲜事物——南北大街的电灯与电器设备，平整干净的柏油马路，黄包车，装有橡皮轮胎的汽车，中央公园等时，在林语堂的心里，西安"这座城市充满了强烈的对比，有古城墙、骡车和现代汽车，有高大、苍老的北方商人和穿着中山装的年轻忠党爱国志士，有不识字的军阀和无赖的士兵，有骗子和娼妓，有厨房临着路边而前门褪色的老饭馆和现代豪华的'中国旅行饭店'，有骆驼商旅团和堂堂的铁路竞争，还有裹着紫袍的喇嘛僧，少数因没有马匹可骑而茫然若失的蒙古人和数以千计包着头巾的回教徒，尤其是城西北角处更易见到这些对比"②。的确，西安这座拥有千年历史的都城在现代化进程中被裹挟着缓步前行，像一切古老的城市在现代转型期间一样，都出现古今中外文化杂糅的特征。然而，较之都市的繁华，作家们更钟情于都城的凋残，因为他们从中感悟出了历史的沧桑感和人类命运永恒的悲剧，在这个意义上讲，文学中的西安已然转化为一个审美意象。

三、革命与新都市文化空间

任何一座城市的现代转型都是多种因素合力的结果，西安的现代化发展也绝非就是在1911年10月才真正开始的，1911年只能是衡量这座城市变化的一个标尺而已。对于这场推翻清朝在陕西统治的革命风暴，迄今为止，文学中描述最详尽的是创造社诗人王独清的《长安城中的少年》一著。王氏原籍陕西蒲城，其父一族常年居住在西安城。西安响应辛亥革命发生起义时，王独清还是一名少年，目睹了这场轰轰烈烈的政变，于1930年代初写下了《长安城中的少年》。作品叙述了19世纪末期至作者旅欧前在长安的生活经历，广阔的社会背景就是近代西安向现代转变的社会现实。1900年，八国联军攻占北京，慈禧太后携光绪皇帝仓皇逃到西安，国难巨变中，现代之风吹进王氏宅院。到王独清10岁时，清廷已经开设国会1年，废除科举制已有3年光景了（1905年废除科举）。时代变革的狂潮冲击着西安城，王独清耳边

---

① 徐迟：《可怜回首歌舞地——西安记游》，见西安市政协文史资料委员会编：《西安记忆》，陕西人民教育出版社，2010年，第304页。
② 平越：《西安之行》，《关声》1937年第5卷第6、7期。

听到的是徐锡麟、秋瑾、哥老会、刀客的故事。而令作者记忆犹深的莫过于1911年辛亥革命爆发之后，西安城第一个响应武昌起义。在作者的描述下，农历九月初一中午，新军首先占领行宫，并将其做了革命武装的临时中央机关，接着巡抚、布政司、按察司被包围了，以农民为主组织起来的刀客和土匪队伍如大潮般涌了起来。城中家家门口都一边悬挂一面白色的大旗，上写"投降大汉"，而另一边则挂着一面红旗。城里的巡抚不见了，出现了都督张凤翙和大帅张云山。当时革命党上层人物基本上是由陕西三原和富平人构成的。因为这两个县是陕西的商业城区，一般出大商人和留学人士。在革命狂潮中，王独清的父亲接触到一些新式人物，从父亲朋友那里，王独清得到宣传新思想的《新民丛刊》，尽管所看的报纸距离其出版时间已相隔6年，但是通过它，"我知道了欧洲地学术，欧洲地历史，欧洲地政治和时事，我知道中国只是一个有值得记载的史迹而现在却是贫弱到万分的国家"[①]。王独清正是通过梁启超所创办的《新民丛刊》了解到中国新的蓝图，从而开始向往新式教育，走向了新的征途。

毋庸置疑，辛亥革命之后，由于国家权力的转移，旧有的文化部门和设施被废弃，有的成为潜在的土地开发用地，有的则转化为新式教育机构，于是西安城里出现了更多的新文化空间，陆续开办了陕西大学堂、武备学堂、巡警学堂、师范学堂、女子小学堂、女子师范学堂等新式教育机构。王独清的《长安城中的少年》可以说是对1920年代西安的新式文化空间做了一次详尽的展览，由于是亲历者，他的描述比任何一份历史文献资料都要真实，更具有生动性。1912年秦陇复汉军大都督张凤翙在西安创设西北大学，其前身是陕西大学堂，办学的人大部分是在日本明治大学速成班学了法政的留学生，这是西北地区第一所真正意义上的现代高等学府。1923年反动军阀刘镇华督陕时重新设立了国立西北大学。1937年抗日战争爆发，平津沦陷，西安成立西安临时大学，由北平大学、北平师范大学和天津工学院迁西安合并组成，继而迁至城固，改名西北联合大学，后分立出国立西北大学学校，抗战胜利后才迁回西安，这就是解放后重新命名的西北大学。在王独清的描述下，三秦公学经常闹学潮，集中着许多倾向革命的激进分子，所以在王氏看来，"三秦公学底规模虽然赶不上西北大学，但是它内边也有许多部门，除了中学部而外还有高等英文班，留学预备科等等。在性质上说来，这是一个包括中学和大学预科的学校。……教员是在日本留学的也有，从上海和北京住了学校回去的也有"[②]。三秦公学后改名为省立西安初级农业职业学校，又改名为农业学校、第一职业学校，后

---

① 王独清：《长安城中的少年》，光明书局，1935年，第60页。
② 王独清：《长安城中的少年》，光明书局，1935年，第127页。

合并到第二职业学校，校址位于西安城外西南角，负郭而居，地址宽宜，空气新鲜，前有园圃50亩，分畦别部，栽植花蔬果木，以供园艺作物森林诸学程实习研究之用。

此外，尽管民国时全国的文化中心在上海，文化名人主要集中在北京和上海两地，图书的出版和选题策划均集中在这两个城市，但是这些大书局也在西安设立分馆，主要是销售本馆主办的用于各类学校的教材和其他一般图书，这样就带动起来西安近现代文化的发展。西大街的正学街，全长不过百米，就有印刷厂数十家，涝巷是雕版印刷年画及冥币的集中地，南院门、竹笆市则是书店，印书馆最集中的地域有著名的世界书局、中华书局和商务印书馆在西安设的分馆，三联书局更是当时进步青年经常光顾的地方，还有华西书局、大东书局、荣记书局、维新书局等也云集于此。当时陕西各种学校所用课本大多为商务印书馆、中华书局、世界书局以及一家名叫文化学社的出版社出版，西安市各种学校多数使用此四家出版机构的课本。

而对王独清影响非常大的则是公益书局，它是清光绪三十四年（1908）由一个叫作焦子警的人"和进步人士张拜云、吴宝珊3人合资在南院门街路南租了3间木板门面街房，开设的。表面上是收购和销售各种故旧书籍、碑帖，往往能在这里买到名贵的古典著作，还兼卖文具、纸张，实际上是陕西同盟会秘密革命活动的据点"[①]。这里的焦子警，根据《西安老街巷》以及《西安老街村》等资料确定此人应该叫作焦子静。公益书局因所处的地方狭窄，革命者来西安聚会不够住，焦子静便在南院门街路南，南院广场对面，买了一所有3间门面街房带一个大后院的房子。街房开书局并附设有公益印书馆，后院办有印刷厂，将原"公益书局"改名为"含璋书局"，过了年余又改名为"酉山书局"，出售书报、纸张和印刷材料，根据需要秘密翻印革命刊物，也翻印上海商务印书馆和中华书局出的课本和代印其他书刊，出售文化用品。事实上，晚清末年开创的公益书局不仅是知识分子寻求新知识的地方，也是他们宣传新思想的机构，陕西留日学生在日本东京创办的《夏声》刊物就是通过公益书局而宣传革命激进思想的，所以公益书局无疑是当时西安城重要的文化中枢之一，每天来往的教界人士络绎不绝。又由于外县的同盟会会员和进步人士常来书局居住，并与省城的会员、开明士绅们在此聚会，所以这里也是革命党人联络感情和交换工作意见的主要场所。当时陕西的同盟会能够团结许多士绅，并得到了他们的帮助，不言而喻，公益书局发挥了巨大的作用。辛亥革命后，酉山书局在陈树藩督陕，西安围城后和宋哲元驻陕时，先后3次因故被封闭，旋又复业。到1932

[①] 《西安文史资料》委员会编：《西安老街巷》，陕西人民教育出版社，2006年，第155页。

年左右，该书局仍承印景梅九办的《国风日报》和《出路》杂志等。以后因生意萧条，焦子静遂将南院门街书店的房屋出租给上海商人开的"亨利达"钟表店，将印刷机搬到竹笆市。《长安城中的少年》中还提到"健本学堂"，它在西安西城早慈巷，是革命党的秘密机关，也是焦子静为培养革命人才和掩护同盟会开展活动所创办的学堂，辛亥革命后改名"健本小学"，1948年移至咸宁学巷南口外以东，仍用旧名。

除此之外，王独清还介绍了自己接触到的陕西本省创办的《秦风报》。这是一种权威报纸，每天四大张，评论是一篇文字相当长的文章，时评总有五六篇，还有至少两天一次的"杂俎"。根据《长安城中的少年》里描写的时间判断，《秦风报》应该是1912年1月15日由"秦陇复汉兵马都督府"的一些文职人员宋伯鲁、胡舜琴和徐宝荃等集股购置印刷机器创办的《秦风日报》（可能王氏误记为《秦风报》），后因经费不足于1917年停刊。王独清在《长安城中的少年》一书中不仅介绍了西安城内主要的文化空间，还描述了这些文化空间的动态发展。民国二年（1913）陆建章督陕，社会上出现了一群学生退学的风潮。然而，还有一部分青年因为烦闷而走上了革命的新路。王独清就认识了民党一位叫作姚树陔的人物，他在思想方面是很激进的革命家，又是汉学家和历史学家，"他创办了一个带有革命性质的文化团体，叫作'觉社'，那算是在长安——恐怕也是在全陕西——第一次出现的平民教育机关"[①]。

晚清之际，西方列强迫使中国开放24处通商口岸城市，以上海为中心的通商口岸城市几乎都成为中国后来的工业基地和现代化中心、文化重镇。而西安作为一座深处内陆的都市，尤其是拥有几千年的都城史，可以想象，在中国，没有哪座古都像西安这样，它的现代化转型举步维艰。但是，20世纪上半叶，笼罩在西北黄尘飞沙之中的西安大街上出现了代表殖民现代化的碎石马路（这是中国挪用外国都市技术关键之点），出现了新式的城市景观。毋庸置疑，传统的和现代的物质文化交织在西安，现代的新式文化空间在这座古老的城市里艰难地扩展着自己的地盘。民国时期的作家们从物质文化、历史遗迹以及文化新空间视域勾勒出了这座古老城市古今杂糅，现代与传统交融的特色。尽管从声光电角度讲，西安的现代化发展还那么微弱，但是在民国作家们的笔下，我们发现这座城市的街衢发生了变迁，发现旧有的宫学、书院被新兴的学堂、书局、书店、报馆代替。正是这些新的城市景观、新兴的文化空间的诞生，西安城逐渐走进了现代化城市的行列之中，尤其是这些新文

---

① 王独清：《长安城中的少年》，光明书局，1935年，第162页。

化空间培养了陕西大批的现代人才。他们很多走出西安,走向了欧洲,成为中国新文化的先驱和创建者,对普及陕西地区的文化事业做出了重大的贡献,同时,他们的存在本身就意味着西安城市的生命力不断得到绵延。

原载《陕西师范大学学报》(哲学社会科学版)2015年第3期

(刘宁,陕西省社会科学院文学艺术研究所研究员)

老舍的西安记忆与文学书写

王鹏程

老舍幼年时期曾很多次听说过距离北京千里之遥的另一个古都西安。1900年8月14日，慈禧太后带着光绪皇帝出逃西安，守卫北京城的士兵并不知晓，仍殊死抵抗。老舍的父亲——负责巡逻和守卫皇城的旗兵，在次日八国联军的进攻中英勇阵亡。[1]老舍此时尚不足两岁，但与父亲之死联系在一起的慈禧太后逃到西安的家国之痛，在他的生命中刻骨铭心。随着年龄的增长，他对西安——这个遥远的古都应该有着越来越清晰的认识和特别的想象。辛亥易鼎，西安又再次成为老舍一家人的痛点。据老舍夫人胡絜青回忆："辛亥时，西安出现了对旗人几乎全都杀尽的事情。老舍有一门亲戚是西安的驻防旗人，全家遇难。老舍家人听说此事，心里非常恐惧和难受。"可以说，在老舍的童年乃至人生记忆中，西安是一座极其特殊并且难以忘记的城市。

抗战的爆发，终于让老舍踏上了这座古都。如果不是抗战，他也许会晚些踏上这座在他生命中有特殊意味的城市，不过，绝对很难"四过西安，三宿平凉"，"去探望民族的故乡——到日月山前的草原上，到周秦陵墓两旁的古战场"，[2]并留下《剑北篇》这样激动人心的长篇史诗。1939年6月28日，作为中华全国文艺界抗敌协会（以下简称文协）代表的老舍，随全国慰劳总会组织的北路慰问团从重庆出发，一路向西，五个多月的时间，在西北绕了个大圈子，行程近两万里。164天的长途跋涉，"经过川、鄂、豫、陕、宁、青、甘、绥八省，到达了当时的一、二、五、八、十，五个战区"，用当时《新华日报》的报道来说，历经艰险，"备极辛劬"。[3]

---

[1] 舒乙：《一个京城旗人贫儿的辛亥经历》，《散文》（海外版）2012年第1期。
[2] 老舍：《剑北篇》，见《老舍全集》（第13卷），人民文学出版社，2008年，第252页。
[3] 《老舍传略》，见曾光灿、吴怀斌编：《老舍研究资料》（上），知识产权出版社，2010年，第29—31页。

在陕州，老舍几乎被炸死；在兴集，他差一点被山洪冲走。[①]7月9日，老舍随团到达西安，参加慰问活动5天，受到热烈欢迎，17日到达洛阳；8月19日，老舍随团返回西安，"除参加慰问活动外，曾与友人同登终南山，往访秦汉隋唐大都旧址，沽酒韦曲镇（唐诗人韦应物故里），游临潼骊山等"，到9月1日随团祭扫黄帝陵，在西安停留10余天；21日后，随团经延安、洛川、耀县、三原到西安，至10月4日到平凉，在西安停留10余天；11月23日，从宁夏石嘴山返回西安，27日随团离开西安返回重庆，在西安停留5天。合计起来，老舍在西安停留的时间，至少也一月有余；他在三秦大地上慰劳行走，至少两月有余。慰劳行走的这五个多月，老舍没有写任何稿子。他在致陶亢德的信中说，"十年来，这是第一次脑子放假，完全作肉食动物的生活差不多半年！路上相当的辛苦，见了炕就想快睡，所以没法写作。加以，所见到的事虽是那么多，但是走马观花，并没看清楚任何一件；假若写出来，定是一笔糊涂账，就不如不写"[②]。

几乎搁笔半年，在老舍的创作史上，可能唯有此次。五个多月的时间，少一半的时间是在周秦汉唐中华民族的"故乡"上行走，所以后来写成的长篇叙事诗《剑北篇》中有多一半的章节与陕西有关。直接写西安的有第七节"西安"、第十八节"龙驹寨——西安"、第十九节"长安观剧"、第二十一节"西安——中部"、第二十五节"榆林西安"；写陕西其他地方的有"小引"、第三节"汉中留侯祠"、第四节"'七七'在留侯祠"、第五节"双石铺——宝鸡"、第六节"宝鸡车站"、第八节"潼关"、第二十节"临潼——终南山"、第二十二节"中部——秋林"、第二十三节"宜川清涧"、第二十四节"清涧榆林"、第二十六节"华山"。这还不计《沔县谒武侯祠》《潼关炮声》《留侯祠》等旧体诗，以及他在《大公报》上发表的对西北建设提出热情建议的长篇论文《归自西北》。15年后，当李万铭的事件发生后，老舍难以遏制表达的冲动，亲赴西安调查了解，创作著名的讽刺剧《西望长安》，或许多少与他童年记忆的暗示以及15年前的西安印象有着某种隐秘而必然的关联。

一、抗战期间老舍在西安的演讲

抗战期间老舍所谓的"四过西安"是这样的——"慰劳团先到西安，而后绕过

---

① 老舍：《八方风雨》，原载北平《新民报》1946年4月4日至5月16日，见《老舍全集》（第14卷），人民文学出版社，2008年，第398页。

② 老舍：《又一封信》，原载《宇宙风》乙刊1940年第21期，见《老舍全集》（第15卷），人民文学出版社，2008年，第501页。

潼关，到洛阳。由洛阳到襄樊老河口，而后出武关再到西安。由西安奔兰州，由兰州到榆林，而后到青海，绥远，宁夏，兴集"[1]，再返回西安，由宝鸡入川、渝。此时香港、成都、桂林、延安、襄樊已设有分会，长沙、内江、宜昌等地设有通信处。[2]西安尚无分会，亦无通信处。老舍在致友人的信中说："西安应鼓励工作者，对分会可暂持缄默。"[3]以此推测，可能是西安文艺界的工作不能令人满意，也可能是西安地处国统区，工作不好展开，总之情况比较复杂，处事稳练圆达的老舍先生才不得不采取这样的策略。在西安的一个多月里，除参加慰问活动外，老舍访秦汉隋唐遗址、凭吊满城、沽酒韦曲、登终南山、游览临潼骊山，重要的文化活动还有发表演讲和观看秦腔。

关于演讲，有文字记录的是两次。一次是老舍初到西安时的演讲，当年的听讲者、诗人周启祥[4]20世纪90年代回忆了当时演讲情况，我们由此可一窥当时的情景。据周启祥回忆：1939年7月老舍始到西安，全国文协西安分会筹委会以西线文艺社的名义，组织了小型的文艺座谈会欢迎老舍，"时间定于七月某日晚七时，地点在西安东大街的基督教青年会"，参与者有10余人。据周启祥回忆：老舍"中等身材，面容削瘦，而双目有神。穿了一身深灰色的、有三个口袋的'中山服'，左上边胸前的那个口袋上别了一支'自来水笔'。给我们一个朴实、利落和整洁的印象"。在短暂的欢迎会之后，老舍即开始演讲。演讲的内容主要有以下几个方面：（1）简要介绍了中华全国文艺界抗敌协会成立的始末和机构设置。（2）全国文协面临诸多困难，人手少，办事的只有三人；经费少，报上去的项目和计划只要涉及"要钱"，就被搁置下来，石沉大海。（3）全国文协经费困难，外地作家来重庆，无法安置；贫病交加的作家，无钱救济和补助；"遇到重要的纪念日或节日，得出个什么纪念特刊，也不行，没有钱"。（4）"没有钱固然办不成事，而即使有了钱也不一定能办得成事"，一些活动须经有关部门审查，限制过多。综而言之，"各

---

[1] 老舍：《八方风雨》，原载北平《新民报》1946年4月4日至5月16日，见《老舍全集》（第14卷），人民文学出版社，2008年，第398页。

[2] 老舍：《致周扬（一九三九年九月十六日）》，原载《文艺战线》1940年第1卷第6期，见《老舍全集》（第15卷），人民文学出版社，2008年，第544页。

[3] 老舍：《致重庆友人》，原载《时事新报·文座》1939年10月25日，发表时题为《信》，见《老舍全集》（第15卷），人民文学出版社，2008年，第551页。

[4] 周启祥（1918—1999），河南开封人，诗人、教授、文学史家。少年时代开始诗歌创作。20世纪30年代学生时期就在洛阳主编过《流沙》诗歌副刊，抗日战争开始，又先后编过洛阳《行都日报》与西安《国风日报》的文学副刊。参加过1935年"一二·九"学生卧轨请愿与示威游行活动。是中共领导下的西安《西线文艺》编委之一，并担任党创办的"国际新闻社"晋冀鲁豫特约记者。1954年到河南大学任教，1999年春在开封去世。

位所仰望的'全国文协',似乎是一个了不起的'庞然大物',实际上是一个空架子的'稻草人'"。(5)尽管如此,文协还是想方设法筹措资金,接济困难,出版刊物《抗战文艺》,"和其他文学书刊,都一包包地包好和捆好,详细地写上各个部队的番号与地址,送到政府主管宣传部门,请他们分发交给赴前方的汽车,送给在前线英勇杀敌的将士们,这都是他们所迫切需要的精神食粮的一部分。而这些文艺书刊从此就再也没有了消息"。多次询问这些书刊的下落,没有人知道,也没有人回答。老舍幽默而愤怒地说,"这些文艺书刊,大概都送到德国了吧?!"我们知道,希特勒以烧书而著名,"送到德国",即被国民党烧掉了。(6)尽管我们的抗战非常艰难,但老舍并不气馁,他坚信,只要我们咬紧牙度过当前难关,最终会取得胜利——"我们中华民族是一个伟大的民族,从历史上看,是一个永远不会屈服、任何外力也都不能征服的英雄民族";打败日本之后,我们"必将出现一个在文学上万紫千红的时代,也必将产生我们自己的莎士比亚、自己的托尔斯泰、自己的契诃夫、自己的惠特曼、自己的马克·吐温、自己的莫扎特、自己的贝多芬等等"。老舍的演讲朴实而饱含激情,无疑带给大家很大的鼓舞。周启祥先生在57年之后还清晰地记得老舍的言谈举止,并能生动地绘之眼前,从一个侧面也说明了老舍演讲的魅力和留给听讲者的深刻印象。此外,老舍的大烟瘾也使听讲者惊讶——"听说老舍先生的'烟瘾'(香烟)很大,又临时买了两包二十支装的好烟。我们亲眼看到老舍先生的'烟瘾'确是很惊人的。他从讲话开始,就不慌不忙、从容优雅地点起了第一支纸烟,讲着又不停地吸着,刚刚吸完第一支,就毫不停顿地立即接上第二支。他讲了约两个小时,纸烟就这么一支接一支地吸了两个小时。到讲话结束,两包烟就所剩无几了。"[1]周启祥先生是诗人和学者,文字很有表现力。他的回忆,也为老舍西安之行留下了宝贵的文字材料。

老舍的另一次演讲是1939年8至12月返经西安时所作的《抗战与文艺——两年来全国文艺活动的报告》。报告主要向西安文艺界介绍全国文协的情况,内容有以下几个方面:(1)文艺界空前大团结,文协团结了文艺界一切可以团结的力量,"中国虽然有了五千年的光荣的文化历史,但是,无论在那个朝代,我们都找不出这样一个文人大团结的前例";(2)文协为抗日宣传做了大量工作,但由于敌人轰炸,经费、印刷、运输、供给困难,做事情非常不易且有限;(3)抗战以来,"后方感到剧本的质的方面太坏,前方则感到数量的不够","小说方面有一些好的,可惜都是短篇","诗歌作品的质的水准不太够",我们的作家不要"一写就想成为莎

---

[1] 周启祥:《回忆抗战初期老舍先生在西安的一次讲演》,《齐鲁学刊》1996年第6期。

士比亚，托尔斯泰"，而是"先写再说"，"看需要以后再写"；（4）抗战以来，"新文学已经能够进入到社会层的每一个角落"，这是五四以来的新文学没有的成绩；看到后方的几个大都市远不如前方，"前方的军民对国家尽其最大的力量，尤其是妇女们也和男子一样积极地从事实际抗战建国工作"，"中国是有办法的！"[①]做这次演讲时，老舍刚从河南等地返回，沿途的抗战工作和老百姓留给老舍很好的印象，使得老舍对抗战建国工作充满了信心。这次讲演也极大地鼓舞了西安的文艺界。

二 "长安观剧"：老舍看秦腔

到了西安，自免不了看秦腔。鲁迅1924年也是7月到达西安，居留期间5次观看秦腔，捐款50大洋并题赠易俗社"古调独弹"，着实让秦腔骄傲自豪了近一个世纪。而老舍观看秦腔并留下的文字却很少有人注意，让人遗憾。其中的原因有两点：一是老舍的《长安观剧》[②]是老舍五千行长诗《剑北篇》中的一节，虽在20世纪40年代单独发表过，但后来成为《剑北篇》一节，很少引人注意。再加上《剑北篇》在抗战背景下写成，有很大的宣传成分，诗味欠足，长期不受重视，《长安观剧》不被注意也再正常不过。二是老舍谈论秦腔的其他文字散落在演讲和文章中，零零碎碎，没有细心者综合加以阐析。抗战爆发后，老舍一直关心着戏剧的大众化改造和宣传功能，力图用"艺术的热情配备着枪炮"。在偏僻的西北，"话剧才刚长出嫩苗，由陕甘直到河套，／那悲壮的秦腔是普遍的爱好；／而长安，正如平津之与京调，／又是秦腔的首都与领导"。在老舍看来，秦腔这种艺术，慷慨激昂，悲壮沉雄，"才是我们的情调"。在现代作家中，他第一个用大篇幅写下他对秦腔的观感：

> 悲郁是秦腔的基调，
>
> 像水在峡中，激而不暴，
>
> 水音在山的回音里，一片惊涛，
>
> 悲壮沉雄，不像京梆子那么轻狂浮躁，
>
> 可是举动太毛，
>
> 锣鼓乱吵；

---

① 老舍：《抗战与文艺——两年来全国文艺活动的报告》，黄光熹记录，原载西安《力行月刊》1940年第1卷第1期，见《老舍全集》（第18卷），人民文学出版社，2008年，第302—307页。

② 老舍：《长安观剧》，《新华日报》1940年10月30日。

歌腔雄浑，动作轻佻，
不中节的锣鼓又使动作无效！
再加上白口的急促，脸谱的粗糙，
使浑厚苍茫的气息变作村野繁闹！
在长安，秦腔的派别一老一少：
老派里，古腔古调，不变丝毫；
新派里，把新的内容里化入原来的圈套。
老班里，三天一次《武家坡》，五天里一次《哭祖庙》，
口授心传，只有叛逆才敢改造。
新班里，把实用视为最高，
大胆的给抗日的英雄穿靴扎靠。
这宣传的热心，有它的功效，
人们也并不因绿脸红袍，
就把愤激变为好笑。
不过，剧词太文，道白急躁，
剧情的新鲜，不是感动，成了唯一的号召，
假若，更加强一些民间的情调，
由最通俗的语言见出文艺的技巧；
假若，更大胆一些，从改进而改造，
抛弃那些张飞式的夜战马超，
而由民间的所需供给抗战的教导，
利用民间的故事，插入歌谣，
也许更能亲切，更多实效，
从抗战中给秦腔找出新的路道。[①]

老舍深谙中国旧戏的形式和特征，对之有着深刻而精到的见解并留下大量的文字。抗战以后，他一直关注着旧戏的改革，力图通过旧戏古老的艺术形式为民族抗战注入精神和力量。因而他看秦腔，首先将其置于抗战的大背景下，阐述其长处和不足。比如，秦腔的内容多为忠孝节义，故事陈腐，无法承担新的时代使命——"以昨天的恐怖，海盗的强梁，／或陈腐的故事——像秦腔与二黄——／想激励民众，反增了恐慌，／想将今比古，却掩断了革命的光芒；／恐怖令人绝望，／建设

[①] 老舍：《剑北篇》，见《老舍全集》（第13卷），人民文学出版社，2008年，第345—346页。

才使信心加强，／多战一天多一天的希望，／我们是从战斗，见出民族的优良，／是心灵的启迪，是精神的解放，／不是恐慌，也不是愚孝愚忠的痴妄，／才能使民心激励发扬"①。其次放在众多的旧戏种类中，衡量其优劣。在他看来，在全民族抗战的热血急潮中，风花雪月、儿女情长的柔歌媚调已不合时宜，易水萧萧的慷慨悲歌"才是我们的情调"，才适合歌唱金戈铁马的英雄，才适合表现这血与火的大时代。悲郁苍劲、热耳酸心、令人血气为之动荡的秦腔，其唱腔特点和悲剧风格无疑适合歌咏抗战的需要。更重要的是，秦腔覆盖大西北，具有广阔的艺术空间和广泛的群众基础，可以为抗战发挥不可预估的作用。而长安，"正如平津之与京调，又是秦腔的首都和领导"，是研究旧戏新唱的理想之地。再加之此时开封与太原沦陷，河南梆子、蒲州梆子的男女伶工大量拥入长安，没有看过秦腔与河南梆子的老舍自然不肯舍弃这个难得的机会——"这学习的机会怎能放掉我去听／我去看，我去比较"。他先将秦腔与京剧比较，肯定了其"激而不暴""悲壮沉雄，不像京梆子那么轻狂浮躁"的长处，指出其有"举动太毛，锣鼓乱吵""歌腔雄浑，动作轻佻""不中节的锣鼓又使动作无效""白口的急促，脸谱的粗糙，使浑厚苍茫的气息变作村野繁闹"的缺点。实际上，老舍的这种优劣之辨，正是秦腔作为村场野台的大众艺术与京剧作为宫廷皇苑的雅致艺术的本质之别。在全民抗战的大背景下，秦腔这种下里巴人的艺术自然比京剧这种阳春白雪的艺术更契合时代和形势的需要。这也是老舍咏赞秦腔的最根本的原因。秦腔的推陈出新无疑走到了抗日戏曲旧戏新唱的前头，这也使得老舍颇感兴趣。老舍看到的秦腔，老派"古腔古调，不变丝毫"，新派"把实用视为最高，大胆的给抗日的英雄穿靴扎靠"，这样看似滑稽的行头，却"有它的功效，人们也并不因绿脸红袍，就把愤激变为好笑"。对此，老舍极力肯定。对其存在的问题，老舍也是毫不保留，如"剧词太文，道白急躁""张飞式的夜战马超"等。他建议"加强一些民间的情调"，剧词应"由民间的所需供给抗战的教导"，充分"利用民间的故事，插入歌谣"，"也许更能亲切，更多实效"，以期"从抗战中给秦腔找出新的路道"。老舍的这些意见和建议，抓住了秦腔旧戏新唱存在的核心问题，成为秦腔适应抗战需要，进行艺术革新的关键问题。后来的秦腔现代戏，正是朝着这个方向努力的，不过其革新地不是在西安而是在聚集着马健翎等秦腔艺术家的延安。

在老舍看来，蒲州梆子"没有秦腔的雄沉"，"没有京梆子的激躁"，但"大面还有相当的重要"，且"有独立的旗号"，这使得老舍如获至宝，觉得大面即大

---

① 老舍：《剑北篇》，见《老舍全集》（第13卷），人民文学出版社，2008年，第342页。

花脸"那声调的雄沉、动作的大方与老到",如"扮演起民族的英豪,他必能在抗战的宣传上得到功效"。同时,他担忧社会上喜欢油头粉面的小旦而冷落大面的黄钟大吕之音。对于河南梆子,老舍从"抗战热情的开导"着手,有着明显的"偏见"——"它使我感到一切的角色都是小丑的情调!假若这才真是民间的爱好,就更应当马上去改造"。他认为河南梆子与他看过的马来人的戏剧和舞蹈一样,"每一出必有个小丑打趣乱闹",认为其带有一定的"原始性":"据说,原始的戏剧都是开开玩笑!"实际上,河南梆子也并非老舍所谓的那样不堪重任,比如1938年,常香玉主演的宣传抗日的第一个豫剧新戏《打土地》就并非老舍所言。

老舍是从抗战宣传的实际功能去比较秦腔与京剧、蒲州梆子与河南梆子的优劣的,因而难免偏而不全、厚此薄彼。不过,西安观看秦腔,以及秦腔行头革新与旧戏新唱等,给老舍留下了至为深刻的印象,并启发他如何解决旧戏形式革新的问题。在后来的多篇文章和多个场合中,老舍反复以易俗社秦腔旧戏新唱经验为例,谈到旧戏形式革新的问题。对于抗战戏曲而言,"把新内容恰好合适的装入旧形式里是件很不容易的事",老舍认为秦腔在此方面却比较成功。他仔细比较了秦腔和二黄戏的唱腔特点,提出了抗战戏剧旧戏新唱应该注意的问题——"我在西北所看到的,除了易俗社的几本新戏,便只有欧阳予倩先生编的《梁红玉》了。易俗社的剧本,先不管它们的好坏,是按照秦腔的规矩作成的。西北是秦腔的地盘,所以这些戏倒能顺利的流行。至于别处所编的剧本大多数依照二黄戏的规矩;二黄戏腔多字缓,有时候十几句就可以唱几分钟。此种剧本,因此,就往往很短;要想把它们用入秦腔,便嫌过于短促;秦腔中每每很快的一气就数下好几十句去。所以,此后要做旧戏,无论是利用哪一种剧形,必须作得长一些,以便各地方的改用,长了有法子改短,短了可不易加长"①。易俗社演时事的旧戏也不错,这类剧目出于抗战的需要,"不改旧剧,而改剧本",有很大的教育成分,"这种剧本看起来好像很容易写,因为形式是一定的,但实在情形并不如此。前方民众要知道是完整的故事,应从头到尾,话说了再说,不能一溜过去。结果我们所写的就往往太简洁,而不为民众所喜"。②秦腔剧本在民间流传久远,经过多次修改已趋经典化,且熟悉民间生活,深谙民众心理,因而繁简适度,宣传之效甚为显著。抗战戏剧旧戏新唱的行头是个棘手问题,老舍也为此困惑过。时事剧不用行头吧,似乎总少点什么;用

---

① 老舍:《抗战戏剧的发展与困难》,原载《扫荡报》(元旦增刊)1940年1月1日,见《老舍全集》(第17卷),人民文学出版社,2008年,第235页。

② 老舍:《抗战以来文艺发展的情形》,原载《国文月刊》1942年第14、15期,见《老舍全集》(第17卷),人民文学出版社,2008年,第371页。

行头吧,似乎不大合适,也怕旧形式拘束新内容。易俗社的戏一定程度上解决了老舍的困惑:"行头问题是颇有趣味的。易俗社的新戏中的人物,即使是演目前的事实,都穿行头。畑俊六,我记得,是绿脸,插鸡翎的。虽然我自己也曾主张这样办过,可是头一次看这样脸的畑俊六,我也不免有点不得劲儿。但是,及至去看第二次,我又不觉得怎么难过了;大概这与看得惯不惯有点关系吧?易俗社终年在唱这路戏,若是没有很大的号召能力,恐怕演员们早已饿死了吧?"从易俗社的经验来看,老舍觉得"穿行头的问题与其说是在合乎情理与否,还不如说是在大家看得懂看不懂"。①这固然是习惯问题,但不用行头的时事剧未必不叫座,用行头的旧戏未必有效果。新的形式的吸纳,新鲜血液的输入,必须要抽掉一些旧的东西。旧的套数不减,新的花样日增,则吃不消,显得不伦不类;旧的套数要减,新的花样要加,但要恰到好处,只能在实践中慢慢摸索。这种摸索,实际上一直贯穿了抗战戏剧旧戏新唱的始终。老舍最早注意到这个问题,并且很内行地指出来,对于抗战戏剧而言,可谓意义非凡。

三、《剑北篇》中的西安:"勇敢地他担起西北的防线"

在抗战的烽火中,西安作为西北门户,凭借潼关之险峻、黄河之天险,拒日军于潼关之外,使关中大地免受日寇之涂炭。尤其是中条山之役,刚正勇悍的三秦子弟誓死杀敌、力挫劲敌,弹尽粮绝后八百壮士高吼秦腔集体跳入黄河,更可谓抗战史上气壮山河之一幕。老舍西北慰劳之行,在三秦大地上折回往返数次,对于古都西安之历史、现状与未来均有深情之描绘,他觉得自己"像浪子,啊,多少世代的流浪,去探望民族的故乡"。西安是中华文明的根脉和基座,曾经有着值得中华民族骄傲的灿烂文化。在老舍的叙事长诗《剑北篇》中,这座古都是"不朽之城""世界的长安",在历史的春天,"文化之花芬芳灿烂,创造完自己的锦绣园林,再吸取异域的真美至善:景教的福音,佛国的经典,和绘画,雕刻,戏剧与弦管,……都像蜜蜂追寻蜜源,来繁荣来丰富世界的长安"。唐宋以后,中国文化的中心"由西而东,自北而南","冷落了南山,寂寞了长安",并经历"那么多的历史与患难",但依然像"衰年的慈母独守着家园","还是那么开朗安闲";"陵园,园林,亭馆,到处是汉瓦秦砖",这是"史的城、诗的园,文化的摇篮",使我们想起民族遥远的辉煌的过去,激发起我们的自豪感,是抗战力量的源泉,并将肩负起新的历史重担:

---

① 老舍:《抗战戏剧的发展与困难》,原载《扫荡报》(元旦增刊)1940年1月1日,见《老舍全集》(第17卷),人民文学出版社,2008年,第235—236页。

> 西安，这不朽的西安，
> 以千百代的智慧经验，
> 以千百代的沉毅勇敢，
> 擦一擦老眼，挺胸而前！
> 勇敢地他担起西北的防线，
> 防堵着大河，紧守着潼关，
> 关中，这文化的泉源，
> 先贤古哲的陵园，
> 神圣，神圣不可侵犯！
> 啊，老当益壮的西安，
> 不仅为抗战而兴奋忙乱，
> 不仅想恢复了旧日的尊严，
> 也由全民族的冲杀血战，
> 得到更崇高伟丽的灵感。①

在抗战中，西安正如老舍所言，凭借黄河和潼关天险，"勇敢地他担起西北的防线"。西安是西北重镇，但地处内陆，地理位置相对偏远，不在国民党统治的中心，加之国共双方都善于利用黄河和潼关天险，因而西安虽距离前线不过150公里，但日军一直难以找到进攻机会。1939年，"日军的最近计划，预定向西方急进，夺取西安，把四川整个从华北诸省隔离开来。另一个更远大的计划，预定把这些省份全都攻陷，同时还想占领兰州——甘肃的心脏。但等不到华军四月间向西北各线的总反攻，而日军早已露出这些计划全不可靠的窘态了。黄河是阻止日军远袭的自然障碍。它亘绵数千公里，北自包头向南之后一面靠近西安朝西陡转，另一面在开封附近蜿蜒南下。在整个战争时期中，日军无论在那个地段都奈何黄河不得。他们只能在两处地方沿着堤岸前进。对峙的，高而难即的华方堤岸，就是扼制日方堤岸的防御境界"②。日军占领山西后，曾10余次进攻中条山，妄图打开进攻西安的口子，都以失败而告终。1941年6月，中条山陷落，国军惨败，但由于其他战场对日军的牵制以及日军兵力有限和补给困难，日军一直没有进攻西安。太平洋战争爆发后，日本先后三次制定了"西安作战计划"，但都因当时的具体原因未能实现，使"西安作战计划"一直纸上谈兵，未能实施。也正是由于西安的屏障作用，"才使重庆政

---

① 老舍：《剑北篇》，见《老舍全集》（第13卷），人民文学出版社，2008年，第288—289页。
② 苏联《消息报》特派员卡尔曼：《西安行》，舒恬波译，《星岛周报》1939年第14期。

权得以偏安，也使延安和陕甘宁边区安然无恙，西安在抗战时期的特殊地位和重要作用可见一斑"[①]。老舍以作家的敏感，以饱含激情的诗行咏唱了西安在抗战中的独特地位和重要作用。

不独如此，老舍还积极畅想了西安在抗战建国中的重要责任以及未来的壮丽蓝图。那时候，西安交通便利，公路连通陕甘、青海，以至苏联，油、棉、盐、碱、碳、粮草、皮毛等运输无阻，将"创出欧亚输运新的纪元"；陇海铁路连接平浦与平汉，一直"飞驰到海边"，那时候的西安，将是"新中华的世界的西安"。那时候，古都将重新焕发光彩，成为"地上的乐园"：

西安，那时候的西安，
虽然远离着海岸，
却以开朗的城市，多水的郊原，
以关中的棉，同官的炭，
以丰富的西北的天产，
以向东向西向北向南，
向国内向国外的交通路线，
以工以商展开历史的光灿，
教世上所有的言语称道着西安！
那时候，汉唐的诗景又到人间，
由韦曲王曲直到终南，
恼人的花色，鸣蛙的稻田，
一路都是公园；
同样的，千古香暖的温泉，
有水陆庵与华子岗的蓝田，
当端午，中秋，每个休假的期间，
都由早到晚，歌声不断，
饱暖的工人，携着家眷，
和学生，贩商，连警察，都春风满面，
来休息，来游玩，
把古帝王的亭台池馆，
把美丽的山川，

[①] 张天社：《论抗战时期日本"西安作战计划"的制定及其终止》，《抗日战争研究》2011年第1期。

把历史的责任，民族的健全，

用平等的享乐分布在民间！[1]

老舍西北之行所见，军民团结，精神焕发，安定、乐观、努力，虽然面临着多方面的困难，但在抗战中，"我们有了一个新的西北"，西北并不是万里荒沙，而是大有作为——"假如我们努力的话——建国的根据地之一"。[2]遗憾的是，抗战建国因历史的原因而未能实现，老舍所展望的盛世西安，其时依然为遥不可及的幻境。

《剑北篇》是老舍抗战期间在中国西北部行走的精神记录，它"描绘、呈现了中国的大好河山，这里有历史文化的蕴涵与积淀，更有中国西北地区人民的勇敢与坚定。诗中有一个叙述者老舍，更有一个抒情的主人公老舍。若是按照传统归类，《剑北篇》应该是游记诗，但是它远远超出了个人游历，也超出了对历史、风景和文物的欣赏与凭吊"[3]，寄寓着老舍坚强的民族自信、抗战必胜的坚定信念和对民族未来的殷殷期待。老舍的知己、著名语言学家罗常培认为老舍"抗战以来的作品，还得算《剑北篇》魄力最大——虽然有人说：'It is anything but poetry'"[4]。应该很大程度上是就此而言的。"非诗"的指责，并非没有道理。老舍自己也是承认的："草此诗时，文艺界对'民族形式'问题，讨论甚烈，故用韵设词，多取法旧规，为新旧相融的试验。诗中的音节，或有可取之处，词汇则嫌陈语过多，失去了不少新诗的气味。行行用韵，最为笨拙：为了韵，每每不能畅所欲言，时有呆滞之处；为了韵，乃写得很慢，费力而不讨好。句句行韵，弊已如此，而每段又一韵到底，更足使读者透不过气来；变化既少，自乏跌宕之致。"[5]《剑北篇》考虑能朗诵，通篇用韵，确实"变化既少，自乏跌宕之致"，诗味不足。同时，"欢呼狂叫的艺术，也存在着缺乏诗歌意境、缺少诗意的缺憾，缺少诗歌意象的探寻，缺乏诗歌意境的创造，这成为当时抗日诗歌的一种共性，老舍的抗战新诗也同样不能避

---

[1] 老舍：《剑北篇》，见《老舍全集》（第13卷），人民文学出版社，2008年，第290—291页。

[2] 老舍：《归自西北之行》，原载重庆《大公报》1939年12月17日，见《老舍全集》（第14卷），人民文学出版社，2008年，第229页。

[3] 徐德明：《老舍画传》，舒济供图，长春出版社，2015年，第161页。

[4] 罗常培：《我与老舍——为老舍创作二十周年作》，见曾光灿、吴怀斌编：《老舍研究资料》（上），知识产权出版社，2010年，第226页。

[5] 老舍：《我怎样写〈剑北篇〉》，见《老舍全集》（第17卷），人民文学出版社，2008年，第436页。

免，在俗化的追求中呈现出缺少隽永深邃诗意的缺憾"。①但在抗战的大背景下，老舍考虑诗歌的朗诵效果和宣传功用，是不难理解并不应苛求的。相反，这种新旧相融的艺术试验、唤醒国民抗日热情的奔走与呼吁，是难能可求与弥足珍贵的。

四、《西望长安》："西望长安不见佳"

1955年7月，当时号称"政治第一案"的"李万铭诈骗案"震惊神州大地。李万铭是陕西安康人，做过国民党的小军官，中华人民共和国成立前夕逃到南京。在1949年到1955年的几年里，李万铭采用私刻公章，编造履历、证件，伪造高级领导的"电报"和"亲笔信"等手段，冒充老红军、志愿军战斗英雄和模范党员，混进了国家机关，窃居了重要的职位。案发前，他是中央林业部的行政处长，最后为了骗取更高的位置在西安被识破。1955年7月27日，国务院第一办公室主任兼公安部部长罗瑞卿在第一届全国人民代表大会第二次会议上提出倡议，希望中国也有个果戈理，也写一部中国的《钦差大臣》，对一些部门存在的官僚主义和不正作风进行讽刺。大家都在猜测，谁出来当这个"果戈理"呢，结果老舍站了出来。据舒乙讲："当时家人、朋友都不是很赞同他出这个头，毕竟很敏感，而且当时的文艺作品都是以歌颂题材为主，很少有这种具有讽刺意味的作品。但老舍先生还是克服了重重阻力，孤身一人远赴西安，并假扮成提审员审起了李万铭。"②老舍认为："戏剧应当具有多样性，外国戏剧一贯如此，中国的地方戏曲也是一贯如此。戏剧不能完全是一路货，他提倡写讽刺剧、写悲剧。"③剧名为《西望长安》，地域指向明显，又是讽刺剧，难免会"污名"西安。剧作发表上演后的反应也确有此现象。对此，老舍做了必要的解释："旧诗中有一句'西望长安不见家'。后来，被淘气的知识分子改为'西望长安不见佳'。'家'与'佳'同音。你若问一个知识分子：某事好

---

① 杨建龙：《新诗遇到了抗战这是千载难遇的机会——论老舍的抗战新诗创作》，《甘肃社会科学》2013年第2期。

② 为了更好地创作剧本，老舍特地到关押李万铭的功德林1号公安部预审局监狱见了李万铭。此时李万铭的案情已经基本查清。据曾经参与审理此案的雷皓回忆，老舍和工作人员向李万铭提问时，李万铭的口吃病发作了，脸憋得通红，半天才说出一句话来。老舍不仅没有丝毫的不耐烦，反而颇感兴趣地问了许多问题。（雷皓：《老舍在〈西望长安〉公演之前》，《纵横》2002年第7期）老舍"从李万铭口中得知了很多骗人的细节。这些一手采访得来的细节，使得《西望长安》写得生动真实，其中的幽默与讽刺体现了他一贯的文体风格"。不过，老舍的陪审员扮演得并不成功。事后，李万铭曾表示，他一眼就看出老舍"不是真的法官，因为扮得太不像了"（《老舍先生今诞辰110周年为写话剧曾在西安扮法官》，《华商报》2009年2月3日）。

③《老舍先生今诞辰110周年为写话剧曾在西安扮法官》，《华商报》2009年2月3日。

不好？他便以'西望长安'四字表示不好——不佳。这变成了一种歇后语。李万铭的案子是在西安破获的，西安古称长安。所以我用《西望长安》为剧名，暗示他到了西安就不佳了。也可以这么解释：若有人问我：你的新剧本好不好？我答以'西望长安'，表示不佳，亦讽刺自己之意。剧名很不易拟，我用'西望长安'四字不过是求其现成而已，没有什么奥意。"①由此可见，剧名是"求其现成而已"，并没有什么特别含义。老舍甚至不惜调侃自己，表现出难得的自嘲勇气和一贯的幽默风格。

《西望长安》为五幕话剧，情节的发展主要集中在四个空间场景：一是西北农林学院，二是汉口农业技术研究中心，三是农林部办公厅，最后一个是西安的某招待所。为了空间背景的真实性，老舍亲赴西安调查。从剧作中，我们可以看到老舍此次调查所得的西安印象，如第一幕：

  幕启：西北农林学院是在陕西省里的高原上，有大片的果园和农业试验场。我们望过去，高原上真是灿烂如锦：刚长熟了的柿子，象万点金星，闪耀在秋光里；晚熟的苹果还没有摘下来，青的、半红的都对着秋阳微笑；树叶大半还很绿，可是这里那里也有些已经半黄的或变红了的，象花儿似的那么鲜艳。在密密匝匝的果林里，露出灰白色的建筑物的上部，那就是学院的大楼。

  我们离高原还有三四里地，所以高原上的果木与高楼正好像一张美丽的风景画。

  越往离我们较近的地方看，树木越少。可是从高原一直到近处，树木的绿色始终没有完全断过，不过近处没有高处的果林那么整齐繁密罢了。在几株绿树的掩映下有一所房子，墙壁都刷得很白，院门对着我们。绿树的接连不断好象是为说明这所房子和学院的关系。它也是学院的一所建筑，现在用作农业训练班的教室和宿舍。管理训练班的干部一部分是由学院抽调的，一部分是由省里派来的。受训的都是各县保送来的干部。大门的左边挂着一块木牌，写着"陕西省干部农业技术训练班"。院墙前面是一片平地，象个小操场。白墙上贴着许多抗美援朝的标语。

  咱们的戏剧就在这所房子外面开始。②

西北农学院地处杨陵，虽与西安距离很近，同处关中，但行政区划上并不隶

---

① 老舍：《有关〈西望长安〉的两封信》，《人民文学》1956年5月号。
② 老舍：《西望长安》，见《老舍全集》（第11卷），人民文学出版社，2008年，第82—83页。

属于西安。从文化风物上而言，当属大西安无疑。老舍寥寥几笔，勾勒出了渭北高原金秋时节的丰收景象，倘没有亲临其境的观察，是很难描写得如此生动传神的。在剧作中，老舍也不忘借助人物之口，表现西安的沧桑巨变。比如在第五幕第二场中，杨柱国说："原先西安是马路不平，电灯不明，电话不灵；现在是平了，明了，灵了！""西安的建设真不得了啊！那么好的大马路，那么好的招待所，那么多的工厂、学校，真了不起！"[①]这里不仅有老舍西安之行的细致观察，也牵带着老舍过去对西安的记忆。观察和记忆融合在一起，为整个剧情提供了一个真实而可信的"长安"背景。值得一提的是，老舍此次的西安之行，得到了陕西文艺界著名人士的热烈欢迎。柯仲平、胡采、柳青、杜鹏程、王汶石、戈壁舟、魏钢焰等在西安饭庄设宴款待，戈壁舟所写的《食鱼记》一文，详细记叙了他们在西安饭庄宴请老舍的欢快情景。老舍对尝到的菜品赞不绝口，对特色菜"奶汤锅子鱼"尤为称道，说："北京吃不上这样好的鱼！""那叫它飘洋过海咧？""准得个金质奖章！""我们中国有的好作品，也像这锅子鱼……"[②]不过，后来的《西望长安》并不像"这锅子鱼"，老舍也自认为，作品没有达到理想的境地。他说，《西望长安》"不是个好剧本，但它是讽刺剧，所以正面人物也要配合讽刺戏的风格，正面人物也要有风趣，这是形式的要求，否则风格就不统一了"[③]。实际上，不单是风格问题，而是讽刺的尺度、空间和程度问题。

《西望长安》初稿完成于1955年11月，发表于《人民文学》1956年1月号，同年3月由中国青年艺术剧院在北京搬上舞台。后来《西望长安》虽然获得了第一届全国话剧观摩演出会一等奖、剧本二等奖，但并未产生此前如《方珍珠》《龙须沟》等那样的艺术反响。在此之前，老舍主要是歌颂社会主义和新中国，而《西望长安》是讽刺剧，既要讽刺，也要把握好尺度，不能讽刺过度，攻击新社会和新制度。老舍写作的时候，就预设了不能将老干部写得太坏，要从这些官僚主义、形式主义者身上找出麻痹大意的小毛病和小问题，"他们基本上是好的"。正如老舍自己所言："我的写法与古典的讽刺作品（如《钦差大臣》等）的写法大不相同，而且必须不同。《钦差大臣》中的人物是非常丑恶的，所以我们觉得讽刺得很过瘾。通过那些恶劣可笑的人物，作者否定了那个时代的整个社会制度。那个社会制度要不得，必须推翻。我能照那样写吗？绝对不能！我拥护我们的新社会制度。假若我

---

① 老舍：《西望长安》，见《老舍全集》（第11卷），人民文学出版社，2008年，第151页。
② 戈壁舟：《食鱼记》，《中国烹饪》1983年10月号。
③ 老舍：《关于业余曲艺创作的几个问题》，见《老舍全集》（第17卷），人民文学出版社，2008年，第702页。

为写得痛快淋漓，把剧中的那些干部们都描画成坏蛋，极其愚蠢可笑，并且可憎，我便是昧着良心说话——我的确知道我们的干部基本上是好的，只在某些地方有缺点，犯些错误。我只能讽刺这些缺点，而不能一笔抹杀他们的好处，更不能通过他们的某些错误而否定我们的社会制度。这就是今天的讽刺剧为什么必须与古典讽刺剧有所不同。"①如此一来，作者就摇摆在两种处理方法之间：将栗晚成（李万铭）"是写成反革命分子还是骗子呢？两者都像而又都不像。既没有写出骗子的典型，也没有写出反革命分子的典型。行为是骗子，而目的是反革命，两者缺乏有机的结合。栗晚成就这样被割成了两截，他的行为与目的分裂开来，而不是完整的性格"。所以，我们觉得，"剧本本身所达到的成就并没有完全相称于作家的政治热情。我们感到老舍对这个题材的社会意义还没有经过充分的发掘，同时，在写作中心情过于矜持，笔还放不开，对反面形象揭露不够深刻，缓和了这一题材所包含的尖锐的冲突，缩小了主题的社会意义"。从艺术上看，整个剧本采用剥皮的方法，直到第四幕才剥开骗子栗晚成的原形。在此前，整个戏剧是正剧的风格，喜剧性无法发展，讽刺效果也无由产生。由于整个戏剧缺乏喜剧情节（个别地方有喜剧情绪），重要的转变情节不够自然熨帖，如那些落后的革命干部被栗晚成蒙骗过于容易，林科长、杨柱国等人的检讨和转变过于突兀，均缺乏"准确的、合理的描写"。因此，"观众对剧中情景往往不能发出笑声，在他们心里经常发生疑问：这可能吗？"②当观众对剧情的真实性产生怀疑，自然也就不会顺着作者的思路，产生讽刺的效果了。即使老舍的语言如何精彩出色，也于事无补了。③《西望长安》在艺术上失败了，但这不是老舍的问题，而是时代所造成的限制，并有着特殊的历史意味。从"百花文学"的小环境来看，《西望长安》"虽是秉承罗瑞卿的旨意而来，但也正是这一来自政治场的旨意为《西望长安》的讽刺性文体提供了必要的文学场合法性。《西望长安》在讽刺那些尸位素餐的官僚时，虽有吞吞吐吐，但毕竟为新

---

① 老舍：《有关〈西望长安〉的两封信》，《人民文学》1956年5月号。
② 李䚈：《评〈西望长安〉》，《剧本》1956年第7期。
③ 方言土话表现力强，但观众听不懂，就没有了表现力。《龙须沟》北京土话太多，有人反映听不懂，其他地方没法上演，就限制了宣传作用。因而，老舍在《西望长安》中汲取了这个经验，他说："在《西望长安》里我尽量避免用土话，几乎百分之九十是普通话，这个剧本虽不算好，但在全国各地都演出了。"［老舍：《文学语言问题》，原载《新闻与出版》1957年第10期，见《老舍全集》（第17卷），人民文学出版社，2008年，第717页］就效果而言，老舍觉得"表现能力并不太差"［老舍：《关于文学创作中的语言问题——鞍山业余文学报告会上的讲演记录》，原载《文学月刊》1956年10月号，见《老舍全集》（第17卷），人民文学出版社，2008年，第692页］。

中国的文学场开创了讽刺剧的先例"[1]。

1962年1月,西安市话剧院再度演出《骆驼祥子》,老舍写了《春节愉快》[2]的短文,预祝演出成功,并祝贺剧院全体同志和西安的观众春节愉快,身体健康。这篇发表在《西安晚报》上的短文,成为老舍和西安最后的、最直接的文字联系。时隔半个多世纪,2007年2月,为纪念中国话剧百年诞辰,国家大剧院将《西望长安》再度搬上舞台,并进行全国巡演。5月,《西望长安》又回到了"事发地"西安,在西安易俗社大剧院上演。这一次,演员们在台词中运用了大量的陕西方言台词,葛优扮演的栗晚成,再一次唤醒了老舍与西安这座古都的联系。然而,绝大多数人并不知晓,老舍与西安不止《西望长安》这部话剧。在童年时期,老舍的家国之痛苦就和这座古都紧紧地绾结在一起;抗战时期,老舍慰军四到西安,演讲数次,足迹踏遍三秦大地,前后停留达一月有余,竭尽了一个爱国之士的所有力量宣传抗日;为写作《西望长安》,只身奔赴西安考察,开启了当代讽刺话剧之先河。比起老舍长期生活过的北京、伦敦、济南、武汉、重庆来,老舍在西安的时间实在算不上长,但在老舍的生命和创作中,除了北京外,西安无疑是另一座具有特殊意义的无可替代的文化古都。

原载《大西北文学与文化》2020年第2期

（王鹏程,西北大学文学院教授）

---

[1] 徐仲佳、张文香:《老舍在文学场"小阳春"中的习性表现》,《中国文学批评》2017年第2期。

[2] 老舍:《春节愉快》,原载《西安晚报》1962年1月30日,见《老舍全集》（第15卷）,人民文学出版社,2008年,第144页。

民国文人的西安记忆与文学想象

王鹏程

袁枚在《赴官秦中二首》云："闻道关中多胜迹，男儿须到古长安。"[1]诚如袁才子所言，凡是读书人，没有不对古长安羡慕并充满向往的。长安是中华民族的根，是"中国历史的底片、中国精神的芯片和中华文明的名片"[2]。然而宋元以后，随着政治、经济和文化中心的南移，长安逐渐失去了全国的中心地位。以元初易名西安为标志，长安已由煌煌国都沦落为西北重镇。到了近现代中国，西安，这座"灿烂中华的灿烂中心"，由于地处偏隅、经济落后、思想闭塞和文化保守，成为"停滞中国的停滞典型"。[3]但长安作为千年古都的辉煌历史和深厚的文化遗存，却激发了一代代人的历史记忆和文化想象。"走长安"，成为一代代文人墨客挥之不去的文化情结。民国时期的作家也不能置外，因为各种原因，他们充满期待地踏上长安古道，但西安的破败荒凉、凋敝落后，使得他们不约而同地发出了"长安不见使人愁"的喟叹。

一 "连天空都不像唐朝的天空"：鲁迅等人的西安印象

1923年5月，北京女高师哲学部主任傅佩青和北大陕西籍学生张之纲受陕西省省长兼督军刘镇华函托，邀请北京著名学者7人来陕讲学，拉开了陕西现代学术活动的序幕。当时杂志上的讲座公告言道：

> 陕西向以交通不便，故名流学者之在西安讲演者，向未之有。自去年西潼汽车路告成后，交通稍便。今年省长兼督军刘镇华于五月间函托傅佩青及北大陕生张之纲邀请现代学者数人，来陕演讲，以提倡西北文化，并

---

[1] 袁枚：《袁枚全集新编》（第1册），王英志编纂校点，浙江古籍出版社，2015年，第149页。

[2] 肖云儒：《汉唐记忆与西安文化》，见陈平原、王德威、陈学超编：《西安：都市想象与文化记忆》，北京大学出版社，2009年，第338页。

[3] 秦晖、苏文：《田园诗与狂想曲——关中模式与前近代社会的再认识》，中央编译出版社，1996年，第45页。

鼓励陕人研究学术之兴味。傅张二氏当即邀请七人——即北大教授美人柯乐文，北大史学系主任朱遏先，哲学教授陈百年，理科教授王抚五，哲学教员徐旭生，美术专门学校教务长吴新吾，女高师哲学部主任傅佩青——已于七月初抵西安。各界人士竭力欢迎。讲演时期由八日起。兹将诸学者讲演题目列后。至于讲演地址，闻在省立第一中学、教育厅及教育会三处云。①

确如讲座公告所言，陕西因交通不便，在西安到临潼公路通车以前，除了探险家和历史学家的寻宝访古②，鲜有现代意义上的学术活动。柯乐文、朱遏先（朱希祖）、陈百年等人的西安讲学，开启了陕西现代学术活动的新的一页。

1924年5月8日，傅铜领大总统之令，由北京女高师哲学部主任转任西北大学校长。③上任不久，即有"拟藉暑期间延聘各大学教授来陕讲演，藉以宣传文化，输入知识"——筹办"暑期学校"之计划。傅铜在牛津大学求学时，对牛津"造运动"即"为不能入大学者设法俾得略获高等学识之谓"深以为然，故云"此我暑期学校之所以设也"④。同陕西教育厅长马凌甫商议后，傅铜呈明省长兼督军刘镇华，得到允诺支持，遂去函邀请鲁迅赴西安讲学。傅铜委托的王捷三和王品青正在北大求学，他们知道鲁迅正拟创作历史小说，曾有去西安一游之意，便以"孔子西行不到秦"（元结《石鼓歌》）之语劝行⑤，鲁迅慨然应允。1924年7月7日晚，鲁迅从北京西站乘火车出发赴陕讲学。同行的有《晨报》记者孙伏园、南开大学哲学教授陈定谟、人类学教授李济之、西洋史教授蒋廷黻、《京报》记者王小隐等13人。这样庞大强悍的阵容让西安的文化人充满期待。此外，暑期学校所邀学者还有东南大学教授陈中凡、刘文海、吴宓⑥等人。暑期学校的讲座题目如下：

王桐龄　（一）陕西在中国史上之位置
　　　　（二）历史上中国民族之研究

刘文海　近世大国家主义

李济之　人类进化史

---

① 《陕西省城之学术演讲会》，《教育杂志》1923年第7期。
② 1923年9月，康有为游览华山后，到西安讲学，受到刘镇华的热烈欢迎。离开时因盗取卧龙寺宋藏经而致舆论哗然，是谓"康圣人盗经"事件。
③ 《大总统令（五月八日）：任命傅铜为西北大学校长》，《江苏教育公报》1924年第5期。
④ 单演义：《鲁迅在西安》，西北大学出版社，2009年，第12页。
⑤ 单演义：《鲁迅在西安》，西北大学出版社，2009年，第13页。
⑥ 被邀学者部分因故未到，实际来陕者和预告有出入。

蒋廷黻　（一）法兰西革命史
　　　　（二）欧洲近世史
李幹臣　森林与文化
　　　　中国兵工问题
陈定谟　行为论
陈钟凡　（一）中学国文教学法
　　　　（二）中国文字演进之顺序
　　　　（三）读古书的途径
周树人　中国小说之历史的变迁
王来亭　（一）社会主义与共产主义之源流
　　　　（二）卢梭之教育观
夏元瑮　物理学最近之进步[①]

这次暑期讲座的学者中，鲁迅无疑是最为著名和最有影响的一位。后来的西安也有情有义，西北大学集鲁迅墨迹的校名（新中国高校校名以毛体字为主，用鲁体者并不多见），西北大学校园内的鲁迅雕像，易俗社至今高悬的"古调独弹"牌匾，以及津津乐道的鲁迅捐赠的50元大洋等，足现鲁迅西安之行的影响和西安人的深情厚谊。鲁迅讲演的题目为"中国小说之历史的变迁"，实际上是《中国小说史略》28篇的缩编和精华，在某些论点和具体论述上，又有所发展而显得更加丰赡有力。[②]暑期学校开讲后，听众推举代表反映：所邀学者讲座内容与他们职业没有关系，加之无讲义和语言不通，收获甚微。据当时报纸报道："暑期学校自开办后即有多数学员于学校大抱不满，盖听讲员大都系在小学教育界服务者，而其讲演则与小学教育毫无关系，结果不过为个人增添若干零碎知识而已。此时又因无讲义致不懂讲师语言者多莫名所谓，无法出席，故开讲之第二日即有人在黑板上大书'既无讲义又无成书，言之谆谆，听者茫茫，师生交困，恐无好果'之语，其感于困难者可想而知，昨日全体听讲员已忍无可忍遂公推某君上讲台向众发表意见。"[③]众所皆知，鲁迅的讲演深入浅出、生动有趣，很有魅力，但"中国小说史"这个题目学术性很强，再加之听众文化程度普遍不高（多为小学教师和军人），因而讲演的收效

[①] 薛绥之主编：《鲁迅生平史料汇编》（第3辑），天津人民出版社，1983年，第824—825页。
[②] 此时鲁迅的《中国小说史略》已经写成，上册于他赴西安讲学前一年出版，下册于他赴西安讲学前一月印成。
[③] 姜彩燕、王小丽：《单演义"鲁迅在西安"的研究及其意义》，《鲁迅研究月刊》2016年第4期。

可想而知，当时报道也可证明效果并不理想。据1924年8月8日《新秦日报》报道："报名簿上所书之七百余名听讲员，而每次出席者仅数十人，此外如下午之课堂钟点亦减去大半，且有数日无堂者，状颇萧条云。"当然，这也不能说鲁迅等人的讲座毫无意义，他们毕竟让这片古老而保守的土地沐浴到了现代学术之光。正如陈漱渝先生所言："在绝大部分学员翘课而且天气酷热的情况下，鲁迅能够坚持授课到底，体现出一种'韧'的精神和对学员高度负责的态度。"①其他学者也都能做到尽人事听天命，将讲座坚持到底，不辱教师之使命，也是难能可贵的。

鲁迅"走长安"的主要目的，是为构思的长篇历史小说《杨贵妃》做创作上的准备。到西安之后，满目的颓败和荒凉，看不到丝毫的盛唐气象，反把以前的幻想都打破了。在同孙伏园出游时，孙看到西安到处都是木槿花，几乎家家园子里都有，都是白色的一大片，而别处也有木槿花，但多是红色的一两株，遂颇有感触，便对鲁迅说："将来《杨贵妃》的背景中，应该有一片白色的木槿花。"②鲁迅静静地看着孙伏园，没有作声。估计这时他的写作计划已经作罢了。五六年后，鲁迅在致日本友人山本初枝的信中依然表达了"走长安"的失望："到那里一看，想不到连天空都不像唐朝的天空，费尽心机用幻想描绘出的计划完全被打破了，至今一个字也未能写出。"③不过，也不可将鲁迅取消《杨贵妃》写作的原因，简单地全归结为西安"连天空都不像唐朝的天空"。我们看鲁迅的小说就会发现：生活场景从来不是他小说叙事的中心，他更侧重人物的心理分析和命运刻画，庶几可谓"心理小说"。《故事新编》所收的8篇历史小说，具体的生活和历史场景几乎完全被忽略掉。单就历史小说的写作而言，鲁迅完全是凭借想象写作，可谓典型的书斋写作，到不到长安，是不是"唐朝的天空"，似乎关系不大。但长安的颓败荒凉，的确让鲁迅踟蹰了。这也跟鲁迅的才情气质有很大的关系，他以心理分析为主的小说写法，人物较少，情节简单，适合中短篇的写作，倘要写长篇《杨贵妃》，唐代的历史情境、宫廷生活的具体场景、唐朝的风土人情与市井风貌，当然还有那位"渔阳鼙鼓动地来"的安禄山，均不能不去考虑和处理。也许，鲁迅更多的踟蹰在这里吧。大体而言，鲁迅对西安之行是不甚满意的。他在《说胡须》里说："今年夏天游了一回长安，一个多月之后，胡里胡涂的回来了。知道的朋友便问我：'你以为那边怎样？'我这才栗然地回想长安，记得看见很多的白杨，很大的石榴树，道中

---

① 陈漱渝：《鲁迅西安讲学成效不宜高估》，《中华读书报》2016年8月24日。
② 单演义：《鲁迅在西安》，西北大学出版社，2009年，第70—71页。
③ 鲁迅：《致山本初枝》，见《鲁迅全集》（第13卷），人民文学出版社，1981年，第556页。

喝了不少的黄河水。然而这些又有什么可谈呢？我于是说：'没有什么怎样。'"①

如果说鲁迅在西安讲学的21天有所收获，那就是：西安的名吃羊肉泡馍和其他小吃尝过了；看大小雁塔，逛灞桥，游曲江，主要精力花在碑林和南院门街市，买了土俑、弩机、造像、拓片等；对京剧颇有微词、对梅兰芳热嘲冷讽的鲁迅，对秦腔却颇有兴致，接连到易俗社看了五场演出②。鲁迅此行留下的文字，除讲稿"中国小说之历史的变迁"、日记、杂文《说胡须》与《看镜有感》、信札《致山本初枝》之外，还有为易俗社所题的"古调独弹"的匾额。有趣的是同行的北京《晨报副刊》记者孙伏园的记述：一天，他跟鲁迅去逛古董铺，见到一个动物石雕，认不出是什么动物。问店主，店主说："夫"。孙伏园一脸茫然，鲁迅马上悟出是"鼠"。西安方音将shu读作fu。后来某天，鲁迅风趣地对孙伏园说：张秘夫（即张秘书）要陪我们去看易俗社的戏。③孙伏园对西安总体印象不佳，比如植被缺乏、文物保护不善等。但他觉得西安人不错，他认为从五胡乱华起一直到清末回民起义，以及民国时期的军阀战争，斫伤了"陕西人的元气"，因而导致西安人"多是安静，沉默和顺的；这在智识阶级，或者一部分是关中的累代理学所助成的也未可知；不过劳动阶级也是如此：洋车夫，骡车夫等，在街上互相冲撞，继起的大抵是一阵客气的质问，没有见过恶声相向的"。④这或许是他们碰到的西安人正好如此，实际同西安人的性格不合符节。此行还是让孙伏园很兴奋的，他在《晨报副刊》连载的著名的《长安道上》，洋洋12000余字，可见感触良多。北师大教授王桐龄，讲座的题目是"陕西在中国史上之位置"。他对西安做了详细的调查访问，撰有《陕西旅行记》出版，分"长安之建筑""长安之市街""长安之实业""长安之教育"等十二节，洋洋四万余字，兴味也不可不谓盎然。参加暑期学校讲学的这几位学者，乘兴而来，满目疮痍的废旧古都，难免让他们不满和失望。不过，也不是全无收获，至少了却了"男儿须到古长安"的蛊惑和念想，收获还是有一些的。比如陈钟凡，感觉西安之行为平生"快事"，"游踪所及，举凡太华终南之奇，河渭伊洛之广，函谷潼关之险峻，曩昔所向往者，莫不登临，一览无胜，信足名生平之赏矣"⑤。

---

① 鲁迅：《鲁迅全集》（第1卷），人民文学出版社，2005年，第183页。
② 鲁迅对秦腔颇有好感的原因有三：一是鲁迅在教育部任职时主管通俗教育，对移风易俗、与时俱新的易俗社颇为欣赏；二是秦腔同绍兴戏一样，慷慨刚劲，唱腔相近（有学者认为绍兴戏为秦腔旁支）；三是易俗社主事者吕南仲为鲁迅老乡。
③ 孙伏园：《长安道上（三）》，《晨报副刊》1924年8月18日。
④ 孙伏园：《长安道上（三）》，《晨报副刊》1924年8月18日。
⑤ 陈钟凡：《陕西纪游》，《国学丛刊》1924年第2期。

二 "到西北去":"俨然是在太古时代"的陪都"西京"

1928年,民国政府提出开发西北的战略,很快得到全国的支持和呼应。政府当局和公民个人无不以建设西北为当务之急,一时间,各种关于开发建设西北的计划、方案、报告和研究成果纷纷出炉,"到西北去""开发西北""建设西北"成为流行话语。他们或为西北开发和建设献言献策,或提供资金上的帮助,或游历考察西北,或到西北去工作,西北的开发和建设掀起前所未有的高潮。作为西北桥头堡的西安,自然成为西北开发和建设的重中之重。1932年"一·二八"事变以后,民国中央政府决定以洛阳为行都,以西安为陪都,并将西安易名为西京。政治地位的提高,使得西安更加受到重视。不过,由于交通不便,西安发展受到的限制也很大。陇海铁路从1905年开始修建,1915年才通到灵宝附近的观音堂。1931年12月,方修至陕西潼关。1934年12月27日,陇海铁路终于通车西安。陇海铁路的开通,加强了西安与中东部的联系,促进了西安与中东部的商业贸易、文化交流和人才流动,对西安的发展具有里程碑式的意义。

在"到西北去""开发西北"的声浪里,后来成为著名教育家的严济宽,同几个青年同伴来到了西安任教。在他的印象里,"西安的民情,十分淳厚,崇尚朴质,不事浮华。从衣食住行四大需要上都可以看得出来。他们的性情是刚强的,直爽的。不像南方人的滑头滑脑,这一点还保存着古人的风度,在奸刁诡诈的二十世纪,这种人是不多见的了"。他觉得,"西安人和西安的地方一样,是很古朴的":老人长袍大袖,飘飘然有古风;中年人也是长袍,不过款式多些;青年学生,夏天是白色的学生装,春秋是灰色的学生装,冬天,外面加件大衣;西装少年很少见,即使有,也是从南方来的。无论老年、中年、青年人,"他们所用的衣料都是棉制成的粗布,绝不用外国货的。……他们的朴素,就如江浙的乡下人差不多,这实在是一种极好的风气"。尤其是西安学生的彬彬有礼,给他留下了深刻的印象:"自五四运动之后,旧礼教被打倒,不知不觉的把一般的礼貌也打倒了。于是学生不敬仰师长也成为习见的事情。但是在西安,学生们仍然是有礼貌的。他去看先生,必先敲门,见面,一立正,然后讲话,讲完话后,又一立正,始慢慢地退出。如在路上遇着先生,必一面鞠躬,一面叫'×先生',等先生走过了,再向前进。这样有礼的情形,在现在国内是很少见的。"[①]

他觉得西安学生的天资,似乎要差一点。比如严济宽上英语课时发现,有几个

[①] 严济宽:《西安:地方印象记》,《浙江青年》1934年第2期。

人把day读die，他纠正了几次，没有一点成效。总体看去，西安的教育很落后，学校虽不少，但派别太多，缺少团结一致的朝气，成绩尤少。严济宽在西安工作了半年，对西安的印象是"西安是个弥漫着古香古色的都市，没有电灯，没有自来水，一切都是东方固有的东西"。和他同去西安的几位朋友，是江南的时髦少年，是站在时代前面的人，"一到西安，他们就要大读其诗词歌赋，大卖其古董字画，俨然是冬烘头脑的老先生，足见这古老的都市，蕴藏着极大的复古的魅力"。①回到上海之后，他回想西安的生活，觉得"俨然是在太古时代一般"，自己是从古代到现代穿梭了一次，"差别如是之大，这实在是梦想不到的"。②严济宽的所见所言，在外省人对西安的感受和印象中，颇具典型性和代表性。

王鲁彦的到来，"蓦然有一个那么有名气的文艺家到西北来，的确是很使人兴奋的"③。1934年2月上旬，王鲁彦离开上海到陕西合阳县立中学任教，8月下旬转任西安陕西省立高级中学教师（其间，7月下旬回上海），1935年底回到上海。在陕西期间，他先后创作了《惠泽公公》《车中》《桥上》《鼠牙》《枪》等小说，《新年试笔》《厦门〈地方印象记〉》《叹骷髅选》《婴儿日记》《父亲》《西行杂记》《西安印象》《寂寞》《四岁》《幸福的幻影》《听潮的故事》《关中琐记》《驴子和骡子》等散文，翻译了波兰作家斯文妥珂夫斯基的长篇戏剧《阿斯巴西亚》④，"把这荒僻的西北介绍到外面去"⑤，同时把新鲜的空气带进来。这些作品都在省外发表或结集出版（多在上海）。鲁彦所看到的西安，破败荒凉，寒鸦丛集。他在《西安印象》中写道：

  ……西安的建设还在开始的尖梢上，已修未修和正在修筑的街道泥泞难走。行人特殊的稀少，雨天里的店铺多上了牌门。只有少数沉重呆笨的骡车，这时当做了铁甲车，喀辘喀辘，忽高忽低，陷没在一二尺深的泥泞中挣扎着，摇摆着。一切显得清凉冷落。

  然而，只要稍稍转晴，甚至是细雨，天空中却起了热闹，来打破地上的寂寞。

  "哇——哇——"

  天方黎明，穿着黑色礼服的乌鸦就开始活动了，在屋顶，在树梢，在

---

① 严济宽：《西安》，《中学生》1935年第54期。
② 严济宽：《西安：地方印象记》，《浙江青年》1934年第2期。
③ 戴思：《西北作家小志》，《西北文化月刊》1941年第5期。
④ 连载于当时在西安出版的《西京日报》副刊《明日》上。
⑤ 戴思：《西北作家小志》，《西北文化月刊》1941年第5期。

地坪上。

接着几十只，几百只，几千只集合起来，在静寂的天空中发出刷刷的拍翅声盘旋地飞了过去。一队过去了，一队又来了，这队往东，那队往西，黑云似的在大家的头上盖了过去。这时倘若站在城外的高坡上下望，好像西安城中被地雷轰炸起了冲天的尘埃和碎片。

到了晚上，开始朦胧的时候，乌鸦又回来了，一样的成群结队从大家的头上刷了过来，仿佛西安城像一顶极大的网，把它们一一收了进去。

这些乌鸦是常年住在西安城里的；在这里生长，在这里老死。它们不像南方的寒鸦，客人似的，只发现在冷天里，也很少披着白色的领带。它们的颜色和叫声很像南方人认为不祥的乌鸦，然而它们在西安人却是一种吉利的鸟儿。据说民国十九年西安的乌鸦曾经绝了迹，于是当年的西安就被军队围困了九个月之久，遭了极大的灾难。而现在，西安是已经被指定作为民国政府的陪都了，所以乌鸦一年比一年多了起来，计算不清有多少万只，岂非是吉利之兆？①

女作家王莹这一时期也在西安任教，在她的眼里，西安是"一个墓场似地荒凉的旧都"，是一个沙漠里的城市。有风时黄沙满天，她"迎着那沙漠里的寒风"，离开了这个闭塞落后而又热情淳朴的古都。西安的黄昏留给她难以磨灭的印象："是天空卷着了黄沙的时候，在满是乌鸦的院落里，窗口飘进了使人窒息着的叫声，屋子是灰暗的，火油灯闪闪地在寒冷的风中飘摇着，心是那么沉着的。"②不过西安的女儿们，天真、可爱、俭朴，她们"恨许多女孩子缠脚哩"，"恨许多抽鸦片的人哩"，讨厌"街道也不清洁哩"。她们"有真挚的热情"，"有坦白的心胸"，"在天真的头脑里是不断地在织着美丽的梦"，③把对社会的不满，一件一件告诉了外地来的女老师，给王莹留下了深刻的印象。王莹以女性自身的细腻和敏感，把握住了西安女儿们的灵魂。直至今天，西安的女儿们跟王莹所言也差不了多少。

西安古迹，多如牛毛，"任踏一砖，即疑为秦；偶拾一瓦，又疑为汉。人谓长安灰尘，皆五千年故物，信然耶？"④游客最怀恋者为碑林、大小雁塔、华清池、

---

① 鲁彦：《西安印象》，《文字》1936年第1期。这里所说的"极大的灾难"指的是"西安围城"，实发生于民国十五年即1926年。鲁彦记忆有误。
② 王莹：《西安的女儿们——"古城里的记忆"之一》，《现代》1934年第6期。
③ 王莹：《西安的女儿们——"古城里的记忆"之一》，《现代》1934年第6期。
④ 易君左：《西安述胜》，《上海青年》1937年第4期。

曲江、昭陵四骏（另两骏被盗卖于美国）、秦腔、咸阳古渡、周陵，当然，大家对西安的名吃也很感兴趣，比如老童家的羊肉泡，味道甘美，令不少游客垂涎。生于江苏武进的上海美专教授王济远，第一次吃羊肉泡，就咥了一大碗泡馍和羊杂碎，并连吃三碟腊羊肉，觉得热辣可口、别有风味，赞不绝口。这样的早餐，于他"平生还是第一次"。①西安城墙和钟鼓楼的巍峨、方正、浑厚和严肃，几乎使得所有的到访者不由自主感叹它曾经的辉煌和建造时代的雄伟浩大。1934年，后来成为著名汉学家的捷克留学生普实克到西安旅行。在回忆录《中国——我的姐妹》的第四十七章"曾经辉煌的城市——西安府"中，他详细记叙了西安城墙、城门、钟鼓楼、碑林、小雁塔、清真寺给他留下的印象。在他看来，只有城墙可以证明这座千年古都曾有的辉煌。他觉得"最好的时光是上午在城门楼上，观看太阳刚刚露出的笑脸"。他"最喜欢消磨时间的地方是碑林"。他将西安同意大利和北京的古城做了对比，觉得西安周围因为植被的缺乏，不能像意大利废墟那样将古迹与绿色的植物协调，带给人美丽的感伤；也不能像北京的古城那样，"使人回忆起旧时光的宏伟壮丽"，令人感到悲哀。西安的"一切都覆盖着尘土，宝塔像一座座畸形的雪人站立在肮脏的工厂院子里"②。西安和北平都是古都，都爱刮风，"只是西京的味道和北平不同。人们多欢喜北平，到西京的人都怀有莫奈何的心情，最欢喜西京这个地方的大概只有考古学家吧"③。确实如此。历史学家和批评家李长之到西安首先感受到的，是人们口语的古朴醇厚，比如答应的时候从不用"是的"或者"唯唯"，用的是秦始皇用的"制曰可"似的"对"。比如买东西换货，伙计一定是郑重严肃地说"对"，而不是"好""可以"之类。在长安住了三个夜晚，他觉得"这古城给人印象顶深的，是感觉宗教气息的浓厚，并且想见中国当时受外邦文化影响的剧烈。还有一点，就是一到长安，才对于唐代的文字，特别是诗，格外亲切起来。附带的，也了解唐代所谓隐士的一部分人的生活，他们隐是隐在终南山，就是京城的南城门外边。这样自然是很方便的，看了风景，却还不会和政局隔膜。所以大抵隐士是只有聪明人士会做的"④。

---

① 王济远：《西安一日游》，《东方杂志》1937年第9期。
② ［捷克］雅罗斯拉夫·普实克：《中国——我的姐妹》，丛林、陈平陵、李梅译，外语教学与研究出版社，2005年，第402页。
③ 莲青：《西安文坛》，《国闻周报》1935年第33期。
④ 李长之：《从长安到洛阳》，《旅行杂志》1938年第3期。

三、抗战中的西安："文艺上的一片荒原"与艺术家的"中转站"

抗战爆发以后，到过西安的文艺界同人很多，有曹靖华、丁玲、田间、臧克家、宋之的、塞克、叶以群、崔嵬、王震之、贺绿汀、左明、光未然、李初梨、沙汀、何其芳、卞之琳、叶鼎洛、端木蕻良、萧红、萧军、聂绀弩、徐懋庸、艾青、舒群、庄启东、方土人、吕骥、冼星海、向培良、吴奚如、徐迟等。不过，"大家对于西安似乎都无甚留意。滞留的期间大都很短。留下影响的因此也不多"。他们离开西安，或者去延安，或者去山西，或者去重庆，很快活跃起来，"到现在，西安依然是文艺上的一片荒原！"[①]诗人徐迟在20世纪30年代后期感受到了西安现代化的一面。他下榻在当时西安最为豪华的宾馆西京招待所，这所当时军政要员、社会名流住宿的高级场所，不禁让他感叹西安同国内的其他大城市上海、重庆乃至国外并无多大区别："我在西京招待所住了七天。暖气管，冷暖水龙头，弹簧床。当时，我坐在圆形的餐厅内，我想，除了空气干燥一点，这跟重庆的嘉陵宾馆有什么不同？鸡尾酒之后，又出现了冷盘、浓汤，再后是猪排、牛排、鸡、点心、水果、咖啡，味道跟重庆的胜利大厦又完全相同。"[②]这种极为有限的现代和豪华在当时中国都市具有广泛的普遍性——现代与前现代的城市景观并存。正如林语堂所记："这座城市充满了强烈的对比，有古城墙、骡车和现代汽车，有高大、苍老的北方商人和穿着中山装的爱国志士，和不识字的军阀和无赖的士兵，有骗子和娼妓，有厨房临着路边而前门褪色的老饭店和现代豪华'中国旅行饭店'。"[③]1940年茅盾行经西安，写了《西京插曲》和《市场》两篇游记。他看到遭遇空袭的西安城房倒屋塌，到处残垣断壁，店铺书肆上摆放着乱七八糟的书籍，妓院卷帘待客。"夹在两面对峙的店铺之中，就是书摊；一折八扣的武侠神怪小说和《曾文正公家书日记》《曾左兵法》之类，并排放着，也有《牙牌神数》《新达生篇》，甚至也有《麻将谱》。但'嫖经'的确没有，未便捏造。……在这'市场'的一角已有了'实践'之区。那是一排十多个'单位'，门前都有白布门帘，但并不垂下，门内是短短一条甬道有五六个房，也有门帘这才是垂下的，有些姑娘们正在甬道上梳妆。"[④]徐迟、林语堂、茅盾笔下的西安，是古色古香的古都，虽有零星的现代气息，但总体

---

① 郑伯奇：《西安文艺现象点描》，《抗战文艺》1939年第1期。
② 徐迟：《回首可怜歌舞地——西安记游》，见西安市政协文史资料委员会编：《西安记忆》，陕西人民教育出版社，2010年，第304页。
③ 林语堂：《朱门》，湖南文艺出版社，2012年，第16页。
④ 林语堂：《朱门》，湖南文艺出版社，2012年，第353页。

上破败不堪、百业凋敝、教育落后、文苑荒芜，没有受到五四以来新思想、新文学和新文化的洗礼，是一个在经济思想和文学上与外隔绝的孤立的闭塞的盆地。

1940年至1945年，女作家谢冰莹在西安主编《黄河》①。她对西安有着详细的观察，对女性的命运尤为关注。在她的眼里，在西安可以看到"两种情调不同、相差两个世纪的女人"：一种"是代表十八世纪的女人"，"她们一双裹得像红辣椒一般的小脚，走着东倒西歪的步子，夹在人丛里面，时时都有被挤倒的危险"。另一种"是代表着二十世纪时代的新女性"，"她们穿着和男子一样的军装，打着裹腿，扎着皮带，穿着草鞋，走起路来那么雄赳赳，气昂昂地挺着胸膛，两眼直向前视。她们是正在中央战干团或者劳动营受训的'女兵'"；还有无数穿着中山装或学生装的女性，有的是机关的公务员，有的是在校的学生。这两种不同的女性，常常令人有时空错乱之感。小脚老太们永远想不到会遇到小姑娘这样的"天足"，这些和男人一模一样的小姑娘，在她们的脑海里，"不但是个奇迹，简直是个神话"。也有开明的老太太，诅咒"自己已死去了的黄金时代"，但少之又少。比如，邻居一位开明的老太太，就不让自己的孙女缠足。在她看来，现在是大脚时代，"世界变了，缠足不时髦，再说跑警报也不方便呀"。女人们很少出门，即使跑警报，也用头巾包得严严实实，尤以回民为甚。因此，在西安居住，要找到一个老妈或者奶妈，很是困难。蛮大的城市，没有荐头行。仅红十字会街有两家介绍河南妈子的挂着牌子，大车家巷张老太介绍本地的老妈子，但没有挂牌，非有熟人介绍不可。而外地人，几乎都不习惯本地的老妈子，"最大的原因是语言不通，其次是价钱太贵（她们要比河南女工贵一倍或二分之一），不清洁，而且脾气很大，动不动就回家"。不过也有例外，谢冰莹用过的郭妈，除了喜欢偷东西、贪小便宜外，简直无可挑剔。她个性强、爱清洁，从不糟蹋东西，思想进步，同情遭遇家暴的同性，关心战事，一看到主人看报就问："打到哪里了？日本鬼快败了吧？汪精卫死了没有？"谢冰莹称她"真是个西安的老新女性"。在谢冰莹看来，西安"妇女教育还在萌芽时期"——"许多家长送他们的女儿上学，并不是他们重视妇女应该与男子一样受同等教育，而是害怕女儿不读书，不能嫁一个比较有好地位的女婿，因此他们送女儿上学，为的获到一张可以当做嫁奁用的文凭。"在女孩子本身，大多数学习也不认真，将大量精力花在选择时装、烫头发和染指甲上。抗战爆发以后，许多学生流亡到西安，大量文化机关设在西安，杂志也雨后春笋般出版，西安群众的文化水平得到提升，文化教育事业大为进步。可能是西安长期作为帝都

---

① 《黄河》是当时西安影响最大的纯文艺刊物。

的原因，一般人的思想相当保守，妇女受到严重的轻视，男女极为不平等，女性好似一件物品一样没有半点自由。妇女识字班很少有人去，妇女活动很少有人参加，从事妇女工作的一般都是外省的妇女，"西安的妇女运动实在太沉闷了"。她担心，抗战胜利后，外省妇女撤走，西安的妇女工作岂不要停顿下来。①正如她所担心的，西安的妇女工作非但停顿了下来，而且很长时间也没有进步。

四、余论——走长安："人未有不思故乡者"

民国文人的西安记忆与历史想象，是对这座千年古都的追寻与凭吊，更是对这个民族过去辉煌的确认，自然也蕴含着对这个曾经文明发达的民族未来的殷切期待。因此，无数中国人甚至包括大量外国人都对这座千年古都有着无限的兴趣。这从普通游客对西安的钟情和国外政要将西安作为访问首选之地不难看出。在林语堂以西安为背景的长篇小说《朱门》中，主人公李飞将西安视为"中国传统之锚"。虽然西安面临着由千年古都转变为现代都市的"混乱紊乱"，但"他就爱这一片纷乱的困惑"。在他事业受挫、感情失意离开西安之时，西安成为他生命力一个奇怪的混合物。林语堂这样写道："他永远是西安的一部分，西安已经在他的心里生了根。西安有时像个酗酒的老太婆，不肯丢下酒杯，却把医生踢出门外。他喜欢它的稚嫩、它的紊乱、新面孔和旧风情的混合，喜欢陵寝、废宫和半掩的石碑、荒凉的古庙，喜欢它的电话、电灯和此刻疾驶的火车。"②李飞的这种矛盾心理，实际上也是无数中国文人追溯历史、确认根源的隐性情结在发挥作用。民国著名文人易君左在《西安述胜》中言道："夫游西北即等于还故乡，西北者，中华民族文化发源地，人未有不思故乡者，况久飘零异域之游子乎！"③他说的"西北"，实际指的是西安。令人忧郁和伤感的是，无数的追慕者乘兴而来，辉煌的古长安杳不可见，亦无法寻觅，只能看到斑驳亏蚀的城墙和汉唐陵阙，终了只能重复那千年不变的惆怅。从鲁迅开始，民国文人的"走长安"，哪一个不是带着一腔愁绪离开的呢！

原载《山西大学学报》（哲学社会科学版）2018年第6期

（王鹏程，西北大学文学院教授）

---

① 谢冰莹：《西安的妇女》，《妇女新运》1942年第8期。
② 林语堂：《朱门》，湖南文艺出版社，2012年，第161页。
③ 易君左：《西安述胜》，《上海青年》1937年第4期。

唐诗中的"灞桥"意象及其文化意蕴

任 正

学界关于唐代古桥的研究成果丰硕，这些研究多集中于建筑学、历史学、艺术学等领域，探讨了唐代古桥特别是一些名桥的结构、材质、兴废、审美等问题，宏观研究与个案研究并重，但从文学角度切入的研究尚少。唐诗中拥有丰富的桥意象，云清芝的《论唐诗中的桥意象》一文论述最为详尽，她认为作为一种象征物，唐诗中的桥意象将自然景色与文化观念、哲学思想及审美心态融为一体，体现了唐人的精神风貌、心理定式、价值取向和审美追求，更积淀了独特的民族心理与深厚的传统意蕴，体现着人情的美。[①]灞桥是唐代最著名的古桥之一。作为唐代重要的交通设施，灞桥周边景色宜人，驿站便捷，是唐人迎来送往的重要场所，灞桥边成为唐人记录美景、抒发感情的诗歌创作佳处，唐诗中的灞桥意象由此产生。同时，与灞桥有关的灞陵桥、灞水桥、灞桥岸、灞桥堤、灞陵树、灞柳等灞桥相关意象构成了一个灞桥意象群，与灞桥一起记录着唐人的生活轨迹。有关唐诗中灞桥的研究较少，相关研究更多从灞桥的交通、历史等角度出发，探讨灞桥与文学的关系，也有关于唐诗中灞桥与津桥的对比研究，但尚无从灞桥意象的演变历程着眼，挖掘其背后深厚文化底蕴的研究文章。本文通过爬梳历代史料与《全唐诗》，勾勒出了灞桥从先秦初建到唐代辉煌的历史脉络，从实用桥梁到景观桥梁再到意象桥梁的发展历程，认为唐诗中的这些灞桥意象塑造了一种物理空间、政治空间、文化空间交融的立体空间，体现了一种现实与虚幻共存的文学之美，包含了狂欢与悲怆两大情感，承载着诗人们珍视亲情、友情，探索自我心灵世界的浓浓情愫。

一、灞桥意象的形成：桥梁—景观—意象

灞桥位于陕西省西安市东部，沟通了灞水东西两岸，历史上亦称为霸桥、长存桥、销魂桥等。隋唐时期，有南北灞桥之分，其时尤以南灞桥为重。唐代诗歌作品

---

① 参见云清芝：《论唐诗中的桥意象》，硕士学位论文，内蒙古师范大学，2009年，第1页。

中有大量的灞桥意象，其形成经历了从实用桥梁到景观桥梁再到意象桥梁的演变过程，层层递进，内涵不断丰富，最终成为唐人笔下的重要意象。

1.作为桥梁的灞桥——交通功能

（1）隋唐以前的灞桥：仅有北灞桥。桥梁作为一种交通设施，沟通河流两岸是其最基础的功能。灞桥位于西安东部灞水之上，连接着灞水东西两岸，是古代关中地区通往我国东部地区的重要交通设施，在古代交通网线中的重要性不言而喻。灞桥作为沟通灞水两岸的桥梁，其得名与灞水密切相关。郦道元《水经注》载："霸者，水上地名也，古曰滋水矣。秦穆公霸世，更名滋水为霸水，以显霸功。"[①]"霸水又北迳枳道，在长安县东十三里……水上有桥，谓之霸桥。"[②]灞水原为滋水，后改霸水，是秦穆公称霸关中，虎视东方诸国的历史见证。桥梁因位于霸水之上，故称霸桥。霸桥一名曾长期存在，后逐渐演化为灞桥。

灞桥的建造材质经历了从木质到石质、从临时到固定的转化。秦汉时期的灞桥应是木桥，到西汉末年，王莽改制后，因一次大火原本的木质灞桥成为废墟，王莽下令重建新桥并改称长存桥。据《汉书》卷六九《王莽传》载：王莽地皇三年（22）二月，"霸桥灾，数千人以水沃救，不灭"，"火烧霸桥，从东方西行，至甲午夕，桥尽火灭"。王莽下诏书追问此事，"大司空行视考问，或云'寒民舍居桥下，疑以火自燎，为此灾也'"，"其更名霸馆为长存馆，霸桥为长存桥"。[③]而唐代徐坚等《初学记》卷七载："汉又作霸桥，以石为梁。"[④]结合王莽将灞桥改名长存桥的历史推测，王莽新修之桥很可能为石桥，因为石桥更为坚固，有利于长存。东汉以后随着首都的东迁，长安的政治地位一落千丈，位于长安东侧的灞桥也随着王朝的兴衰，兴废不定。

（2）隋唐时期的灞桥：南北灞桥同存，以南为主。直到隋代重新建都长安，因灞水河道变迁且原有汉灞桥残破，朝廷在灞水之上原汉灞桥之南又新建了一座石质灞桥，称为南桥。"灞水在县（万年县）东二十里。灞桥，隋开皇三年（583）造，唐隆二年（710），仍旧所创制为二南北两桥。"[⑤]民国《咸宁长安两县续志》卷四《地理考》中对南北两座灞桥做了比较细致的记述："霸桥在县治东二十里灞桥街，即隋之

[①] 陈桥驿：《水经注校释》，杭州大学出版社，1999年，第337页。
[②] 陈桥驿：《水经注校释》，杭州大学出版社，1999年，第339页。
[③]《汉书》，中华书局，1962年，第4174页。
[④]〔唐〕徐坚等：《初学记》，中华书局，1962年，第156页。
[⑤]〔唐〕李吉甫：《元和郡县志》卷一，清武英殿聚珍版丛书本，第446页。

南桥，汉灞陵在北，隋谓之北桥，宋时全圮。"①由此可见，隋代应有两座灞桥，汉灞桥即北桥，隋灞桥因位于汉灞桥之南，故为南桥。由于灞桥重要的交通地位，开皇十六年（596）朝廷于灞桥之东设滋水驿，亦称灞桥驿，唐代也一直沿用。

唐代灞桥是建立在隋灞桥基础上的，故也有南北灞桥之别，但南桥距离唐代长安城东门更近且位于东陵道驿站之边，所以当时的灞桥应是隋唐时期修建的南灞桥的专称。据《元和郡县志》卷一载：唐代仍存在着两座灞桥，汉灞桥为北桥，隋唐灞桥为南桥。元代方回《续古今考》卷五的记载更为详细："盖汉唐自长安东出，或之函谷关或之武关必于霸桥分别，唐有南北霸桥，北桥东趋则函谷路，南桥而东南趋则蓝田武关路。"②

唐代国力强盛，长安对隋灞桥进行了大规模整修，唐灞桥是石筑的多拱桥梁，唐代国家级重要工程，全国十一座大型桥梁之一，位列四座大型石桥之中。《唐六典》载："凡天下造舟之梁四，河三，洛一，河则蒲津、大阳、盟津，一名河阳；洛则孝义也。石柱之梁四，洛三，灞一，洛则天津、永济、中桥；灞则灞桥也。木柱之梁三，皆渭川也，便桥、中渭桥、东渭桥。此举京都之冲要也，巨梁十有一，皆国工修之。"③焕然一新的灞桥成为东西往来长安的重要通道。唐代长安与关东联系依赖三条要道，分别是由蒲津关西南向经东渭桥至长安的蒲津道（通往长安东北方向），沿渭河南岸东行出函谷关的函谷道（通往长安正东方向），缘灞河、丹江溯流而上经武关南下的武关道（通往长安东南方向）。这三条唐代要道在长安附近归于一道，而灞桥正是三条道路的交汇之处。杜顗在其《灞桥赋》载："飞梁默以霞起，彩柱煜其星舒，九陌咸凑，三条所如"④，指出了灞桥汇诸道，合九陌的交通枢纽地位。而王昌龄《灞桥赋》中言："惟梁于灞，惟灞于源，当秦地之冲口，束东衢之走辕。"⑤宋代程大昌在《雍录》中曾评价灞桥："此地最为长安冲要，凡自西东两方而入崤、潼关者，路必由之。"⑥王、程二人都道出了灞桥在沟通长安与山东诸州方面的重要作用。正因灞桥地处京师要冲，交通地位颇高，故唐王朝对其十分重视，还委派专人管理灞桥。《新唐书·百官志》中载："诸津令各一人，正九品上；丞二人，从九品下，掌天下津济舟梁。灞桥、永济桥，以勋官散官一人莅之"⑦。（图1）

---

① 王文楚：《史地丛稿》，上海人民出版社，2014年，第77页。
② 〔元〕方回：《续古今考》，影印文渊阁《四库全书》本，第125页。
③ 《唐六典》卷七，明刻本，第247页。
④ 《文苑英华》卷四六《邑居二》，明刻本，第228页。
⑤ 《文苑英华》卷四六《邑居二》，明刻本，第229页。
⑥ 〔宋〕程大昌：《雍录》，黄永年点校，中华书局，1982年，第60页。
⑦ 《新唐书》，中华书局，1975年，第1277页。

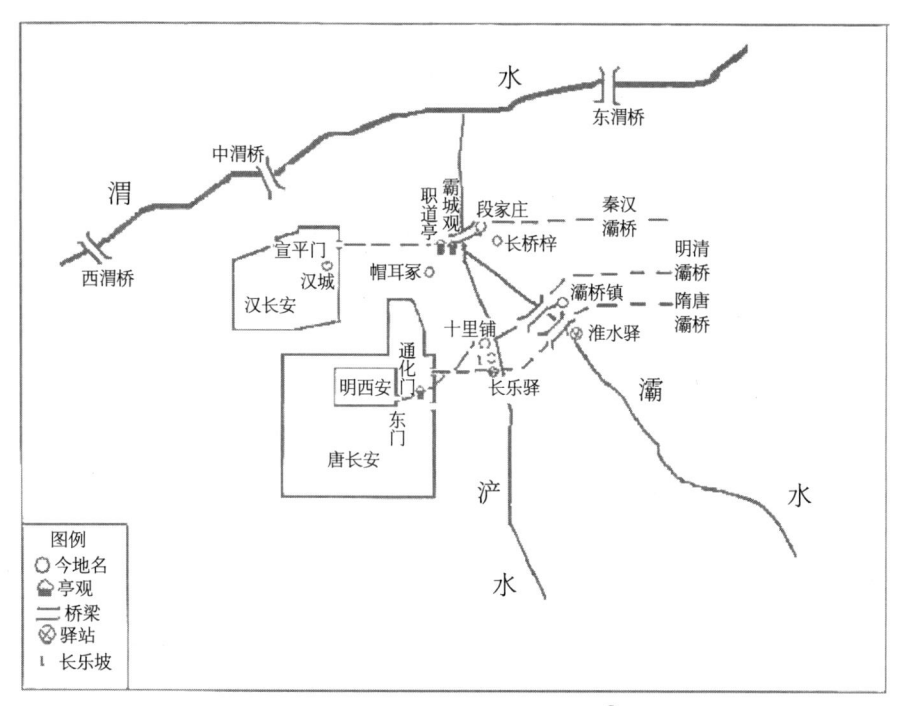

图1 历代灞桥桥址变迁示意图[①]

2．作为景观的灞桥——审美功能

灞桥重要的交通地位，使得这里成为东西往来长安的重要节点，文人骚客、武将兵卒、士子迁客、商旅使者等多从此经过，入京者从这里西进，出京者由此处东行，迎来送往的人流量很大。加之灞桥与周边景致相得益彰，形成了独特的灞桥景观群，优美的风景使得灞桥成为很多过往游人的驻足之地。

灞桥桥体似长虹般横跨灞水两岸，线条感、动感十足，颇有"长桥卧波，未云何龙"之风范；桥梁两侧华表巍巍，气势磅礴，使灞桥远远便可进入人们的视线；灞桥之下的灞水源自莽莽秦岭，自南向北注入渭河，水量充沛，水质较好，鱼虾水鸟嬉戏其中，水景观优美；两岸之杨柳郁郁葱葱，春日柳絮纷纷，夏日垂柳依依，秋季落叶飘飘，四时之景不同，其悲喜亦无穷；天空之云霞，绚丽多彩，与地下的诸多景观相协调，美不胜收。行人走在灞桥上，亦是走在画卷中。这些景观组合构成的灞桥景观群成为诸多唐人驻足的玩赏胜地。此时的灞桥不仅仅是连接灞水东西两岸的交通设施，更是唐人心中的地理景观，唐人的审美观念在这里流露

---

① 张慧茹：《历代灞桥位置变迁及原因探析》，《三门峡职业技术学院学报》（综合版）2006年第3期。

了出来。

唐代杜頠与王昌龄均以"水云辉映车骑繁杂为韵"作《灞桥赋》。杜赋云："连山叠翠而西转,群树分形而北疏;电透孤棹,雷奔众车。白日南登,望长安之如绮,黄烟东睇,见咸阳之为墟。"灞桥附近青山叠翠,树林荫翳,桥下流水潺潺,与灞桥相得益彰,共同营造出一幅美丽画卷,远望古城长安、咸阳,历史的沧桑画面展现在游人的面前。

深厚的历史文化底蕴与秀美的自然风光相映成趣,所以每逢佳节,这里便成为长安人宴游的佳处。"日既上巳,禊于洪源;晚具游宴,咸出国门。七叶衣冠,憧憧而遥度;五侯车马,奕奕而腾轩。钟鼓既列,丝竹亦繁,秦声呕哇,楚舞丛杂,帷帟纷其雾委,罗纨霭以雷沓,掉轻舸之悠悠,顺清流之纳纳;时凭倚以观眺,喜烟花之环合。""紫沙兮皓晃,绿树兮氛氲,莫不际此地而举征袂,遥相望兮怆离群。"①

王赋载:"客有居于东陵者,接行埃之余氛,薄暮垂钓,平明去耘。傍连古木,远带清渍;昏晓一望,还如阵云。""叹往事之诚非,得兹桥之信美。皇风不竞,佳气常依。既东幸而清道,每西临以驻旗,连袂挟毂,烟阗雨飞。嗟乎此桥,且悦明盛,徒结网于川隅,视云霞之辉映。"②居住在灞桥附近的居民于黄昏之时垂钓灞水之上,平时则在附近种田,周边古木成林,清流汩汩,傍晚云霞绚丽,灞桥身处其间,见证着岁月更替,依旧挺立。

作为景观的灞桥在唐诗中多有体现,而与之如影随形的是灞桥边的杨柳。裴说在其诗《柳》中言"高拂危楼低拂尘,灞桥攀折一何频"[3],谈及灞桥边既有参天大树,也有拂尘低柳;谭用之的《寄岐山林逢吉明府》中载"莫役生灵种杨柳,一枝枝折灞桥边"[4],由此可见唐代灞桥边杨柳之多。灞桥边的杨柳絮也是一处盛景,郑谷的《作尉鄂郊送进士潘为下第南归》中,为落第友人饯行,高歌"灞陵桥上杨花里,酒满芳樽泪满襟"[5],入情于景,甚是感人。

"灞桥飞雪"是古代长安八景之一。黄滔在《入关言怀》中写"落日灞桥飞雪里,已闻南院有看期"[6],盛言冬日黄昏之时灞桥边飞雪满天,一幅纷纷扬扬的雪景图映入眼帘。此外也有言及灞桥华表及周边景观的诗句。李商隐在《灞岸》中谈及

---

① 《文苑英华》卷四六《邑居二》,明刻本,第228页。
② 《文苑英华》卷四六《邑居二》,明刻本,第229页。
③ 《全唐诗》,中州古籍出版社,2006年,第3708页。
④ 《全唐诗》,中州古籍出版社,2006年,第3889页。
⑤ 《全唐诗》,中州古籍出版社,2006年,第3479页。
⑥ 《全唐诗》,中州古籍出版社,2006年,第1882页。

灞桥边的华表，"灞水桥边倚华表，平时二月有东巡"[①]，灞桥两侧矗立着高高的华表，颇具美学价值。郑谷《小桃》："和烟和雨遮敷水，映竹映村连灞桥。撩乱春风耐寒令，到头赢得杏花娇。"[②]诗中运用白描手法罗列出烟、雨、灞水、竹子、杏花、村落等诸多景观，这些景观与灞桥融为一体，形成了独特的灞桥景观群，成为往来游客的观赏胜地。

当然，"景观是文化的载体，是历史的见证，人们不仅有在景观中创造意义、表达意义的需求，也有追求景观意义，求得认同、归属、体验的愿望"[③]。灞桥作为一种景观，在给游人美的感受的同时，富含着复杂的政治、文化意蕴，寄托着唐人的情思。

3. 作为意象的灞桥——文学功能

《全唐诗》中直接提及灞桥或者灞陵桥、灞水桥的诗歌共计19首，而与灞桥相关的诗歌则多达百余首。唐诗中的灞桥更多的是作为意象出现的，这是西汉以来灞桥意象长期积淀的结果，更与唐代定都长安、灞桥地理位置优越、周边景色宜人息息相关。这时候的灞桥则将交通、审美、抒情三大功能集于一身，成为唐人笔下的重要意象，是送别的符号，也是诗思的符号，之后更是由诗入画，对唐以后的文学创作产生了深远的影响。

在直接谈及灞桥的诗歌中，"灞桥"出现了10次，"灞陵桥"出现了5次，"灞水桥"出现了4次，这些灞桥意象是作为送别的符号出现在唐诗中的。据《三辅黄图》载："霸桥在长安东，跨水作桥。汉人送客至此桥，折柳赠别。"[④]由此可见，早在汉代，灞桥已经拥有了送别的功能，这一功能在西汉时期较为突出，到东汉迁都洛阳乃至随后魏晋南北朝时期也在曲折中积淀，至隋唐时期，长安重新成为国都，灞桥因地处长安之东的大道上，附近设有驿站，是来往人员离开长安的第一站抑或到达长安的最后一站，成为迎来送往的必经之地。因此其送别的内涵得以重新强化。《关中胜迹图志》引《开元遗事》曰："长安东霸陵有桥，来迎去送，至此黯然，故人呼为'销魂桥'。"[⑤]唐人生别离的痛苦每天都在灞桥边上演着，唐人至此黯然销魂，以至"销魂桥"成了灞桥的别称。

---

① 〔唐〕李商隐：《李商隐诗集》，〔清〕朱鹤龄笺注，田松青点校，上海古籍出版社，2015年，第108页。
② 《全唐诗》，中州古籍出版社，2006年，第3483页。
③ 刘晓光：《景观美学》，中国林业出版社，2012年，第4页。
④ 何清谷校注：《三辅黄图校注》，三秦出版社，1995年，第342页。
⑤ 〔清〕毕沅：《关中胜迹图志》，张沛校点，三秦出版社，2004年，第276页。

刘禹锡与东归的朋友们话别灞桥，忍痛写下了《请告东归发灞桥却寄诸僚友》一诗："征徒出灞涘，回首伤如何。故人云雨散，满目山川多。行车无停轨，流景同迅波。前欢渐成昔，感叹益劳歌。"①故人东去，在刘郎眼里，山川也化作悲情之景，往昔相处时的场景历历在目，却如同奔流的灞水一样逝去，只把感慨化作了八句五言，以寄哀情。岑参的《送郭乂杂言》道："地上青草出，经冬今始归。博陵无近信，犹未换春衣。怜汝不忍别，送汝上酒楼。初行莫早发，且宿灞桥头。"②春日来临，和自己相处了一个冬天的友人郭乂即将动身东归，诗人恋恋不舍，置酒席送之，酒过三巡，又劝友人不必着急离开，希望好友在灞桥附近驿馆留宿一晚，只想延迟二人离别的时间。郑谷的《作尉鄠郊送进士潘为下第南归》也是送别诗中的佳作："归去宜春春水深，麦秋梅雨过湘阴。乡园几度经狂寇，桑柘谁家有旧林？结绶位卑甘晚达，登龙心在且高吟。灞陵桥上杨花里，酒满芳樽泪满襟。"③好友潘为来京参加科举考试，落第已是不幸，今日又要南归与诗人生别离，心中惆怅难耐，在灞陵桥边举杯对饮，就此别过，将真挚友情与无限愁思化作相思之泪。此外，罗隐的《送溪州使君》"灞桥酒盏黔巫月，从此江心两所思"④，谭用之的《寄岐山林逢吉明府》"莫役生灵种杨柳，一枝枝折灞桥边"⑤，罗邺的《莺》"何事离人不堪听？灞桥斜日袅垂杨"⑥，以及卢尚卿的《东归诗》"今日灞陵桥上过，路人应笑腊前回"⑦等诗句，也见证了灞桥边送别的场景。灞桥作为送别符号的象征作用日益加强。

灞桥还是诗思的符号，这与文学典故"灞桥风雪"密切相关。据宋代《北梦琐言》卷七载："唐相国郑綮，虽有诗名，本无廊庙之望。……或曰：'相国近有新诗否？'对曰：'诗思在灞桥风雪中驴子上，此处何以得之。'盖言平生苦心也。"⑧这便是"灞桥风雪"典故的来源。郑綮在晚唐时曾高居相位，在谈及文学创作时明确提出要远离庙堂、城市，前往风景宜人的灞桥附近采风，在灞桥风雪的盛景中骑着毛驴寻找作诗灵感。后代文人对此推崇备至，使得灞桥声名日隆，不仅在

---

① 《全唐诗》，中州古籍出版社，2006年，第1822页。
② 《全唐诗》，中州古籍出版社，2006年，第953页。
③ 《全唐诗》，中州古籍出版社，2006年，第3479页。
④ 《全唐诗》，中州古籍出版社，2006年，第3408页。
⑤ 《全唐诗》，中州古籍出版社，2006年，第3889页。
⑥ 《全唐诗》，中州古籍出版社，2006年，第3372页。
⑦ 《全唐诗》，中州古籍出版社，2006年，第3432页。
⑧ 〔宋〕孙光宪：《北梦琐言》，林青、贺军平校注，三秦出版社，2003年，第125—126页。

文学领域大放异彩，其形象逐渐由诗入画，进入了绘画领域。有学者认为"至晚在南宋，灞桥风雪题材进入绘画领域"，"灞桥风雪觅诗"和"灞桥骑驴觅诗"成为人物画中的重要题材，并产生了以灞桥风雪画为审美对象的题画诗。由诗入画，再由画而题诗，这是一个互动和创作的过程。[①]灞桥作为送别符号、诗思符号长盛不衰，至今有人使用。

二、唐诗中灞桥的文化意蕴

从实用之桥梁到审美之景观，再到抒情之意象，灞桥意象逐渐人化，其内涵意蕴日益丰富，与人的互动也由最初的客观之实用转换为主观之共情，变成了帝都长安的象征性政治景观、文化景观，营造着融物理空间、政治空间、文化空间为一体的立体空间，成为诗文中经典的送别符号及诗思符号，展示着现实与虚幻并存之美，见证着来来往往的亲情、友情、爱情，承载着唐人的悲欢离合。

1.营造空间：场域与景观

（1）物理空间：点线面的集合场域。灞桥营造的物理空间是包含点、线、面的集合场域，灞桥作为重要的交通设施在唐代交通网络中扮演着重要角色。若将灞桥放在唐代辽阔的疆域中来看，灞桥作为桥本身是一个重要的点，它沟通了因灞水横穿其间而中断的陆地，使得灞桥东西两岸得以连接在一起，这是小场域的点。灞桥作为点还体现在它是西来东往诸多路线（蒲津道、函谷道、武关道等）到达长安的重要节点，从这里开始，三条大道汇合到一处，经灞桥西行不远便可到达长安城的东门；离开灞桥则开始与长安渐行渐远，这是把灞桥看作大场域的点。（图2）

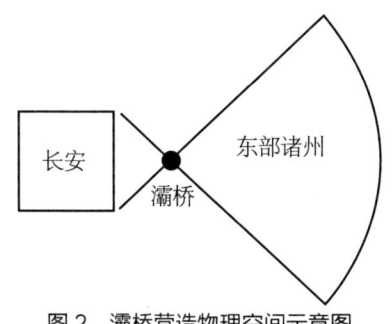

图 2　灞桥营造物理空间示意图

唐代交通线四通八达，灞桥作为沟通长安与东部诸州的重要通道，长达400余米，这是把灞桥作为唐代交通线的一段来看，这段线东连蒲津道、函谷道、武关道

[①] 石志鸟：《灞桥风雪：生活渊源和文化意义》，《求索》2017年第5期。

等三条道，呈放射状向唐王朝的东部扩散；西接通往长安的东陵大道，至长安城东门后又与城内诸多街道相通。灞桥背倚的长安城是唐王朝的首都，是唐代的政治、经济、文化、交通中心，也是当时的国际性大都市。着眼全国，长安城可以看作是一个与灞桥相关的方形小面，一个小的场域；而灞桥面朝的东部诸州则与灞桥构成一个巨大的扇面，一个大的场域，灞桥是这把扇头上的那个扇钉。小的场域与大的场域之间的双向互动是唐代政治、经济、文化研究中的重要内容。小场域（长安城）因其诸多方面的优势吸引着大场域（东部诸州）的人和物，两个场域间的人流、物流交换非常频繁，连接两大场域的灞桥在其中的作用比较明显，唐人笔下的灞桥意象随之产生。

（2）政治空间：政治象征与政治认同。在古代，统治者非常重视建筑景观的政治功用，《史记》记载萧何曾对刘邦谈及"天下方未定，故可因遂就宫室。且夫天子以四海为家，非壮丽无以重威，且无令后世有以加也"[①]。一语道破了华丽的宫殿不仅是皇帝的居室和议政之所，具有实用功能，更代表着皇权，属于一种政治景观，其所在地就是国家的心脏，象征着特定的政治空间。

靠近帝都长安的灞桥，规模宏大，桥墩上石雕龙头巧夺天工，桥边还有高大的华表矗立，是首都的政治象征。其政治象征有两大表征：一是唐王朝帝都的象征，二是个人政治浮沉的晴雨表。灞桥作为帝都的象征与其空间上靠近长安城密切相关。灞桥作为一种政治景观，也是一种政治象征物，它与附近的长安城融为一体，共同构成了唐代都城政治空间或者称之为"帝都圈"。灞桥位于长安城东，是这一政治空间的边界点之一，是政治中心的东大门，在唐人心目中的地位颇高。而灞桥边迎来送往的人群中有不少人与政治有关，灞桥是他们政治前途的晴雨表。由外放而入京就职，从地方进京科考，金榜题名，唐人便迎来了他们的政治晴天；由京官贬谪、流放地方，科考失利，落第还乡，灞桥则见证着唐人的政治雨天。尤其是后者，在唐诗中多有记述。如刘禹锡的《请告东归发灞桥却寄诸僚友》道："征徒出灞涘，回首伤如何"[②]；郑谷的《作尉鄠郊送进士潘为下第南归》载："灞陵桥上杨花里，酒满芳樽泪满襟"[③]；卢尚卿的《东归诗》言："今日灞陵桥上过，路人应笑腊前回"[④]。这些诗人抑或诗人的朋友或外放，或落第，心情惆怅，在灞桥边缱绻不前，作诗以记之。

---

① 《史记》，中华书局，1959年，第385—386页。
② 《全唐诗》，中州古籍出版社，2006年，第1822页。
③ 《全唐诗》，中州古籍出版社，2006年，第3479页。
④ 《全唐诗》，中州古籍出版社，2006年，第3432页。

政治象征与政治认同密切相关，正因为灞桥象征着政治的中心，所以即使到了安史之乱之后，唐王朝大权旁落，藩镇割据跋扈，但长安这一政治空间仍是天下士子、官员们心驰神往的地方，他们对长安的政治认同依旧很高。唐末的黄滔，虽为福建人，但曾多次赴长安参加科考，而灞桥意象也因此留在了他的诗作中。如《入关言怀》："背将踪迹向京师，出在先春入后时。落日灞桥飞雪里，已闻南院有看期。"[1]《壬癸岁书情》："故园招隐客，应便笑无成。谒帝逢移国，投文值用兵。……易生唯白发，难立是浮名。惆怅灞桥路，秋风谁入行？"[2]《秋辞江南》："灞陵桥上路，难负一年期。"[3]《遇罗员外衮》："灞陵桥外驻征辕，此一分飞十六年。……可忘自初相识地，秋风明月客廊延。"[4]出入长安，途径灞桥，黄滔悲喜交加，喜的是从千里之外来到了帝国的政治中心，希望自己封官拜爵，致君泽民；悲的是屡试不第，白发徒生，与朋友也天各一方，惆怅难平。

（3）文化空间：文化景观与文化认同。灞桥不仅营造了一种物理空间和政治空间，成为帝都的象征、士人政治前途的晴雨表，更是一种文化景观，营造着文化空间。它凝聚着唐人的文化认同、文化归属感，是汉代以来灞桥意象的文化承载，延续着送别、诗思的文化基因，代表着唐人的尊严与荣誉。

集体的文化认同受政治认同影响颇大，政治影响力大的区域往往在文化方面也具有强大的向心力。灞桥所在的长安是唐朝的国都，是当时全国最大的文化中心，这里文化设施齐全，文化名人聚集，文化产品丰富，文化腹地广阔，辐射全国。灞桥作为长安帝都文化圈的一部分，备受青睐，唐诗中对它的描写反映了唐人文化认同的一个侧面，这种文化认同的构建则是通过文化记忆的方式实现的。"文化记忆构建了一个空间，作为文化记忆范畴的纪念碑、墓碑、庙宇神像等在营造空间过程中将摹仿性记忆、对物的记忆、交往记忆等无缝对接到这个空间中。"[5]灞桥在唐人心目中已经成为帝都的文化符号之一，谈及灞桥必然与长安挂钩，与政治相连，所以灞桥意象演变为送别符号，成为士人远离文化中心区的代名词。在诗歌繁盛的唐代写出一首好诗是诸多文人的重要追求，而写出好诗需要好的环境激发灵感，长安近郊的灞桥风景秀美，又有文化底蕴，所以诗思符号应运而生。灞桥这种文化景观是唐人脑海中的文化记忆，通过送别符号与诗思符号的双轮驱动，共同营造了具有

---

[1]《全唐诗》，中州古籍出版社，2006年，第3644页。
[2]《全唐诗》，中州古籍出版社，2006年，第3642页。
[3]《全唐诗》，中州古籍出版社，2006年，第3631页。
[4]《全唐诗》，中州古籍出版社，2006年，第3640页。
[5]［德］扬·阿斯曼编：《文化记忆——早期高级文化中的文字、回忆和政治身份》，金寿福、黄晓晨译，北京大学出版社，2015年，第10—12页。

强大吸引力的文化空间,在这个文化空间里记录着唐人的悲欢离合。

2.体现审美:现实与虚幻

灞桥既具有现实之美,也拥有虚幻之美。现实之美表现在灞桥的形态、桥体的纹饰及与周边构成的灞桥景观群等方面。虚幻之美则体现在灞桥的朦胧意境中。

(1)现实之美。"长桥卧波,未云何龙?",灞桥的美首先体现在桥体本身的形态及纹饰上。2004年藏于灞水底部的隋唐灞桥因洪水冲刷而裸露出来,"遗址共有11座桥墩,位于灞河河道正中。从发掘现状看,估计灞桥总长约为400米,均为块石砌筑而成,块石之间以铆钉连接;桥墩平面造型呈船状,为南北方向分布,桥墩前后两端均有迎水尖与过水尖。每座桥墩的造型和大小基本一致,各宽约2.5米,长9.25～9.57米,残高2.68米,桥墩间的桥洞宽约5.3米。桥墩上面安装有石雕龙头装饰,墩下均用石条铺成长方形底座。"[1]据此我们可以推测,唐代灞桥横跨灞水两岸,长达400余米,规模宏大,雄伟壮观,桥体为多孔拱桥,整体来看颇似一道彩虹横空出世。桥墩造型独特,形似船状,前后两端均设计有迎水尖与过水尖,灞桥水流过桥墩,线条感十足。桥墩上还有石雕龙头装饰,这不仅是皇权的象征,也颇具审美价值。此外灞桥两侧还有华表矗立,更增添了灞桥的雄壮之美。

灞桥与周边景观相得益彰,共同构成了灞桥景观群,这种景观之美散见于诸多唐诗中。灞桥杨柳、灞陵岸、灞陵堤、灞陵树、灞陵亭等意象层出不穷。李山甫的《下第出春明门》言:"曾和秋雨驱愁入,却向春风领恨回。深谢灞陵堤畔柳,与人头上拂尘埃"[2],春日不再,秋雨连绵,灞桥两岸柳树成行,柳枝摇曳,愁上心头。而高蟾《灞陵亭》道:"一条归梦朱弦直,一片离心白羽轻。明日灞陵新霁后,马头烟树绿相迎"[3],记述了灞桥边的彩虹、烟波及碧树,这些寄托着诗人的美好愿望。王昌龄的《独游》一诗:"林卧情每闲,独游景常晏。时从灞陵下,垂钓往南涧。手携双鲤鱼,目送千里雁。……永怀青岑客,回首白云间。神超物无违,岂系名与宦!"[4]林密,河清,云白,鲤鱼潜底,大雁翔空,灞桥附近成了隐居佳处,诗人独游此处,闲钓河畔,一幅惬意的闲适图景映入眼帘。

(2)虚幻之美。灞桥的朦胧美是灞陵烟、灞桥杨柳、灞陵残雨等意象营造出来

---

[1] 王彤:《隋唐时期桥梁研究》,硕士学位论文,河南大学,2017年,第54页。
[2] 《全唐诗》,中州古籍出版社,2006年,第3314页。
[3] 《全唐诗》,中州古籍出版社,2006年,第3436页。
[4] 《全唐诗》,中州古籍出版社,2006年,第661页。

的。张泌的《长安道中早行》："鸡唱未沉函谷月，雁声新度灞陵烟。"①白居易的《劝酒十四首》："敛襟收涕泪，簇马听笙歌。烟树灞陵岸，风尘长乐坡。"②骆宾王的《晚泊江镇》："荷香销晚夏，菊气入新秋。夜乌喧粉堞，宿雁下芦洲。海雾笼边徼，江风绕戍楼。转蓬惊别渚，徙橘怆离忧。魂飞灞陵岸，泪尽洞庭流。"③荷香、菊气在味觉上吸引着人，乌鸦、大雁、江风、转蓬、徙橘在听觉上别开生面，海雾在视觉上渲染了一种朦胧意境，虚幻之美若隐若现，给人一种凄美之感。郑谷的《小桃》载："和烟和雨遮敷水，映竹映村连灞桥。撩乱春风耐寒令，到头赢得杏花娇。"④烟雨朦胧，与灞水相接，竹村相映，灞桥隐约可见，春风的吹拂扫去寒冷，桃花含羞绽放，在朦胧中透着一份娇艳。此外贯休的《灞陵战叟》"今日灞陵陵畔见，春风花雾共茫茫"⑤，韦庄的《出关》"马嘶烟岸柳阴斜，东去关山路转赊"⑥，薛逢的《送卢缄归扬州》"曾向雷塘寄掩扉，荀家灯火有馀辉。……隋苑荒台风袅袅，灞陵残雨梦依依。今年春色还相误，为我江边谢钓矶"⑦等诗句，也体现着灞桥边的朦胧意境，展现着灞桥带来的朦胧之美。

3.承载情感：狂欢与悲怆

灞桥营造着空间，体现着审美，更承载着情感。重要的交通位置，周边优美的风景，以及便利的驿站，使得灞桥成为唐人迎来送往的重要一站，见证着他们的狂欢与悲怆。灞桥既是送别伤心桥，又是游览欢愉地，唐人笔下的灞桥及其相关意象众多，已经成为一种独特的文化符号，承载着唐人的悲欢离合。

（1）灞桥边的狂欢。灞桥位于长安东郊，是首都的边界，更是进入长安这一唐王朝核心区的东大门，能靠近这里甚至进入这里，是无数唐人的毕生追求。去过都城或者能留在都城，不仅仅是与他人交谈时的极好谈资，更象征着一种荣誉和尊严。所以往往唐人来京时伴随着的是无限的狂欢，不仅有外在宴饮、迎接、赏景的欣喜，也有荣誉感、尊严感满满的内心世界的狂欢。

相见之欢有见亲友时的久别重逢之欣喜，宴饮时的管弦之乐，见美景时的赏心悦目，还有见到帝都近在咫尺的春风得意。杜颜在其《灞桥赋》中盛书灞桥边宴

---

① 《全唐诗》，中州古籍出版社，2006年，第3792页。
② 《全唐诗》，中州古籍出版社，2006年，第2317页。
③ 《全唐诗》，中州古籍出版社，2006年，第396页。
④ 《全唐诗》，中州古籍出版社，2006年，第3483页。
⑤ 《全唐诗》，中州古籍出版社，2006年，第4214页。
⑥ 《全唐诗》，中州古籍出版社，2006年，第3608页。
⑦ 《全唐诗》，中州古籍出版社，2006年，第2858页。

会的场景:"钟鼓既列,丝竹亦繁,秦声呕哇,楚舞丛杂。"这里将灞桥边的管弦之乐描写得淋漓尽致。王维醉心于灞桥周边的风景,在此垂钓闲居,怡然自乐。李颀与好友分别在灞水之滨,但陶醉于周边盛开的桃花。韦元旦与诸友在附近相会,登高望远,兴致忽来,谈到"灞水欢娱地,秦京游侠窟。欣承解愠词,圣酒黄花发",在大唐长安附近尽显才子风流。

(2)灞桥边的悲怆。相见欢也敌不过生别离,较之来京时的无尽狂欢,去国时则满是悲怆,有愤懑,有不舍,有无奈,诸多消极情绪汇聚成了去京时的黯然神伤。与亲友在销魂桥边依依惜别,目周遭景观,情到深处也悲从中来。原先的宴游之乐,也变成了借酒浇愁愁更愁。唐代"许多人往往选择在灞桥迎送往来,留下了大量表达离情别意的灞桥送别诗。这些诗歌承载着人们的离愁别恨,蕴含了丰富的文化内涵"[1]。灞桥边设有驿站,成为往来行人换乘、住宿的重要一站。许多唐人在此饯别亲友,共话离愁,留下诸多题壁诗。"灞桥驿、阴盘驿也间或举行宴饯""题诗最多的是长乐驿、灞桥驿……"[2]唐代灞桥送别诗由此而生,逐渐成为经典的送别符号。这些送别诗有落第离京的惆怅,有外放贬谪的伤感,还有出京远行的不舍,总之感情色彩是灰暗的,但在哀情之中也不乏饱含希望之作。

落第离京类灞桥送别诗,有李山甫的《下第出春明门》:"深谢灞陵堤畔柳,与人头上拂尘埃"[3],岑参的《送孟孺卿落第归济阳》:"献赋头欲白,还家衣已穿。羞过灞陵树,归种汶阳田。客舍少乡信,床头无酒钱"[4],许浑的《下第别友人杨至之》:"花落水潺潺,十年离旧山。夜愁添白发,春泪减朱颜。……逢君话心曲,一醉灞陵间"[5]。此外,刘长卿的《落第赠杨侍御兼拜员外仍充安大夫判官赴范阳》:"恋土函关外,瞻尘灞水东。他时书一札,犹冀问途穷"[6],钱起的《送钟评事应宏词下第东归》:"芳岁归人嗟转蓬,含情回首灞陵东。……世事悠扬春梦里,年光寂寞旅愁中。劝君稍尽离筵酒,千里佳期难再同"[7],这些诗歌都记录着士子们落第的无奈与惆怅。

关于外放贬谪类灞桥送别诗,刘禹锡《请告东归发灞桥却寄诸僚友》一诗:

---

[1] 阳达、夏菁:《唐诗中的"灞桥"文化——基于交通的视野》,《平顶山学院学报》2019年第1期。
[2] 李德辉:《唐代交通与文学》,湖南人民出版社,2003年,第57页。
[3] 《全唐诗》,中州古籍出版社,2006年,第3314页。
[4] 《全唐诗》,中州古籍出版社,2006年,第957页。
[5] 《全唐诗》,中州古籍出版社,2006年,第2736页。
[6] 《全唐诗》,中州古籍出版社,2006年,第710页。
[7] 《全唐诗》,中州古籍出版社,2006年,第1218页。

"征徒出灞涘，回首伤如何。故人云雨散，满目山川多"①，极言灞桥分别之感伤。韦应物则在《送冯著受李广州署为录事》中谈到送别的场景，杨柳郁郁，征马萧萧，故人即将远赴岭南荒凉之地，"郁郁杨柳枝，萧萧征马悲。送君灞陵岸，纠郡南海湄"②，气氛凄凉。韦元旦的《饯唐州高使君赴任》道："传拥淮源路，尊空灞水流。落花纷送远，春色引离忧。"③好友即将赴任外地，诗人回忆曾经的美好时光，惜别之情溢于言表。

出京远行类灞桥送别诗最出名的当属李白的《灞陵行送别》，诗中写道："送君灞陵亭，灞水流浩浩。上有无花之古树，下有伤心之春草。我向秦人问路歧，云是王粲南登之古道。古道连绵走西京，紫阙落日浮云生。正当今夕断肠处，黄鹂愁绝不忍听。"④诗仙送友至灞陵亭上，灞桥下灞水浩浩南流，古树花落，春草伤心，通向远方的路弯弯曲曲，连绵不断，好似离人的愁思绵延不绝，落日的余晖与凄婉的黄鹂啼叫让人心碎。此外武元衡的《送唐次》⑤、刘长卿的《送姨子弟往南郊》⑥、王昌龄的《别李浦之京》⑦、骆宾王的《别李峤得胜字》⑧、薛逢《送卢缄归扬州》⑨等都是此类灞桥送别诗的代表作，诗人与好友的真挚情谊可见一斑。

分别是痛苦的，但是在此哀情中深藏着诗人们对朋友未来的美好希冀。曹唐的《送康祭酒赴轮台》："灞水桥边酒一杯，送君千里赴轮台。……分明会得将军意，不斩楼兰不拟回。"⑩友人远赴轮台，虽伤心欲绝，然由衷地希望好友能够建功立业，凯旋回朝。刘驾的《送友下第游雁门》："相别灞水湄，夹水柳依依。我愿醉如死，不见君去时。……若不化女子，功名岂无期！"⑪即使落第处江湖之远，但是心忧天下亦有建功的机会。

三、结语

灞桥在我国古代历史上随着王朝兴替几经兴废，在唐代迎来黄金时代。虽然

---

① 《全唐诗》，中州古籍出版社，2006年，第1822页。
② 《全唐诗》，中州古籍出版社，2006年，第895页。
③ 《全唐诗》，中州古籍出版社，2006年，第356页。
④ 《全唐诗》，中州古籍出版社，2006年，第833页。
⑤ 《全唐诗》，中州古籍出版社，2006年，第1604页。
⑥ 《全唐诗》，中州古籍出版社，2006年，第725页。
⑦ 《全唐诗》，中州古籍出版社，2006年，第669页。
⑧ 《全唐诗》，中州古籍出版社，2006年，第391页。
⑨ 《全唐诗》，中州古籍出版社，2006年，第2858页。
⑩ 《全唐诗》，中州古籍出版社，2006年，第3299页。
⑪ 《全唐诗》，中州古籍出版社，2006年，第3047页。

唐代灞桥也已经淹没在灞水的泥沙之中，但唐诗中的灞桥意象却得以保留下来，使得我们能够透过诗歌一窥灞桥边曾经的历史烟云与儿女情长。灞桥不仅沟通了灞水两岸，更联系着长安与东部诸州，是古代关中平原通往我国东部地区的重要交通设施。灞桥从桥梁到景观再到意象，文化意蕴不断丰富，兼具交通功能、审美功能、文学功能。唐诗中的这些灞桥意象塑造了一种物理空间、政治空间、文化空间交融的立体空间，体现了一种现实与虚幻共存的文学之美，包含了狂欢与悲怆两大情感，承载着唐人浓浓的亲情、友情，也向我们展示了他们对自我心灵世界的探寻。在日益重视文化自信的今天，深刻理解古代传统文化的精髓部分显得非常重要，灞桥文化作为优秀传统文化的一部分，深入挖掘其内涵也很有必要，在此基础上再去实现灞桥传统文化的创造性转化和创新性发展就能够事半功倍，卓有成效了。

原载《西安建筑科技大学学报》（社会科学版）2020年第3期
（任正，华中师范大学国家文化产业研究中心博士研究生）

"灞桥风雪驴子背"
——一个经典意象的多元嬗变与诗、画解读

尚永亮 刘 晓

"诗思在灞桥风雪中驴子上",是晚唐宰相郑綮谈作诗的一句名言,当时即被人谓为"言平生苦心也"。①从郑綮现存五首诗作看,并不十分出色,但他这句对诗思的精当概括,却在后世诗人群体中产生了历久不衰的影响。人们一提及灞桥,就绕不过这个典故,并形成诗思当在灞桥觅、灞陵桥上有诗思的定向联想。我们这里所谈的,正是此一名句赋予灞桥的丰富文化内涵,以及由此构成之经典意象在不同艺术载体中的多元嬗变与诗、画解读。

一、诗思与诗料——灞桥意象内涵的转变

受郑綮之语影响,宋代的诗人们即使不能亲自到灞桥风雪中骑驴觅句,也直觉地喜欢以此指称寻句写诗,如陆游《作梦》"结茅杜曲桑麻地,觅句灞桥风雪天"②,楼钥《同官登敕局小楼观雪》"君与工属联,灞桥去骑驴"③。显然,此处的灞桥风雪和灞桥骑驴都非实指,而是寻觅诗思、搜寻诗料的另一种表达方式,灞桥也因此成为宋人眼中的"诗思之助"。实际上,这种"灞桥诗思"与唐人真正承载车马行迹和生动情感的灞桥有区别,而是一种抽象化的存在。宋人程大昌《雍录》有言,"唐人语曰:'诗思在灞桥风雪中',盖出都而野,此其始也,故取以言诗也"④。出了灞桥即置身长安之外,东向潼关—函谷,东南向商山—武关,东北向蒲津大道,作别亲友,渡过灞水,回首长安,顿感人生契阔,前程难料,迷离惝恍之意绪和胸中难言之情怀都借灞桥抒发出来了。诸如"年年柳色,灞陵伤别"⑤

---

① 〔五代〕孙光宪:《北梦琐言》卷七,贾二强点校,中华书局,2002年,第149—150页。
② 钱仲联校注:《剑南诗稿校注》,上海古籍出版社,2005年,第2287页。
③ 《全宋诗》,北京大学出版社,1998年,第29331页。
④ 〔宋〕程大昌:《雍录》卷七,黄永年点校,中华书局,2002年,第145页。
⑤ 〔唐〕李白:《忆秦娥》,见〔唐〕李白:《李太白全集》卷五,〔清〕王琦注,中华书局,1977年,第322页。

的离情别绪,"游子灞陵道,美人长信宫"[①]的宦游寂寞,"惆怅灞桥路,秋风谁入行"[②]的天涯羁旅,"今日灞陵桥上过,路人应笑腊前回"[③]的落第羞报,"朝来灞水桥边问,未抵青袍送玉珂"[④]的穷达悬隔,便都是此情此景的写照。小小灞桥,承载离人、征夫与游子多少人生的失意和落寞!正因此,唐人称之为"销魂桥"[⑤],凡行至灞桥,"莫不际此地而举征袂,遥相望兮怆离群。……或披襟以延伫,独掩涕而无已"[⑥]。似可认为,唐诗中营造的灞桥,是一个主观色彩浓烈、拥有丰富情感内涵的意象,而被宋人广泛接受的源于郑綮的"灞桥诗思",却成为极具概括性和统摄性的指称,其与唐人笔下的"灞桥情意",恰好构成了一种具体和抽象的关系。

就此而言,郑綮之语在灞桥意象的嬗变过程中具有重要作用。它的出现,首先是基于灞桥意象情感内涵的成熟与深化,使其逐渐成为诗思语词的代表。严羽曾说:"唐人好诗,多是征戍、迁谪、行旅、离别之作,往往能感动激发人意。"[⑦]这些"感动激发人意"的诗作,往往在灞桥上写就,并在多愁善感的文人群体中浸透弥漫。当后来人再次伫立灞桥之上,不经意间与前人的情思发生对接,文学世界中曾经凝然不动的文字便在个人相似的处境里瞬间活跃起来,继而催生新的诗句。而对于从未到过灞桥的诗人来说,其触发诗情的关键在于,灞桥能以其鲜明的地理空间感和长期积淀的文化内涵,将诗人思绪直接指向某种特定情境,使得缥缈难寻的诗思既有了栖落和依托,也有了生发和联想的契机。在这个意义上,灞桥成为能"感动激发"后来人之意的地点,也成为催生诗思的媒介。其中体现的乃是一个意象层层累积、影响于人、最终内化于人的过程。

其次,灞桥与风雪、驴子共同组合成催生诗思的环境,与郑綮所生活的晚唐时代有着密不可分的关系。如所熟知,唐人也有以灞桥"风雪"来代指柳絮的[⑧],但受晚唐清苦冷寂审美心理的影响,诗人笔下的灞桥意境,更多地偏好"冷触觉"。如

---

① 〔唐〕罗隐:《红叶》,见《全唐诗》,中华书局,1960年,第7569页。
② 〔唐〕黄滔:《壬癸岁书情》,见《全唐诗》,中华书局,1960年,第8123页。
③ 〔唐〕卢尚卿:《东归诗》,见《全唐诗》,中华书局,1960年,第7638页。
④ 〔唐〕李商隐:《泪》,见刘学锴、余恕诚:《李商隐诗歌集解》,中华书局,2004年,第1820页。
⑤ 〔五代〕王仁裕:《开元天宝遗事》卷下,曾贻芬点校,中华书局,2006年,第45页。
⑥ 〔唐〕杜頠:《灞桥赋》,见《全唐文》,中华书局,1983年,第3632页。
⑦ 〔宋〕严羽撰,张健校笺:《沧浪诗话校笺》,上海古籍出版社,2012年,第667页。
⑧ 如晚唐诗人黄滔《入关言怀》有云:"背将踪迹向京师,出在先春入后时。落日灞桥飞雪里,已闻南院有看期。"(见《全唐诗》,中华书局,1960年,第8128页)诗人在春末入关,则所谓"落日"下的"白雪"轻飞,当指杨花柳絮无疑。

刘沧诗"古巷月高山色静,寒芜霜落灞原空"[1];许浑诗"瘦马频嘶灞水寒,灞南高处望长安"[2]和"结束征车换黑貂,灞西风雨正潇潇"[3]。月高山静,瘦马频嘶,霜落水寒,风雨潇潇,这种透着冷意的灞桥似乎更得晚唐人喜爱,而郑綮言"风雪"催诗思正契合了这种作诗心境和审美倾向。郑綮之后,灞桥上寒冷透骨的自然风雪真正固定下来,成为后世诗人不得不提的灞桥一景。如"酸风自咽。拥吟鼻、征衣暗裂。正凄迷,天涯羁旅,不似灞桥雪"[4]是借灞桥风雪写天涯羁旅;"又孤吟、灞桥深雪,千山绝尽飞鸟"[5]是以灞桥风雪表客居孤独;"寒入吟肩兀蹇鞍,灞桥风雪几跻攀"[6]是借风雪严寒暗示自己的作诗执着。在这些诗句里,"灞桥雪"无不以砭人肌骨的冷意塑造着诗境,烘托着作者心迹。至于"驴子"的加入,则与晚唐诗人的群体形象和诗坛风气密切相关。驴子在某种程度上是寒士身份的标识。"在中国传统社会中,马和驴的地位是不等的……马往往为高官所乘,驴则多为低级官吏或普通百姓所骑。"[7]这一方面是因为马昂贵,非一般寒士平民所能购买,相对经济且能跑路的驴子就成为社会底层人士的首选;另一方面,驴子在古人文化认知里的卑贱地位由来已久。《楚辞》云:"驾蹇驴而无策兮,又何路之能极?"[8]蹇,跛也。驴子行动迟缓笨拙,一开始就不受人青睐,而自中晚唐以来,出身贫寒、仕途不达的诗人大大增多,驴子也因而大量进入诗歌,"策蹇秋尘里,吟诗黄叶前"[9],成为这一时代诗人习以为常的生活,孟郊、贾岛、李贺等苦吟诗人的骑驴轶事更为人熟知。驴子逐渐成为寒士与诗人双重身份的象征。"诗人骑驴形象是由以贾岛为代表的苦吟诗人最后完成的,从此,诗人、骑驴与吟诗成为一个不可分割的人生样态和审

---

[1] 〔唐〕刘沧:《长安冬夜书情》,见《全唐诗》,中华书局,1960年,第6795页。
[2] 〔唐〕许浑:《灞上逢元九处士东归》,见《全唐诗》,中华书局,1960年,第6100页。
[3] 〔唐〕许浑:《送前东阳于明府由鄂渚归故林》,见《全唐诗》,中华书局,1960年,第6097页。
[4] 〔宋〕张炎:《凄凉犯》,见《山中白云词》卷一,吴则虞校辑,中华书局,1983年,第3页。
[5] 〔宋〕张炎:《摸鱼子》,见《山中白云词》卷七,吴则虞校辑,中华书局,1983年,第125页。
[6] 〔宋〕方岳:《次韵谢兄见寄》,见《全宋诗》,北京大学出版社,1998年,第38371页。
[7] 张伯伟:《再论骑驴与骑牛——汉文化圈中文人观念比较一例》,《清华大学学报》2007年第1期。
[8] 〔宋〕洪兴祖:《楚辞补注》卷一三,白化文等点校,中华书局,2015年,第208页。
[9] 〔唐〕张籍:《赠殷山人》,见〔唐〕张籍撰,徐礼节、余怒诚校注:《张籍集系年校注》卷三,中华书局,2011年,第411页。

美整体。"①对晚唐诗人来讲，驴子是诗人寻觅诗思不可缺少的坐骑，也因此与风雪一起进入了郑綮的视野。

如此看来，灞桥诗思内涵的确立，既基于灞桥本身含蓄丰富、深入人心、易触诗情的意象积累，又与风雪、驴子在晚唐时期所代表的冷寂的审美倾向，诗人群体的生活常态相辅相成，从而共同构成供人寻找诗情的"诗料"。再回看郑綮之语，其借助灞桥、风雪、驴子三者叠加而指示的"作诗苦心"就显而易见了。换言之，灞桥上的失意蹉跎、风雪中的严寒冷酷以及驴子上的穷困贫窭，都与身居廊庙、养尊处优者无缘。而面对"一个走上了末路的，荒凉，寂寞，空虚，一切罩在一层铅灰色调中的时代"②，晚唐人已经失去了盛唐人那样一种仗剑去国、策马边塞、高蹈风流的豪情，他们更倾向于在"灞桥风雪驴子上"这样一种清苦、冷寂、充满困顿的诗境里讨生活。贾岛、姚合等人的诗歌实践是如此，下此断语的宰相郑綮也是如此，观其《老僧》诗，"日照西山雪，老僧门未开。冻瓶黏柱础，宿火陷炉灰"③数语，境狭而小，意凄而冷，确有受晚唐诗风浸淫、幽深避世的特点。就此而言，骑驴诗人与灞桥风雪营构的冷寂意境和郑綮的诗美追求正相吻合，灞桥的诗思内涵也就在此种情境中确立下来。

二、诗学传统与文人意趣——灞桥诗思范式的确立

产生于特定环境、特定时代中的判断往往是狭隘的，郑綮语被后来的宋元诗人广泛接受，并成为吟咏不辍的诗思范式，与由来已久的诗学传统和文人群体的意趣追求亦不无关联。

首先，郑綮语契合了两种传统的作诗经验，即"诗穷而后工"和"江山助诗思"。"诗穷而后工"的明确说法虽然晚出自欧阳修④，但相似的理论阐述早已有之。如"诗可以怨"⑤，"离群托诗以怨"⑥，"欢愉之辞难工，而穷苦之言易好

---

① 冯淑然、韩成武：《古代诗人骑驴形象解读》，《深圳大学学报》2006年第5期。
② 闻一多：《唐诗杂论》，中华书局，2009年，第37页。
③ 《全唐诗》，中华书局，1960年，第6914页。《全唐诗》作"日照四山雪"，据《北梦琐言》卷七引诗改。
④ 巩本栋：《"诗穷而后工"的历史考察》，《中山大学学报》2008年第4期。欧阳修《梅圣俞诗集序》言："非诗之能穷人，殆穷者而后工也。"参见〔宋〕欧阳修著，洪本健校笺：《欧阳修诗文集校笺》，上海古籍出版社，2009年，第1093页。
⑤ 杨伯峻译注：《论语译注》，中华书局，1980年，第185页。
⑥ 〔梁〕钟嵘著，曹旭集注：《诗品集注》，上海古籍出版社，1994年，第47页。

也"①，等等，都强调诗思佳句于人生失意处方能得之。人在困顿之中往往能激起情感的波澜和生命的斗志，在"怨思"承载的精神苦痛中更加清醒地拷问人生、认识生命，继而表现于诗歌。"灞桥风雪驴背"的诗思语境，正是契合了这一传统诗论。董逌在《广川画跋》中评论《孟浩然骑驴图》时即作此种阐发：

> 诗人每病畸穷不偶，盖诗非极于清苦险绝，则怨思不深，文辞不怨思抑扬，则流荡无味，不能警发人意。要辞句清苦，搜冥贯幽，非深得江山秀气，诣绝人境，又得风劲霜寒，以助其穷怨哀思，披剔奥窔，则心中落落奇处，岂易出也。②

董逌以评画为契机谈论"灞桥诗思"：诗歌须能"怨"，文辞才能抑扬，才能警发人意；要做到"怨"，做到辞句清苦，须有坎廪廓落的人生遭际，如进入迥绝人境、风劲霜寒的天地。这段话当是"诗思在灞桥风雪中驴子上"的最佳注脚。不过，对此也有人发出反对的声音。如清人王岱有云："诗思在'灞桥风雪中驴子背上'，夫蹇步艰难，寒风凛冽，诗思何有？乃称灞桥总之：诗以穷而工也。不然，彼梁园高会者，岂尽无骚人耶？"③这种说法对"诗穷而后工"的认知一间有隔，且不免过于坐实。事实上，处境困顿者于外不得志于世路，于内忧思感愤郁积，唯借助诗文、兴于怨刺方能一发胸中感喟，因而他们往往更能专一于吟咏，所发悲唱多深至有力，感荡人心。灞桥风雪的清苦险绝，正是对此种创作情境的典型概括。

至于"江山助诗思"④，亦即上引董逌所说"深得江山秀气"，这是"灞桥风雪"的另一层内涵。自古以来，人们重视以江山自然涤荡心灵，从中汲取创作养分。就"灞桥风雪"的本义来说，灞桥是长安城外"出都而野"的标志，桥的存在无形中将空间分为两个——城市与郊外，尘世与自然，人为的文明与江山的造化。行走在灞桥之上，仿佛一前一后，就是两个不同的世界，从喧嚣芜杂的市井到清苦险绝的朔风寒雪，怎能不让人精神抖擞、诗兴盎然？黄彻《䂬溪诗话》云："书史蓄胸中而气味入于冠裾，山川历目前而英灵助于文字。"无论是杜子美壮游吴越，

---

① 〔唐〕韩愈：《荆潭唱和诗序》，见《韩愈文集汇校笺注》，刘真伦、岳珍校注，中华书局，2010年，第1122页。
② 〔明〕董逌：《广川画跋》卷二，见卢辅圣主编：《中国书画全书》（第1册），上海书画出版社，1993年，第822页。
③ 〔清〕王岱：《了庵诗集》卷一九，见《清代诗文集汇编》（第23册），上海古籍出版社，2011年，第280页。
④ 刘勰《文心雕龙·物色》云："屈平所以能洞监风骚之情者，抑亦江山之助乎？"（〔梁〕刘勰著，詹锳义证：《文心雕龙义证》，上海古籍出版社，1989年，第1759页）又吴曾《能改斋漫录》卷七"江山之助"条引此语，曰："张说至岳阳，诗益凄婉，人以为得江山之助。"（〔宋〕吴曾：《能改斋漫录》卷七，上海古籍出版社，1979年，第202页）

还是李太白仗剑风流，其豪气逸韵都来自对江山自然的恣横采览，"使二公稳坐中书，何以垂不朽如此哉？燕公得助于江山，郑綮谓：相府非灞桥，那得诗思？非虚语也"①。可见，在宋人看来，风雪灞桥正代表了一种江山灵气。在《韵语阳秋》中，葛立方进一步举"灞桥风雪"之例，论述诗思与江山自然之关系：

> 诗之有思，卒然遇之而莫遏，有物败之则失之矣。故昔人言覃思、垂思、抒思之类，皆欲其思之来，而所谓乱思、荡思者，言败之者易也。郑綮"诗思在灞桥风雪中驴子上"，唐求诗所游历不出二百里，则所谓思者，岂寻常咫尺之间所能发哉！前辈论诗思多生于杳冥寂寞之境，而志意所如，往往出乎埃壒之外。苟能如是，于诗亦庶几矣。②

诗思灵感，来得突然，势不可止，然一旦中断，便再也无法寻回，即"来之难而败之易也"，因而寻求诗思当在江山之外，才能避免被"催租人至"这等凡尘俗事败思、乱思。葛立方说唐人求诗思不在咫尺之间，须游历"二百里"，诗意和诗境才能清丽脱俗，殊不知，他所举例子中的灞桥距长安城仅有三十里之远。详其本意，当是谓"灞桥风雪"代表的即是江山自然，置身其中方能屏绝事务，专任情兴。"妙处写不就，题来句转难。几回风雪际，遥忆灞桥寒。"③"诗不穷人穷乃工，蹇驴宜立灞桥风。安排两个推敲字，岂在梨花院落中。"④这里展示的，正是欲追步古人、寻觅天地间诗情的遥想，更是以蹇驴风雪勉励诗人吟诗抒怀的衷情。

实际上，人们在"灞桥风雪中驴子上"寻找的，不仅仅有诗思，还有文人的孤独气质与志趣追求。在文学世界里，"穷而后工"总是与贫士、寒士的身份相关联，"江山自然"也往往融入在野和隐逸的生活方式，这种文化趋向决定了宋人对"灞桥风雪驴子背"的接受不会仅限于一种作诗经验，而是由此上升为一种身份认同和生活追求。孔子赞颜回，君子固穷，以贫为乐。至南北朝时，陶渊明的出现更让这样的生活方式成为后世文人效仿的典范。灞桥风雪中的骑驴诗人，在无形中正契合了这一失意却又高贵的士人理想。我们或可做这样的想象：诗人身着不合时宜的宽袍大袖，骑一头笨拙缓慢的蹇驴，行过小桥，步入迷蒙刺骨的风雪……他不因贫穷困顿而羞赧，不因骑着跛驴而自惭形秽，也不因其寒士身份在高官贵胄面前低头。这是"穷则独善其身"者选择骑驴出走的形象。在灞桥风雪中吟诗不仅仅是兴

---

① 〔宋〕黄彻：《䂬溪诗话》卷八，汤新祥校注，人民文学出版社，1986年，第126页。
② 〔宋〕葛立方：《韵语阳秋》卷二，见何文焕辑：《历代诗话》，中华书局，2004年，第500页。
③ 〔宋〕顾逢：《题诗境楼》，见《全宋诗》，北京大学出版社，1998页，第40026页。
④ 〔宋〕宋伯仁：《勉吟者》，见《全宋诗》，北京大学出版社，1998页，第38162页。

之所至、寻诗觅句的行为，更多是超越凡尘俗世和功名富贵、淡泊而从容的姿态，是坚守生命本真、不以穷达萦怀的傲岸潇洒。所以，灞桥风雪中的骑驴老者在宋人的想象里已不是晚唐人策蹇秋尘、吟诗黄叶的穷愁之态，而成为在穷困处境里仍然可以潇洒快意的大写的文人。

早在北宋之时，人们就已经表现出对"灞桥风雪"抗击时俗一面的向往。如《宣和画谱》论画家关仝云："（仝）尤喜作秋山寒林，与其村居野渡，幽人逸士，渔市山驿，使其见者悠然如在灞桥风雪中、三峡闻猿时，不复有市朝抗尘走俗之状。"[1]关仝擅长的绘画题材多是潇洒自然、闲适隐逸之景，使人不复见世间俗物俗情，《宣和画谱》以"灞桥风雪"评之、拟之，显然已超越单纯的诗思范畴，而将其视为具备审美形象、脱离时俗的生活境界。在秦观的诗词中我们更可以看清这种变化。其《灞桥雪》诗云："驴背吟诗清到骨，人间别是闲勋业。云台烟阁久销沉，千载人图灞桥雪。"[2]骑驴吟诗也许对画图凌烟、刻功云台无多大益处，但诗人追求的却正是那场"灞桥风雪"——这是对诗人身份和生活方式的认同，也是作者对抗尘俗、执着追寻理想的决绝姿态。灞桥骑驴者是诗人的形象，却又溢出诗人范畴，以其深入江山自然、恣意吟咏心性的一面呈现出回归生命本真的理想境界。这种理解被后来人广泛接受，如陆游概括自己的平生怀抱："作梦今逾七十年，平生怀抱尚依然。结茅杜曲桑麻地，觅句灞桥风雪天。"[3]"杜曲桑麻"和"灞桥风雪"其实分别代表了诗人向往的两种生活：陶渊明式的闲居隐逸和诗人式的骑驴觅句。后来宋人又加入了范蠡式江湖散发、泛舟五湖的人生样式，与躬耕陇亩、骑驴觅句共同组成文人向往的生活方式。于石云："薄薄酒，可尽欢。粗粗布，可御寒。丑妇不与人争妍。西园公卿百万钱，何如江湖散人秋风一钓船。万骑出塞铭燕然，何如驴背长吟灞桥风雪天。"[4]薄酒即可尽欢，粗布亦能御寒，纵使腰缠万贯、刻石记功，也不如扁舟一叶、明月江湖、风雪骑驴、吟诗灞桥来得自由雅致。可见，灞桥风雪已经超越了单纯的作诗经验，而成为一种诗人气质、生活姿态和文人志趣的追求。

总之，"灞桥风雪驴子背"与传统作诗经验的契合，以及从中生发出的文人意

---

[1]《宣和画谱》卷一〇，王群栗点校，浙江人民美术出版社，2012年，第107页。
[2] 此诗《钦定词谱》卷五和《词苑英华》本《少游诗馀》均载，是《忆秦娥·灞桥雪》词首的四句口号，末句三字为词之起句。又见〔宋〕秦观：《淮海居士长短句》，徐培均校注，上海古籍出版社，1985年，第179页。
[3]〔宋〕陆游：《作梦》，见钱仲联校注：《剑南诗稿校注》，上海古籍出版社，2005年，第2287页。
[4]〔宋〕于石：《薄薄酒》，见《全宋诗》，北京大学出版社，1998年，第44130页。

趣，使其成为诗人写诗觅句的重要场域和吟咏不辍的诗思范式。凡言诗思与诗情，灞桥便成了首选意象。

三、孟浩然——灞桥骑驴诗人的选择

宋人王庭珪《赠写真徐涛》诗云："徐生画人不画鬼，点目加毛必佳士。……会貌诗人孟浩然，便觉灞桥风雪起。"[①]细味"会貌"一联可知：徐涛曾画孟浩然写真，逼真之处让人看后便觉灞桥风雪扑面而来。联系到金人李纯甫《灞陵风雪》诗所谓"蹇驴驼著尽诗仙，短策长鞭似有缘。政在灞陵风雪里，管是襄阳孟浩然"[②]，及明人张岱《夜航船》所说"孟浩然情怀旷达，常冒雪骑驴寻梅，曰'吾诗思在灞桥风雪中驴背上'"[③]，则孟浩然骑驴于风雪中过灞桥已成为诗歌、图画中的常用形象。那么，为何孟浩然会成为灞桥骑驴诗人？著名诗人之中骑驴者，不独孟浩然，如李白骑驴华阴、杜甫"骑驴十三载"、贾岛驴上推敲、李贺"关水乘驴影"等皆可列其中，且骑驴觅句、苦吟不辍者又数贾岛、李贺为尤。孟浩然成为灞桥骑驴诗人的代表，一定有其原因。

（一）王维是否画《孟浩然骑驴图》

沿此思路梳理宋、元人诗作，大量映入我们眼帘的首先是关于《孟浩然骑驴图》或《孟浩然灞桥图》的题画诗，可见图画流传与其产生的影响力是孟浩然灞桥骑驴之典形成、发展过程中的重要因素。值得注意的是，宋、元人均有明确题为《王维画孟浩然骑驴图》的诗作[④]，故而我们或可从王维处找寻线索。王、孟同为盛唐著名山水田园诗人，两人也有一定交往。王维确实曾为孟浩然作肖像图，搜检文献，可得者有三：

一是《孟浩然马上吟诗图》。唐人朱景玄《唐朝名画录》载："王维，字摩

---

① 〔宋〕王庭珪：《赠写真徐涛》，见《全宋诗》，北京大学出版社，1998年，第16753页。
② 〔金〕李纯甫：《灞陵风雪》，见〔金〕元好问编：《中州集》卷四，中华书局，1959年，第222页。
③ 〔明〕张岱：《夜航船》卷一，四川文艺出版社，2005年，第18页。
④ 南宋杜范有《跋王维画孟浩然骑驴图》〔〔宋〕杜范：《清献集》卷一七，见影印文渊阁《四库全书》（第1175册），台湾商务印书馆，1983年，第744页〕，入元遗民牟巘有诗《王维画孟浩然骑驴图》〔《牟氏陵阳集》卷三，见影印文渊阁《四库全书》（第1188册），台湾商务印书馆，1983年，第22页〕。

诘，官至尚书右丞……尝写诗人襄阳孟浩然《马上吟诗图》，见传于世。"[1]

二是《郢州孟浩然像》。《新唐书·孟浩然传》云："初，王维过郢州，画浩然像于刺史亭，因曰浩然亭。咸通中，刺史郑诚谓贤者名不可斥，更署曰孟亭。"[2]

三是《写孟浩然真》。北宋《宣和画谱》载，王维画作数百年间流落无几，御府所藏共126幅（其中或有后人临摹），有"《写孟浩然真》一"[3]。

由于文字记载太过简略，我们不能确知这三幅画作是否为同一幅[4]，只能据后世文献推知一二。关于《孟浩然马上吟诗图》，宋人葛立方《韵语阳秋》有详细记载：

> 余在毗陵，见孙润夫家有王维画孟浩然像，绢素败烂，丹青已渝。维题其上云："维尝见孟公吟曰：'日暮马行疾，城荒人住稀。'又吟云：'挂席数千里，名山都未逢。泊舟浔阳郭，始见香炉峰。'余因美其风调，至所舍图于素轴。"又有太子文学陆羽鸿渐序云："……余有王右丞画《襄阳孟公马上吟诗图》并其记，此亦谓之一绝。故赠焉，以裨中园生画府之阙。唐贞元年正月二十有一日志之。"后有本朝张洎题识云："癸未岁，余为尚书郎，在京师，客有好事者，浚仪桥逆旅，见王右丞《襄阳图》，寻访之，已为人取去。他日，有吴僧楚挈图而至。问其所来，即浚仪桥之本也。虽缣轴尘古，尚可窥览。观右丞笔迹，穷极神妙。襄阳之状，颀而长，峭而瘦，衣白袍，靴帽重戴，乘款段马，一童总角，提书笈负琴而从，风仪落落，凛然如生。复观陆文学题记，词翰奇绝。……孟冬十有一日南谯张洎题。"润夫谓此画是维亲笔无疑，余谓曰：此俗工摺本也。张洎谓襄阳之状颀而长，峭而瘦，今所绘乃一矮肥俗子尔。徐观其题识三篇，字皆一体，鲁鱼之误尤多，信非维笔。润夫然之，因以题识书于此。[5]

孙润夫家所藏王维画《孟浩然像》上有王维、陆羽和宋人张洎三人的题识，不过据

---

[1] 〔唐〕朱景玄：《唐朝名画录》，见卢辅圣主编：《中国书画全书》（第1册），上海书画出版社，1993年，第166页。

[2] 《新唐书》，中华书局，1975年，第5780页。

[3] 《宣和画谱》卷一〇，王群栗点校，浙江人民美术出版社，2012年，第102—103页。

[4] 此前讨论该问题者，或认为《写孟浩然真》即《马上吟诗图》，《郢州像》即后世所言《骑驴图》（李园：《孟浩然及其诗歌研究》，博士学位论文，南京师范大学，2007年，第76—77页），或将《骑驴图》归为王维第四幅作品（杨东莉：《孟浩然在宋元时期的接受》，硕士学位论文，华东师范大学，2010年，第38—41页）。可见问题焦点在于，《骑驴图》是否为王维所作，以及这样的疑问是如何产生的。

[5] 〔宋〕葛立方：《韵语阳秋》卷一四，见何文焕辑：《历代诗话》，中华书局，2004年，第593—595页。

葛立方所言此本乃是后人"摺本"①，不仅所画形象与张洎描述不符，就连三篇题识的字迹也是如出一人，误字多有，非王维真迹。而据张洎题识，他曾亲目目验过这幅画的真本且对画上王维和陆羽的题记未表怀疑。最关键的是，我们可以由张洎的描述得知《孟浩然马上吟诗图》真本是何种情形。王维作画的初衷，是观孟浩然吟咏"日暮马行疾，城荒人住稀"②和"挂席几千里，名山都未逢"③等句的散朗风度后，美其风调，遂为其作《马上吟诗图》并有题记。其图后为陆羽所得，赠与中园生画府收藏。至南唐北宋之际的张洎这里，此画已经是"缥轴尘古"，但他仍为我们再现了王维笔下的丹青神韵。画中孟浩然颀长峭瘦，衣着白袍，靴帽重戴。《宋史·舆服志》曰："重戴，唐士人多尚之，盖古大裁帽之遗制，本野夫岩叟之服。以皂罗为之，方而垂檐，紫里，两紫丝组为缨，垂而结之颔下。所谓重戴者，盖折上巾又加以帽焉。"④可见，画中孟浩然戴的帽子是当时士人的时尚装束。诗人乘马前行，风仪落落，凛然如生，后有小童提书笈负琴而从。这里的孟浩然，高逸脱俗，联系王士源对孟浩然"骨貌淑清，风神散朗"⑤的描写，王维或可谓真正抓住了孟浩然风神，与其作画初衷也正相吻合。如闻一多言："白袍靴帽固然是'布衣'孟浩然分内的装束，尤其是诗人孟浩然必然的扮相。"⑥值得注意的是，画中元素有孟浩然、小童、马，地点当在襄阳附近（据王维引诗），而绝没有"灞桥骑驴"的影子。

王维在郢州孟亭所画的孟浩然像，唐人皮日休《郢州孟亭记》曾提及："先生，襄阳人也，日休，襄阳人也。既慕其名，亦睹其貌……说者曰：'王右丞笔先生貌于郢之亭。每有观型之志。'四年，荥阳郑公诚刺是州，余将抵江南，舣舟而诣之。果以文见贵，则先生之貌纵视矣。"⑦可见，皮日休在咸通四年（863）曾见过郢州孟浩然像，惜未加详述。后北宋李复《书郢州孟亭壁》再次提及此图：

---

① 摺本，古代由长卷折叠成的书本。叶德辉《书林清话》卷一云："书本由卷子摺叠而成，卷不如摺本翻阅之便，其制当兴于秦汉间。"参见叶德辉：《书林清话》，中华书局，1957年，第14页。

② 〔唐〕孟浩然：《夕次蔡阳馆》，见〔唐〕孟浩然著，佟培基笺注：《孟浩然诗集笺注》，上海古籍出版社，2013年，第250页。

③ 〔唐〕孟浩然：《晚泊浔阳望庐山》，见〔唐〕孟浩然著，佟培基笺注：《孟浩然诗集笺注》，上海古籍出版社，2013年，第7页。

④ 《宋史》，中华书局，1985年，第3570页。

⑤ 〔唐〕王士源：《孟浩然诗集序》，见〔唐〕孟浩然著，佟培基笺注：《孟浩然诗集笺注》，上海古籍出版社，2013年，第557页。

⑥ 闻一多：《唐诗杂论》，中华书局，2009年，第30页。

⑦ 〔唐〕皮日休：《皮子文薮》卷七，上海古籍出版社，1981年，第71页。

> 孟亭，昔浩然亭也。世传唐开元间襄阳孟浩然有能诗声，雪途策蹇，与王摩诘相遇于宜春之南。摩诘戏写其寒峭苦吟之状于兹亭，亭由是得名。而后人响榻摹传摩诘所写，迄今不绝……予崇宁四年秋九月，将漕畿右巡按过郢，访旧亭，废已久矣。谕假守钱君劭复立之。明年八月再至，亭已立。及以旧名题之，因书幼昔所闻及皮日休之论于亭壁。①

至北宋崇宁四年（1105），郢州孟亭废弃已久，孟浩然像也随之不存。李复据其"幼昔所闻"，将孟浩然雪中骑驴与王维相遇于宜春之南、王维摹写其"寒峭苦吟之状"之事，书于孟亭，继而推测前事，信以为真。然而，当时所谓的郢州孟浩然像已是后人传写的版本，事实如何并不可考。并且，李复所说的孟浩然"寒峭苦吟之状"与唐人眼中的孟浩然形象也已截然不同②。王维为孟浩然作画因"美其风调"，其笔下形象显然不是寒峭苦吟的模样，时人所画已是对王维郢州孟亭像的再创造和想象。本文前述北宋末董逌在《广川画跋》中曾记有《书孟浩然骑驴图》，但并没有明确说此图作者是谁，如果是王维，想董逌定不必讳言，故其图更有可能是时人或稍前人所作。直到南宋杜范《跋王维画孟浩然骑驴图》，才明确提到王维是这幅画的作者③。就此而言，在这漫长的时间里，该画极有可能已是后人托王维之名进行的创作了。

至于《宣和画谱》所载的《写孟浩然真》，或许与《孟浩然马上吟诗图》有承接关系。宋初诗人魏野有《寄庞房》诗云："爱于瘦马上吟诗，孟浩然真更似谁。雅称自将图画看，况君小笔胜王维。"④诗中不仅提及《孟浩然真》，而且将庞房与王维对举而言，予以赞赏，则此《孟浩然真》为庞房仿王维《马上吟诗图》所作，亦未可知。据此我们可以得出一个大致印象，即宋、元人笔下所谓的"王维画孟浩然骑驴图"，很有可能是后人摹传之作，并非王维真迹。也就是说，孟浩然"灞桥骑驴"的故实不是起源于王维绘画，而是这个故实一步步丰富、发展并深入人心，成为人们的固定认知之后，孟浩然才在灞桥风雪中骑着蹇驴走入画屏间，为历代丹青画师所摹写、表现。

---

① 〔宋〕李复：《潏水集》卷六，见影印文渊阁《四库全书》（第1121册），台湾商务印书馆，1983年，第62—63页。
② 如前引王士源语，又如李白《赠孟浩然》诗："吾爱孟夫子，风流天下闻。红颜弃轩冕，白首卧松云。"参见〔唐〕李白：《李太白全集》卷九，〔清〕王琦注，中华书局，1977年，第461页。
③ 参见张伯伟《再论骑驴与骑牛——汉文化圈中文人观念比较一例》的相关论述。
④ 〔宋〕魏野：《东观集》卷八，见影印文渊阁《四库全书》（第1087册），台湾商务印书馆，1983年，第389页。

（二）孟浩然"灞桥骑驴"故实之演变

那么，关于孟浩然"灞桥骑驴"的故实是如何产生并在宋人间形成一个广泛共识，甚至形之于图画表现的呢？我们且据相关文献，按时间先后梳理一下大致的发展脉络。

孟浩然一生布衣，自然是骑驴诗人中的一个，他在《唐城馆中早发寄杨使君》一诗中曾言"访人留后信，策蹇赴前程"①，然而此处"策蹇"既非在雪中，亦不是在灞桥。孟诗中又有《赴京途中遇雪》云："迢递秦京道，苍茫岁暮天。穷阴连晦朔，积雪满山川。"②《南归阻雪》云："我行滞宛许，日夕望京豫。旷野莽茫茫，乡山在何处。……积雪覆平皋，饥鹰捉寒兔。……十上耻还家，徘徊守归路。"③两首诗，一为赴京遇雪，一为南归阻雪，虽有羁旅客愁，却并未提及蹇驴，亦未明确在灞桥。与郑綮差不多同时的晚唐诗人唐彦谦有《忆孟浩然》诗："郊外凌兢西复东，雪晴驴背兴无穷。句搜明月梨花内，趣入春风柳絮中。"④凌兢，寒凉也。诗中孟浩然趁雪晴骑驴郊外，诗兴无穷，一个"句搜"，一个"趣入"，即勾勒出诗人飘逸散朗、悠然自得的倜傥风度。这里已经具有雪中骑驴觅诗的描画，只是"郊外"不知指何处，孟浩然其人也不同于苦吟诗人的穷愁之态，而颇有超尘脱俗的尘外之致，这是晚唐人眼中的孟浩然形象。

降至北宋，由王维画作引申而来的"孟浩然骑马"故实已经被诗人引用，如前引魏野的《寄庞房》，又如与苏轼有交往的诗僧释道潜有诗云："秋风猎猎促鸣蝉，归路千山入马鞭。白袍乌袖宜图画，不羡襄阳孟浩然。"⑤这里的"白袍乌袖"虽非指称孟浩然，但却与王维所画《孟浩然马上吟诗图》有渊源关系。

---

① 〔唐〕孟浩然著，佟培基笺注：《孟浩然诗集笺注》，上海古籍出版社，2013年，第495页。

② 〔唐〕孟浩然著，佟培基笺注：《孟浩然诗集笺注》，上海古籍出版社，2013年，第280页。

③ 〔唐〕孟浩然著，佟培基笺注：《孟浩然诗集笺注》，上海古籍出版社，2013年，第282—283页。

④ 《全唐诗》，中华书局，1960年，第7668页。王兆鹏《唐彦谦四十首赝诗证伪》一文曾考唐氏《过浩然先生墓》《赠孟德茂（浩然子）》二诗为元人诗作（王兆鹏：《唐宋诗词考论》，中国社会科学出版社，2013年，第184—185页），则此《忆孟浩然》似亦有伪作之嫌，然无确证，姑且存疑。若确为元人诗，更可证"浩然骑驴"典故乃在宋以后才被广泛接受。

⑤ 〔宋〕释道潜：《送王彦龄承务还河内》，见《全宋诗》，北京大学出版社，1998年，第10798页。

质的变化是从苏轼开始的。在苏轼笔下，马变成了驴，骑在驴背上的孟浩然也由此前的风神散朗、超尘脱俗一变而为皱眉耸肩、雪中吟诗的苦寒诗人：

> 君不见潞州别驾眼如电，左手挂弓横捻箭，又不见雪中骑驴孟浩然，皱眉吟诗肩耸山。饥寒富贵两安在，空有遗像留人间。（《赠写真何充秀才》）[①]

> 惟有使君游不归，五更马上愁敛眉。君不是淮西李侍中，夜入蔡州缚取吴元济；又不是襄阳孟浩然，长安道上骑驴吟雪诗。（《大雪，青州道上，有怀东武园亭，寄交代孔周翰》）[②]

第一首诗中，孟浩然被塑造为"饥寒"之士，在凛冽风雪中耸肩如山、皱眉吟诗，唐彦谦笔下的偶傥风神已不见踪影，其中显然是苏轼加了些"作料"进去，融入了晚唐人的苦吟想象，以突出孟浩然作为底层寒士流落不偶的身份特征。第二首诗中的孟浩然虽无皱眉耸肩之状，但雪中骑驴的地点被定位在了"长安道上"，这是有着特殊寓意的。因为孟浩然诗中踌躇迷惘的"迢递秦京道"，在这里被苏轼加以借用和发挥，融入了郑綮"风雪驴背"的情境，加深了孟浩然失职寒士之印象，由此形成其"灞桥骑驴"故实发展的重要节点，也为后来的接受者划定了一个大致方向。

由此进一步发展，至秦观《忆秦娥·灞桥雪》，才真正将骑驴老者定位到"灞桥风雪"之中："灞桥雪，茫茫万径人踪灭。人踪灭，此时方见，乾坤空阔。骑驴老子真奇绝，肩山吟耸清寒冽。清寒冽，只缘不禁，梅花撩拨。"[③]在这里，虽然秦观没有明确说"骑驴老子"是孟浩然，但从"肩山吟耸"、冒雪冲寒的描摹来看，仍可发现苏轼笔下孟浩然的影子。秦观的创造性，在于化用柳宗元的《江雪》意境，将"灞桥风雪驴背上"的诗人放置在更加宽广、辽阔的背景之中，与渺小的

[①]〔宋〕苏轼：《苏轼诗集》，〔清〕王文诰辑注，孔凡礼点校，中华书局，1982年，第587页。

[②]〔宋〕苏轼：《苏轼诗集》，〔清〕王文诰辑注，孔凡礼点校，中华书局，1982年，第715页。

[③]〔宋〕秦观：《淮海居士长短句》，徐培均校注，上海古籍出版社，1985年，第179页。此词不见于秦词宋刊本，而由明人王象晋所编《少游诗馀》辑得，故徐培均《淮海词版本考》对其归属特予说明，认为"可定为秦作"（〔宋〕秦观：《淮海居士长短句》，徐培均校注，上海古籍出版社，1985年，第242页），后又慎言"似为秦作"（〔宋〕秦观著，徐培均笺注：《淮海居士长短句笺注》，上海古籍出版社，2008年，第279页）。此词虽不出于宋本，然词前四句口号体例类《淮海居士长短句》卷下《调笑令》十首，且其"肩山吟耸"之描写颇近前引苏轼语，故在无直接证据的前提下，本文仍视其为秦作。依此，则秦观将"骑驴老子"定于"灞桥风雪"之中，当是两宋之交王庭珪"会貌诗人孟浩然，便觉灞桥风雪起"之断语的直接源头。

个体形成鲜明对比,以此强化自然环境的严酷、凛冽,进而彰显生命孤独与决绝的姿态。这种人与自然的对抗,又在"只缘不禁,梅花撩拨"八个字中得到和谐与统一。换言之,即使环境是严酷惨烈的,却也禁不住去踏雪寻梅,寻找江山灵气,这一份内心的坚守有着"四两拨千斤"的力道,摧毁了外在环境施之于人的阻碍与屏障,传达出精神的绵绵生机与更高追求。骑驴诗人的世界不再只是驴子背上的一方狭窄角落,而是整个天地;他的人生体验也不再只是困境里的失落悲观,而是与江山造化融合无间的精神升华。这里的"骑驴老子",可以是孟浩然,却又超越了孟浩然;是一介寒士,却又有高士风度;是诗人自己,也是后世许许多多同一旨趣的接受者。这已成为一种文学想象,传达出人们对理想人生境界的向往。

其后,董逌在《广川画跋·书孟浩然骑驴图》中对孟浩然骑驴诗人的形象进一步生发,更加强化了孟浩然在这一故实中的地位:"孟夫子一世畸人,其不合于时,宜也。当其拥襥襫,负笒箸,堕袖跨驴,冒风雪陟山阪,行襄阳道上时,其得句自宜挟冰霜霰雪,使人吟诵之犹齿颊生寒。此非特奥室白雪,有味而可讽也。……郑綮谓'诗思在灞桥风雪中驴子上,此处何以得之',綮殆见孟夫子图而强为此哉,不然綮何以得知此?"①畸人者,"畸于人而侔于天"②,其往往在现实社会中不合时宜,落拓不遇。孟浩然确实如此,《旧唐书》记载他四十岁游京师,应举不第,南归襄阳。③《新唐书》更对此事进行发挥,录其被玄宗放还的始末,致终生布衣。④再从董逌所记孟浩然的穿着看,是"拥襥襫,负笒箸"。"襥襫"即宽大粗厚、臃肿而不合身的衣服;"笒箸",则是渔翁所佩贮鱼的竹笼。⑤孟浩然着宽袍大袖,背一竹笼,冒雪跨驴,与《马上吟诗图》中的白袍乌帽、风仪落落迥然不同,其"不合时宜"更加凸显。董逌在这里正是强调了孟浩然流落不偶、仕途不达的寒士身份,认为这样的人生处境方可作出清苦险绝、怨思抑扬的诗句来。画中地点虽不是秦观所谓的"灞桥"而是在"襄阳道上",但两人前后所营造的境界格调却是一致的:不偶于物却能顺应本性,强调人与外物流俗的对抗精神和孤独高贵

---

① 〔明〕董逌:《广川画跋》卷二,见卢辅圣主编:《中国书画全书》(第1册),上海书画出版社,1993年,第822页。
② 〔清〕郭庆藩辑:《庄子集释》卷三,王孝鱼整理,中华书局,1961年,第273页。
③ 《旧唐书》,中华书局,1975年,第5050页。
④ 《新唐书》,中华书局,1975年,第5779—5780页。
⑤ 清人郝懿行《证俗文》卷六:"今俗所谓'襥襫'者,为其不俏醋也,褒衣大袖不合时尚,亦为襥襫。"〔《中国民俗·方言谣谚丛刊初编》(第6册),江苏广陵古籍刻印社,1989年,第419页〕唐陆龟蒙《渔具》诗序云:"所载之舟曰舴艋,所贮之器曰笒箸。"(何锡光校注:《陆龟蒙全集校注》,凤凰出版社,2015年,第366页)

的人生境界。此外,董逌认为郑綮是见《孟浩然骑驴图》之后才作"诗思在灞桥风雪中驴子上"之语,但从现有资料看,并不能确定郑綮时代就已出现《孟浩然骑驴图》。因而,这种猜度更大程度上源于孟浩然"灞桥骑驴"故实经后人逐渐充实、丰富之后所具有的强大影响力。南宋以后,孟浩然作为灞桥风雪中的骑驴诗人,已经固定下来,并且深入人心。如南宋诗人韩淲《孟襄阳灞桥风雪》:"今日秦川灞桥语,蹇驴吹帽也相宜"[1];刘克庄《孟浩然骑驴图》:"坏墨残缣阅几春,灞桥风味尚如真"[2];家铉翁《跋浩然风雪图》:"此灞桥风雪中诗人也"[3]。正是基于此,金人李纯甫才说"政在灞陵风雪里,管是襄阳孟浩然"。

要之,晚唐人虽有对孟浩然骑驴吟诗形象的描述,但并非在灞桥风雪中,亦不是苦吟寒士形象。郑綮提出"诗思在灞桥风雪中驴子上"的范式之后,逐渐被宋人接受并融合到孟浩然骑驴觅诗的故实中去。在宋人眼中,孟浩然无论作为诗人,还是流落不遇的寒士,抑或踏雪寻梅的高士,其多重解读的形成,一方面源于孟浩然多重身份的交织,每一种身份在灞桥风雪的情境里都可以得到合理解释,后人完全可依具体情境需要从中择选、发挥,这是其他诗人所不具备的;另一方面,亦得益于"灞桥风雪驴背"的语境与诗思、与清苦险绝、与江山自然之义的契合无间。灞桥风雪的意境赋予诗人孟浩然更为含蓄深广的阐释空间,而孟浩然的加入无疑又使灞桥风雪的应有内涵深化一层,尤其于诗人气质和文人雅趣的传达更加凸显。因此,我们说孟浩然"灞桥骑驴"故实的变化和接受,与"灞桥风雪驴背"的诗思范式是相辅相成、互相促进的。

四、灞桥风雪图——由诗到画的转变

郭熙《林泉高致》引前人语云:"诗是无形画,画是有形诗。"[4]诗歌中的很多意象和意境都可通过绘画来呈现,而水墨丹青背后的含蓄意蕴也多借助诗歌语言来补足,二者共同传达出妙不可言的艺术审美境界。孤独的灞桥,漫天的风雪,瘦弱的蹇驴,冲寒的老者,本身就是一组含蓄的形象,也是一种丰韵的思想;这是一首诗,更是一幅画,这就决定了灞桥风雪终究会成为一个人们极为钟爱的绘画题材。因此,时至两宋,不少以灞桥风雪或灞桥骑驴为题材的画作便纷纷登场。

---

[1] 《全宋诗》,北京大学出版社,1998年,第32743页。
[2] 《全宋诗》,北京大学出版社,1998年,第36189页。
[3] 〔宋〕家铉翁:《则堂集》卷四,见影印文渊阁《四库全书》(第1189册),台湾商务印书馆,1983年,第337页。
[4] 郭熙:《林泉高致》,中华书局,2010年,第81页。

唐人张彦远《历代名画记》和朱景玄《唐朝名画录》均无唐人相关画作的记载。不过，从后世《灞桥风雪图》来看，王维《孟浩然马上吟诗图》确实对"灞桥风雪"题材的绘画创作产生了一定影响。据前引《韵语阳秋》的描述，若把《马上吟诗图》中"乘马"换作"骑驴"，把山路换作板桥，再图之以漫天风雪，就补足了《灞桥风雪图》的画中要素。因此，王维《孟浩然马上吟诗图》在某种程度上可以看作"灞桥风雪"绘画题材的最初源头。到了晚唐，由唐彦谦诗可知其时已出现孟浩然雪中骑驴的传说，不过这里的风雪图景似乎并不是表现重点，而侧重于标举孟浩然的风神散朗和飘逸洒脱。北宋时，经苏轼和秦观两位文坛巨擘的吟咏，"灞桥风雪"才开始从人物背景走进人们的审美视野，茫茫万径，乾坤空阔，灞桥风雪与骑驴老者一起构成一幅清冽奇崛、意蕴悠远的山水图景。大概也是在此之后，有关孟浩然雪中骑驴的描摹才在诗、画中大量出现。董逌《广川画跋·书孟浩然骑驴图》即是一证，画中诗人堕袖跨驴，冒雪冲寒行于襄阳道，穷极清苦的形象跃然纸上，只是缺了灞桥而已。由此可见，在很长一段时间内，"灞桥风雪"的图意是跟孟浩然其人紧密相关的。不过至南宋时，随着宋人对"灞桥风雪驴背"的接受愈发深入，也就脱离了孟浩然的限制，而可以雪中骑驴寻诗为绘画母题自由发挥，相关题材的作品也随之进入我们的视野。南宋"院体画"四大家中，夏珪有明确标为"灞桥诗思"和"灞桥风雪"的作品，而刘松年、马远也都有构图、取景十分相似的作品。这说明，南宋"灞桥风雪"题材绘画的创作，已不是一种偶然现象，而成为山水画创作中的一大主题。

夏珪在宁宗（1195—1224）、理宗（1225—1264）两朝任职画院，擅画山水、人物。清人王毓贤《绘事备考》曾著录夏珪《灞桥诗思图》，谓夏珪"画之传世者……灞浐微行图一……灞桥诗思图一"[①]。现南京博物院所藏夏珪《灞桥风雪图》，疑即《绘事备考》所载的《灞桥诗思图》。该图为立轴绢本，淡墨设色，高二尺，宽一尺三分，上有小款二字已残缺。另有乾隆三十四年（1769）正月御题诗："驴背风花冷打人，远山忽耸玉嶙峋。谁知了了疏疏笔，郑相诗情正得神。"[②]正是取郑綮"灞桥风雪驴背"之语意。画中远处高山耸峙，白雪皑皑，一条寒水由山谷汩汩流出。近处右下角，水上架一小桥，桥上白雪堆积，一人戴风帽，着袖袍，瑟缩弓背，跨蹇驴而行，前有一童子，抱书笈回顾。桥另一端屋舍旁有枯树数

---

① 〔清〕王毓贤：《绘事备考》，见卢辅圣主编：《中国书画全书》（第8册），上海书画出版社，1994年，第669页。

② 庞元济：《虚斋名画录》卷七，见卢辅圣主编：《中国书画全书》（第12册），上海书画出版社，1998年，第472页。

棵，斜向一边，让人如觉风声呼啸、冷意刺骨。联系《广川画跋》对《孟浩然骑驴图》的描述可知，诗人、蹇驴、寒风、冷雪是这类题材一概承袭的图画要素，唯夏珪《灞桥风雪图》始有"灞桥"入画，遂使得构成图画的各要素皆已齐备。此图曾为近代著名书画收藏家庞元济收藏，20世纪60年代庞氏之孙庞增和将此画捐赠南京博物院①，才使我们得见此宋画真容。

夏珪《灞桥风雪图》 　　　　　《灞桥风雪图》局部

马远是光宗、宁宗朝（1190—1224）画院待诏，曾作《板桥踏雪图》。此画虽未以"灞桥风雪"命名，但显然受到这一题材的影响。据《石渠宝笈》著录："本幅绢本，纵三尺一寸，横一尺八寸五分，水墨画，山厂松藤，澌溪长约，有人度桥，回顾童子携琴，俱作寒噤状。款'河中马远'。"②现台湾故宫博物院所藏马远《板桥踏雪图》，画中雪山耸立，山崖间孤松斜逸，近处山石嶙峋，一条冰溪横贯其间，溪上有一板桥，以木支撑。桥上一老者博衣褒袖，头戴风帽，回顾身后童子。童子携书琴而从，弓背缩颈，包裹严实，可知寒风凛冽。从构图来看，《板桥踏雪图》与夏珪《灞桥风雪图》相似，依然选取江山一角，采用远近高低对比手法，画中人物被安置一隅，构图错落有致。从画中要素看，二者都绘高山、风雪、老者、童子和小桥，只是《板桥踏雪图》中无蹇驴。再从画意看，两幅图都着意表现画中人物冒雪冲寒、执着前行的神态，童子所抱琴书则传达出人物于清苦险绝环境中的雅洁志趣。就此而言，两幅图均与"灞桥风雪"绘画创作母题一脉相承。此

---

① 张蔚星：《国之瑰宝，绝世奇珍——庞增和捐献庞莱臣藏画特展》，《收藏家》2003年第11期。

② 故宫博物院编：《钦定石渠宝笈续编》（第4册），海南出版社，2001年，第293页。

画上有"巴彦布哈"题诗,巴彦布哈即伯颜不花(?—1359),元朝画家,《元史》有传[1]。其题七言古诗云:"寒威猛烈肌成粟,山深严峻路盘曲。流泉欲冻冰作声,板桥斜搁支枯木。闲吟欲比孟襄阳,踏雪蹴破蓝田玉。"又诗后有跋曰:"余得此遥父真迹,为生平最快意事,赋诗纪兴。"钤印:"伯颜不花,江东廉访副使。"据此可知,伯颜不花见此画并题诗当在至正十七年(1357)任江东道廉访副使之时。联系图画所绘,此诗寒风、山路、流泉、板桥及入骨寒意俱备,末句又联想到孟襄阳的踏雪吟诗,溢出眼前所观,补足了画外之意。

刘松年于光宗绍熙年间(1190—1194)任画院待诏,很明显也受到这一绘画题材的濡染。在其《四时山水图卷》之《冬景》中,我们可以看到与夏珪《灞桥风雪图》极为相似的绘画表现,并且可以发现更多的创作自由。与马远、夏珪采用立轴形制不同,刘松年以横卷来表现四时景象,因而《冬景》一改高山耸立、玉石嶙峋的表现手法,而更加注重平远,借助淡墨留白绘出远处连绵起伏的雪山和自远而近的冰溪,线条添了几分柔和,少了几分冲突,视野也愈发开阔。画面左侧是齐整的阁楼屋舍,乃典型的南宋院体画作风。屋舍旁乔松矗立,树石蒙白,一座拱形木桥架于冰溪之上,桥上一小童在前,老者在后,着白袍乌帽,骑驴张盖,离开屋舍向风雪天地中而行。画中雪山、屋舍、松树、木桥、冰溪、童子,与夏珪《灞桥风雪图》如出一辙。只是两图中骑驴老者的行进方向是相反的:不同于夏珪强调人物朝向屋舍的"归",刘松年更强调人物向自然之中的"去"。这种"去"的自主选择在某种意义上似乎消解了人与自然的对抗,在骑驴踏雪、寻兴吟诗的意境中传达出人对自然的融入,反映了文人雅士的志趣与追求。陆游所谓"觅句灞桥风雪天",于石所谓"万骑出塞铭燕然,何如驴背长吟灞桥风雪天",正指这种情境与风神。一般以为,刘松年《四时山水图卷》乃是摹画南宋临安城中官僚士绅优裕闲逸的生活,因而《冬景》当是描绘西湖畔之景致。[2]但"灞桥风雪"其实早已跳脱灞桥的地域限制,画中木桥、板桥都可视作"灞桥",因为诗人与画家着意表现的,乃是一种情境和韵味,也是一种钟爱和向往。

---

[1]《元史》,中华书局,1976年,第4409页。
[2] 中国古代书画鉴定组编:《中国绘画全集》(第4卷),文物出版社,1999年,第38—39页。

刘松年《四时山水图卷·冬景》，故宫博物院藏

除以上可以目其真容的"灞桥风雪图"，我们还可据文献记载知宋人"灞桥风雪"题材的其他绘画。如南宋画家梁楷，宁宗时任画院待诏，作有《孟襄阳灞桥驴背图》。清人鲁骏《宋元以来画人姓氏录》载："梁楷画《孟襄阳灞桥驴背图》，信手挥写，颇类作草书法，而神气奕奕，在笔墨之外，盖粉本之不易得者。"[1]这里虽未对图画内容做细致描述，但推测起来应该与时人所绘无大差别，只是梁楷性情豪放不羁、不拘礼法，其以草书作法信手挥写的灞桥风雪和骑驴诗人，寥寥数笔便透出飘逸神采。另有宁宗嘉泰年间（1201—1204）任画院待诏的陈居中，亦作《灞桥索句图》，"绢本着色，屋宇人物极精致"[2]，当如刘松年作品，体现出南宋院体画精工雅致的特点。此外，清人孔广陶《岳雪楼书画录》还著录有宋人方幅绢画《灞桥风雪图》，此图是由十九幅宋画组成的《宋画典型册》中的第十一幅，形制小巧，与夏珪的立轴形制更有不同。孔氏记其所绘曰：

  危崖双峙，突兀嵯峨，复岭平坡，层层盘绕。后列远峰数处，隐约有无。飞雪漫天，螺髻玉换。中间石壁，飞泉一道，数折泻入涧中。对岸坡中老树二株，一植一卧。铁干虬枝，挂雪如絮。横涧架木桥，桥上一客冒雪策卫而过，童子荷琴书随后，俨然身在"灞桥风雪中驴子背上"。[3]

可见，此图亦是山水兼人物，漫天风雪、涧上木桥、骑驴老者、荷书童子，皆是

---

[1]〔清〕鲁骏：《宋元以来画人姓氏录》卷一七，见卢辅圣主编：《中国书画全书》（第13册），上海书画出版社，1998年，第606页。

[2]〔清〕金瑗辑：《十百斋书画录》丙卷，见卢辅圣主编：《中国书画全书》（第7册），上海书画出版社，1994年，第543页。

[3]〔清〕孔广陶：《岳雪楼书画录》卷二，上海古籍出版社，2011年，第357页。

吴伟《灞桥风雪图》，故宫博物院藏　　沈周《灞桥风雪图》，天津博物馆藏

《灞桥风雪图》应有之景状。该画册本为明代书画家王时敏（号烟客）购得收藏，有明人董其昌跋。后归晚清著名鉴藏家潘正炜（1791—1850），见录于潘氏《听帆楼续刻书画记》①，潘氏虽名之曰《冒雪骑驴图》，却与孔氏所录《灞桥风雪图》为同一宋画无疑。由此可知，"灞桥风雪"绘画题材不仅在南宋院体画中颇为流行，也被时人图绘于斗方绢画。

仔细想来，宋代画家对"灞桥风雪"图的喜爱，一方面无疑源于"灞桥风雪驴子背"所传达出的审美情趣，郑綮的苦吟调配以孟浩然高士身份的飘逸散朗，诗情画意俱足，自然深受文人雅士的喜爱；另一方面，就绘画本身而言，不同于北宋山水画雄浑壮阔的全景式表现，南宋山水更加注重剪裁精当的小景山水，而"灞桥风雪"图侧重表现人在自然风雪中行进的姿态与风神，恰与小景山水相适应。另外，此类图画山水、人物俱备，便于临摹以训练绘画技巧，故宋之后，"灞桥风雪"仍是历代画家热衷的题材，如明代画家吴伟、沈周，清代画家张风，今仍有相关作品存世。就此而言，"灞桥诗思"这一肇始于晚唐的经典意象，已成为古代中国后期众多文人挥之不去的一种文化记忆与怀想。

---

① 〔清〕潘正炜：《听帆楼书画记续》卷上，见黄宾虹、邓实编：《美术丛书》（第37册），浙江人民美术出版社，2013年，第524—526页。

结语

"灞桥风雪驴子背"之语,在当时看似寻常道出,但一经生成并得到广泛认可,即标志着灞桥意象由具体到概括、由单一到综合、由重情感到重诗思、由面向外在自然到展示内在人格的转变。寻其究竟,一方面固然源于其中"灞桥""风雪""驴背"三者之鲜明真切及其组合意象之内涵丰富,由此高度契合了"诗穷而后工"和"得江山之助"的传统作诗经验,以至溢出单纯的诗思范畴而成为对诗人身份的一种认同,传达出主体渴望远离尘俗纷扰、坚守生命本真的生活理想和志趣追求;另一方面,则由于孟浩然"灞桥骑驴"故实在宋人笔下不断充实、深化,以及后世大量图画的流传与表现,使得孟浩然集诗人、寒士、高士于一体的多重身份与灞桥骑驴紧密相关,抽象的诗思内涵借助文学人物和图画形象的影响力,在不断扩散的同时层层凝聚、集中,最后固定为一种诗思范式和经典意象。

然而,宋代文人虽然以生动的绘画和大量的诗歌表达着他们对"灞桥诗思"的钟情,我们却发现"灞桥"作为一个诗歌意象,其内涵发展逐渐显现出一种停滞的状态。此前的灞桥,承载着离别、羁旅、宦游的感伤和人生的诸种失意,当这些丰厚的情感被浓缩成一个范式化的"诗思之助",它便逐渐变成人们观念中的一个代名词,丧失了继续扩充其情感内涵的机会。应该说,广博的生活体验和从中衍生出的充沛情感,是一个意象内涵不断丰盈的源头,而一旦被"诗思"这样一个诗学名词符号化,"灞桥"便中断了它作为独立的诗歌意象不断向前发展的生命历程。人们甚至逐渐不去理会它从最初一路走来所经历的曲折、丰厚的历史,而接受了它与风雪、驴子一起作为"诗思"代名词的抽象意义——落笔"灞桥",动辄"风雪",间或露一露它象征离别、游宦的哀伤面孔。南宋以后,这类诗句更是大量涌现。诗人们大多数没有亲自到过灞桥,更没有于风雪严寒中骑驴的体验,只是凭着对"灞桥风雪驴子背"的浪漫想象,过足一把诗人的"瘾"。这种情形,固然为其创作带来了若干便利,寥寥数字即可令人会其情境,但与此同时,也导致其诗、画情思和意趣走向空泛、雷同,很难溢出苦吟觅诗和文士风流的范围。

实际上,作为一个地理意义占据极大比重的意象,灞桥在诗歌世界里的动静、兴衰与都城和交通的变化有着极为密切的关系。汉代都城虽在长安,其时灞陵地区的文学表现并不成熟;魏晋南北朝时期,南北分裂,南朝文人对远在关中大地、长安城外的灞水与灞岸只能是缅怀与追忆;至隋唐定都长安,灞桥作为京城的重要门户,在文学世界里的生机才逐渐显现,被一代代诗中圣手歌咏吟叹,从此被注入丰厚的精神情感,成为一个独特的诗歌意象。然而,入宋之后,亲临灞桥者已少,灞桥之上曾经熙熙攘攘的行旅车马早已成为唐人笔下的历史。在宋人诗词中，灞桥意象因缺少动力而出现停滞，只能是唐人情怀的延续和引用。正如有学者所说："因为没有或者说不能到灞陵行走一遭，从前代书写中抽绎出来的灞桥、驴与风雪构成宋人灞陵文学的全部。"[1]

当然，宋人笔下的"灞桥骑驴"与唐人所言作诗苦心又有差异。不同于前人"吟安一个字，捻断数茎须"[2]的那种苦吟觅句的执着，宋人的姿态是怡然自得的，各类"灞桥风雪"图的创作也正是基于这种从容淡泊的审美心态。他们把自己想象成骑驴老者，想要传达的是一种作诗态度和文人情怀，想要体验的是一份风味翛然的尘外之致。诸如陆游"新丰买酒慰无聊，冲雪骑驴上灞桥"[3]，赵汝鐩"梦里骑驴过灞桥，记得新诗醒时说"[4]，方岳"蹇驴踏雪灞桥春，画出茅茨野水滨"[5]等，皆是此种心态的体现。从这个角度说，灞桥意象本身的内涵发展虽趋于停滞和程序化，然其借助"风雪驴背"所衍生的文学情境及投射出来的文人意趣，却在诗歌与图画之间渗透蔓延，显现出此一经典意象多元嬗变后所具有的持久生命力，并由此构成一种日趋空灵、艺术化的创作范式。

原载《文艺研究》2017年第1期

（尚永亮，武汉大学文学院教授；刘晓，上海师范大学人文学院教师）

---

[1] 杨为刚：《灞陵文学与灞陵道文学空间研究》，《鲁东大学学报》2009年第1期。
[2] 〔唐〕卢延让：《苦吟》，见《全唐诗》，中华书局，1960年，第8212页。
[3] 〔宋〕陆游：《述志二首》其二，见钱仲联校注：《剑南诗稿校注》，上海古籍出版社，2005年，第3683页。
[4] 〔宋〕赵汝鐩：《雪中徐检法约登城楼不果》，见《全宋诗》，北京大学出版社，1998年，第34219页。
[5] 〔宋〕方岳：《寻诗》，见《全宋诗》，北京大学出版社，1998年，第38304页。

灞桥风雪：生活渊源和文化意义

石志鸟

"灞桥风雪"是"诗思在灞桥风雪中驴子上"这一经典语境的浓缩，它出自晚唐郑綮，说明郑綮的诗歌创作灵感来自灞桥风雪驴背上，而不是权高位重、远离社会的相府。这一掌故说的是诗歌创作的情景，涉及诗歌题材、灵感来源等问题。宋元以来，它引起了文人的极大关注和广泛探讨，成为诗学中的流行话语和重要典故，对后世文学产生了深远的影响。至晚在南宋，"灞桥风雪"题材进入绘画领域，"灞桥风雪觅诗"和"灞桥骑驴觅诗"成为人物画中的重要题材，并产生了以灞桥风雪画为审美对象的题画诗。由诗入画，再由画而题诗，这是一个互动和创作的过程。

一、"灞桥风雪"的生活渊源

"灞桥风雪"这一典故最早见于宋人孙光宪的《北梦琐言》，其卷七载："唐相国郑綮虽有诗名，本无廊庙之望……或曰：'相国近有新诗否？'对曰：'诗思在灞桥风雪中驴子上，此处何以得之。'盖言平生苦心也。"[①]郑綮曾做过唐昭宗的宰相，善于作诗，以苦吟著称。这个材料说明，郑綮只有冒着风雪骑着驴子到远离朝堂之外的灞桥才能获得创作诗歌的灵感，在权高位重、车马喧嚣的相府是不可能创作出好诗的。

"诗思在灞桥风雪中驴子上"这一经典语境的产生，同郑綮的仕宦经历和苦吟的诗歌创作观念密切相关，同时离不开唐代长安生活背景的影响。

（一）灞桥：觅诗地点

觅诗的地点一般选在风景优美的地方，唐代长安有很多风景名胜，为何选在灞桥？正如明代汪砢玉《雪旅》所言："吟肩耸双玉，何独灞桥宜。天地不择雪，谁

---

① 〔宋〕孙光宪：《北梦琐言》，林青、贺军平校注，三秦出版社，2003年，第126页。

无驴背时。"为何灞桥适合觅诗,这主要跟灞桥重要的地理位置、送别的习俗和优美的环境有关。

灞桥位于长安东二十里的灞河之上,是古人进出长安的交通要道。宋代程大昌《雍录》云:"此地最为长安冲要,凡自西东两方而入出崤、潼两关者,路必由之。"①灞桥是长安东部的门户,是进出崤关、潼关的必经之路。唐代在灞桥附近设立驿站,人们送别亲朋僚友常止于此地。《三辅黄图》载:"霸桥在长安东,跨水作桥。汉人送客至此桥,折柳赠别。"②灞桥作为送别之地,成为离别、感伤的代名词。由于地处交通要道,迎来送往频频发生,灞桥又被称为"销魂桥"。《关中胜迹图志》引《开元遗事》曰:"长安东霸陵有桥,来迎去送,至此黯然,故人呼为'销魂桥'。"③

长安地处京城,为官京城,立身扬名,是多少文人的梦想。参加科举考试是文人步入仕途的重要方式,每年都有大批士子满怀希望来长安准备科考,但考中的却不过二三十人,可谓凤毛麟角,大部分都要失望而归,而灞桥是落第者东归故乡的必经之路,也是送行分别的重要场所。《陕西通志》载:"出长安东门为东陵道。霸水桥曰霸桥,乃长安饯别之所。"这在诗歌中也多有反映。如岑参《送孟孺卿落第归济阳》:"献赋头欲白,还家衣已穿。羞过灞陵树,归种汶阳田。"落第还乡,途径灞桥,叹怀才不遇,不得不抱憾而归。其实不管是落第还乡,还是出为地方官,抑或其他原因,文人离开长安大都惆怅失落。刘禹锡《请告东归发灞桥却寄诸僚友》:"征途出灞涘,回首伤如何。"岑参《送郭乂杂言》:"初行莫早发,且宿灞桥头。"方干《送卢评事东归》:"裴回灞亭上,不语共伤春。"灞桥是东出长安的最后一站,人们常送客至此而分别,离别之时多少人徘徊不语,依依不舍。

程大昌《雍录·霸水杂名四》载:"唐人语曰:'诗思在霸桥风雪中。'盖出都而野,此其始也,故取以言诗也。"④这话说得不无道理。灞桥可以说是长安的东大门,是京都内外的分水岭,灞桥以东就是长安郊野,这里视野开阔,有绵延起伏的终南山,有历史悠久的灞水,有花草树木,风光秀丽,很容易激发文人的诗情。胡曾《灞岸》:"长安城外白云秋,萧索悲风灞水流。因想汉朝离乱日,仲宣从此向荆州。"作者走在灞水岸边,迎着萧瑟的北风,仰望万里晴空,俯视缓缓灞水,想到昔日王粲曾从此地到荆州避乱,不禁感慨万千。韦庄《灞陵道中作》:

---

① 〔宋〕程大昌:《雍录》,黄永年点校,中华书局,2002年,第142页。
② 何清谷校注:《三辅黄图校注》,三秦出版社,1995年,第342页。
③ 〔清〕毕沅:《关中胜迹图志》,张沛校点,三秦出版社,2004年,第276页。
④ 〔宋〕程大昌:《雍录》,黄永年点校,中华书局,2002年,第145页。

"春桥南望水溶溶,一桁晴山倒碧峰。……万古行人离别地,不堪吟罢夕阳钟。"春桥,指的是灞桥。此诗把灞桥两岸的山水春光同离别之情融合在一起。黄滔《入关言怀》:"背将踪迹向京师,出在先春入后时。落日灞桥飞雪里,已闻南院有看期。"黄滔进京之时,正值初春时节,黄昏时途径灞桥,恰逢大雪纷飞,想到礼部南院已经发榜,而自己功名未就,不禁感慨万千,吟诗抒怀。高蟾《灞陵亭》:"一条归梦朱弦直,一片离心白羽轻。明日灞陵新霁后,马头烟树绿相迎。"高蟾是僖宗朝河朔人。他从长安还乡之际正值阴雨天气,不得已止于灞陵亭,想到次日雨过天晴,灞河两岸绿树相迎的情景就很高兴。此诗表达了他归心似箭的迫切心情。

(二)灞桥风雪:气候条件

"灞桥风雪"这一经典语境,给人最突出的印象就是风雪。对于文人雅士来说,雪是一年中难得一见的赏玩佳境,风雪中的灞桥风光更能激发诗人的创作灵感,达到感动人心的效果。晚唐吴融《雪后过昭应》:"灞川南北真图画,更待残阳一望看。"在夕阳的映照下,灞河两岸白雪皑皑的绮丽风光,如图画般美丽。温庭筠《侠客行》:"白马夜频嘶,三更灞陵雪。"午夜灞陵上厚厚的积雪,反射出耀眼的光亮,连白马都被这奇特的景象惊呆了,发出阵阵嘶鸣。李山甫《柳》:"灞岸江头腊雪消,东风偷软入纤条。春来不忍登楼望,万架金丝著地娇。"初春时节,灞河两岸,冰雪初融,柳树发出嫩黄的枝条,披拂垂地,就像千万条金丝带一样,彰显着春天的生机和活力。"灞桥风雪"后来被誉为"关中八景"之一,或"长安十景"之一。福建巡抚宫梦仁《读书纪数略》卷十二载,关中八景为"渭城朝雨、骊山晚照、灞桥风雪、辋川烟雨、杜曲春游、咸阳晚渡、蓝水飞琼、终南迭翠"。明刘储秀《长安十景·霸陵风雪》:"杨柳青青霸水津,折来赠别更寻春。如何驴背题诗者,风雪堆中兴转新。"灞桥风雪把冬日的雪景和早春的柳景结合在一起,并融入离别的伤感之情,给人新鲜而独特的感受,故能激发作者创作出清新绝俗的诗歌。

(三)骑驴:交通工具

在唐代,驴子是文人特别是中下层文人常用的交通工具,如杜甫、贾岛、李贺都有骑驴的经历,故骑驴常被看作是诗人的标志,特别是不得志的诗人。杜甫《奉赠韦左丞丈二十二韵》:"骑驴三十载,旅食京华春。朝扣富儿门,暮随肥马尘。残杯与冷炙,到处潜悲辛。"这首诗体现了杜甫在长安求取功名、干谒权贵的辛酸无奈和寄人篱下、朝不保夕的困顿落魄，故杜甫的骑驴常被后世文人解读为求仕不顺的落魄失意。贾岛作诗以苦吟著称，他的骑驴被后世文人誉为苦吟的典范。李贺骑驴觅诗，可谓呕心沥血。李商隐作《李贺小传》云："恒从小奚奴骑距驴，背一古破锦囊，遇有所得，即书投囊中。及暮归，太夫人使婢受囊，出之，所见书多，辄曰：'是儿要当呕出心始已耳！'"①李贺把作诗当作生命存在的方式，殚精竭虑，死而后已。

除此之外，在后人心目中孟浩然也曾骑驴觅诗。孟浩然骑驴觅诗的形象最早出现于王维给孟浩然画的画像中。北宋李复《书郢州孟亭壁》载："孟亭，昔浩然亭也。世传唐开元间，襄阳孟浩然有能诗声，雪途策蹇，与王摩诘相遇于宜春之南。摩诘戏写其寒峭苦吟之状于兹亭，亭由是得名。"孟浩然骑驴觅诗的故事唐人并未记载，这是宋人的记载。这些诗人都是诗坛大家，以诗名世。自他们之后，骑驴便成为诗人的身份象征，如陆游《剑门道中遇微雨》所言："此身合是诗人未？细雨骑驴入剑门。"骑驴象征着诗人在诗歌创作上的苦心经营，仕途上的落魄失意，以及摒弃仕途、淡泊名利的清高。

晚唐盛行苦吟之风，贾岛、李贺式的苦吟受到晚唐文人的广泛推崇。《苕溪渔隐丛话》前集卷五五引《蔡宽夫诗话》载："唐末五代，俗流以诗自名者，……大抵皆宗贾岛辈，谓之贾岛格。"②贾岛格大致指的是苦吟的创作方式，苦寒和隐逸的诗歌旨趣。闻一多先生也认为整个晚唐诗坛是"贾岛的时代"③。贾岛、李贺的骑驴觅诗，不可能不影响到郑綮。郑綮另有一首诗体现了苦寒和隐逸的诗歌主题。其《老僧》诗曰："日照四山雪，老僧门未开。冻瓶黏柱础，宿火陷炉灰。童子病归去，鹿麛寒入来。斋钟知渐近，枝鸟下生台。"漫山大雪，积雪成冰，僧门紧闭，宿火成灰，环境何等苦寒寂寥；生病的童子，年迈的僧人，受冻的小鹿，环境中的人物都是老弱多病。整首诗描写了漫山大雪中寺庙苦寒寂寥的生活，弥漫着冰冷沉寂的气息。这首诗中间两联对称，可见炼字之功。郑綮本人对此诗也颇为自得，认为"此诗属对，可以称衡，重轻不偏也"④。从中也可以看出郑綮作诗注重炼字炼句，推崇苦吟，特别是风雪苦吟。

总的来说，灞桥风雪之思是郑綮在唐代长安生活背景下的创造，同灞桥重要的地理位置、优美的自然风光和郑綮苦吟的创作观念密不可分。

---

① 刘学锴、余恕诚：《李商隐文编年校注》，中华书局，2002年，第2265页。
② 吴文治：《宋诗话全编》（4），江苏古籍出版社，1998年，第3898页。
③ 闻一多：《唐诗风情》，北京联合出版公司，2013年，第40页。
④〔宋〕孙光宪：《北梦琐言》，林青、贺军平校注，三秦出版社，2003年，第126页。

二、"灞桥风雪"的诗学意义

"灞桥风雪"是一个诗学话题,说的是诗歌创作的情景,涉及诗歌题材、灵感来源等问题,表达了人们对诗歌创作境界和诗歌意趣风格的一些独特理想,构成了诗学领域的一个流行话语和经典意象,无论在理论和创作上都产生了深远的影响。

(一)诗思源于生活

我们知道,诗歌创作当是有感而发。陆机《文赋》:"遵四时以叹逝,瞻万物而思纷;悲落叶于劲秋,喜柔条于芳春。"意思是由四季的变更感叹时光流逝,万物的盛衰触发喜怒哀乐。这里强调的是自然界对人的感发作用,这种感发是文学创作的动力之一,即情因物感,文以情生。刘勰认为"感物吟志""情以物兴",把情感的产生归因于外物的触发。除了自然界,社会人事也会激发诗人的创作欲望。司马迁的"发愤著书",韩愈的"不平则鸣",欧阳修的"诗穷而后工",都是指不公正的待遇或仕途的不得志激发作者的创作欲望,借以抒发愤激不平之情。

"诗思在灞桥风雪中驴子上",凸显的是自然环境和社会生活对诗歌创作的双重激发作用,涉及生活和创作的关系。其中灞桥风雪是绮丽的自然风光,相对于权高位重、距离百姓遥远的相府,灞桥是人来人往、离别频发的地方,骑驴行走在灞桥上是体验生活、感受人生百态的过程。这一诗学话语,体现了生活是文学创作的源泉。郑綮的这一诗学见解,同前代诗学理论一脉相承,并得到后世文人的充分认可。宋代黄彻《䂖溪诗话》载:"书史蓄胸中,而气味入于冠裾;山川历目前,而英灵助于文字。太史公南游北涉,信非徒然。……使二公(杜甫、李白)稳坐中书,何以垂不朽如此哉!燕公得助于江山,郑綮谓'相府非灞桥,哪得诗思',非虚语也。"[①]黄彻以司马迁、李白、杜甫漫游江山为例,说明文学创作来源于社会生活,郑綮走出相府,觅诗灞桥,与前者并无二致。陆游也认为诗歌创作源于生活实践,其《题庐陵萧彦毓秀才诗卷后》曰:"君诗妙处吾能识,正在山程水驿中。""山程水驿"指的是鞍马舟楫的行旅生活。陆游认为萧彦毓诗歌的妙处在于描写沿途的山水景物和风土人情。陆游《示子遹》诗曰:"汝果欲学诗,工夫在诗外。"只有丰富的生活体验,才能写出好诗,这是陆游教诲儿子作诗的要诀。

[①] 张福勋:《宋代诗话选读》,内蒙古人民出版社,1988年,第93页。

（二）好诗出于风雪苦吟

"诗思在灞桥风雪中驴子上"，体现了"好诗出于风雪苦吟"的创作观念。由于风雪觅诗要忍受冻手冻脚之苦，正如陆游《雪意复作》言"灞桥策驴愁露手，新丰买酒聊软脚"，故"灞桥风雪"也被看作苦吟式的创作典范。南宋何梦桂《江天雪意》："云压天边树，瑶英欲下时。……灞桥诗思好，先借蹇驴骑。"风雪之景可以激发诗人的创作灵感，因而作者看到天将下雪，先去借驴子，准备风雪中骑驴觅诗。张良臣是南宋孝宗时人，笃学好古，学者称之为"雪窗先生"。周必大在《张良臣雪窗集序》中说他："蹇驴破帽，苦其心志于灞桥风雪中。……惫心疲精，昼锻夕练，自苦于吟咏，欲效陈无己之简古，吕居仁之淡泊。"[①]张良成像陈师道一样，刻苦好学，殚精竭虑，作诗尚苦吟，周必大以"灞桥风雪"来形容张良成的苦吟。元欧阳玄的《灞桥风雪图》其一："灞桥驴背何为者，直要冲寒去觅诗。"其二："驴上凌兢两手龟，南来客子为寻诗。"为了创作出好诗，文人甘愿冒着风雪骑驴觅诗。

当然，这种苦吟的创作方式也招致不少文人的质疑。范成大《南塘冬夜倡和》："燃萁烘暖夜窗幽，时有新诗趋唱酬。为问灞桥风雪里，何如田舍火炉头？"范成大认为，风雪灞桥不如农舍火炉边暖和，到灞桥风雪中觅诗还不如到田间农舍去。清代吴嵩梁《题杨雪椒比部金陵策蹇图》："落红几点上春衫，杨柳阴阴绿渐酣。风雪灞桥吟太苦，诗人毕竟爱江南。"相较于灞桥的苦寒，秀丽的江南风光更能激发诗人的创作灵感。清代王岱也不认同灞桥风雪诗思，他认为："诗思在灞桥风雪中，驴子背上。夫蹇步艰难，寒风凛冽，诗何有？乃称灞桥，总之诗以穷而工也。"并赋有《灞桥诗思》一诗："危桥欹仄雪浮空，蹇步疲驴彳亍中。岂为诗思穷更好，诗人冲冻冒寒风。"[②]他认为风雪交加的严寒天气让人举步维艰，哪里还有闲情逸致来作诗，但是这种冒寒踽踽独行、人困驴乏的旅行体验，有助于体会"穷"的状态，进而创作出好的诗歌。

（三）"清"诗出于寒士苦辞

"诗思在灞桥风雪中驴子上"，体现了诗人对"清"的诗歌境界的追求，彰显了创作主体高雅的审美情趣。清，指的是清苦的自然环境，清绝的诗歌意境，清雅

---

① 吴熊和主编：《唐宋词汇评·两宋卷》（第3册），浙江教育出版社，2004年，第2275页。

② 〔清〕王岱：《王岱集》，马美著校点，岳麓书社，2013年，第316页。

的审美趣味。

清代庄希俊的《灞桥风雪一绝》："六花飞压帽檐低，十里西风杨柳堤。诗兴不知何处去，蹇驴空过灞桥西。"我们知道，早春时节，乍暖还寒，这种冒着严寒寻觅诗思的行为因而显得很浪漫，创作主体没有高雅的审美情趣很难做到这点。当然，在这种环境中做出的诗歌也多以雪为主题，因而显得清新脱俗，格调高雅，正如元代戴良《对春雪寄梧竹翁》所言："独有灞桥人，诗思益清绝。"（《九灵山房集》卷一六）宋代姚勉《雪景四画·灞桥骑驴》："飘飘风中雪，沥沥桥下水。雪寒换清骨，水浅漱尘耳。诗情散天壤，妙处乃在此。得句欲似谁，岸梅是知己。"（《雪坡集》卷一六）作者认为，刺骨的风雪、冰冷的河水可以洗去身上的尘俗气息，使人变得清新脱俗，在这清寒的环境中所作之诗自然也具有梅花般高雅脱俗的格调。董逌《书孟浩然骑驴图》："然诗人每病羁穷不偶，盖诗非极于清苦险绝，则怨思不深，文辞不怨；思抑扬则流荡无味，不能警发人意。要辞句清苦，搜冥贯幽，非深得江山秀气，迥绝人境，又得风劲霜寒，以助其穷怨哀思，披剔奥窔，则胸中落落奇处，岂易出也。"[①]董逌认为，"穷"或"不遇"更能激发诗人的怨愤之情，达到发人深省的效果，而凄寒清苦的自然环境有助于穷怨哀思之情的抒发，大地江山的英灵之气有助于清雅诗思的产生，这正是灞桥风雪之思的妙处所在。清代厉鹗的《题沈石田蹇驴觅雪图》："长耳冲风前为谁，袖里鞭梢若垂钓。后者据鞍自呵手，涕冻鼻中强为笑。乾坤清气入诗脾，口不能言领其妙。"（《樊榭山房续集》卷三）风雪觅诗虽然冻手冻脚，却能让人领略乾坤清气，创作出清新雅致的诗歌，这是只可意会不可言传的创作体验。

（四）诗歌的常见典故

"灞桥风雪"这一诗学话题，不仅在诗学理论上产生了深远的影响，而且也成为诗歌创作一个常见的典故和话题。

首先，它是雪景题咏中最常见的掌故。如陆游《小雪》："夜卧风号野，晨兴雪拥篱。未言能压瘴，要是欲催诗。跨蹇虽堪喜，呼舟似更奇。元知刻溪路，不减灞桥时。"宋高翥《孤山雪后》："雪后骑驴行步迟，孤山何似灞桥时。近来行辈无和靖，见说梅花不要诗。"（《菊磵集》）元代陈高《咏雪》："题诗最苦无佳句，那得骑驴过灞桥。"（《不系舟渔集》）明代蓝仁《雪中偶成》："也有灞桥清兴在，独惭衰老句难工。"（《蓝山集》卷五）清代吴绮《咏雪拟东坡义尖二

[①] 〔明〕董逌：《广川画跋》，中华书局，1985年，第18页。

韵》："灞桥恐有寻诗客，欲种林逋绕屋花。"（《林蕙堂全集》卷二〇）这样的咏雪诗有很多，大都是以灞桥风雪、骑驴觅诗的典故来渲染文人赏雪的高雅情趣。

其次，这一典故常作为风雪寒苦之景的典范，作为反衬出现在描写春日或江南风光的诗中，彰显了春天的生机和活力。明代朱乘泳《小鸣稿》卷一〇载："予过灞桥，偶思郑綮之事可发一笑。今春和景物明媚，若给予诗料者然而清兴满怀，自不可遏，又何必在于风雪中耶。"朱乘泳（1458—1498），是明太祖朱元璋的五世孙。他路过灞桥，正值春光明媚，诗兴大发，想起郑綮风雪觅诗之言，深不以为然，故而赋诗两首。其中一首："信马东风鸟乱呼，长桥烟柳晚模糊。何当添个骑驴叟，妆点诗家入画图。"此诗描写了春日灞桥鸟语花香、烟柳画桥的如画美景，并以诗人骑驴来装点整幅画面。明代袁华《可诗斋》："东阁官梅放，西池梦草芳。绝胜驴背上，风雪灞桥旁。"（《耕学斋诗集》卷一二）初春时节，作者看到官舍旁绚烂的梅花、池塘边嫩绿的春草，不禁诗兴大发，以灞桥风雪之思作为反衬。

再次，这一典故也经常出现在闲适诗中，体现了作者厌倦仕途、随缘自适的恬淡心情。陆游《耕罢偶书》："新溉东皋亩一钟，乌犍粗足事春农。灞桥风雪吟虽苦，杜曲桑麻兴本浓。"此诗是陆游庆元四年（1198）闲居山阴时所作，他在躬耕之余，写诗自娱。宋代吴龙翰《久客湖海买舟西还》："万里烟波兴渺然，片心如在灞桥边。归装诗少不成担，自拗梅花凑满船。"（《古梅遗稿》卷一）作者久客湖海，买舟还家，行驶于万里烟波之上，诗兴满怀，由此联想到灞桥之思。明代文彭《雨中过紫阳桥》："狂风骤雨湿征袍，据鞍微吟兴亦高。只恐前身同郑五，灞桥何似紫阳桥。"（《文氏五家集》卷七）作者迎着狂风暴雨骑驴过紫阳桥，兴致勃勃，诗兴大发，自以为堪比郑綮灞桥风雪之思。

总之，"灞桥风雪"这一文学掌故，无论在诗歌理论上还是在实际创作上，都产生了深远的影响，获得了丰富的经典意义。

三、"灞桥风雪"的绘画意义

宋元以来，"灞桥风雪"这一诗学理论和典故，引起诸多画家的注意，成为人物画中的专门题材，并且还出现了相应的题画诗。

（一）灞桥风雪画和题画诗的创作

宋代是灞桥风雪画的发生期，出现了灞桥风雪画和相应的题画诗。元代是灞桥风雪画的沉寂期，但题画诗的创作却较为活跃。明清则是这一题材的繁盛期，众多知名画家参与了这一题材的创作，涌现出很多传世佳作，题画诗的创作也得到了长足的发展。近现代是灞桥风雪画的延续期，很多名家绘制了灞桥风雪图。

至晚在南宋时期，"灞桥风雪觅诗""灞桥骑驴觅诗"就成为人物画中的一个重要题材，正如杨万里《诗人王季廉挽诗》所言："锦里莺花余故宅，灞桥风雪入新图。"当时这一题材最有名的画作应是夏珪的《灞桥诗思图》和梁楷的《孟襄阳驴背图》。二者都是宁宗朝著名的画家，都做过画院待诏。夏珪与李唐、刘松年、马远并称为"南宋四大家"，善画人物和山水。梁楷，性格豪迈不羁，人称"梁风子"，曾把皇帝赐给他的金带挂于画院内，不辞而别。明代张所望《阅耕余录》载："余家藏梁楷画《孟襄阳灞桥驴背图》，信手挥写，颇类作草法，而神气奕奕，在笔墨之外，盖粉本之不可易者。"从中可以看出，梁楷把他的书法功夫应用到绘画中，产生了与众不同的效果。这一时期还出现了相应的题画诗，如员兴宗的《题灞桥图》，刘克庄的《孟浩然骑驴图》。

元代历史持续不到100年的时间，比较短，人物画的创作总体比较沉寂，"灞桥风雪"题材画的记载很少，不过却出现了不少题画诗，如元代张仲深的《题灞桥风雪图》，元代欧阳玄的《灞桥风雪图》组诗四首，元代王恽的《孟浩然灞桥图》。

明清时期，灞桥风雪题材画迎来了创作的繁盛期，很多优秀画家都参与了这一题材的创作。比较著名的有沈周、吴伟、张风的《灞桥风雪图》，文嘉的《过灞桥》，文伯仁的《灞桥逸兴》，清代黄慎的《灞桥诗思图》和《雪骑觅句图》，清代董邦达和桐城画家张若澄的《灞桥觅句图》。由于灞桥风雪画创作的繁盛，这一时期的题画诗也得到了长足的发展，如明代罗玘的《灞桥图为杨碧川先生题》，清代的《题董邦达灞桥觅句图》《张若澄灞桥觅句图》《宋人灞桥诗思图》等。

近现代，灞桥风雪题材画的创作不绝如缕。如齐白石有《灞桥风雪图》，与张大千有"南张北溥"之称的溥儒有《灞桥诗思图》。岭南画派创始人之一陈树人于1914年在日本为孙中山绘《灞桥诗思图》。国画大师俞剑华和其弟子徐培基均有《驴背诗思》画。总之，自从"灞桥风雪"题材进入绘画领域以来，就受到画家的青睐，成为常见的人物画题材，它体现了文人风雪觅诗的高雅情趣和远离仕途的自在闲适。

（二）灞桥风雪画的取景构图

灞桥风雪题材画是对人物在风雪中骑驴过桥情景的描摹，表达觅诗的主题。清代孔广陶在《岳雪楼书画录》卷二中这样描写画面内容："危崖双峙，突兀嵯峨，复岭平坡，层层盘绕，后列远峰数处，隐约有无。飞雪漫天，螺鬟玉换，中间石壁飞泉,一道数折泻入涧中。对岸坡中老树二株,一植一卧,铁干虬枝挂雪如絮。横涧架木桥,桥上一客冒雪荣卫而过,童子荷琴书随后,俨然身在灞桥风雪中驴子背上。"[1]从中可以看出,画面的远景是冰雪覆盖的山峰和陡峭的悬崖,中景是石壁飞泉,泻入涧中,近景是岸边枯树,上有白雪,骑驴的诗人和童子从桥上经过。画面内容在题画诗中也有反映,如清人《宋人灞桥诗思图》:"远山都以玉为皴,驴背回瞻别契神。千载灞桥风雪意,便宜独属郑家人。"(《御制诗集·五集》卷一八)还有清人《夏珪灞桥风雪图》:"驴背风花冷打人,远山忽耸玉嶙峋。谁知了了疏疏笔,郑相诗情尽得神。"(《御制诗集·三集》卷七七)这些画面大都以大雪弥漫、山野峭壁、河流冰冻为背景,画面中一个老者骑驴行走在桥上,头上或戴一帽子,身后或跟一书僮,桥头几株枯木伫立在岩石上,整个画面可谓寒气逼人。

(三)灞桥风雪画主体的流变

"灞桥风雪"本是郑綮的创造,但是宋元以来人们越来越倾向于把孟浩然当作灞桥之思的主角,正如宋代王庭珪《赠写真徐涛》所言"会貌诗人孟浩然,便觉灞桥风雪起"。宋韩淲有《孟襄阳灞桥风雪》诗,元代王恽有《孟浩然灞桥图》诗。可见,宋人已经开始把孟浩然当作灞桥之思的主人。明代张岱《夜航船》卷一《天文部》载:"孟浩然情怀旷达,常冒雪骑驴寻梅,曰:'吾诗思在灞桥风雪中驴背上。'"[2]张岱更是直接把郑綮的典故放在孟浩然身上。

当然,相比较于郑綮,孟浩然的诗名更大,又是盛唐著名的隐士,受到时人的推崇。李白《赠孟浩然》:"吾爱孟夫子,风流天下闻。红颜弃轩冕,白首卧松云。醉月频中圣,迷花不事君。高山安可仰? 徒此揖清芬。"可见在时人心目中,孟浩然是一位归卧林泉、风流自赏的清高之士,是一个摒弃仕途、淡泊名利的布衣诗人。孟浩然清高旷达的气质,更适合风雪觅诗的幽情逸趣。元代吴师道《孟浩然跨驴图》诗曰:"直语无因住禁垣,清游随意踏寒原。风流郑五虽相似,应愧诗庸位转尊。"郑綮虽屡次请辞宰相之位,有孟浩然般的清高,却没有孟浩然那样的诗名。

值得深思的是,除了孟浩然外,杜甫、贾岛、李贺也有骑驴的经历,他们也都是诗坛大家,为什么世人更倾向于孟浩然作为灞桥诗思的主人?与杜甫相比,孟浩然向往隐逸,不汲汲于仕途,具备清旷野逸的气质。明代高启《孟浩然骑驴吟雪图》:"西风驴上倚吟魂,只到庞公旧隐村。何事能诗杜陵老,也频骑叩富儿门。"

---

[1] 〔清〕孔广陶:《岳雪楼书画录》,清咸丰十一年刻本。
[2] 〔明〕张岱:《夜航船》,刘耀林校注,浙江古籍出版社,2012年,第29页。

杜甫频频干谒权贵之门，有孟浩然那样的诗才，却没有孟浩然的清高。与孟浩然相比，贾岛、李贺骑驴觅诗则显得更穷酸苦寒，缺少孟浩然的清旷野逸。张仲深《题灞桥风雪图》："先生名利两不干，骑驴底事冲风寒。……清标何似襄阳老，一片襟怀自倾倒。只因灞桥觅诗忙，非是长安被花恼。豪吟往往凌鲍、谢，长才靡靡压郊、岛。"（《子渊诗集》卷二）总之，孟浩然被定为远离仕途的归隐诗人形象，既有雅士的清高，也有高超的诗才，与郑綮、杜甫、贾岛、李贺相比，他更契合风雪觅诗的高雅情趣。

综上所述，"灞桥风雪"这一经典语境的产生同郑綮的仕宦经历、苦吟的诗歌创作观念和唐代长安的生活背景密切相关。宋元以来，灞桥风雪之思引起文人的广泛关注，成为诗学上的流行话语和创作中的常见典故。至晚在南宋，灞桥风雪和骑驴觅诗成为人物画的重要题材，明清时期是这一题材创作的繁盛期，近现代的诸多名家都参与到其中来。从宋代至近现代，出现了很多传世佳作，相应的题画诗创作也很活跃。"诗画本一律，天工与清新"，诗歌可以用来描写画境，绘画也可以描绘诗境，二者相互影响，相互补充。"灞桥风雪"本是诗学话题，体现了风雪觅诗的艰辛苦寒，在进入绘画领域后，风雪的环境和觅诗的主题没有多大变化，可是主角却频频被孟浩然取代，这是由于孟浩然诗人和隐士的双重身份更契合风雪觅诗的高雅情趣，风雪觅诗的艰辛也随之被隐士的清旷野逸冲淡了。

原载《求索》2017年第5期

（石志鸟，江西科技师范大学文学院副教授）

论灞桥的历史和文化意蕴

石志鸟

灞桥是我国历史上最古老、最重要的桥梁之一，横跨于西安市东二十里的灞河之上。自秦汉以来，灞桥就是沟通东西交通的重要枢纽，是进出长安的交通要道，在历史上发挥了巨大的作用。由于悠久的历史，重要的地理位置和浓郁的人文风情，灞桥被赋予了丰富的文化意蕴。

一、灞桥的历史

灞桥历史悠久，战略位置重要，千百年来桥名屡经变革。由于天灾人祸，桥梁多次被毁。历朝历代多次出资兴修此桥，桥的位置也有所迁移。

灞桥，原名霸桥，建在霸水之上。霸水是发源于秦岭蓝田谷的一条河流，横贯西安东部，向北注入渭河。霸水，原名滋水，秦穆公为彰显称霸西戎之功，改滋水为霸水。郦道元《水经注》载："霸者，水上地名也，古曰滋水矣。秦穆公霸世，更名滋水为霸水，以显霸功。"[1]

霸桥何时而建，历史上并无明确记载。公元前224年，王翦带领六十万秦军正是通过霸上南下伐楚，为秦始皇统一中国立下卓越战功，正如《史记·王翦列传》载，秦伐荆，使王翦将兵六十万人，始皇自送至霸上。秦始皇时，在全国各地兴修驰道，咸阳—函谷道是秦朝的东方大道，霸水是咸阳—函谷道的必经之处，所以我们推断秦代霸河之上已有桥。况且，六十万大军过河，单靠舟楫也是不可想象的。[2]

汉代，霸水之上确实修建有霸桥，桥梁修建于汉长安城东二十里的霸店，遗址在今陕西省西安市灞桥区。郦道元《水经注》载："霸水又北迳枳道，在长安县东

---

[1] 陈桥驿校释：《水经注校释》，杭州大学出版社，1999年，第337页。
[2] 张惠茹：《历代灞桥位置变迁及原因探析》，《三门峡职业技术学院学报》（综合版）2006年第3期。

十三里……水上有桥,谓之霸桥。"①地黄三年(22)春二月,由于无家可归的老百姓在霸桥下住宿烧火,引发大火灾,数千人以水扑救也无济于事,最终霸桥被烧毁。此事史书有记载。《汉书·王莽传》:"二月,霸桥灾,为数千人以水沃救,不灭。莽恶之……更名霸馆为长存馆,霸桥为长存桥。"②霸桥被火所烧,桥尽火灭,据此可以推知,当时的霸桥应为木结构。霸桥被烧毁后,王莽又修建新桥,并更名为长存桥。唐代徐坚等《初学记》卷七载:"汉又作霸桥,以石为梁。"③从中可以得出,霸桥作为连接东西交通的重要桥梁,王莽对其极为重视,以石筑之,希望其永存世间,屹立不倒。

东汉时期,迁都洛阳,长安不再是国都,灞桥地位大不如以前。魏晋南北朝时期,虽然有西晋、前赵、前秦、后秦、西魏、北周等王朝定都长安,但由于社会动荡,战乱频仍,政权交替频繁,国力衰落,灞桥并没有得到统治者的重视,关于灞桥的记载少之又少。据此我们推测,在魏晋南北朝这300多年间,灞桥可能多次被毁坏,多次被修缮,人们间或以舟船渡河,灞桥自然不像汉唐时期那样引人注目。

隋代,在灞水之上新建了一座灞桥,这座灞桥位于汉灞桥的南面。唐李吉甫《元和郡县志》卷一:"(万年县)灞桥,隋开皇三年造。"④隋文帝开皇三年(583),在万年县东的霸水上建造了一座新霸桥。民国《咸宁长安两县续志》卷四《地理考》上载:"灞桥在县治东二十里灞桥街,即隋之南桥,汉灞陵在北,隋谓之北桥,宋时全圮。"⑤由此可知,隋代有两座灞桥,汉灞桥和隋灞桥,隋灞桥在汉灞桥的南面,被称为南桥,汉灞桥被称为北桥。隋代灞桥以石为之,100多年后,唐代灞桥就是在这座桥的基础上修建的。隋开皇十六年(596)在灞桥东端设立滋水驿,供行人歇息之用。滋水驿也叫灞桥驿,这个驿站一直沿用到唐代。

唐代国力兴盛,对灞桥进行了大规模的整修,这次整修是在隋代灞桥的基础上修建而成的。《元和郡县志》卷一载:"唐隆二年(710),仍旧所创制为二南北两桥。"即汉灞桥为北桥,隋唐所修灞桥为南桥。元代方回《续古今考》卷五云:"盖汉唐自长安东出,或之函谷关或之武关必于霸桥分别,唐有南北霸桥,北桥东趋则函谷路,南桥而东南趋则蓝田武关路。"⑥唐代灞桥也是以石筑成的多拱桥梁。《唐六典》卷七载,天下石柱之梁四,洛三,灞一。洛则天津、永济、中桥,灞则

---

① 陈桥驿校释:《水经注校释》,杭州大学出版社,1999年,第339页。
② 《汉书》,中华书局,2007年,第1058页。
③ 〔唐〕徐坚等:《初学记》,中华书局,1962年,第156页。
④ 〔唐〕李吉甫:《元和郡县志》,影印文渊阁《四库全书》本。
⑤ 王文楚:《史地丛稿》,上海人民出版社,2014年,第77页。
⑥ 〔元〕方回:《续古今考》,影印文渊阁《四库全书》本。

灞桥。①《唐六典》是盛唐张九龄等人撰写，灞桥是当时少有的以石柱建梁的四座桥之一，可见当时大部分桥采用的是木梁。灞桥经过重修之后，成为多孔石拱桥，被涂上红色颜料，气势宏伟，壮丽非凡。正如王昌龄《灞桥赋》所云："拖偃蹇以横曳，若长虹之未翻。隘腾逐而水激，忽须臾而听繁。"②灞桥也就是南桥，像一道长虹横跨在灞水之上，桥上长虹卧波，气势磅礴，桥下水声激激，慷慨激昂，宛若恢宏的乐章。唐代灞桥在京兆通化门东二十五里，近汉文帝霸陵，又被称为"灞陵桥"。康熙年间编写的《陕西通志》卷一六载："唐灞陵桥在京兆通化门东二十五里。"③灞陵桥指的是南桥。

灞桥地处京师要冲，是连接关东各国的重要交通枢纽，统治者对它极为重视，灞桥建成之后，政府还派专人进行管理。《新唐书·百官志》："诸津令各一人，正九品上；丞二人，从九品下。掌天下津济舟梁。灞桥、永济桥，以勋官散官一人莅之"④。由于政府的重视，灞桥在整个唐代都维护得比较好，直到唐末还在使用。

宋代元祐年间，南北灞桥都被毁坏。韩缜主持重修南灞桥。吴曾《能改斋漫录》卷一二"石刻厄会"条载："元祐中，韩丞相玉汝帅长安，修石桥，督责甚峻。村民急于应期，率皆磨石刻以代之，前人之碑尽矣。"⑤朱彝尊《经义考新校》也有记载："宋韩缜修霸桥，督工急，民磨碑石以供之。"⑥当时由于督工急切，建桥石材紧缺，老百姓就大量毁凿唐代石碑来应急。1994年在灞桥镇灞桥街、柳巷村（隋唐代灞桥遗址）出土了唐代"扶风郡王赠司徒马府君神道碑"一通，证实了北宋元祐年间修葺该桥时，"覆唐碑七百余通于桥身"的记载。⑦

南宋绍兴期间，灞桥被毁弃，灞水也曾经干涸。绍兴九年（1139），宋、金议和，关中一带纳入南宋版图，郑刚中为枢密行府参谋出谕京陕，奉命到陕西与金人议定疆界。郑刚中在《西政道里记》中说："二十三日，灞水涨，不进。是日，知永兴军节制诸路军马张中孚渡轻舟来迎。"⑧这说明，当时灞河已无桥，来往行人以舟船渡河。1142年，郑刚中为川陕宣抚副使时，灞河由于天旱已枯竭。《建炎以来

---

① 袁文兴、潘寅生主编：《唐六典全译》，甘肃人民出版社，1997年，第243页。
② 〔唐〕王昌龄著，胡问涛、罗琴校注：《王昌龄集编年校注》，巴蜀书社，2000年，第251页。
③ 刘于义修，沈青崖纂：《陕西通志》，影印文渊阁《四库全书》本。
④ 《新唐书》，中华书局，1975年，第1277页。
⑤ 〔宋〕吴曾：《能改斋漫录》，中华书局，1960年，第349页。
⑥ 〔清〕朱彝尊：《经义考新校》（10），上海古籍出版社，2010年，第5271页。
⑦ 国家文物局主编：《中国文物地图集·陕西分册》（下），西安地图出版社，1998年，第61页。
⑧ 顾宏义、李文整理标校：《宋代日记丛编》（2），上海书店出版社，2013年，第651页。

系年要录》卷一四七载:"陕西连岁不雨,至是泾、渭、灞、浐皆竭,五谷焦槁,秦民无以食,争西入蜀。"①

元代,刘斌在灞河上重新修建了一座宏伟的石拱桥。元人张养浩《安西府咸宁县创建霸桥记》:"初,斌业轮舆,尝游关中,还偕二客道霸上,水卒至,一死于溺,一几殆,而斌独先济,因叩天自誓:'吾不桥霸者,如此水。'"②此文交代了刘斌修建灞桥的原因和建桥的艰辛,肯定了这一功在当代、利在千秋的壮举。历时15年,灞桥建成之后,桥身宏伟壮丽,横跨灞水,为长安一大景观,游人络绎不绝。元人骆天骧《类编长安志》载:"至落成,凡一十五虹,长八十余步,阔二十四尺,中分三轨,旁翼两栏,华表柱标于东西,竹留神镇于南北,海兽盘踞于砌石,狻猊蹲伏于阑杆,鲸头喷浪,鳌首吞云,筑堤五里,栽柳万株,游人肩摩毂击,为长安之壮观。"③由此可见,元代刘斌兴建的灞桥是一个有15个桥孔的拱桥,桥身华丽,桥面宽阔,是长安近郊的一个著名景点。

明清以来,灞桥毁建频繁。明朝洪武年间,灞桥被毁坏,后布政使余子俊修建。《关中胜迹图志》载:"明成化六年(1470),布政使余子俊增修,砂石壅塞,遗址仅存。"④清代,灞桥屡经毁坏又多次修建。康熙六年(1667),灞河改用舟渡和桥渡相结合的方法,水涨时设渡船,水落时架临时木桥。其中乾隆二十九年(1764)、乾隆三十五年(1770)、乾隆三十九年(1774)曾几次修建灞桥,但不久又被毁掉。不得已按照前例,冬春搭浮桥,夏秋设舟渡⑤。直到道光十四年(1833)兴建的灞桥,采用了石轴柱的桥基和石梁、木梁相结合的石面桥,这座灞桥一直存续至解放后的1955年,历时120多年,可以说是中国桥梁史上的奇迹。1955年,灞桥在原有桥墩的基础上被改建为新式钢筋混凝土板桥,全长386.2米,计64孔,每孔跨径6米,桥宽7米,两旁人行道各宽1.5米,桥上可行驶重型汽车⑥。

可以说,灞桥历经千年之久,阅尽了人间朝代更替、历史兴衰的演变,至今仍然屹立在灞河之上。

二、灞桥的历史作用

自秦汉以来,灞桥一直在历史上发挥着重要的作用,特别是秦汉、隋唐长安作

---

① 李心传编:《建炎以来系年要录》(3),中华书局,1988年,第2373页。
② 张养浩:《张养浩集》,吉林文史出版社,2008年,第127页。
③ 〔元〕骆天骧:《类编长安志》,黄永年点校,三秦出版社,2006年,第191页。
④ 〔清〕毕沅:《关中胜迹图志》,张沛校点,三秦出版社,2004年,第276页。
⑤ 《桥梁史话》编写组编:《桥梁史话》,上海科学技术出版社,1979年,第33页。
⑥ 茅以升:《桥梁史话》,北京出版社,2012年,第192页。

为都城的时代，它更是攻守长安的军事要地，是迎来送往的著名场所，也是风景优美的游览胜地。

（一）军事要地

灞桥自古以来就是关东各国通向长安的交通要道，具有重要的战略地位。宋代程大昌《雍录》云："此地最为长安冲要，凡自西东两方而入出峣、潼两关者，路必由之。"[①]峣关就是蓝田关。灞桥是蓝田关、潼关和蒲津关交汇的地方，凡是东经潼关到中原地区，或经蓝田关到东南地区，或经蒲津关到山西一带，都要经过灞桥。也就是说，长安东边通往长安东部、东南和东北部的这三条大道，都要经过灞桥。灞桥是连接关中平原、关东平原和东北平原的纽带，地理位置极其重要，它的得失关系着长安的得失，历来是兵家必争之地。秦、汉、唐代的重大军事事件多与灞桥有关。

秦朝末年，刘邦项羽争雄，刘邦先经武关攻入关中，率先进入咸阳，而后驻军霸上，迫使秦王子婴在霸上枳道出降，秦朝宣告灭亡。刘邦到咸阳后，与百姓约法三章，收买人心，同时屯兵十万于灞上，以防范项羽。汉文帝后元六年（前158），匈奴举兵入塞，汉文帝分别在霸上、棘门和细柳三处驻军以防备匈奴犯长安。

西晋愍帝建兴四年（316）八月，刘曜带兵逼近长安，愍帝司马邺派兵驻守灞上，最终寡不敌众，司马邺出降刘曜，西晋灭亡。东晋穆帝永和十年（354），桓温北上讨伐前秦苻健，率领四万大军在蓝田大破前秦后，乘胜占领灞上，逼近长安。东晋安帝义熙十三年（417），东晋名将王镇恶帮助刘裕讨伐后秦姚泓，王镇恶攻陷长安，灭了后秦后，亲自到灞上迎接刘裕。《宋书·王镇恶列传》载："高祖将至，镇恶于灞上奉迎，高祖劳之曰：'成吾霸业者，真卿也。'"[②]高祖指的就是齐武帝刘裕，他是南朝宋政权的建立者，曾两度北伐，收复洛阳、长安。

唐代安史之乱爆发之初，唐玄宗派哥舒翰驻守潼关以阻止叛军的进攻。杨国忠为防范哥舒翰诛杀自己，就精选三千牧马的士卒在禁苑中训练，同时派万人驻守灞上，并以心腹杜乾运为帅。如《新唐书·哥舒翰列传》所载："（杨国忠）即募牧儿三千人，日夜训练，以剑南列将分统之。又募万人屯灞上，使腹心杜乾运为帅。"[③]唐朝大将郭子仪因平定叛乱有功，班师回朝之际，唐肃宗亲自到灞上迎接他。《旧唐书·郭子仪列传》载："（郭子仪）寻入朝，天子遣兵仗戎容迎于灞

---

① 〔宋〕程大昌：《雍录》，黄永年点校，中华书局，2002年，第142页。
② 《宋书》，中华书局，1974年，第1370页。
③ 《新唐书》，中华书局，1975年，第4572页。

上，肃宗劳之曰：'虽吾之家国，实由卿再造。'"①唐朝末年，黄巢大将朱温投降唐政府时，崔胤率领百官在灞桥迎接朱温。《新唐书》卷二〇八载："胤率百官迎全忠灞桥，入舍长安一昔而西。"②朱温降唐后被僖宗赐名全忠。

清代同治五年（1867）发生的灞桥之战，是清军同捻军的一次著名战役。捻军是与太平天国同时期的反清武装组织，活跃于1853年到1868年，长达15年，后分为东、西二捻，西捻被左宗棠平定，东捻被李鸿章剿灭。灞桥之战以清军失败而告结束，此战清军主帅刘蓉也被革职返乡。如《清史稿·刘蓉传》载："捻匪张总愚入陕，逼省城，蓉与松年议不合，所部楚军三十营，统将无专主，士无战心，屯灞桥，为贼所乘，大溃。诏斥蓉贻误，夺职回籍。"③

综上所述，汉唐时期，灞桥在军事上极其重要，特别是在朝代更替之际，灞桥更是关系着国家的安危。宋代以来，都城东迁，灞桥的军事作用急剧下降，可依然是行旅往来的重要桥梁。

（二）迎来送往之地

灞桥是京城长安内外的分界线，自秦汉以来，也是迎来送往频发之地。《三辅黄图》卷六载："霸桥在长安东，跨水作桥。汉人送客至此桥，折柳赠别。"④灞桥是进出长安的交通要道，汉人一般在此迎来送别。但汉魏六朝时期，人们很少提及灞桥，大多以灞上、灞水或灞陵代替，直到唐代，灞桥才成为著名的桥梁，成为长安的标志。

《史记·吕太后本纪》："孝惠帝慈仁，知太后怒，自迎赵王霸上，与入宫，自挟与赵王起居饮食。"⑤我们知道，刘邦晚年很宠爱戚夫人，还打算废太子，立戚夫人之子赵王做太子，使得吕后备受煎熬。刘邦死后，吕后开始肆无忌惮地报复戚夫人，先是把戚夫人的儿子赵王如意接到长安，准备伺机杀害。孝惠帝很仁慈，知道吕后的用意，就亲自到霸上迎接赵王，把他接到宫中和自己同吃同住。《史记·武安侯列传》载："淮南王安谋反觉，治。王前朝，武安侯为太尉，时迎王至霸上。"⑥淮南王刘安谋反的事情暴露后，汉武帝追查此事，发现刘安初到长安时，田蚡为太尉，曾亲自到霸上迎接他，并接受刘安馈赠的金银财物。从这两则材料可

---

① 《旧唐书》，中华书局，1975年，第3452页。
② 《新唐书》，中华书局，1975年，第5898页。
③ 《清史稿》，中华书局，1977年，第12229页。
④ 何清谷校注：《三辅黄图校注》，三秦出版社，1995年，第342页。
⑤ 《史记》，中华书局，1959年，第397页。
⑥ 《史记》，中华书局，1959年，第2855页。

以看出，西汉时期人们常在霸上迎接宾客。

东汉末年，豪强并起，民不聊生，京城文人多离京避乱，灞桥是离开京城的最后一站。"建安七子"之一的王粲在董卓之乱时就离开长安，避难到荆州，当他途经灞上时，看到民不聊生的情景，悲痛万分，站在灞陵之上，回首长安，依依不舍。其《七哀诗》曰："西京乱无象，豺虎方遘患。复弃中国去，委身适荆蛮。……南登灞陵岸，回首望长安。悟彼下泉人，喟然伤心肝。"此诗把王粲不忍离开京城，又不得不离开的心情表现得淋漓尽致。可王粲用灞陵而非灞桥指代长安，这说明灞桥在当时可能比较简陋，灞陵远比灞桥知名。

隋唐，以长安为都城，灞桥地位凸显，迎来送往频繁。《隋书·沈光列传》载："大业中，炀帝征天下骁果之士以伐辽左，光预焉。……光将诣行在所，宾客送至灞上者百余骑。"[1]隋代大业年间，隋炀帝征召天下骁勇善战之士讨伐辽东，沈光也报名参加。当沈光即将到皇帝住的地方朝见时，有100多人骑马送他到灞上。沈光后来成为隋代名将，颇受炀帝赏识。

时至唐代，灞桥经过重修之后成为迎来送往的著名桥梁。我们知道，进京赶考承载着无数文人的希望，为官京城也是多数文人的梦想，而落第离京、贬谪离京，抑或其他原因离京，文人则无比惆怅与落寞，如"为君惆怅惜离京，年少无人有屈名"（黄滔《送林宽下第东归》）。灞桥又是进出京城的必经之路，是京城内外的分界线，故唐人常在灞桥设宴饯别亲朋好友，如罗隐《送溪州使君》："灞桥酒盏黔巫月，从此江心两所思。"郑谷《作尉鄠郊送进士潘为下第南归》："灞陵桥上杨花里，酒满芳樽泪满襟。"郑谷在灞桥饯别落第南归的友人，泪湿满襟，悲伤不已。由于地处交通要道，迎来送往频频发生，灞桥又被称为"销魂桥"。《关中胜迹图志》引《开元遗事》曰："长安东霸陵有桥，来迎去送，至此黯然，故人呼为'销魂桥'。"[2]李白《灞陵行送别》："送君灞陵亭，灞水流浩浩。"罗邺《莺》："何事离人不堪听，灞桥斜日袅垂杨。"离别之时，不胜其哀，连黄鹂的叫声都觉得凄凉，让人不忍听。

宋元以来，由于都城的迁移，灞桥也时常被毁坏，得不到及时修缮，汉唐时期迎来送往的盛况不复再现，但它仍然是行旅往来的一座重要桥梁。灞桥也成为离别的代名词，提及灞桥就不免想到离别，正如清人王士禛《灞桥》诗所言"自古销魂地，茫茫唤奈何。行人灞陵渡，疏雨栎阳过"。

---

[1]《隋书》，中华书局，1973年，第1513页。
[2]〔清〕毕沅：《关中胜迹图志》，张沛校点，三秦出版社，2004年，第276页。

（三）游乐之地

在唐代，灞桥不仅是一座令人销魂的离别之桥，也是一个风景优美、诗意盎然的游览胜地，是达官贵人、文人士子经常驻足游览的地方。由于灞桥重要的战略位置和优美的自然风光，开元十五年（727）进士科的考试题目就是创作一篇《灞桥赋》（以"水云晖哄，车骑繁杂"为韵）。从该题目我们可以看出，出题者是想让考生从灞桥的自然风光和车马往来的盛况这两方面来阐释的。现在《全唐文》还留存王昌龄、杜颁的同题赋作，我们可以从这两篇赋作中窥探出唐代灞桥恢宏的气势、优美的风光及游览的盛况。

先看王昌龄的《灞桥赋》："拖偃蹇以横曳，若长虹之未翻。隘腾逐而水激，忽须臾而听繁。虽曰其繁，溃而不杂，……客有居于东陵者，接行埃之余氛，薄暮垂钓，平明去耘。傍连古木，远带清濆，昏晓一望，还如阵云。"[①]且不说灞桥周围的环境，单单灞桥就是长安一道美丽的风景，它像一条长虹横跨在灞水之上。桥上长虹卧波，气势磅礴；桥下水声激激，慷慨激昂，宛若恢宏的乐章；岸边古木参天，遮阴蔽日。傍晚时分，垂钓之人在河边悠闲地垂钓，整个氛围闲适宁静。

再看杜颁的《灞桥赋》："溶溶玄灞兮，经秦川之有余；袅袅红桥兮，代造舟之厥初。飞梁默以霞起，彩柱煜其星舒。九陌咸凑、三条所如。连山叠翠而西转，群树分形而北疏。电透孤棹，雷奔众车。……日既上巳，禊于洪源。晚具游宴，咸出国门。七叶衣冠，憧憧而遥度；五侯车马，奕奕而腾轩。钟鼓既列，丝竹亦繁，秦声呕哇，楚舞丛杂，帷帟纷其雾委，罗纨霭以云沓。棹轻舸之悠悠，顺清流之纳纳。"[②]从这篇赋我们可以看出，盛唐时代的灞桥不仅气势宏伟，而且奢华妍丽，桥上人来人往，桥下舟船竞驰。灞桥周围也是山清水秀，景色宜人，旁边还有旅舍、酒楼、亭台等供行人栖息。特别是到了上巳节，更是热闹非凡，王公贵族驾着香车宝马、奏着钟鼓管弦在灞桥边尽情游玩。

杜甫《怀灞上游》："怅望东陵道，平生灞上游。春浓停野骑，夜宿敞云楼。"[③]杜甫作此诗时正在江汉一带漂泊，还念念不忘早年的灞上之游，可见唐代灞桥一带游览的盛况。

---

① 〔唐〕王昌龄著，胡问涛、罗琴校注：《王昌龄集编年校注》，巴蜀书社，2000年，第251页。
② 魏全瑞主编：《千古绝唱·赋》，三秦出版社，2004年，第139页。
③ 王士菁：《杜诗今注》，巴蜀书社，1999年，第746页。

三、灞桥的文化意蕴

（一）灞桥折柳：经典的送别地

灞桥地处长安东郊，是东出长安的交通要道，是著名的离别场所。由于交通通信不发达，古人离别之后不知何时能重逢，故很重离别，认为离别带给人的伤痛仅次于死亡，正如李商隐所言"人世死前惟有别，春风争拟惜长条"。汉唐以来，古人有灞桥折柳赠别的习俗，人们常在离别之际折柳赠离人，以表达对离人的无限思念和旅途平安之意。

唐代这种风气尤为盛行，这在古诗词中多有反映。杨巨源《赋得灞岸柳留辞郑员外》："杨柳烟含灞岸春，年年攀折为行人。"由于离别频繁，杨柳屡被攀折，以至于还没到秋天柳枝便被折尽，如戴叔伦《赋得长亭柳》所言："赠行多折取，那得到深秋。"于是，就有人感叹不要在灞桥边栽种杨柳了，如"莫役生灵种杨柳，一枝枝折灞桥边"（谭用之《寄岐山林逢吉明府》）。灞桥岸边的杨柳不仅免不了被折断的命运，还为行人徒添离别的惆怅，如裴说《柳》："高拂危楼低拂尘，灞桥攀折一何频。思量却是无情树，不解迎人只送人。"灞桥柳频频用来送别行人，隔断亲情友情，成为文人眼中的无情树！由此可见，人们在灞桥送别亲朋好友，临别之际折柳相赠是唐代极为盛行的一种风气。

宋元以来，随着都城的迁移，长安不再是世人瞩目的国际大都市，不再是经济、政治、文化的中心，灞桥也失去了往昔的繁华，车辆人马络绎不绝的盛况不复再现，灞桥折柳之风渐趋消亡。但灞桥折柳却成为一种民俗文化心理固定下来，成为离别的符号，不仅象征着亲友离别的哀伤怅惘，也承载了文人离开京都的落寞失意。

（二）灞桥风雪：诗思和苦吟的象征

"灞桥风雪"这一典故最早见于孙光宪《北梦琐言》，其卷七载："唐相国郑綮虽有诗名，本无廊庙之望。……或曰：'相国近有新诗否？'对曰：'诗思在灞桥风雪中驴子上，此处何以得之。'盖言平生苦心也。"[①]郑綮曾做过唐昭宗的宰相，善于作诗，以苦吟著称。这个材料说明，他只有冒着风雪骑着驴子行走在灞桥之上才能产生作诗的灵感，进而创作出好诗。

骑驴觅诗可以理解，中唐的贾岛、李贺都以骑驴觅诗而闻名。那为何要在灞桥

---

① 〔宋〕孙光宪：《北梦琐言》，林青、贺军平校注，三秦出版社，2003年，第125—126页。

风雪中骑驴觅诗?换言之,风雪中的灞桥为何能激发诗人的灵感?

程大昌《雍录·灞水杂名四》载:"唐人语曰:'诗思在霸桥风雪中。'盖出都而野,此其始也,故取以言诗也。"[1]灞桥是京城的门户,过了灞桥就算出了京城,到了郊野,这里视野开阔,依山傍水,风景秀美,很容易激发诗人的创作灵感。风雪中的灞桥更是绮丽如画。吴融《雪后过昭应》:"灞川南北真图画,更待残阳一望看。"昭应,县名,在灞桥附近。李山甫《柳》:"灞岸江头腊雪消,东风偷软入纤条。春来不忍登楼望,万架金丝著地娇。"初春时节,冰雪融化,灞水两岸柳条吐出嫩黄的枝条,宛如金丝般披拂垂地。也就是说,风雪中的灞桥风光尤为清新绮丽,更易激发诗人的创作灵感。

由于风雪觅诗要忍受冰冻之苦,故"灞桥风雪"被看作是苦吟式的创作典范。清人王岱认为:"诗思在灞桥风雪中驴子背上。夫蹇步艰难,寒风凛冽,诗思何有?乃称灞桥,总之诗以穷而工也。"并赋《灞桥诗思》一诗:"危桥欹仄雪浮空,蹇步疲驴彳亍中。岂为诗思穷更好,诗人冲冻冒寒风。"[2]他认为冒着风雪、骑着疲惫的驴子行走在危桥之上,何来诗思?但是这种冒雪觅诗的行为,能让人体会到"穷"的处境,进而迸发出好的诗思。清代厉鹗的《题沈石田蹇驴觅雪图》:"长耳冲风前为谁,袖里鞭梢若垂钓。后者据鞍自呵手,涕冻鼻中强为笑。乾坤清气入诗脾,口不能言领其妙。"厉鹗认为风雪觅诗虽然要忍受苦寒的天气,却可领略天地清气,创作出不同流俗的诗歌,这是只可意会不可言传的美妙体验。

宋元以来,郑綮灞桥骑驴、踏雪觅诗的典故被传为文坛佳话,"灞桥风雪"也成为诗歌中的流行话语和常见典故,被后世文人反复吟咏,如黄庭坚的"不似灞桥风雪中,半臂骑驴得佳句",吕本中的"蔡侯念我有新句,犹似灞桥风雪中",范成大的"谁子骑驴吟灞上,何人跛马客蓝关"。至晚在南宋,"灞桥风雪"也成为人物画的重要题材,一直延续至今。

(三)灞柳风雪:京郊杨柳名胜

灞桥岸边栽种很多杨柳,暮春时节,柳絮纷纷,宛如飞雪,故被称为灞柳风雪。灞柳风雪是京郊杨柳景观的代表,被誉为"关中八景"之一。这八景是华岳仙掌、骊山晚照、灞柳风雪、草堂烟雾、雁塔晨钟、曲江流饮、太白积雪、咸阳古渡。关于"关中八景",还流传着一首佚名诗:"华岳仙掌首一景,骊山晚照光明现。灞柳风雪扑满面,草堂烟雾紧相连。雁塔晨钟响城南,曲江流饮团团转。太白

---

[1] 〔宋〕程大昌:《雍录》,黄永年点校,中华书局,2002年,第145页。
[2] 〔清〕王岱:《王岱集》,马美著校点,岳麓书社,2013年,第316页。

积雪六月天，咸阳古渡几千年。"

"关中八景"约形成于明代，清代河东盐使朱集义诗画兼善，曾为"关中八景"赋诗作画，并于清康熙十九年（1680）刻制了一块诗画并茂的碑石，名曰"关中八景图"碑石，每一景绘制一幅图画，并题诗一首。其中《灞柳风雪》诗："古桥石路半倾攲，柳色青青尽扫眉。浅水平沙深客恨，轻盈飞絮欲题诗。"此诗把悠久的灞桥，青翠的杨柳，轻盈的柳絮和离别的愁绪联系在一起。自此"关中八景"固定下来。这些碑石现存于西安碑林，吸引了不少海内外游客前来参观。

灞柳风雪能够成为"关中八景"之一，主要得益于它的地理位置，它是长安近郊灞桥的杨柳风光。我们知道，长安是汉唐古都，灞水是历史悠久的河流，灞桥是长安东郊著名桥梁，是长安的标志；灞桥柳由于折柳赠别习俗一直受到人们的关注，唐代灞桥折柳赠别的盛况，使得灞桥杨柳也成为一道美丽的风景印在历史的记忆里；再加上元明清以来灞桥的重修和杨柳的大量栽种，造就了暮春时节柳絮纷飞的盛景。正是由于丰富的文化底蕴、青山绿水的清丽环境、迷离朦胧的柳絮风景，灞柳风雪才得以入选"关中八景"。

灞桥植柳的历史悠久，至少可以追溯到汉代。唐代灞桥折柳赠别频频发生，使得灞桥杨柳成为京都长安的深刻印象。宋代，由于都城的东移，灞桥的损毁，灞柳也趋向衰落。如柳永《少年游》所言："参差烟树灞陵桥，风物尽前朝。衰杨古柳，几经攀折，憔悴楚宫腰。"可是，尽管如此，提及长安就很容易联想到灞桥和灞桥杨柳，如宋魏野《送赵侍郎移镇长安》："函谷乱花明剑佩，灞桥垂柳拂旌旗。"宋寇準《长安春日》："淡淡秦云薄似罗，灞桥杨柳拂烟波。"元代时，灞桥被重新修建，两岸广植杨柳，灞柳又恢复了生机，吸引众多游人前来观看。元人骆天骧《类编长安志》载："筑堤五里，栽柳万株，游人肩摩毂击，为长安之壮观。"明清时期，灞桥历经多次修建，灞柳风光依旧迷人，清代朱集义才有雅兴为灞柳飞雪绘画题诗，使其成为"关中八景"之一。

可是，值得注意的是，从汉至元代，灞桥两岸广植杨柳。但这些杨柳风景大都以枝叶取胜，不以柳絮瞩目，只有灞柳风雪是以漫天柳絮风光取胜的。

（四）灞桥兴衰与历史兴亡的感怀

桥梁是一个国家文明的象征，国家强盛才有余力修建桥梁；国家衰落，桥梁毁坏也无力修复。"灞桥犹恨近京华"（陆游《冲雪至余庆觉林，雪连日不止》），灞桥是中国历史上最古老的桥梁之一，地处长安近郊，长安又是汉唐古都，灞桥见证了汉唐的盛世文明，也目睹了六朝的乱世纷争。宋朝以来，京城东移，长安失去了昔日的繁华，灞桥风光也随之衰落。从灞桥的兴衰也可看出王朝的兴废。

从王昌龄和杜頠的《灞桥赋》中，我们不难感受到盛唐时代灞桥的宏伟壮丽和车马往来的繁华。晚唐，战乱频发，外族入侵，农民起义不断，人们流离失所，国家征兵不断，灞桥也见证了这一切。李商隐《灞岸》："山东今岁点行频，几处冤魂哭虏尘。灞水桥边倚华表，平时二月有东巡。"华表，指的是灞桥边做装饰用的高大石雕。在升平时期，皇帝常于二月到东都洛阳巡幸，灞桥是必经之路，可是在战乱时期，这种东巡的盛况已经不见了，只听见被征壮丁冤魂的哭声和百姓流离失所的哀鸣。此诗在对灞桥今昔对比的描写中暗寓历史兴衰之感。

宋代，都城东迁，长安失去了京城的地位，灞桥也变得萧索荒凉。北宋张方平《过灞桥长安道上》："汉牒熟当披旧迹，灞桥今忽过征鞍。前朝宫殿烟芜远，四望河山古木寒。"张方平骑马经过灞桥，放眼望去，山川一片寂寥，树木枯寒，废弃的宫殿淹没于荒烟蔓草中。遥想大唐盛世，灞桥作为交通枢纽，何其繁华，如今一片凄凉。南宋陆游《巴东遇小雨》："从今诗在巴东县，不属灞桥风雪中。"北宋灭亡后，南宋偏安江南一隅，几次北伐都以失败告终。陆游眼见恢复中原无望，灞桥觅诗自然无法实现，只好觅诗于巴东县。此诗借觅诗灞桥抒发了对中原故土的思念、对南宋朝廷无能的批判和对大唐盛世的怀念。

元代谢宗可《柳眼》："上苑困酣兴废梦，灞桥看尽古今愁。"是的，悠久的灞桥目睹了多少王朝的兴亡，阅尽了人间无数亲朋的离别，是历史的见证者，是咏史怀古的媒介。

综上所述，灞桥是中国历史上一座久负盛名的桥梁，没有哪一座桥比它更有名。由于悠久的历史，重要的地理位置，浓郁的人文风情，灞桥千百年来被赋予了丰富的文化意蕴。灞桥折柳，历史悠久，是折柳民俗的发源地；灞桥由于迎来送往频繁，被称为"销魂桥"，成为离别的符号；灞桥地处京郊，成为激发人们诗思和苦吟的触媒；灞桥柳也因灞桥扬名千古，灞柳飞雪是"关中八景"之一，是长安近郊杨柳景观的代表；灞桥是汉唐盛世的见证者，是人们对京城长安的集体记忆，它的兴废时常触发历史的感怀。

原载《江西科技师范大学学报》2017年第1期
（石志鸟，江西科技师范大学文学院副教授）

旅游开发影响下民族社区文化记忆的代际传承
——以西安回民街历史文化街区为例

郭云娇　王嫣然　罗秋菊

一、引言

（一）旅游地理学视野下的城市历史街区记忆

近年来，社会或文化记忆的研究已成为贯穿人文社会科学的一个主要研究领域，并且越来越多地扩展到地理学。[①]城市文化与记忆的恢复与传承也成为新的研究热点，记忆理论逐渐受到国内旅游地理学、建筑学等领域学者的关注。[②]城市历史文化保护区作为记忆空间，与非历史文化保护区的区别之一是它承载着更多的集体记忆。[③]改革开放后，城市旅游为中国民族历史街区提供了生存的机会。[④]历史街区旅游迅速兴起，并成为一种重要的旅游类型。[⑤]对于居民而言，中国旅游业的开发与发展本身就是一个具有代际差异性的概念[⑥]，旅游化进程中的历史街区记忆也是一个复

[①] 汪芳、吕舟、张兵等：《迁移中的记忆与乡愁：城乡记忆的演变机制和空间逻辑》，《地理研究》2017年第36卷第1期。

[②] 李彦辉、朱竑：《国外人文地理学关于记忆研究的进展与启示》，《人文地理》2012年第27卷第1期。

[③] 周尚意、成志芬、夏侯明健：《记忆空间表达及其传承研究：以北京西四北头条至八条历史文化保护区为例》，《现代城市研究》2016年第8期。

[④] 徐红罡、万小娟：《民族历史街区的保护和旅游发展：以西安回民街为例》，《北方民族大学学报》（哲学社会科学版）2009年第85卷第1期。

[⑤] 戴湘毅、徐敏、朱爱琴：《近30年中国历史街区研究的回顾与展望》，《华中师范大学学报》（自然科学版）2012年第46卷第2期。

[⑥] C. H. C. Hsu, L. A. Cai, K. K. F. Wong, "A Model of Senior Tourism Motivations: Anecdotes from Beijing and Shanghai", *Tourism Management*, 2007, 28, pp. 1262-1273.

杂系统[1]，旅游化过程不断地创造和再生产场所空间和人[2]。源起于过去生活、生产背景的历史街区，进入现代社会，受到全球化、城镇化、信息化等的影响，尤其在经历了大规模的拆除改造和开发建设后，城市记忆载体的消失，使得所承载的一辈辈人的记忆不断遭受着冲击。[3]本地居民作为历史街区地方文化的创造者与所有者，也是街区记忆主体。在旅游发展影响下不同代际的本地居民对于历史街区的记忆是否存在差异性与延续性？哪些记忆媒介及其如何在构建代际居民记忆的连续性与传播文化的地方性中发挥着重要作用？这些问题不仅需要以居民作为主位视角做更为深入的探讨，同时其解答不仅有助于全面地认知承载目的地社区记忆的时空要素，对传承地方传统文化和延续居民的乡愁文化记忆更具有重要的现实意义。

尽管，当下记忆研究已成为文化地理学研究中的新课题[4]，关注记忆亦体现了对居民地方生活经验与情感、感受的重视，但旅游视角下的记忆研究尚未形成明确的研究范式[5]，研究内容和方法体系都有待进一步完善[6]。目前，从地理学的视角出发，国内外围绕记忆、城市历史文化街区及旅游所展开的研究主要聚焦在：（1）从空间维度探讨旅游开发对城市历史文化街区的影响，包括旅游对历史街区记忆空间的改变[7]、旅游与空间道德[8]以及旅游对旅游地居民家的空间重构[9]等。霍尔舍（Hoelscher）等认为，记忆、地方和空间的结合也产生了现代身份认同的诸多探讨语境。[10]汪芳等以什刹海历史文化街区为例，认为旅游是促使历史街区宏观格局

---

[1] 汪芳、林诗婷、夏雨纯：《旅游化进程中什刹海历史街区的记忆和空间》，见陆邵明编著：《场所叙事：探索有乡愁记忆的城镇化路径》，中国建筑工业出版社，2018年，第123页。

[2] N. B. Salazar, "Imaged or Imagined", *Cahiers D'études Africaines*, 2009（1）, pp. 49-72.

[3] 汪芳、林诗婷、夏雨纯：《旅游化进程中什刹海历史街区的记忆和空间》，见陆邵明编著：《场所叙事：探索有乡愁记忆的城镇化路径》，中国建筑工业出版社，2018年，第123页。

[4] 李凡、朱竑、黄维：《从地理学视角看城市历史文化景观集体记忆的研究》，《人文地理》2010年第25卷第4期。

[5] 吴炆佳、孙九霞：《旅游地理视角下记忆研究的进展与启示》，《人文地理》2018年第33卷第6期。

[6] 李彦辉、朱竑：《国外人文地理学关于记忆研究的进展与启示》，《人文地理》2012年第27卷第1期。

[7] 汪芳、林诗婷、夏雨纯：《旅游化进程中什刹海历史街区的记忆和空间》，见陆邵明编著：《场所叙事：探索有乡愁记忆的城镇化路径》，中国建筑工业出版社，2018年，第123页。

[8] 周尚意：《旅游与空间道德碰撞》，《旅游学刊》2017年第32卷第4期。

[9] 郑诗琳、朱竑、唐雪琼：《旅游商业化背景下家的空间重构：以西双版纳傣族园傣家乐为例》，《热带地理》2016年第36卷第2期。

[10] Steven Hoelscher, Derek H. Alderman, "Memory and Place: Geographies of a Critical Relationship", *Social & Cultural Geography*, 2004, 5（3）, pp. 347-355.

和微观空间类型、分布和特征变化的主要力量，且主要通过影响空间来影响记忆的形成和强化。①（2）多从集体记忆与个人记忆视角出发，研究城市历史文化景观的持续性保护，侧重对记忆的空间化阐释与物质性表征研究，关注如何通过物质或符号化的记忆空间或景观塑造城市记忆的认知和情感。毛兹·阿扎里亚胡（Maoz Azaryahu）等将城市中的历史空间作为叙事媒介，研究历史遗迹空间叙事策略对集体记忆感知的影响。②李凡等学者从地理学视角，探讨城市文化景观集体记忆的空间特征，认为集体记忆在认知空间上所具备的时空属性对塑造地方认同感具有重要的现实意义。③周尚意等以地理学中的尺度转换理论与非表征理论，以北京西四历史文化保护区为例，阐释了权威性与非权威性的记忆空间，以及个人与集体对历史文化街区记忆空间的表达和传承。④（3）将游客（非居民）作为旅游地文化记忆研究的主位，从游客视角研究旅游目的地的独特文化记忆与文化体验的生产。徐惠群等认为旅游者的视角和态度是透彻解析游客文化记忆与体验的必要部分。⑤李勇泉等研究了文化接触对增强游客文化记忆与产生目的地依恋的积极中介作用。⑥吕龙等将文化记忆理论的框架引入对乡村旅游的研究，阐析文化记忆空间的时空格局特征以及影响因素，并指出文化记忆理论能够作为旅游地文化与认同、旅游景观建设和旅游者行为等研究的重要突破口。⑦

综上，一方面，尽管在城市历史街区的旅游发展中街区内的居民是关键因素⑧，但目前居民并未成为城市历史街区记忆研究的主要对象。尤其在旅游开发背景下，有学

---

① 汪芳、林诗婷、夏雨纯：《旅游化进程中什刹海历史街区的记忆和空间》，见陆邵明编著：《场所叙事：探索有乡愁记忆的城镇化路径》，中国建筑工业出版社，2018年，第123页。

② Maoz Azaryahu, Kenneth E. Foote, "Historical Space as Narrative Medium: On the Configuration of Spatial Narratives of Time at Historical Sites", *GeoJournal*, 2008, 73, pp. 179-194.

③ 李凡、朱竑、黄维：《从地理学视角看城市历史文化景观集体记忆的研究》，《人文地理》2010年第25卷第4期。

④ 周尚意、成志芬、夏侯明健：《记忆空间表达及其传承研究：以北京西四北头条至八条历史文化保护区为例》，《现代城市研究》2016年第31卷第8期。

⑤ Cathy H. C. Hsu, Songshan(Sam) Huang, "Reconfiguring Chinese Cultural Values and Their Tourism Implications", *Tourism Management*, 2016, 54, pp. 230-242.

⑥ Yong-Quan Li, Chih-Hsing Liu, "Impact of Cultural Contact on Satisfaction and Attachment: Mediating Roles of Creative Experiences and Cultural Memories", *Journal of Hospitality Marketing & Management*, 2020, 29（2）, pp. 221-245.

⑦ 吕龙、黄震方、陈晓艳：《乡村文化记忆空间的类型、格局及影响因素：以苏州金庭镇为例》，《地理研究》2018年第37卷第6期。

⑧ 王莉、杨钊、陆林：《经营者/居民参与屯溪老街保护与旅游开发意向分析》，《安徽师范大学学报》（人文社会科学版）2003年第31卷第4期。

者认为旅游开发造成了文化变迁[1]和记忆消失[2],但对旅游街区居民系统中的代际居民记忆传承与断裂的研究却相对较少。另一方面,国内少部分学者通过对民族社区的研究,发现了民族社区文化记忆景观作为民族文化身份认同、文化代际交流的重要媒介作用[3],但目前国内的研究成果多侧重研究文化记忆的空间维度以及物质形态的保护及活化[4],较少涉及除景观以外的其他非物质性媒介对城市街区文化记忆的传承作用。

(二)旅游对目的地社区的文化影响

旅游对目的地社区居民的影响作为旅游发展和目的地管理的一个重要组成部分[5],一直受到国内外学者的关注[6]。旅游对目的地社区的影响一般包括经济、文化、社会和环境影响四种类型。[7]尽管,相较于经济与环境影响的直观性,旅游开发的社会文化影响是旅游可持续发展监测中的难点[8],居民的文化情感与心理也在很大

---

[1] S. Shen, J. Zhao, J. Xu, et al, "Understanding Tourism Development of Historic Districts from a Representational Perspective", *Journal of Tourism and Cultural Change*, 2016, 14 (4), pp. 291-306. Evan J. Jordan, Christine A. Vogt, Richard P. DeShon, "A Stress and Coping Framework for Understanding Resident Responses to Tourism Development", *Tourism Management*, 2015, 48, pp. 500-512.

[2] 汪芳、吕舟、张兵等:《迁移中的记忆与乡愁:城乡记忆的演变机制和空间逻辑》,《地理研究》2017年第36卷第1期。

[3] 文飞:《基于非旅游业基础上的民族社区文化记忆景观建设的可行性研究》,《兰州教育学院学报》2016年第32卷第1期。

[4] 汪芳、吕舟、张兵等:《迁移中的记忆与乡愁:城乡记忆的演变机制和空间逻辑》,《地理研究》2017年第36卷第1期。

[5] Kyungmi Kim, Muzaffffer Uysal, M. Joseph Sirgy, "How Does Tourism in a Community Impact the Quality of Life of Community Residents?" *Tourism Management*, 2013 (6), pp. 527-540.

[6] Kyungmi Kim, Muzaffffer Uysal, M. Joseph Sirgy, "How Does Tourism in a Community Impact the Quality of Life of Community Residents?" *Tourism Management*, 2013 (6), pp. 527-540. 粟路军、唐彬礼:《旅游地居民生活质量:研究回顾与未来展望》,《旅游学刊》2020年第35卷第6期。S. Um, J. L. Crompton, "Measuring Residents' Attachment Levels in a Host Community", *Journal of Travel Research*, 1987, 26 (1), pp. 27-29. Huimin Gu, Ryan Chris, "Place Attachment, Identity and Community Impacts of Tourism: The Case of a Beijing Hutong", *Tourism Management*, 2008, 29, pp. 637-647. Zengxian Liang, Tak-Kee Hui, "Residents' Quality of Life and Attitudes toward Tourism Development in China", *Tourism Management*, 2016, 57, pp. 56-67. 宣国富、陆林、章锦河等:《海滨旅游地居民对旅游影响的感知:海南省海口市及三亚市实证研究》,《地理科学》2002年第22卷第6期。

[7] Kyungmi Kim, Muzaffffer Uysal, M. Joseph Sirgy, "How Does Tourism in a Community Impact the Quality of Life of Community Residents?" *Tourism Management*, 2013 (6), pp. 527-540.

[8] 唐文跃:《地方性与旅游开发的相互影响及其意义》,《旅游学刊》2013年第28卷第4期。

程度上被忽视①，但近年来旅游发展的非经济性测量，逐渐成为旅游影响研究的重点②。目前国内外大部分的研究成果主要通过定量研究的方法，侧重从社区依恋③、生活满意度与幸福感④、心理压力评估⑤等客观指标测量与关注旅游开发对社区居民产生的微观影响⑥。

谷慧敏等认为，中国大陆旅游业对社区影响的经验证据相对缺乏，居民对旅游影响的感知一直是旅游学术研究文献中的主流。⑦由于旅游地居民对旅游影响的感知是研究旅游影响性质及程度的重要途径⑧，故现有研究多以社区居民对旅游发展的态度与旅游影响的感知研究，作为旅游影响研究的主要切入点。一方面，聚焦于居民对旅游态度产生的影响因素研究。王纯阳等采用结构方程模型（SEM），分别以经济、社会文化、环境获益感知作为中介变量，从实证研究的角度探讨社区居民旅游发展态度的影响因素。⑨梁增贤等从生活质量（QOL）与居住状况两方面，探讨两者对居民未来旅游发展态度的影响，发现中国居民对旅游的态度主要取决于他们是否

---

① T. Berno, C.Ward, "Innocence Abroad: A Pocket Guide to Psychological Research on Tourism", *American Psychologist*, 2005, 60（6）, pp. 593-600.

② 粟路军、唐彬礼：《旅游地居民生活质量：研究回顾与未来展望》，《旅游学刊》2020年第35卷第6期。

③ S. Um, J. L. Crompton, "Measuring Residents' Attachment Levels in a Host Community", *Journal of Travel Research*, 1987, 26（1）, pp. 27-29. Huimin Gu, Ryan Chris, "Place Attachment, Identity and Community Impacts of Tourism: The Case of a Beijing Hutong", *Tourism Management*, 2008, 29, pp. 637-647.

④ Kyungmi Kim, Muzaffffer Uysal, M. Joseph Sirgy, "How Does Tourism in a Community Impact the Quality of Life of Community Residents?" *Tourism Management*, 2013（6）, pp. 527-540. 粟路军、唐彬礼：《旅游地居民生活质量：研究回顾与未来展望》，《旅游学刊》2020年第35卷第6期。Zengxian Liang, Tak-Kee Hui, "Residents' Quality of Life and Attitudes Toward Tourism Development in China", *Tourism Management*, 2016, 57, pp. 56-67.

⑤ Evan J. Jordan, Christine A. Vogt, Richard P. DeShon, "A Stress and Coping Framework for Understanding Resident Responses to Tourism Development", *Tourism Management*, 2015, 48, pp. 500-512.

⑥ Kyungmi Kim, Muzaffer Uysal, M Joseph Sirgy. "How Does Tourism in a Community Impact the Quality of Life of Community Residents?" *Tourism Management*, 2013（6）：527-540.

⑦ Huimin Gu, Ryan Chris, "Place Attachment, Identity and Community Impacts of Tourism: The Case of a Beijing Hutong", *Tourism Management*, 2008, 29, pp. 637-647.

⑧ 宣国富、陆林、章锦河等：《海滨旅游地居民对旅游影响的感知：海南省海口市及三亚市实证研究》，《地理科学》2002年第22卷第6期。

⑨ 王纯阳、屈海林：《村落遗产地社区居民旅游发展态度的影响因素》，《地理学报》2014年第69卷第2期。

将社区视为谋生之地还是居住之地。[1]可见，旅游发展对社区的影响结果与居民对旅游的态度的原因，皆不仅仅局限于经济收入[2]等物质性要素，居民心理生活空间中的情感与记忆[3]也作为重要的方面。另一方面，肯定目的地社区居民的态度与情感因素对旅游可持续发展的积极作用。如金洪等通过模型（MOA）验证了影响社区居民参与旅游发展的因素主要取决于动机、机会与参与能力，并提出在促进更可持续的旅游规划和发展的努力中必须考虑到居民的态度。[4]卞显红等运用SPSS统计，通过定量方法衡量了居民对在当地社区正在进行的旅游发展的影响感知与态度，认为充分考虑居民的情感与观点将有助于旅游规划者制定符合社区利益的旅游发展规划。[5]但塞迪盖（Sedigheh）等认为现有研究中使用的大多数变量都基于人口、居住、空间和经济指标来阐释居民对旅游发展的态度[6]，较少从微观的非物质角度剖析居民对旅游发展态度的原因，以及关注到旅游开发对社区居民日常生活实践中的文化情感、记忆所产生的内在影响。保继刚和黄锋则进一步指出，旅游的经济与社会文化影响下的代际关系、代际差异出现了哪些新特征等问题也并未得到研究者的重视。[7]

对旅游开发影响下的代际文化记忆传承问题的探讨，不仅关乎居民对社区记忆和地方感的心理需求，提升旅游地居民的幸福感与生活质量，同时关乎旅游地的可持续发展，并推动旅游规划向人文主义的转变。因此，在旅游开发与发展情境下社区内部的不同代际人群，他们在旅游发展影响下对于社区文化记忆是否具有差异性或同一性，文化的传承是否依然具有连续性抑或产生了断裂，则成为一个值得关注的话题。本文基于德国学者阿斯曼夫妇的文化记忆理论与阿斯特莉特·埃尔的文化记忆的媒介框架，从跨学科的视角将文化记忆媒介理论引入旅游地理的研究，从居

---

[1] Zengxian Liang, Tak-Kee Hui, "Residents' Quality of Life and Attitudes Toward Tourism Development in China", *Tourism Management*, 2016, 57, pp. 56-67.

[2] 宣国富、陆林、章锦河等：《海滨旅游地居民对旅游影响的感知：海南省海口市及三亚市实证研究》，《地理科学》2002年第22卷第6期。

[3] 汪芳、吕舟、张兵等：《迁移中的记忆与乡愁：城乡记忆的演变机制和空间逻辑》，《地理研究》2017年第36卷第1期。

[4] K. Hung, E. Sirakaya-Turk, L. J. Ingram, "Testing the Efficacy of an Integrative Model for Community Participation", *Journal of Travel Research*, 2011, 50, pp. 276-288.

[5] 卞显红、张树夫、王苏洁：《旅游发展中居民态度与社区问题研究：以江苏省无锡市（马山）太湖国家旅游度假区为例》，《人文地理》2005第20卷第4期。

[6] Sedigheh Moghavvemi, Kyle M. Woosnam, Tanuosha Paramanathan, et al, "The Effect of Residents' Personality, Emotional Olidarity, and Community Commitment on Support for Tourism Development", *Tourism Management*, 2017, 63, pp. 242-254.

[7] 保继刚、黄锋：《旅游与东道主社区青年：乡村旅游社区旅二代的概念及研究议题》，《旅游论坛》2018年第11卷第4期。

民的角度探究旅游开发影响下的居民主体与记忆载体之间的互动,以及记忆媒介、地方认同、文化延续之间的关联关系,以期揭示联结代际居民地方情感与记忆的时空媒介信息,探究旅游影响下社区居民对自身地方文化与记忆的传播与传承过程。

二、文化记忆媒介理论分析框架

(一)文化记忆媒介理论

德国海德堡大学学者扬·阿斯曼发展了哈布瓦赫的集体记忆理论,提出了"文化记忆(cultural memory)"这一极具当下意义的关键概念,用以概括人类社会的各种文化传承现象。[①]扬·阿斯曼认为,文化记忆并非借助基因继承,它只能通过文化的手段传承下去,即通过各种物质性与非物质性的媒介进行存储、激活和传达意义。由德国法兰克福大学教授阿斯特莉特·埃尔提出的记忆的媒介功能框架,其进一步关注的是媒介在文化记忆的建构与传承中发挥了哪些作用,并提出记忆的媒介所具有的三个功能即存储、传播和暗示:(1)存储是记忆媒介的经典功能,即媒介必须储存集体记忆的内容(以及事件),并且可以随时唤起这些记忆内容。通常存储媒介发挥存储功能时,其本身既作为唤醒记忆的媒介,又作为被回忆的对象,可以形成文化的同一性和社会的内聚力。(2)传播是指媒介在发挥传播功能时,既介绍过去,而本身又保持透明性,可以使文化的交流跨越时间与空间的限制,告知信息接收者有关集体身份、历史观、价值和标准等信息。(3)暗示是指媒介在发挥暗示功能时,可以将共同的回忆现实化,启动回忆的过程。暗示功能实质上是对一个集体成员共同身份和归属感的触发与培养,通过暗示功能获得特定的意义关联,从而使文化记忆被集体记住并且不断被回忆。

(二)文化记忆媒介理论对代际传承研究的适用性

文化记忆媒介理论的核心功绩在于系统性地以差异化的概念和理论为基础揭示了记忆、文化和社会群体之间的联系[②],并从文化角度对记忆的形成以及对组织"文化和记忆之间关系"的媒介和机构进行探究[③]。该理论分析框架的适用性主要体现在

[①] 冯亚琳、[德]阿斯特莉特·埃尔主编:《文化记忆理论读本》,余传玲译,北京大学出版社,2012年。

[②] [德]安斯加·纽宁、[德]维拉·纽宁主编:《文化学研究导论:理论基础·方法思路·研究视角》,闵志荣译,南京大学出版社,2018年,第250页。

[③] 冯亚琳、[德]阿斯特莉特·埃尔主编:《文化记忆理论读本》,余传玲译,北京大学出版社,2012年。

两个方面：一是关注记忆的媒介，突出了记忆媒介在代际文化传承过程中的具体作用发挥，并将记忆媒介、地方认同、文化的延续三者相关联。媒介不仅承载着居民日常生活的经验和记忆，也是不同代际人群建立情感联结的纽带。记忆的媒介确保了代际间交际的识别性和连续性。二是强调了作为记忆媒介的空间性与时间性，物质性与非物质性媒介的统一。每一个记忆都由特定的一组社会人群在特定的时间和空间中承载[①]，都需要得到具有时空边界的群体的支持[②]，因而，不同代际居民对社区地方的文化记忆不仅具有时间性，同时具有时间性的记忆正是在物质性与非物质性的媒介的共同作用下，在空间的框架下展开，在社区空间里不断被生产、表征与建构。

从文化地理学的视角发现延续文化记忆的时空媒介，亦即发现了维持文化延续与传承的符码、方式、地点与空间，既有利于从更微观尺度探究构成代际间记忆的延续或造成断裂的文化与情感空间，揭示旅游开发影响下人与地方互动方式的更新与认同过程的变迁，也有助于弥补当下社区居民在建构自身文化、意义与认同方面的积极性与能动性研究的不足。

因此，本文基于文化记忆及其媒介理论展开对旅游介入影响下社区文化记忆的传承研究，尝试结合记忆媒介的空间维度和时间维度阐释其对文化传承在历时与共时维度上的推进，并通过突出媒介在代际群体间的具体功能呈现作为阐释代际间文化记忆的传承过程的方式。基于该理论所构建的分析框架如图1所示。

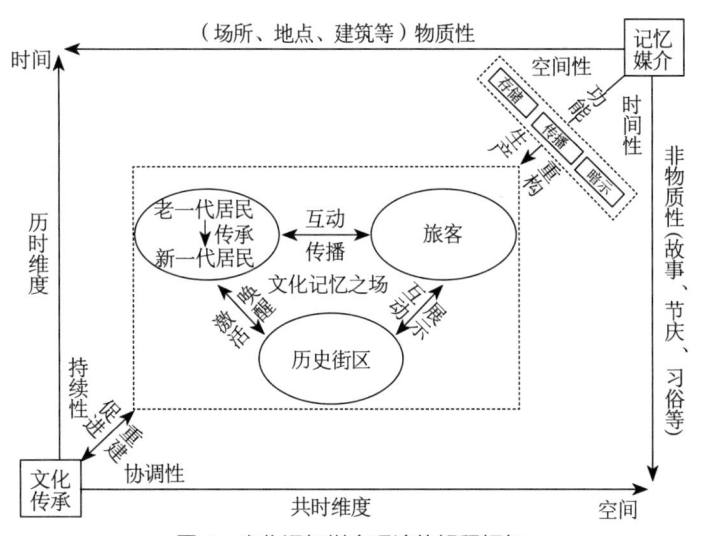

图 1 文化记忆媒介理论的解释框架

---

① A. Confino, "Collective Memory and Cultural History: Problems of Method", *The American Historical Review*, 1997, 102 (5), pp. 1386-1403.

② [法] 莫里斯·哈布瓦赫：《论集体记忆》，毕然、郭金华译，上海人民出版社，2002年，第284页。

三、案例概况和研究方法

（一）旅游背景下西安回民街案例研究的现实与理论意义

回民街是西安市最大、最具有代表性的回族聚居区，本地居民称之为"回坊"。回民街的历史最早可追溯至唐代，明清时期回坊居民已经相对稳定，形成著名的"七寺十三坊"。回民街上保留大量历史古迹，包括高家大院、化觉巷清真大寺、都城隍庙、西羊市街等（如图2所示），具有极高的文化价值和历史价值。自20世纪80年代末开始，西安市政府开始对回民街区进行旅游开发，将北院门至西羊市打造为回坊风情街，售卖牛羊肉泡馍、腊牛肉、灌汤包子、柿子饼等上百种西安地方食物。在预调研的初步访谈中发现，外地游客与本地居民对回民历史文化街区空间范围的认知具有较大差异，同时居民与游客对回民街（地方）文化认同空间存在不同。西安本地居民经常到访的街区空间主要集中在洒金桥与大、小皮院等日常的非旅游开发空间，而游客来访的空间区位主要为回坊风情街。被旅游开发后的历史文化街区通常成为供外地游客游览的专属地，本地居民却很少光顾，这不仅是目前国内城市中的历史文化街区普遍存在的现象，也是在旅游发展中值得重视和反思的问题。而居民对回坊社区内一些承载日常生活经历

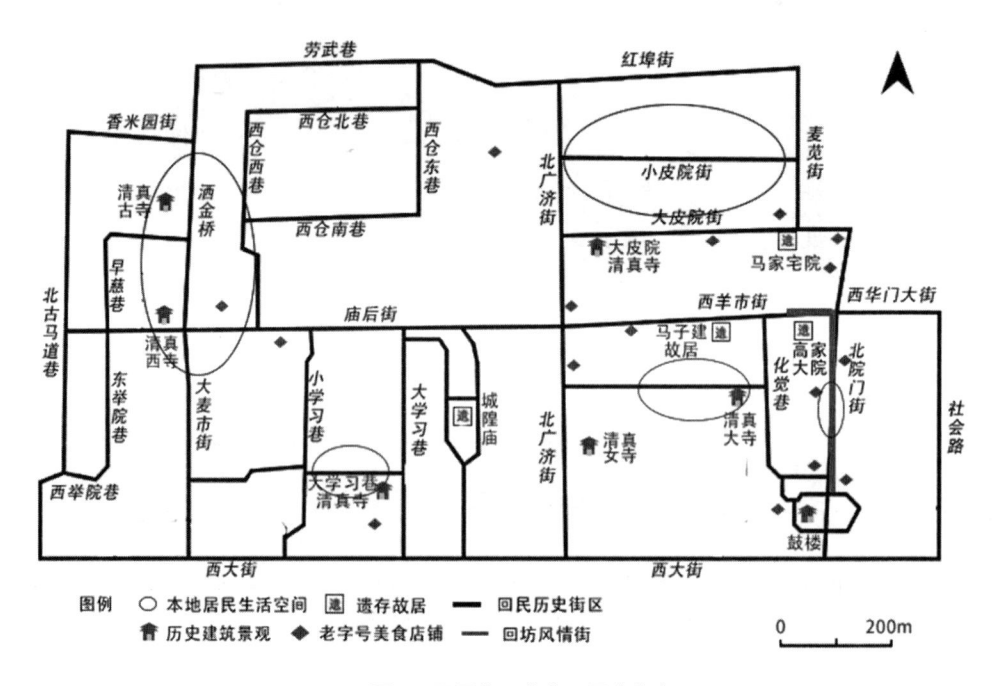

图2　回民街历史街区景点分布

的非旅游空间场所给予强烈的地方认同的原因，很大程度上是源于这些空间依然存储的记忆和情感。

回民街既是具备旅游功能的社会空间和本地居民生活的日常空间，也是西安城市文化记忆的重要组成部分及载体。游客的增多和为迎合游客需求而产生的文化交织局面，以及社区居民与游客两者的互动、冲突、差异与融合，都在相当程度上影响和改变了社区居民的日常生活文化与情感记忆。尽管旅游会为居民带来就业发展机会，但也会对原有社区的文化与地方传统产生影响[1]，如社区文化的"去地方化"[2]，代际间记忆与文化的断裂[3]等问题。以回民街作为研究对象，在记忆客体与记忆主体两方面都具备实操性，同时具备解释和回应当下现实问题的价值意义。本文借助文化记忆媒介的理论框架，以回民街为案例研究地，分析历史街区的旅游文化对本地居民文化记忆的重构及代际影响，探究不同代际的文化记忆通过何种方式得以储存、传播和暗示，尤其在旅游文化介入的背景下，试图从记忆主体代际居民的角度探究具有乡愁文化记忆的历史街区发展路径，并为历史文化街区的可持续发展提供建议。

（二）数据收集

本文主要采用深度访谈法和观察法来获取研究数据。2019年3月，笔者前往西安回民街进行实地调研。首先在回民街现场感受旅游气氛，对本地居民和外地游客皆进行了初步访谈，为后续对居民的深度访谈提供基础。其次，笔者寻找23位本地居民进行深度访谈，其中女性受访者8人，男性受访者15人。具有长期居住回民街生活经历者16人，占总受访人数的70%。由于回民街的旅游开发始于20世纪80年代，因此以1980年作为划分新老两代的依据，其中新一代受访者12人，老一代受访者11人，新老一代截取比率趋于均衡。访谈时间从15分钟至60分钟不等。对受访者进行编码，如表1所示。

访谈的内容包括以下几个方面：（1）受访者的基本情况，例如年龄、职业、家庭区位等。（2）受访者对于回民街的文化记忆，例如对回民街的记忆与情

---

[1] S. Shen, J. Zhao, J. Xu, et al, "Understanding Tourism Development of Historic Districts from a Representational Perspective", *Journal of Tourism and Cultural Change*, 2016, 14（4）, pp. 291-306.

[2] 孙九霞、马涛：《旅游发展中族群文化的"再地方化"与"去地方化"：以丽江纳西族义尚社区为例》，《广西民族大学学报》（哲学社会科学版）2012年第34卷第4期。

[3] 李林、李舒薇、燕宜芳：《场景理论视阈下城市历史文化街区的保护与更新》，《上海城市管理》2019年第28卷第1期。

感是什么，对回民街具有较强文化记忆的事物、地点是什么。（3）目前对回民街的认同情感、对回民街旅游开发的看法等。（4）受访者对于文化记忆的传播与分享意愿，例如家庭传统如何传递、习俗如何传承等。

表1 主要受访对象基本信息

类别	说明	编号	性别	年龄	职业	民族	居住地
新一代：NY01—NY12	出生在20世纪80年代—21世纪千禧一代的本地人	NY01	男	80后	民宿老板	汉	目前居住在回民街
		NY02	男	90后	民宿老板	汉	一直居住在回民街
		NY03	男	80后	个体户	汉	目前居住在回民街
		NY04	男	00后	学生	汉	一直居住在回民街
		NY05	男	90后	书店老板	回	童年居住在回民街
		NY06	女	90后	学生	汉	童年居住在回民街
		NY07	男	90后	学生	汉	童年居住在回民街
		NY08	女	90后	学生	汉	童年居住在回民街
		NY09	女	90后	学生	回	一直居住在回民街
		NY10	女	80后	国企职工	回	一直居住在回民街
		NY11	男	80后	国企职工	回	一直居住在回民街
		NY12	女	80后	国企职工	汉	目前居住在回民街
老一代：NZ01—NZ11	出生在20世纪40年代—70年代的本地人	NZ01	男	50后	寺院工作人员	回	一直居住在回民街
		NZ02	女	70后	国企职工	回	一直居住在回民街
		NZ03	男	70后	国企职工	回	一直居住在回民街
		NZ04	男	40后	个体户	回	一直居住在回民街
		NZ05	女	70后	书店老板	汉	目前居住在回民街
		NZ06	男	60后	退休职工	汉	一直居住在回民街
		NZ07	男	40后	退休职工	汉	童年居住在回民街
		NZ08	女	30后	大学老教师	汉	目前居住在回民街
		NZ09	男	70后	个体户	回	一直居住在回民街
		NZ10	男	60后	回坊寺庙阿訇	回	一直居住在回民街
		NZ11	男	70后	个体户	回	一直居住在回民街

四、研究发现

（一）基于媒介存储功能的记忆差异与认同

1.老一代：对院落式居住场所的空间怀旧

自20世纪80年代末开始，国家和西安市政府对回民街区做出规划，对北院门、西羊市、广济街陆续进行旅游开发，拆除部分老旧建筑，对街区内的文物进行补修和保护。对于老一代人而言，尽管居住环境得到了相当大的改善，但非改建时期邻里关系交往的频繁与和睦，成为他们对回民街社区文化记忆最强烈的表达，大院式的建筑成为承载老一代居民怀旧情感的主要载体和叙述社区文化记忆的重要媒介。

一方面，老一代人经历回民街由纯粹的居民区向商业街与旅游景区的转变过程，旅游发展一定程度上打破他们原有的居住环境和日常生活空间，"我们小时候骑个自行车，街上也没多少人，非常顺畅，现在游客进来以后，我们连步行都特别费劲，回家就觉得特别的难"（NZ11），且通过对回民街现在为旅游空间的确认，表达对回民街曾为单一居住空间的怀旧，"那时候（回民街）不是旅游景区，就是纯粹的居住区域"（NZ09），"那种院子住着确实亲情在，邻里和睦"（NZ09），并在今非昔比的对比情感下，将未改造前的建筑及其营造的日常生活空间作为理想社区文化记忆的重要表征，"我喜欢我奶奶在的时候的那种院子，而且喜欢那种氛围，那时候就是一个纯的生活环境"（NZ03），"当时人情味很浓，关系融洽"（NZ03），"现在没有以前那种居住在一起的亲情"（NZ09）。另一方面，老一代人将旧有的院落建筑作为承载社区文化记忆的重要媒介，"我们小时候都住在院落里，家家户户都有果树。而且风气特别好，我们感受过那种亲密的邻里关系"（NZ02）。同时，老一代人往往通过回溯过去与个体生活经验相关的空间、时间，来重构自身对回民街社区文化记忆的认同以及社区认同，并将个人过往的日常生活记忆片段附着于建筑空间之中，"我记得我小时候，吃饭时大家都可以串，就串到一块儿，在这家吃一下再到那家吃一下，就是像那种胡同的那种感觉，而且特别亲，谁家的门都是敞着的"（NZ03）。

旧有院落式的建筑对于老一代人而言，不仅是曾经居住过的物质空间，也是存储个人群体以及社区文化记忆的情感空间。老一代受访者在回忆中反复提及院落生活时期的社区生活样貌，表述与传递对老回民街的文化记忆场景及情感：放学、玩耍、树、夜深人静、家门无锁、人情味等等。可见，未改造前的院落式建筑成为老一代人怀旧话语实践中对回民街文化记忆表征的重要媒介与符号，同时大院建筑所塑造的日常生活空间与邻里文化则是建筑媒介发挥存储功能时储存的主要记忆信息和内容。老一代人对未改造前的院落式居住空间的怀旧，实质表征了老一代居民对回民街以往社区人际交往关系与邻里文化的认同。

2. 新一代：以旅游景观作为重要的记忆空间

相较于老一代人对回民街院落式居住场所的空间怀旧，新一代人对老一代描述的邻里文化记忆呈现陌生感。新一代自小生活的建筑空间已多为居民楼，缺少对未开发前的院落生活经历和体验，他们对街区的记忆在很大程度上和旅游相关。在新一代群体记忆中，大院式的建筑空间所塑造的回民街文化记忆出现了断裂和缺失，取而代之的是旅游文化景观与空间。

一方面，回民街旅游景观的不断变化伴随着新一代的出生与成长，是新一代对回民街文化认知中最鲜明的文化记忆符号，旅游景观叙述也成为新一代对回民街社区文化记忆的重要表征内容，"我记得我五六岁的时候，回民街游客就很多了"（NY02），"回民街更像一个商业的旅游景点"（NY07），"回民街现在是个景区"（NY03），"现在以旅游为主，不适合居住了。小时候在街上还玩个捉迷藏啥的，现在基本上没空间了"（NY11）。另一方面，在记忆空间表达上，新一代本地人用非游客区的背街小巷作为表征回民街文化记忆的空间，"小巷子里面还能找到一些老味道、老传统"（NY11），"偶尔去回民街就是要去吃那么一两家店，从小吃到大的，位置比较深"（NY07），"我们现在来吃东西尽量往里面一些，非游客区那里去找"（NY05），"回民街真正的东西得去那些背街小巷，那里都是传统那种，那些小店门面不怎么样，味道是真不错"（NY03）。同时，将特定街道的饮食空间作为划分本地人与游客身份的重要标志，"我们本地人不在这条步行街（指北院门商业街）吃饭"（NY03），"我们在这住，像鼓楼一条街那些饮食，我们从来不去"（NY11）。

空间场所消失带来了记忆的断代与消亡，新的空间更迭则重塑了新的社区记忆。由于居住建筑与生活空间的变化与不同，也即大院式建筑作为记忆存储媒介的消失，新一代人无法对老一代记忆中的亲密邻里关系产生强烈的共通感与怀旧感。然而，未被旅游开发的背街小巷成为新一代居民表达对回民街文化记忆的重要记忆空间和文化符号，尤其是存留在背街小巷地点中的老味餐馆和美食文化：卖馍店、盛家凉皮、买腊牛肉、胡同烤肉、老乌家小炒等等。可见，在旅游文化景观的介入下，背街小巷中的老餐厅既成为存储新一代居民延续回民街传统文化记忆的空间载体，同时作为重要的记忆存储媒介强化了新一代居民对回民街的文化认同。

（二）基于媒介传播功能的记忆延续与认同

1.老一代：以日常生活空间叙事向下传递回民街文化记忆

旅游的开发使社区空间从纯粹的日常生活空间转变为开放的社会空间，由于所处生活环境的不同与文化体验的差异，年轻一代已经无法对回民街未开发前的日常生活空间与景象产生熟悉与认同。在社区环境不断变迁之中，老一代人普遍期待新一代人能对他们记忆中的社区文化与情感产生共鸣和共情，同时对这种群体记忆的延续表示担忧，"担心下一代不知道过去的历史，不了解自己的习俗"（NZ02），"我们坊上好多历史文化……我能理解，但是下一代都不太能理解了"（NZ09）。

在研究中发现，回民街历史文化街区的社区文化记忆并未彻底断裂，在新老一代之间依然存在着延续性。这种渗透在日常生活实践中的传承往往在空间上具有选择性，同时在传播方式上常常融入叙事，主要表现为亲临地点与家庭空间中的故事讲述两个方面。一方面，在家庭生活空间中的言传身教，成为老一代人向新一代人传递社区文化与传承记忆的主要方式之一，"我们言传身教，比如封斋节我们全家都封斋，孩子也一样，她身体允许的情况下，她也愿意"（NZ03），"身体力行，给孩子们讲信仰"（NZ04）。同时，在通过言传身教的方式向下一代传递文化记忆的信息中，老一代以带领新一代亲临地点的方式，强化代际间文化情感的互动性。"他们（老一代）基本上都是带我去吃，像我爷爷很早就带我去吃米家泡馍……以前我爷爷骑自行车带着我爸和我二爸去吃。回民街还有一个西仓鸟市，我们一家三代都逛，这是个传统，到现在都觉得很有意思"（NY07）。另一方面，故事讲述成为社区家庭空间中最主要的记忆传播媒介。"我们现在有时候像家里聚会，然后就会说小时候的故事，大家都有记忆"（NY03）。同时，某些历史场所因与记忆具有固定而长期的联系成为代际之地，这些地点对于本地居民文化记忆的延续具有重要意义，"讲故事的场景很重要，场所拆了就全部断裂了。即使你去描述，下一代也没感觉，因为他眼前只有高楼大厦，所以一定要保留场所"（NZ04），"反正我每天都会给孩子讲讲这些……我们住的那条巷子有一个化觉巷小学，每次从那里经过，我就讲这里边原来有个啥，每次都会给他讲……他喜欢听这些故事，而且我娃会把这些都写他的作文里，写回坊情，我看了后很欣慰，我觉得起码这些东西在传承"（NZ11）。

可见，代际间记忆信息的传递不仅需要场所这一物质载体的在场，非物质形态的故事作为传播媒介，同样对社区文化认同感的建立起到至关重要的作用，两者缺一不可。家庭成员中的父辈通过讲述故事使子辈对过去的社区文化获得感知，以带领子辈亲临场所的身体实践，不断创造社区文化记忆的在场。存储在现存物质媒介中的历史文化信息，借助故事不断在新老一代的记忆中被重新唤醒和激活。而家庭成员间的持续性叙事，使代际间的文化交流可以跨越时间与空间的限制，在代际间不断生成对社区文化的认同情感。

2.新一代：以代际之地向外传播回民街文化记忆

赋予某些地点一种特殊记忆力的首先是它们与家庭历史的固定和长期的联系。代际之地的重要性产生于家庭或群体与某个地方长期的联系。[①]"回民街里每家都有每家固定的地点……当一提到大皮院（街的名字）的时候，我们就会自动条件反射，大家都知道那儿有啥，那条街里的店，比如在路口的饺子馆"（NY09），"就是很熟悉，你就知道该去哪家买馍，谁家的馍好吃，我妈都会和我说……就从小那样过来的，就是有熟悉感，然后有一部分童年的回忆在里头"（NY06）。新一代对回民街日常生活空间中的街道、餐馆、店面的认知与认同，很大程度上来源于个体在家庭的日常生活活动中与街道空间发生的持续互动，在日常的习惯中形成了记忆的连接和传统的延续。一方面，新一代将融入个体日常生活记忆与认同的饮食场所作为对外传播的文化符号，将对老味道的饮食体验作为向外再现回民街特色文化的主要方式，"会带朋友去小巷里正宗的地方"（NY12），"我带外地朋友不在北院门这条街吃，我们都去我们小时候去的那些地方"（NY03）。另一方面，新一代在回民街特色文化的传播与展示上存在矛盾心理，尽管新一代并不完全认同现存旅游开发后的文化景观可以展示回民街文化的真正特质，"我觉得居民化的地方代表回民街，那个才是回民真实生活的样子"（NY12），"真正的风俗文化不在这条街（指北院门的旅游商业街）……回民街以前根本就不卖这些东西，什么榴梿、杧果"（NY03），"外地的商业化都进来了，招牌上写着大章鱼什么的……明显不符合这个街道的气质"（NY06），但新一代仍选择通过对标志性旅游街区进行打卡式观光，作为向外表征当下回民街文化的方式之一，"我会先带他们到那条街（北院门回坊风情街）看一下"（NY12），"有时候穿一下（北院门回坊风情街），带外地同学穿，自己平时不会去"（NY06）。

仍被保留在固定位置与地点中的老味餐馆与门面，其本身既是传播的内容，也是传播的媒介；其传播功能发挥既可以弥合不同代际人群对回民街社区文化记忆的差异与断裂，又可重构代际文化记忆的同一性与审美传统的相似性。对于新一代而言，尽管旅游文化的介入已经重新建构了年轻人对回民街的文化记忆的内容，但新一代是以非旅游空间来对抗旅游开发与记忆断层间的冲突和矛盾的，他们通常筛选其所认同的场所和体验作为向外展示回民街文化的空间和内容。同时，通过向导式的实地体验向同代分享从父辈沿袭而来的记忆，试图在社区之外建立更多的情感连

---

① ［德］阿莱达·阿斯曼：《回忆空间：文化记忆的形式和变迁》，潘璐译，北京大学出版社，2015年。

接与共鸣。

（三）基于媒介暗示功能的集体凝聚与认同

1.老一代：以旅游向外展现回民街文化的自豪感

对于长期生活在回民街的老一辈居民来说，物质形态的场所的存在与非物质形态的传统的保留，既在时间上承载和延续了代际记忆和情感，也在空间上昭示了"根"的位置和归属。媒介暗示所发挥的重要意义在于将稳固的文化归属感延伸为向外展示的自豪感。

一方面，清真寺是老一辈表达对回民街文化强烈认同感的主要暗示媒介，也是个体寄托对社区的依恋与归属情感的场所，"我们从小生在这、长在这，我们的根就在这……依寺而居，清真寺在这儿……我们也离不开这个地方"（NZ11），"老人不愿意离开（回民街），因为离清真寺近……也就是恋家的感觉"（NZ09）。同时，清真寺所发挥的暗示功能，一则体现在老一辈居民对伊斯兰教习俗和文化的强调和维护，"我们希望越来越保持我们的文化，保持我们的建筑，保持我们的清真寺"（NZ03），"希望环境越来越好，然后还保留着这块居住的地方，我们那些文化也没有被破坏"（NZ02）。二则基于对自身文化身份的确认，具有向外展示自身文化的强烈意愿，"游客到这个地方来，是看一个城市原生态的状态，看老一代保留着的伊斯兰教的所有的这些习俗"（NZ03），"我希望游客进来看到真正的回民街"（NZ11），"老的东西要传承下去，让更多人看到原汁原味的文化"（NZ10）。另一方面，"老味"传统的存在与"老味"记忆的保留，既是老一辈建立回民社区文化自豪感与独特性的主要载体，也是激活社区群体记忆并强化文化认同的主要暗示媒介。"正宗的老味不能改掉，祖祖辈辈传下来的"（NZ04），"保持一些（回族）穆斯林原来那种传统、那种经营理念……做泡馍的时候，老人就会说手放松点，多给肉，这就是传承"（NZ09）。基于对老传统饮食文化的充分认可，不仅引发了他们对社区文化内涵的自信，同时再次强化了对自身优良文化传统的对外宣传意识。"我肯定是希望回坊文化能够在全国都是有特色的，你到西安来吃到的东西是其他地方吃不到的，然后人来了之后还愿意再来"（NZ03），"多宣传老牌子，把（回族）穆斯林真正的文化宣传出来"（NZ10），"以诚相待……让游客看到回民的优良传统"（NZ09）。

2.新一代：对回民街文化内涵再现的反思与焦虑

由于成长的社会语境与文化经历的不同，不同代际群体通过记忆媒介的暗示产生了不同的认同效果与情感反应。与老一辈不同，新一代对新媒介技术的广泛使用，引发了生活在回民街的年轻一代群体对旅游进程下回民街文化内涵再现以及传播内容上的反思。同时，除与老一代在传统文化的很多方面具有一致的认同与自豪感之外，新一代对回民街文化的传播方式与传承内容更具主动性与创新性。

一方面，新一代对旅游传播中的回民街文化丰富性的单一化呈现，具有较强的反思性，"回民街绝对是有特色的，但是现在可能游客过来几乎就看不到特色的一些文化，包括习俗观念什么的，只是变成单纯商业化的吃"（NY12）。此外，由于新一代对新媒体的广泛接触和使用，很大程度上激发了新一代对回民街传统文化传播方式的期待与创想。"他们（指回坊中做生意的居民）要在创新手段上下点功夫"（NY09），"就讲一家店一代人的传承，喜欢这种，我觉得回民街还能做很多内容，很多可以挖掘"（NY07），"如果要开发的话，就从传统走，比如像陕拾叁（回民街的一家人气较高的冰激凌店）的话，它就比较发扬那种传统，以传统为底蕴，有自己的特色"（NY08）。另一方面，新一代居民对旅游化进程中回民街特色饮食文化的呈现具有明显的焦虑感：一则体现在外来饮食对回民街真正特色饮食文化传播的干扰，"外来食品对我们本地人没什么影响，但是对外地人造成误导。那些东西不正宗，不是回民的特色"（NY08），"那些网红食品我觉得没必要在回民街出现，吸引不到外地人，更吸引不到本地人……外地人肯定在别的地方也见过"（NY06）。二则体现在旅游需求的持续扩张对当下回民街特色饮食文化可持续发展的影响，"其实很多东西是不能标准化生产的……游客多生意特别火爆，已经明显超出供应能力，质量可能就要差一点"（NY05），"游客来回民街都是一次性，不会再来"（NY02）。

新一代对回民街文化内涵的反思性恰恰是基于对回民街传统文化的强烈认同情感，他们对自身文化在旅游发展中的焦虑感也体现了由媒介暗示所触发的对自身文化的珍视与守护。可见，媒介的暗示不是简单地传递信息，而是生成一种影响力，对不同代际人群的思想、感知、记忆和认同产生持续的影响。反思性会使得新一代在由内向外地向游客传播自身文化时具有创造性，而自豪感恰恰是文化自信与归属感的重要来源。其在新老代际间触发的文化情感价值在于，不仅强化了居民的文化凝聚力，也生发了居民向外传播社区地方文化的自信力。

五、结论与讨论

（一）结论

在旅游开发的影响下，新一代与老一代居民对回民街文化记忆的认知和表达存在差异，但因媒介存在和媒介建构的记忆延续性，可以强化认同的持续性与一致性。具有空间性与时间性的媒介，作为中介变量确保了记忆的延续和文化传承，如图3所示。

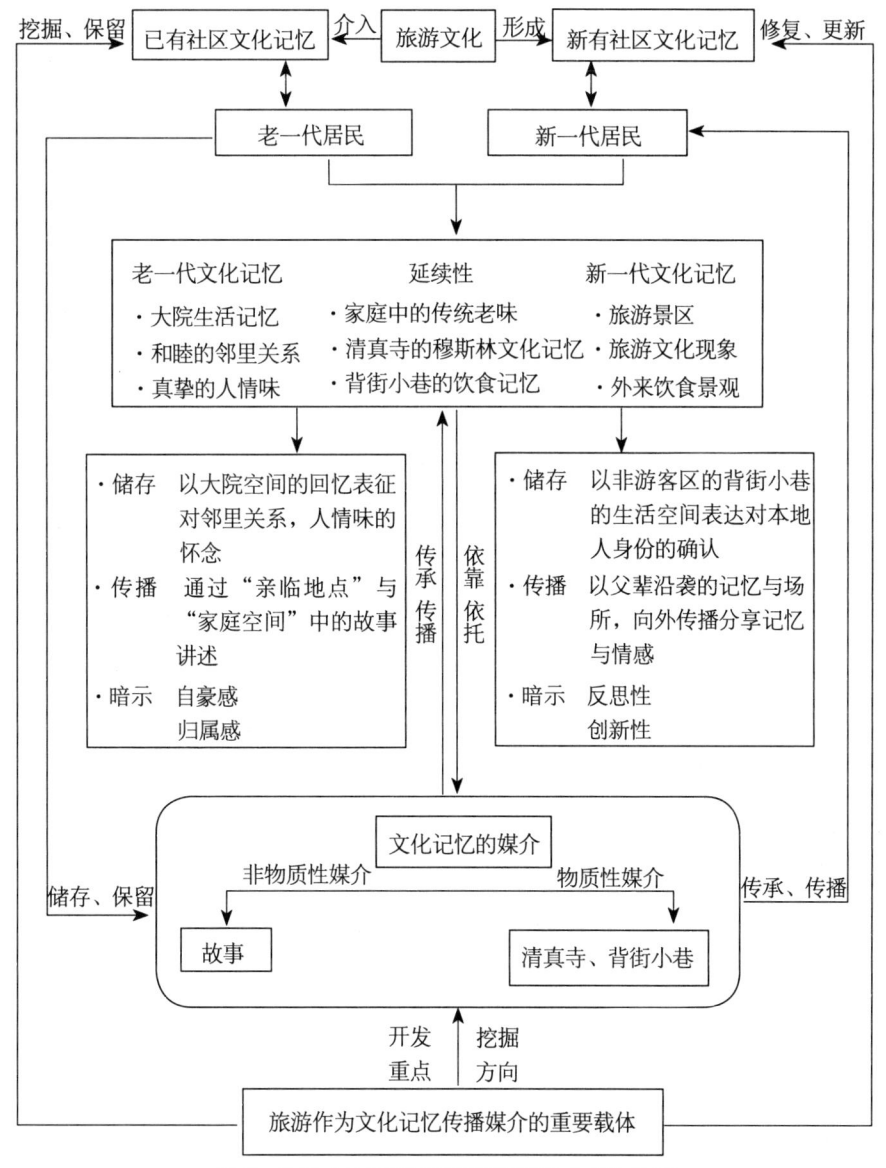

图3 旅游文化影响下回民街记忆的传承与传播

首先，记忆需要地点并趋向于空间化。[1]代际间记忆的延续对实体空间具有高度的依赖性，但记忆媒介空间的生成需要实体的空间与具有时间性的情感经历的交织与交互，两者缺一不可。无论是老一代对大院生活景观的怀念，还是新一代对非旅游空间的认同，皆源于这些空间所承载的日常生活经历与文化情感记忆。清真寺、背街小巷中的老餐馆等空间作为"代际之地"，不仅成为父辈与子辈间共享回忆的交往空间，也是居民在不断发展的旅游情境中寻找连接当下与过去的重要情感媒介。

其次，叙事是记忆媒介作用于文化传承时空维度中的重要要素。本文在既有文化记忆理论中所提出的"代际之地"这一概念基础上，具体探究了代际空间发挥传播与传承功能的方式，并从记忆的媒介视角重新认识人地互动中所依赖的记忆空间与方式，以及记忆的媒介空间所建构的地方情感与意义。在回民街社区居民的代际传承过程中，作为代际之地的特殊地点或空间通常以与叙事（故事讲述）相融合的方式，在人与地方互动的过程中由上（老一代）到下（新一代）传递有关地方的情感与记忆信息，并在代际间形成与地方有关的共同的文化记忆，促进文化认同的实现。文化地理学者将物质视为人与空间交流的重要媒介[2]，而通过本研究发现，记忆媒介力量的发挥需要人、地（空间、物质维度）、叙事（时间、非物质维度）的互动与共在。这是居民通过媒介对自我的认知与归属进行现实化的重要手段，也在一定程度上呈现了居民在旅游发展情境中如何依赖媒介建构自身文化认同的能动性过程。

最后，每一种媒介在发挥存储、传播、暗示功能时，并非截然独立和分离，而是以互补并存、叠层交叉的方式在文化的传承中针对不同形式的持续性和断裂发挥着不同层次的作用。如老餐馆，既是存储记忆信息的场所，其本身也是传播记忆和交流情感的载体，其存在实质是触发了不同代际社区居民拥有的共同回忆和归属感。高度且持续的认同情感往往使得居民在由内向外地向游客传播自身文化内涵时越发具有反思性与创造性，这不仅有利于我们重新认识媒介对于旅游社区可持续发展能够起到的积极作用，也能从更为微观的视角以居民为主位去挖掘文化与记忆传承的诸多细节和方式，如诸多代际空间的发现，对其的保留、保护与利用将对在旅游开发中关注居民的地方情感、感受，以及在变迁和流动中留住居民的乡愁文化记忆具有现实意义。

---

[1] ［德］扬·阿斯曼：《文化记忆：早期高级文化中的文字、回忆和政治身份》，金寿福、黄晓晨译，北京大学出版社，2015年，第32页。

[2] 魏雷、钱俊希、朱竑：《旅游发展语境中的地方性生产：以泸沽湖为例》，《华南师范大学学报》（社会科学版）2015年第2期。

（二）讨论

以往旅游社会文化影响文献中的主流观点认为，东道社区的居民在旅游业的发展中会经历负面的社会文化变迁[1]，同时，旅游的商品化是导致地方文化独特性丧失与文化记忆断裂的主要因素。但也有学者认为此种观点在一定程度上忽略了目的地社区居民在建构自身文化、意义与认同方面的积极性与能动性。[2]在现代旅游不断发展的过程中，旅游开发与本地居民文化记忆的延续之间不存在根本性矛盾，商品化也并不会从根本上造成记忆的断裂。值得注意的是，作为重要记忆媒介的实体空间和空间中居民行为活动的存在，才是目的地社区居民守护文化传统与维持记忆延续的重要力量。

一个时代与过去的关系在相当程度上取决于它们和文化记忆的媒介的关系。[3]媒介被视为人类记忆保存与传递的载体，直接作用和影响个体与群体记忆，这是对媒介功能与效用的重新定位与全新认识，也是对媒介应当承担的社会责任与义务的再挖掘。尤其在现代旅游发展情境下，对记忆与记忆传承媒介的挖掘和重视，一方面，可以在不断流动的时空中，将微小的文化记忆信息由个体层面延伸到群体层面，透析旅游开发背景下代际居民的地方文化认同变迁。对承载居民日常生活情感的记忆空间的保护与利用，可弥合代际间文化记忆断裂的鸿沟，为传统历史文化的跨代际延续和共享提供更多的可能。另一方面，历史文化街区作为再现城市文化记忆的重要载体和典型空间，以社区居民心理诉求和情感表达为导向的文化记忆空间与活动的提取，可重构目的地社区-文化记忆-游客之间的互动关系。在旅游开发过程中通过文化记忆的媒介传播与传承文化记忆，有效发挥旅游与记忆间的相互促进作用，不仅可以优化游客的文化体验空间，提升旅游目的地社区文化品位与内涵，实现文化记忆在现实意义上的功能价值，也能为留住城市乡愁寻找到更为行之有效的途径和方法。

原载《地理研究》2021年第3期

（郭云娇，中山大学旅游学院助理研究员；罗秋菊，中山大学旅游学院教授）

---

[1] Evan J. Jordan, Christine A. Vogt, Richard P. DeShon, "A Stress and Coping Framework for Understanding Resident Responses to Tourism Development", *Tourism Management*, 2015, 48, pp. 500-512.

[2] 魏雷、钱俊希、朱竑：《旅游发展语境中的地方性生产：以泸沽湖为例》，《华南师范大学学报》（社会科学版）2015年第2期。

[3] ［德］阿莱达·阿斯曼：《回忆空间：文化记忆的形式和变迁》，潘璐译，北京大学出版社，2015年。

风景与国家
——民国西安"古都"形象的形成

杨 博

西安曾经是中国历史上当之无愧的中心城市,然而这一地位在20世纪早期已显颓势。1924年,鲁迅等文化名流前来西安讲学时,目睹西安世象中的乞丐、吸鸦片者,以及衰落与破败后,对其形象深表失望,表示"完全出乎意料之外,连天空都不象是唐朝的天空,费尽心机用幻想描绘出的计划完全打破了,至今一个字也未能写出"[①]。鲁迅因而取消了创作小说《杨玉环》的计划。即便如此,鲁迅先生仍然留下了"汉唐气魄终究雄大"的文化论述,成为对西安一瞥的记忆。

然而,在1930年前后,面对日本入侵所引发的民族危机,国内掀起了一场关于"古都"的讨论[②],西安以其固有的历史背景与北平、南京、洛阳等城市被列为古都。那么,在短短不到十年间,作为"古都"之一的西安,何以从20世纪20年代的"废都",转而成为30年代的"民族文化故乡"[③]?这背后又蕴含着怎样的时代意蕴呢?对此,学界已从文学与城市形象的角度[④],对民国西安游记所反映的西安形象

---

① 鲁迅:《致山本初枝夫人》,见复旦大学中文系、上海师范大学中文系选编:《鲁迅书信选》,上海市中小学教材编写组出版,1973年,第191页。

② 毛曦:《20世纪50年代前的中国大古都问题——有关大古都研究学术史的补充》,《中国历史地理论丛》2017年第1期。

③ 民国文人易君左在《西安述胜》中以"民族文化故乡"看待西安;林语堂在以西安为背景的小说《朱门》中,借主人公李飞之口,将西安视为"中国传统之锚";考古学家何正璜也认为西安"此渭水之滨之古城,实中国民族文化精髓之所在"。这些论述都可看作对西安"古都"记忆的叙述。

④ 对于民国西安形象的研究有王鹏程的《民国文人的西安记忆与文学想象》[《山西大学学报》(哲学社会科学版)2018年第6期],刘宁的《民国作家笔下的西安城市景观与文化空间初探》[《陕西师范大学学报》(哲学社会科学版)2015年第44卷第3期],侯亚伟的《向往、失望与期望之间:近代中国游客视界中的西安》(《青海民族研究》2016年第3期),等等。这些研究大多从文学角度对不同时期民国西安形象进行了研究,对于文学形象背后的影响因素还有进一步的研究空间。

进行了研究。但是,对于民国西安从"废都"到"古都"的形象转变的深入揭示尚付阙如,因此,本文试从国家权力对西安"古都"形象的影响入手,论述现代性思维如何通过空间改造的方式,将民国西安打造成一座凝结民族想象的"古都"。

一、重建"古都":民国西安城市建构的政治与物质基础

1927年国民政府建都南京后,它对西北的建设随即提上日程。1928年1月,国民政府成立建设委员会,1930年7月,该委员会制定了《西北建设计划》。尤其在九一八事变后,鉴于东北已经沦陷,国民政府强调要以西北为复兴基地,于是提出了各种开发西北的计划和决议,国府要员纷纷对此发表言论。

戴季陶认为,西北开发"实在关系我们国民革命的前途"。[①]张继也说,西北开发刻不容缓,如果我们不早动手开发,"则恐有代吾人而开发之者"。[②]财政部长宋子文指出:"西北建设,不是一个地方问题,是整个国家的问题","西北建设,是我中华民国的生命线"。[③]因此,从政府到民间,"西北开发"备受瞩目。在这样的背景下,西安的政治地位陡然上升。1932年3月5日,第四届中央执行委员会第二次全体会议通过决定,以长安为陪都,定名为"西京"(本文仍用"西安"),并设立了西京筹备委员会,由国民党元老张继为西京筹备委员会委员长,在城市与道路建设、城市绿化、遗址保护等方面积极开展城市建设。

在1932年初国民政府定西安为"陪都"后,西安市政建设渐受重视。同年,设立了市政工程处,市区内的主要街道逐渐被修筑为碎石路面。有关档案资料显示:当时西安大小185条街道中,修筑为碎石路面的有96条,总面积达33万平方米。从1935年11月到1938年3月,西京筹备委员会在西安四郊及其附近之重要地带,先后修筑了汤峪路、仓颉路等20条公路以通汽车,其宽度均在5米以上,总计超过367华里,并新筑沣峪河桥等5座桥梁,桥身总长达127丈。在西京筹备委员会存在的13年中,至少在西安市内及四郊修筑公路达920里有余。[④]

---

① 《抗战前国家建设史料:西北建设(一)》,见秦孝仪主编:《革命文献》(第88辑),台北中华印刷厂,1981年,第20页。
② 《抗战前国家建设史料:西北建设(一)》,见秦孝仪主编:《革命文献》(第88辑),台北中华印刷厂,1981年,第91页。
③ 《抗战前国家建设史料:西北建设(一)》,见秦孝仪主编:《革命文献》(第88辑),台北中华印刷厂,1981年,第103页。
④ 《西京筹备委员会工作报告》(中华民国1932年9月至1933年4月),见《筹建西京陪都档案史料选辑》,西北大学出版社,1995页,第233—237页。

城市绿化在西京筹备委员会的工作中也占有相当大的比例。例如，1935年11月到1938年3月，西京筹备委员会在新修筑的公路旁，栽种了杨、柳、榆、槐、香椿、苦楝等树木，成活的达14万株有余。这一时期还建成未央、杜公祠、含元殿3个林场和城南、茂陵、昭陵、太液池、张家村5个苗圃。西京筹备委员会成立之初，即提出"广植树木，并设法长期引水入城，以资改进城市风景，调剂市民精神"[①]的方针，作为全市建设工作的重点。截至1944年4月，西京筹备委员会累计在公路两旁栽植行道树16.493万株，为西安市城市绿化做出了贡献。

西京筹备委员会成立之初，即将调查名胜古迹列入工作大纲。为供游览者识别，该筹委会特在隋唐曲江遗址、唐大明宫、苻秦宫城、石渠阁、阿房宫、汉龙台等73处历史古迹处栽立标志，并分别培植风景林、果林等以资保护。对分散在周围各县的文物古迹，他们也尽力予以保护，先后给鄠县、郿县、蓝田县、韩城县等地专门发布了一系列公函，内容涉及对沣桥牌楼、草堂寺、太史公祠、太白山等众多名胜古迹的保护。[②]在具有民族意识的现代管理者眼中，这些文物和遗址是承载民族文化的重要载体，也刻印着中华民族向现代民族国家发展的痕迹。

西安的城市空间建设得到了游客的肯定。1934年5月7日，近代无锡著名教育家侯鸿鉴于17年后重返西安时，对西安城市建设的成就发出由衷的感慨：

> 余往中山街闲步，见道路修整宽广，行人车辆往来皆有秩序，市容甚可观。回想十七年前之西安，今日建设之猛进，公安之维持，建筑品之规模齐整，中山路之宽广，在钟楼东面一街尤可观也。[③]

在现代民族国家建立和应对民族危机的过程中，现代政府强调重新叙述本国历史的荣光，以激励国民的自信心。西京筹备委员会采取的城市建设与遗址保护手段，不仅蕴含着民族主义情感，还彰显出将古代遗址与现代生活相嫁接的一种努力，表现了执政者对民族与国家重建的想象。在这一过程中，西京筹备委员会在现实物质层面将西安构造成一个为民族文化所包围的城市。

二、陇海铁路：连接"古都"西安与中国东部的交通基础

铁路开启了现代交通的新纪元，也谱写了中国发展的新篇章。从1889年5月清廷

[①]《西京筹备委员会工作报告（节录）》（中华民国1921年7月至1922年6月），见《筹建西京陪都档案史料选辑》，西北大学出版社，1995年，第154—163页。

[②] 吴宏岐：《抗战时期的西京筹备委员会及其对西安城市建设的贡献》，《中国历史地理论丛》2001年第4期。

[③] 侯鸿鉴：《西北漫游记》，无锡锡成印刷，1936年，第7页。

下令建造铁路开始，中国的铁路主要集中在沿海发达城市及东部地区，客观上刺激和发展了中国东部的城市经济，并带动了现代旅游业在东部的发展。国民政府定都南京后，加快了"西北开发"的脚步。1934年12月，陇海铁路潼关至西安段完成，奠定了陕西大众化旅游业的基础，也加强了国民政府对西北的控制能力，将东部与西部的铁路网络连接在一起。《铁路旅行：19世纪时间和空间的工业化》一书提出："19世纪最富现代性的标志非铁路莫属，它不仅改变了人们的生活方式，而且将不同空间联成国家网络。"[1]这一结论对于20世纪的中国同样适用。

在陇海路通车前，西安落后的交通状况阻碍了中国东西部的交流。西安东部主要的交通障碍在于硖石与潼关等处，这些地方均位于崤函古道上。对此，清代《读史方舆纪要》中记载："洛阳西至新安，道路平旷。自新安西至潼关殆四百里，重冈叠阜，连绵不绝，终日走硖中，无方轨列骑处。其间硖石及灵宝、阌乡，尤为险要，古之崤函在此，真所谓百二重关也！"[2]到了1924年，民国学者陈钟凡（1888—1982）对潼关天险也做了描述："潼关高据山岭，依岭筑城，雉堞丛峙，俯阚河曲，高屋建瓴，形势雄胜，信称天险。由关迤南，秦岭诸山，直接商县，叠嶂悬崖，无路可通，东西往来，仅此一径。杜工部所谓：'连云列战格，飞鸟不能逾'者也。"[3]同样是在这一年，鲁迅等人应西北大学的邀请，从北京出发前往西安讲学，一行人花费了8天7夜的时间，换乘了火车、货船、汽车三种交通工具。当时的陇海路火车仅通到河南陕州（今河南省三门峡市），鲁迅等人不得不换乘货船，据同行的王桐龄记载："船顶甚低，仓甚窄，每仓又各有行李二三件，局促殊甚。余等卧则屈膝，坐则折腰，立则鞠躬，人人终日抱膝长吟，无自由回旋之余地。"[4]因此，对于习惯现代交通工具的旅客来说，到西北去旅游是十分困难的，"有许多南方的中国人，仿佛到西半球去游玩一番，倒不算什么，却是到中国的西北一趟，显得十分惊奇。这完全是西北交通设备欠缺的缘故，硬生生把中国西北与东南分离了"[5]。

对于西安落后的交通状况所导致的落后生活状况，民国时期的交通专家凌鸿勋总结道："盖西北为大陆地带，无航运之便利。所赖之运输，惟背负驼载及少数之大车而已。此种运输方法，需时既久，运费自昂。虽有特产，未由与他处竞争，

---

[1] Shivalbusch Wofgang, *The Railroad Journey: The Industrialization of Time and Space in the Nine-teenth Century*, Berkeley: University of Berkeley Press, 1977, p. 186.
[2] 顾祖禹：《读史方舆纪要》，商务印书馆，1937年，第1918页。
[3] 陈钟凡：《陕西纪游》，《国学丛刊》1924年第3期。
[4] 王桐龄：《陕西旅行记》，文化学社，1928年，第6页。
[5] 陈必贶：《长安道上纪实》，《新陕西》1931年第1期。

而所有工业材料、机械、教育器具用品,以及关于衣食住行之需要,为西北所缺乏者,皆以运转困难,无从输入。即偶一有之,而其代价之昂,绝非经济落后之西北所能担负。其结果则西北广漠之原,仍维持其古代之状况,其人民亦度其千年之前之生活。"①

1934年12月底,陇海铁路潼关至西安段修建完毕,1935年1月正式通车。在通车之后,陇海铁路不但缩短了东西部旅客旅行的时间,也促进了西安的旅游发展。据平汉路和陇海路列车时刻表的记录,从北平到西安全线仅需两天时间,沿陇海路从郑州到西安仅需一天。江亢虎在《秦游杂诗》中对铁路的快捷方便做了形象的描述:"崤函漫诩泥丸固,百二关河一日程。"②因此,1935年《申报年鉴》对陇海铁路给予了高度评价:"国有陇海路……其潼关至西安一段,计一百三十二公里,于二十三年年内铺轨完成,即于十二月二十七日全线通车,客货可自东段海州直达西安,对于开发西北,繁荣徐海,可谓已奠一基础"③。

为了促进陇海路沿线旅游业的发展,陇海铁路管理局充分利用现代媒介,对陇海路沿线的景点进行推广。陇海铁路管理局于《铁路杂志》上刊登《华山导游》启事。④《旅行杂志》为民国时期旅游类的专门期刊,在1937年7月1日出版了《全国铁路沿线名胜专号》,其中《陇海线名胜》对陇海铁路全线名胜做了图文并茂的介绍。

陇海铁路修通之后,也促进了西安旅游业的发展。"旅馆营业尤为兴盛……缘西安繁荣,系以陇海铁路通车为主要原因"⑤。不仅旅馆业兴旺发达,饮食业也得到发展。西安市上的菜馆,著名的有西京招待所(西菜)、南京大酒楼(江苏馆兼办西菜)、西北饭店大餐间(西餐)、玉顺楼(河南馆)、第一楼(陕西馆)、十锦齐(天津馆)、鸿源饭庄(河南馆)。这许多餐馆大都集中在东大街一带,专供外来的旅客和当地的富绅官员们宴乐之用。⑥据《西京指南》记载,西安共有"酒菜馆一八七,旅铺二三八"⑦。

陇海铁路从多个方面改变了西安的城市空间和地位。首先,它的贯通,使西安

---

① 凌鸿勋:《陕南杂录》,《旅行杂志》1933年第6号。
② 江亢虎:《陇海道中》,《文艺捃华》1936年第3卷第1期。
③ 张梓生、章倬汉主编:《申报年鉴(民国二十四年)》"交通水利"条,申报年鉴社,1935年,第1页。
④ 《华山导游》,《铁路杂志》1935年第1卷第4期。
⑤ 倪锡英:《西京》,中华书局,1936年,第129页。
⑥ 倪锡英:《西京》,中华书局,1936年,第133页。
⑦ 王荫樵:《西京指南》,中国文化服务社陕西分社,1946年,第122页。

"陪都""西京"的重要地位名副其实;而铁路构成的现代交通网络所带来的交通便利,又使西安逐渐转变为一座现代旅游城市。当时的《旅行杂志》描述道:"自从国民政府统一全国后,对于交通建设异常注意,成绩突飞猛进,比先前是大不相同了。因此之故,民众对于旅游的兴趣,也逐渐浓厚起来,凡铁路所通之处,几乎可以找到游人的踪迹。"[①]大量人流的聚集,也进一步促使西安导游书籍供不应求。《西京指南》的作者王荫樵于再版序言中说:"西京为雍州旧地,秦汉故都……古迹名胜,随在皆是,足以表现文物之光华,民族之伟大。……但初版五千本,早于三年前一空。"[②]陇海铁路"自通车西安后,旅客拥挤"[③]。1935年1月陇海线潼关至西安段正式运营,年旅客发送量为189.5万人次;次年,西安至宝鸡段投入运营,旅客发送量激增为278.6万人次。[④]从中可见,陇海铁路对民国西安的旅游业起到了重要的推动作用。

其次,陇海铁路促进了西安城市空间的发展。西安的东北部分为"满城",是清代八旗驻军之地,在辛亥革命后变成荒地。西安火车站在这一区域的修建,促进了该城区的开发和建设。王荫樵称:"至铁路通达后,新市区及大差市一带,因接近车站之故,曩昔片野荒地,悉夷平开发,益以地价昂贵,百倍于先,于是西安精华者,不得不移其目光于尚仁路中山大街矣,中山大街崇楼巨厦,连亘不断,新式商店,鳞次栉比,每届华灯初上,行人络绎不绝。"[⑤]

最后,陇海铁路也将旅游观看与国家建设和国家想象联系了起来。随着国民政府"开发西北"号召的发布,前往西北考察的人员也与日俱增,其著述多达85种。[⑥]其中涉及陕西的游记多达50种以上,而散见于报刊的游记则多达300篇以上。发表于《旅行杂志》中的一篇名为《游览建国》的文章,指出了旅行对国家的意义:"夫以吾国幅员之大,山川之富,世无与比,然舍东南数省外,大都地弃而不辟,货弃而不采,此国人只知闭门读书之大误也。总理遗教,首重建设,然不遍历各方,不知土地之肥瘠,形势之险易,事业之宜与不宜;必也亲临游览,而后知有所轻重,有所取舍,有所先后,此实建国之一大助也。"[⑦]

[①] 编者:《陇海线名胜》,《旅行杂志》1937年第11卷第7期。
[②] 王荫樵:《西京指南》,中国文化服务陕西分社,1946年,自序第2页。
[③] 西安铁路分局史志编纂委员会:《西安铁路分局志》,1997年,第99页。
[④] 西安铁路分局史志编纂委员会:《西安铁路分局志》,1997年,第99页。
[⑤] 西安铁路分局史志编纂委员会:《西安铁路分局志》,1997年,第117页。
[⑥] 尚季芳:《国民政府时期的西北考察家及其著作述评》,《中国边疆史地研究》2003年第3期。
[⑦] 黎昭寰:《游览建国》,《旅行杂志》1936年第10卷第1期。

而游览西安后体会到国家意义的旅行者也大有人在。清华教授李长之在《旅行杂志》上直抒胸臆："和我们的想象相反，潼关以西的景致决不是更枯燥下去。反而极其优美。尤其过了渭南，小雨也下起来了，那空气的湿润，山色的秀伟，还有那疏疏落落的灞桥上的垂柳的青翠，不由得跳上心头的就是'江南如画'这四个字的形容。国家观念薄弱如我的人，这时也深深地觉到中国的可爱了。"[①]而民国时著名的历史地理学者、国内人文地理学的开创者张其昀，从历史角度审视西安这座城市："新陪都非他，就中国地理上几个天然中心，运用伟大政策以经营之，使其成为物质人文集中之地，而与首都有拱卫策应相互保障之效。"[②]张其昀在考察了西安历史及当时的气候、河流、土地、人口密度之后，提出了"余以为新陪都之建设，必自发展交通入手"的结论；他还从国防的角度提出了陇海路向西北内陆延伸及与苏联铁路连接的问题，并认为："可为欧亚交通辟一捷径，一旦海疆有事，我国可由此门户与各国往来，于国防关系极为重大。……汉唐时代长驾远驭之精神，倘能再见于今日，则今后之西京，不难成为中国之莫斯科焉"[③]。这些论断深刻而富有远见，体现了张其昀作为现代历史地理学者看待西安的眼光和智慧。

陇海铁路向西北内陆延伸的意义颇为重大，它不仅在于将西安纳入整个现代中国的交通体系，奠定西安大众化旅游业发展的基础，而且更为重要的是，打破了传统交通条件下东西部的时空障碍，加速了人员、物资在全国的流动，使得东西部的经济、文化更加紧密地联系在一起。

三、《西京胜迹》：想象"古都"西安的典型方式

城市旅行指南是近代自西方引入的一种现代文本形式，也是一种形塑城市空间的特殊方式。它不仅给游客游览提供方便，而且在深层次上为他们提供了一种观看城市的角度和想象城市的方式。旅行指南中的内容编排并不是对全部景观进行涵纳，而是具有高度选择性地进行呈现。一本城市导游书对整个城市的景观突出什么、略去什么，乃一种极用心的编码过程。周宪在讨论景观话语的建构时曾经精辟地概括了这一过程："编码过程就是将多元复杂的意义凝缩为对潜在的旅游者来说最具旅游价值的主题。即是说，景观的媒体化再现就是转化为对旅游者有所触动的语言，诱发他们的旅行动因，孕育他们的旅行想象。"[④]

---

① 李长之：《从长安到安阳》，《旅行杂志》1938年第3期。
② 张其昀：《西北旅行记（三）》，《国风》1936年第8卷第3期。
③ 张其昀：《西北旅行记（三）》，《国风》1936年第8卷第3期。
④ 周宪：《现代性与视觉文化中的旅游凝视》，《天津社会科学》2008年第1期。

涉及民国西安的导游书籍共有11种，分别为：《陇海铁路旅行指南》（1932）、《陕西实业考察便览》（1932）、《西京之现况》（1933）、《西北导游》（1935）、《西京胜迹》（1935）、《西京导游》（1936）、《西京游览指南》（1936）、《西京快览》（1936）、《西京》（1936）、《新西安》（1940）、《西京要览》（1945）。这些导游书籍可以看作西安现代化的缩影，从陇海铁路修通到国民政府派出陕西实业考察团，再到中国旅行社将西安作为旅游目的地推介，西安导游书籍的内容经历了一个从简到繁的发展过程。这些导游书籍涉及西安历史沿革、地方行政、公共事业、交通、食宿游览、实业等方方面面。

尽管这批导游类书籍的编撰者的目的不尽相同，但有一点是共同的，那就是均刻意渲染西安的古迹，并将城市空间融合在其中。在这当中，《西京胜迹》格外引人注目。《西京胜迹》由陕西省立第一图书馆馆长张俊青编订，他舍弃了其他公共事业、交通等实用信息，直接将古代长安诗歌空间与现实西安城市空间相对接，凸显了将想象的历史空间与现实空间相融合的目的，提供了一种观看西安的角度和想象城市空间的方式。他的这种空间想象方式直接影响到民国游记。

《西京胜迹》先后出版了1932年和1935年两个版本，1932年版仅54页，1935年版为106页。1935年版前半部分与1932年版相同，主要介绍西安的旅行线路及景点，后半部分按照区位附录了与景点所对应的古代诗歌（以唐代为主），试图"重新唤起世人之回忆"。

张俊青在《西京胜迹》中谈到其编订目的："西京为周、秦、汉、前秦、后秦、西魏、北周、隋、唐古都，当极盛时，亦常以高等文化，炫耀域内。现虽际于衰落，而具名胜古迹，由憧憬于人心，故自开发西北，建设陪都之议定，亦重新唤起世人之回忆，遂致陇海道间，长安市上，游人如织矣。"[1]由此可见，这种与古代文化相勾连的编订方式是在读者心中建构一个具有历史延续性的民族文化的想象共同体。而在具体编排上，《西京胜迹》按照区位划分出古代诗歌空间。其内容和区位分为：（1）长安；（2）临潼；（3）蓝田；（4）鄠县；（5）咸阳。在"长安"条目下又分为城关和近郊，其中近郊包括东路、南路、西路、北路，共录诗118首，当中大部分为唐代诗人的诗句。

以城关的游览为例。在诗句的引导下，游客从城关远眺既可以看到"汉家宫殿含云烟"[2]，也可以感叹"白云望不尽，高楼空倚栏。中霄鸿雁过，来处是长

---

[1] 张俊青编订：《西京胜迹》，陕西省立第一图书馆，1935年。
[2] 〔明〕韩邦靖：《长安道》，见张俊青编订：《西京胜迹》，陕西省立第一图书馆，1935年。

安"①。这些诗句使得游客的视域和空间想象得以向历史时空拓展，进入一个气象万千的大唐胜境。因此，《西京胜迹》使得游客在城关游览时，自然被诱导进入一个以诗歌构成的唐代长安空间，并按照导游书籍设置的旅行线路（城市道路）进行体验，从而将唐诗所代表的城市符号及其象征空间内化成游客的体验。对于编订者而言，其引用的诗句不仅是用于表现对古代兴盛王朝的向往，还借以表达对国家和民族复兴的期待，其实质是对日益加深的民族危机的另一种回应。

《西京胜迹》所传达的汉唐空间想象影响了游客的空间体验与表述。1936年，著名作家易君左来到西安游览，他在游记《西安述胜》中借用了《西京胜迹》序言中"夫周秦汉唐之故都，一邱（丘）一壑、一瓦一石之遗存，足资缅思"②一句，将其发挥为"其余各处所存古迹，多于牛毛，任踏一砖，即疑为秦；偶拾一瓦，又疑为汉。人谓长安灰尘，皆五千年故物，信然耶？"从中，我们可以体会《西京胜迹》与易君左旅行体验之间的关系，易君左不仅接受了《西京胜迹》所设定的具有"五千年故物"的西安形象，而且还直接承袭了《西京胜迹》中的语句。

不仅如此，易君左在游记中运用了《西京胜迹》所设定的空间透视与想象的方法，将古代长安的空间与现实西安的空间叠加在一起。他并不是简单地将时空指向过去，而是指向了现在的"开发西北"。"夫游西北即等于还故乡，西北者，中华民族文化发源地，人未有不思故乡者，况久飘零异域之游子乎！近年以来，西北教育建设皆有显著之进境，朝野上下咸知吾民族有发祥地可珍，余以为'开发西北'之口号，不如易为'光大故乡'之为愈也！别矣！此古典之故乡，此令人怀慕无已时之古长安！"这些叙述看似是在表现西安的样貌，实际上是在无形中以现代民族国家的立场重新定义了"古城"西安，并赋予西安"民族故乡"的称号。

《西安述胜》最初发表在1936年上海《友声》月刊上，引起轰动，第二年又被《上海青年》《圣公会报》《好文章》等期刊转载。易君左的生花妙笔使得西安的"古都"形象成为其城市象征符号。台湾学者沈松侨在研究了一系列西北游记后，得出了一个共通的结论：一般而言，国族主义运动所采取的"自然国族化"（nationalization of nature）的叙事策略，在这种模式下"国族将其历史、神话、记忆与'国族特质'投射于一块地理空间或特殊地景之上，从而将国族共同体与其特定疆域联系在一起，使后者转化为国族的'家国'。这种使国族疆域'熟悉化'（familiarized）的方式，所强调的面向，乃是国族历史与文化对土地空间的形塑与印

---

① 〔明〕何景明：《长安》，见张俊青编订：《西京胜迹》，陕西省立第一图书馆，1935年。

② 张俊青编订：《西京胜迹》，陕西省立第一图书馆，1935年，再版自序第1页。

刻（imprint）"。①将《西京胜迹》放置在民族文化具体语境之中，我们发现了它与民族主义的某种潜在的、隐蔽性的共谋或同构。旅行者在阅读《西京胜迹》等导游书籍后，其旅行路线为书籍结构所设定，旅行者在民国西安的旅行，即是在民族主义的氛围中不知不觉地体验到西安被设定的"古都"形象。

四、想象中华民族："古都"西安周边陵寝的景观叙事

在历史上，西安不仅有帝王生活的城市空间，其周边也分布有大量古代帝王的陵寝及历史遗址。张光直认为："宗庙、陵寝和青铜、玉等高级艺术品的遗迹遗物，以及祭仪的遗迹如牺牲或人殉之类，一方面作为政权基础的宗法制度的象征，一方面是借宗教仪式获取政治权力的手段。"②城市周边陵寝是统治者利用已掌握的权力建造出来的，本身就是一种预先经过周密规划的政治行动。而王朝成立之后，"新的宗族以此在一块新的土地上建立起新的权力中心"③，也使帝王陵寝等空间成为国家权力的象征。民国时代，帝制虽然已湮灭不存，但体量巨大、历史悠久的陵寝却成为光大民族往昔的凭依和新兴民族国家的历史图腾。因此，本节将进一步剖析现代国家如何以现代知识重新处理传统与现代城市的空间关系，再通过现代传媒手段建构出新的中华民族叙事。

首先，在大规模的现代城市地图绘制过程中，西京筹备委员会通过测绘将西安周边的帝王陵寝等遗址纳入西安的城市空间，使之成为民族文化象征体系的一部分，从而让国人重新定位与想象这些陵寝与西安的关系。在《西京筹备委员会工作报告》中，此举被清晰解释为"茂陵、昭陵各所辖全区地形之测绘：为宣扬汉武茂陵、唐太昭陵，以供瞻仰，而振作民族精神计，将各该陵之所有陪葬坟墓之全部地形，分别加以测量，并绘制成图"④。

其次，国民政府重塑了黄帝的文化记忆⑤，对西安周边黄帝陵、茂陵、昭陵等帝王陵寝的叙事进行了发掘，重新建构了这些陵寝与中华民族的关系。1935年4月

---

① 沈松侨：《江山如此多娇——1930年代的西北旅行书写与国族想象》，《台大历史学报》2006年第37期。
② 张光直：《关于中国初期"城市"这个概念》，见《中国青铜时代》，生活·读书·新知三联书店，1999年，第33—34页。
③ 张光直：《美术、神话与祭祀》，辽宁教育出版社，2002年，第6页。
④ 《西京筹备委员会工作报告》（中华民国1932年9月至1933年4月），见《筹建西京陪都档案史料选辑》，西北大学出版社，1995年，第233页。
⑤ 沈松侨：《我以我血荐轩辕：黄帝神话与晚清的国族建构》，《台湾社会研究季刊》1997年第28期。

7日，在中央大员邵元冲的一再提议下，一度被冷落的黄帝叙事被国民政府重新重视，并举行了隆重的祭祀大典。当日晨8时，各代表齐集陵前举行典礼，国民党中央各机关人员及民众5000余人到场共襄盛举。典礼仪节如下：（1）全体肃立；（2）主祭者就位；（3）与祭者就位；（4）上香；（5）献爵；（6）献花；（7）恭读祭文；（8）行三鞠躬礼；（9）静默三分钟；（10）礼成。

在这次祭祀大典上，国民党代表与南京国民政府代表分别宣读了祭文。国民党的黄陵祭文回顾了中华民族始祖黄帝的"文德""武烈"及其对华夏文明的创制之功，表达了对日本侵略者"骎骎以相侵"的痛恨和对先祖所创辉煌业绩的缅怀，发出了黄帝子孙要"力排艰险，以复我疆圉，保我族类"，实现中华民族"复兴之大谊"的抗战号召。国民政府的黄陵祭文确认了汉满蒙回藏五族都是"仰托灵庥"的黄帝子孙，面对"烽燧未靖，水旱间告"的内忧外患时局，表达了深刻的民族忧患意识。随后的4月9日早晨，邵元冲一行由陕西省政府人员与西安各界代表陪同赴咸阳和兴平，分别致祭周陵与茂陵。南京国民政府还为此印发了一系列标语，如"向文武周公发誓，要恢复我们的文明""维新周邦文化""向汉武帝发誓，要恢复我们的光荣""效法历史上的英雄，预备民族自强"等。

在黄帝陵举行的国家礼仪过程中，国民政府通过一系列的仪式完成了权力传递的过程，成了权力的合法拥有者。在黄帝陵谒陵仪式后，报纸等媒介对黄帝陵祭祀活动的报道，使"黄帝之苗裔"的观念传播开来，使群众感受到中华民族共同体的想象。例如，当时蛰居西安的文学家鲁彦在报纸上获悉这一消息后，当下给学生的作文题目是"述黄帝之功绩"。他感叹道："我的学生有的被称为'长安干板'，有的被称为'蓝田鬼''合阳鬼'，有的被称为'刁蒲城''野渭南'，粗看起来，仿佛都是没出息的孩子，但做起文章来却青出于蓝……无从着手批改只觉得篇篇都是琳琅满目，救国救民之词，便一路用红圈连了下去，最后都给他们一句鼓励话：'不愧为黄帝的苗裔！'或则'真正的黄帝的苗裔！'"[①]黄帝陵祭祀及谒陵之后的二次传播，其目的均是建立与传播黄帝叙事。这不仅是国民政府对西安及周边地区的政治控制，也是在文化上对地方的解码，即在空间上将其纳入中华民国的版图，在文化上将其纳入中华民族的文化叙事。

国民政府对黄帝陵的空间改造是现代政府的一种常用权力手段。1927年国民政府建都南京后，先后建立了孙中山符号和与之相适应的中山陵空间[②]，如果说之前

---

① 鲁彦：《西安印象》，《文学杂志》1936年第1卷第6期。
② 陈蕴茜：《国家典礼、民间仪式与社会记忆：全国奉安纪念与孙中山符号的建构》，《南京社会科学》2009年第8期。

的西安旅行的体验激发了国民对民族身份的认同的话，那么黄帝陵等帝王陵寝的叙事就是对民族身份的进一步强化与确定。作为西京筹备委员会主任的国民党元老张继，曾与《旅行杂志》记者有过这样一段对话：

> 问："晚近研究我国古史者有一种意见以为'黄帝'实在是一个代表的名词，并不是实在有黄帝这样的一个人。这话对不对？"
>
> 答："兄弟以为这话不对，至少这种论调对于中国是有害的，因为他们既将黄帝的印象弄模糊了，把黄帝当做一个时代不认为黄帝是一个人，这岂不是要推翻中国的历史吗？自己推翻自己的光荣历史，对于国家民族，有利还是有害，不问而知。"①

张继的回答，是政治人物对黄帝的理解，也是试图重建中华民族历史叙事的一种努力。这种建立悠久民族历史的活动，不仅可以激发国人的民族自豪感，也能激发国人投入全民族抗日战争的热情。因此，张继不无肯定地说："我们很相信，政府在战后会把黄帝陵大规模地修理和表扬，使黄帝陵成为中华民族精神的中心。"②

安东尼·吉登斯在《现代性的后果》一书中认为，在传统社会，"空间"（space）和"地方"（place）总是一致的，但"现代性"引入之后，"空间"日益与"地方"分别开来，"地方"界定逐渐变得捉摸不定，"地方"意义的重建过程必然是国家"空间"对"地方"重新赋予其意义的过程。因此，西方"现代性"在世界其他地方的传入过程，就是"空间"对"地方"进行整合、计算、分类、解码，进而建构独立于"地方"的知识的过程。所以，在民族国家建构的过程中，风景作为现代国家疆土组成其部分的建构。对风景的重新组织、测量、叙述，意味着国民政府借助现代知识与权力对西安进行控制与重新解码，也意味着对西北内陆的组织与重构。

结论

"地方向来都不会完整完成，或受到束缚，而总是流变，处于过程之中。"③在民族危机的影响下，西安作为西北重要城市地位陡然上升，随着"西北开发"政策的逐步执行，西安城市的政治基础与物质基础建设都日见围绕"民族文化故乡"而展开。陇海铁路改善了西安的外部交通状况，使得游客体会到"中国的可爱"。导

---

① 吕纯：《张溥泉先生谈"黄陵"》，《旅行杂志》1944年第1期。
② 吕纯：《张溥泉先生谈"黄陵"》，《旅行杂志》1944年第1期。
③ ［英］克雷斯韦尔：《地方：记忆、想象与认同》，徐苔玲、王志弘译，群学出版社，2006年，第63页。

游书籍将古代"长安"嫁接到现代西安的城市空间上，完成了"民族文化故乡"的空间想象建构。因政治文化叙事的需要，西安周边的陵墓空间也被纳入中华民族的叙事重组，在抗战时期，西北普通的白杨树在《白杨礼赞》中都成为民族象征的承载物。西安"古都"形象的确立，不仅是政治、交通、大众媒介共同作用的结果，还是国民政府抵御日本入侵的一种文化动员手段。

原载《文化研究》（第40辑），社会科学文献出版社，2020年

（杨博，长安大学副教授）

再造长安
——传播视野下的《西京胜迹》知识生产与空间建构

杨 博

在列斐伏尔看来,空间是一种生产的空间,各种生产关系或社会关系在这里汇集并再生产。空间不再仅仅是一个抽象的、静止的逻辑结构或者资本的统治秩序,而是一个动态的、各方矛盾进行斗争的异质性实践过程。"空间是政治性的、意识形态性的。它是一种完全充斥着意识形态的表现。……空间的生产,……属于某些特定的团体,它们占有空间是为了管理它、利用它。"[①]在列斐伏尔看来,虽然自然空间(natural space)仍是社会过程的起源,但现在已经被降贬为社会生产力操控的对象,这表示自然空间无可挽回地消逝。米歇尔·德·塞托可能把这个问题说得更加直白,他认为场所和空间不是一回事,空间是对场所或地点的一种谋划和实践:"空间就是一个被实践的地点。因此,在几何学意义上被城市规划定义了的街道,被行人们转变成了空间。同样地,阅读,就是地点时间所产生的空间,而这一地点是由一个符号系统——一部作品所构成的。"[②]因此,本文尝试采用空间理论来研究"后都城"时代的西安空间的建构与想象。

民国时期,随着城市旅游的发展,众多的城市导游书籍相继出现,它们成为继传统方志之后的一种新的在地经验描述的文本,在其背后也或隐或显地传达着编撰者的地方空间塑造意图。民国导游书刊在向游客传达地方知识时,也行塑着游客的空间体验,而游客的参与使得这种地方空间借助游记等现代文本传播开来,共同塑造着新的"地方"与"国家空间",因此,这类导游书籍成为新的知识生产的工具与媒介。"图书史的研究不仅是要探讨这个过程中的每一个环节,也要研究这整个过程,这个过程在不同时间地点的表现形式,以及它同周边其他经济、社会、政治

---

① [法]亨利·列斐伏尔:《空间与政治》,李春译,上海人民出版社,2015年,第37页。
② [法]米歇尔·德·塞托:《日常生活实践·1.实践的艺术》,方琳、黄春柳译,南京大学出版社,2009年,第200页。

以及文化系统之间的关系。"①因此，在这类新的大众媒介的影响下，城市导游图书与近代城市形象及空间的互动，无疑是一个有意义的话题。所以，本文就在众多的民国西安导游书籍中选择具有代表性的《西京胜迹》，来探讨编者、媒介、读者三者之间如何进行"长安"知识生产与空间体验的过程。

一、面向"长安"："民族文化故乡"空间改造的物质基础

大卫·阿什德认为："媒介的环境有两种，一是媒介赖以生存与发展的现实环境，即'物理的实在环境'；另一种是媒介通过其传播活动介入现实环境作用后所形成的已发生改变的环境，即'充满符号互动的意义环境'。"②因此，我们首先要考察承载现实的民国西安物理空间的改变，其次考察民国西安所承载的意义空间——民族文化故乡。

随着历史的发展，1932年，西安被设立为"陪都"，这一城市地位的变化，使得西安由区域城市变为举国瞩目的政治中心，同时承载了"国家"的象征意义。国家并不是一个天生自然的事物，而是一个"想象的政治共同体"，一个人为建构出来的文化产物。而国府要员发表言论经过媒介的传播，使得西北和西安成为整体"国家空间"的部分和象征。戴季陶认为，西北开发"实在关系我们国民革命的前途"③。张继也说，西北开发刻不容缓，如果我们不早动手开发，"则恐有代吾人而开发之者"④。财政部长宋子文指出："西北建设，不是一个地方问题，是整个国家的问题"，"西北建设，是我中华民国的生命线"⑤。而著名学者易君左将西安视为"民族文化的故乡"，这种将西安视为"民族文化故乡"的承载地是对国家民族复兴的一种向往，而西安作为"民族文化的故乡"承载了这样的空间想象。因此，西安作为"陪都"不仅是一个政治问题，也伴随着各界人士对"国家空间"的想象。

正因为如此，西京筹备委员会开始了一系列在国家民族话语下的城市景观改造。"文化为民族精神之体现，其兴衰动关国家之兴亡，故特注重此项工作"。计

---

① ［美］罗伯特·达恩顿：《拉莫莱特之吻》，萧知纬译，华东师范大学出版社，2011年，第89页。
② ［美］大卫·阿什德：《传播生态学：控制的文化范式》，邵志择译，华夏出版社，2003年，第126页。
③ 《抗战前国家建设史料：西北建设（一）》，见秦孝仪主编：《革命文献》（第88辑），台湾中华印刷厂，1981年，第20页。
④ 《抗战前国家建设史料：西北建设（一）》，见秦孝仪主编：《革命文献》（第88辑），台湾中华印刷厂，1981年，第91页。
⑤ 《抗战前国家建设史料：西北建设（一）》，见秦孝仪主编：《革命文献》（第88辑），台湾中华印刷厂，1981年，第103页。

在本期内所进行者如次：

（一）保护古迹并表彰先贤

（1）修葺杜公甫祠（祠在西京城南少陵原下）。

（2）保护霍去病墓石刻。

（3）建修董子（仲舒）祠（祠在西京城内东南隅）。

（4）修建漾溪宫（宫在西京城南）。

（5）保护华塔（塔在西京城内南城根）。

（6）修筑唐凤凰门游亭（亭在西京城北）。

（7）保护未央宫（宫在西京城西）。

（8）提倡民族扫墓。

（9）其他：如城南之香积塔、紫阁峪之保林塔、草堂寺之玉石塔、汉天禄阁、关家村之符（苻）秦国师碑、太乙宫之陈抟碑记，均曾修葺保护，以彰先贤遗迹。

（二）调查编译

（1）调查各名胜古迹。

（2）查出土古物。

（3）调查西京土地。

（4）调查蒙边。

（5）调查西京社会。

（6）翻译各国市政书籍。

从以上事实不难看出，西京筹备委员会的建设是围绕建构理想的"民族故乡"空间而展开的，其所修建的风景路形成了城市—道路—景点的联系，从而引导游客进行相应的空间体验，感知西安的形象。此外，为了挖掘西安的历史文化，西京筹备委员会编印了"西京筹备委员会丛刊"，这套图书包括《西京考古记》《两京新记》《汉武帝》，在挖掘西安及其周边的历史文化史迹的同时，试图建立一种文化上的"想象的空间"。城市中的物质性空间，不仅仅是一种物理意义上的空间和社会性的呈现，还是一种精神意义上的结构体。它们既以自身的真实实体而存在，又赋予城市一种想象性的现实。一个物质性的公共空间完全可以成为自己的代言人，在文本中自由地展开自我叙述，因为在文本中它已成为一个独立的符号系统，嵌入了有关公共性文化的"想象的共同体"。

二、再造"长安":《西京胜迹》中"长安"空间想象与生产

20世纪30年代,中国西安的导游书籍中,西安地区一方面被表述为民族文化的故乡,孕育中国国族独特精神与本真价值的"家园";另一方面,其文化景观也被纳入一套国族化的历史叙述,被再现为铭刻着国族记忆的"神话地景"。经由这样的论述策略,西安遂从一块物质性的地理空间,转化为中国国族成员共同感情与集体认同所寄寓的象征空间。

文化既表现在对社会发展的导向作用上,又表现在对社会的规范、调控作用上,还表现在对社会的凝聚作用和社会经济发展的驱动作用上。正如龚自珍所说:"心何如而尊?善入。何者善入?天下山川形势,人心风气,土所宜,姓所贵,皆知之;国之祖宗之令,下逮吏胥之所守,皆知之。其于言礼、言兵、言政、言狱、言掌故、言文体、言人贤否,如其言家事,可谓入矣。"[①]因此,张俊青在编撰《西京胜迹》时,不仅接受了民族主义的影响,更是追忆汉唐胜迹,表现了极为明显的编撰意图。而民国游客因为民族危机的存在,受此诱导,接受了汉唐记忆的空间想象,试图重启民族的辉煌,并以此抵御日本的侵略与民族危机。

(一)汉唐空间想象的编撰目的

在国人关注西北,倡导西北开发的背景下,作为省立第一图书馆馆长的张俊青,在《西京胜迹》第一版序言中介绍了编撰的背景和目的。

张俊青编撰这本《西京胜迹》,不仅试图为游客对古代长安的想象提供文本上的依据,"重新唤起世人之回忆",而且为了与中国古代的历史接续,详细交代西安在中国历史绵长久远的时间轴上的沧桑变化。"西京为周、秦、汉、前秦、后秦、西魏、北周、隋、唐古都,当极盛时,亦常以高等文化,炫耀域内。现虽际于衰落,而具名胜古迹,由憧憬于人心,故自开发西北,建设陪都之议定,亦重新唤起世人之回忆,遂致陇海道间,长安市上,游人如织矣。"[②]这种接续的叙述目的是在读者心中构建一个连续的民族文化的想象共同体。

除了在民族危机下弘扬民族文化的目的之外,为游客提供现实的线路导览,提供"向导"方便,也是《西京胜迹》的编撰目的。"顾游览者,恒以不得向导为苦,冥行而索之,费事多而游览难备,此兹编之所以应时势之需求也。……"并且为了游客旅行方便,"不以胜迹之类分而以所属之路线为别者……以路别,则各方

---

① 龚自珍诗文注释组:《龚自珍诗文选注》,广东人民出版社,1975年,第126页。
② 张俊青编订:《西京胜迹》,陕西省立第一图书馆,1935年。

之迹，沿途并陈，游览者于时间空间，均感方便"。其设计路线为"游览起点，以城关而言，则东经秦藩故城，至西关之太白庙，回车入城，由西南起，沿报恩寺街，直至下马陵，然后出东关，则沿途之胜迹，可备览矣"。而这些特点和古代志书相比，也显示了和志书"按类"的区别，增加了其实用性。

这种民族危机下的刺激，正如在领土侵略之下，对民族文化的重新挖掘，是民族压迫与民族觉醒的一种标志，因而需要提供一种对古代民族文化的挖掘与弘扬，为后来的民族抵抗提供一种精神上的动力。国族虽然与西方现代性相伴而生，却并非纯属"发明"或"想象"的产物，而是在其原有之族群传统的基础上被重新建构而成的。任何国族的"发明"或"想象"，都不可能凭空而生，族群的过去必然会限制"发明"的挥洒空间。

（二）图像诱导与旅游目的地印象

《西京胜迹》中有两张地图，一张为《西京古迹名胜略图》（图1），一张为《西京附近各县古迹名胜略图》（图2），这两张地图中，按照缺省的原则，突出了城中主要道路与古迹名胜。下面，我们就来分析地理旅行书写，重点关注如何建构想象性的地理，景观的生产是如何与本国的政治、文化与心理需要相契合的，从而揭示"地理、知识和权力之间的一致性"。

地图是处于旅行者的凝视之下的一种观看方式。旅行不仅仅是认识的途径，还是一种认知策略，对于异域空间的知识建构往往更多是基于时代的文化与社会期待方面。除了凝视与命名，地图测绘也是地理探险书写常用的空间驱逐策略，而地图则成为另一种占有性的书写空间。地图在旅行中占据重要的地位，通过标识出旅行路线，从而将景观与时间结合起来，构成了旅行的空间。通过这样的测量活动，西京筹备委员会将西安及其周边空间标识成为"名胜"遍布的古城，忽略了民国城市的破败。它有效地将西安简化为连贯的、布满古迹的城市空间，借助此空间，将西安的景观建构为一种系统的知识档案。这一测量工作主要是由国人来做的，通过地图的铭写，重新界定西安，西安的意义被铭写到每一幅地图中，将有些破败甚至消失的遗址变为可见的景观。作为地理档案，测量与绘图生产出的是一种单一的产品，它在抹除了西安城市内部的诸多差异之后，有助于游客"认识"西安，并对之进行合理的想象，而不必再担心其多样的特殊性。测量的科学性所带来的地理档案的确定性也嵌入制图意象。虽然制图采用了看似不同的符号——地图语言，实则具有同样的意指实践，因为看似每位制图人员都是在按照自己的想象与计划绘制地图，但他们的想象都受到现存的制图设计与结构传统的限制。所有的意指都意在将

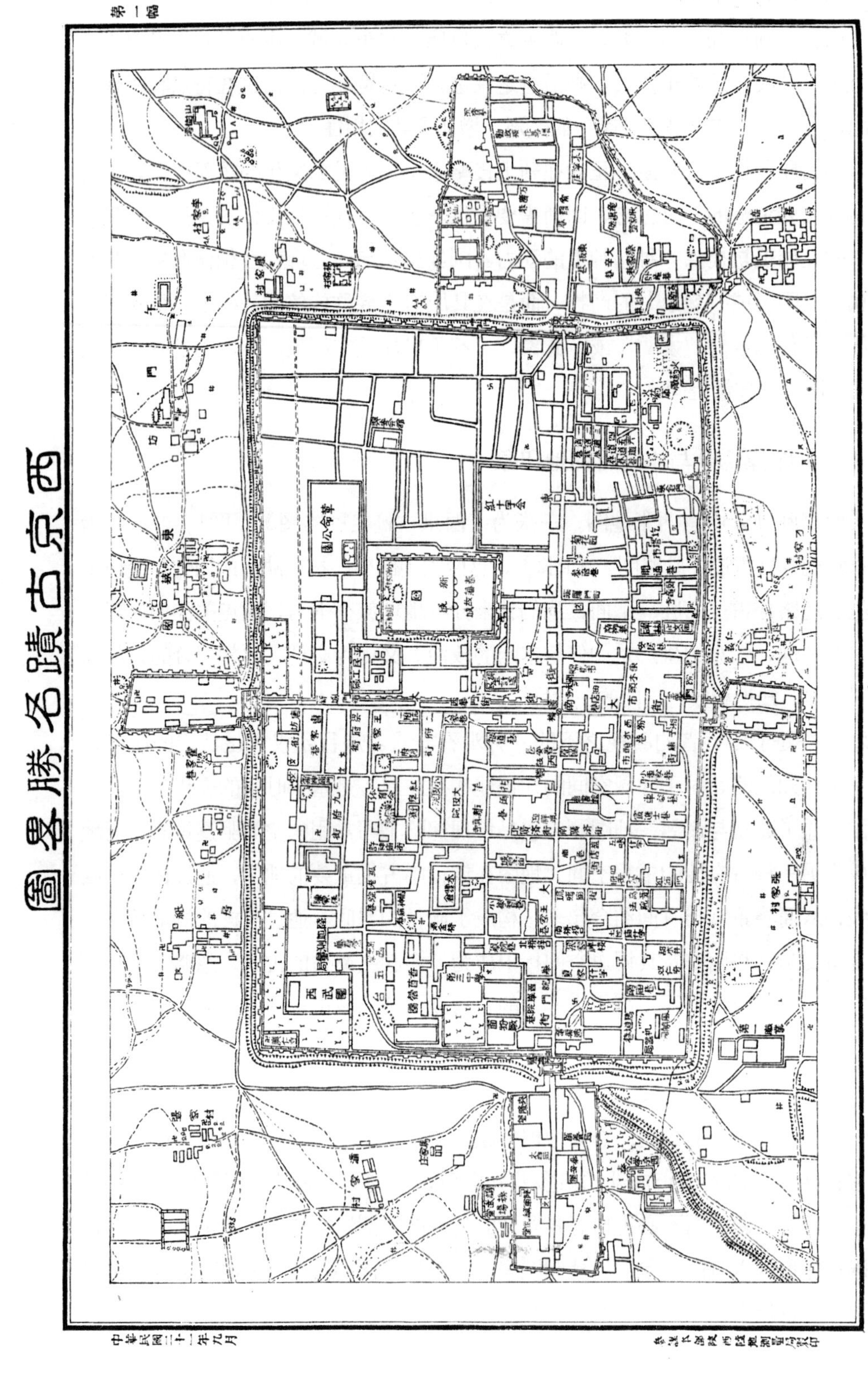

图1 《西京古迹名胜略图》
（出自《西京胜迹》，陕西省立第一图书馆，1932年）

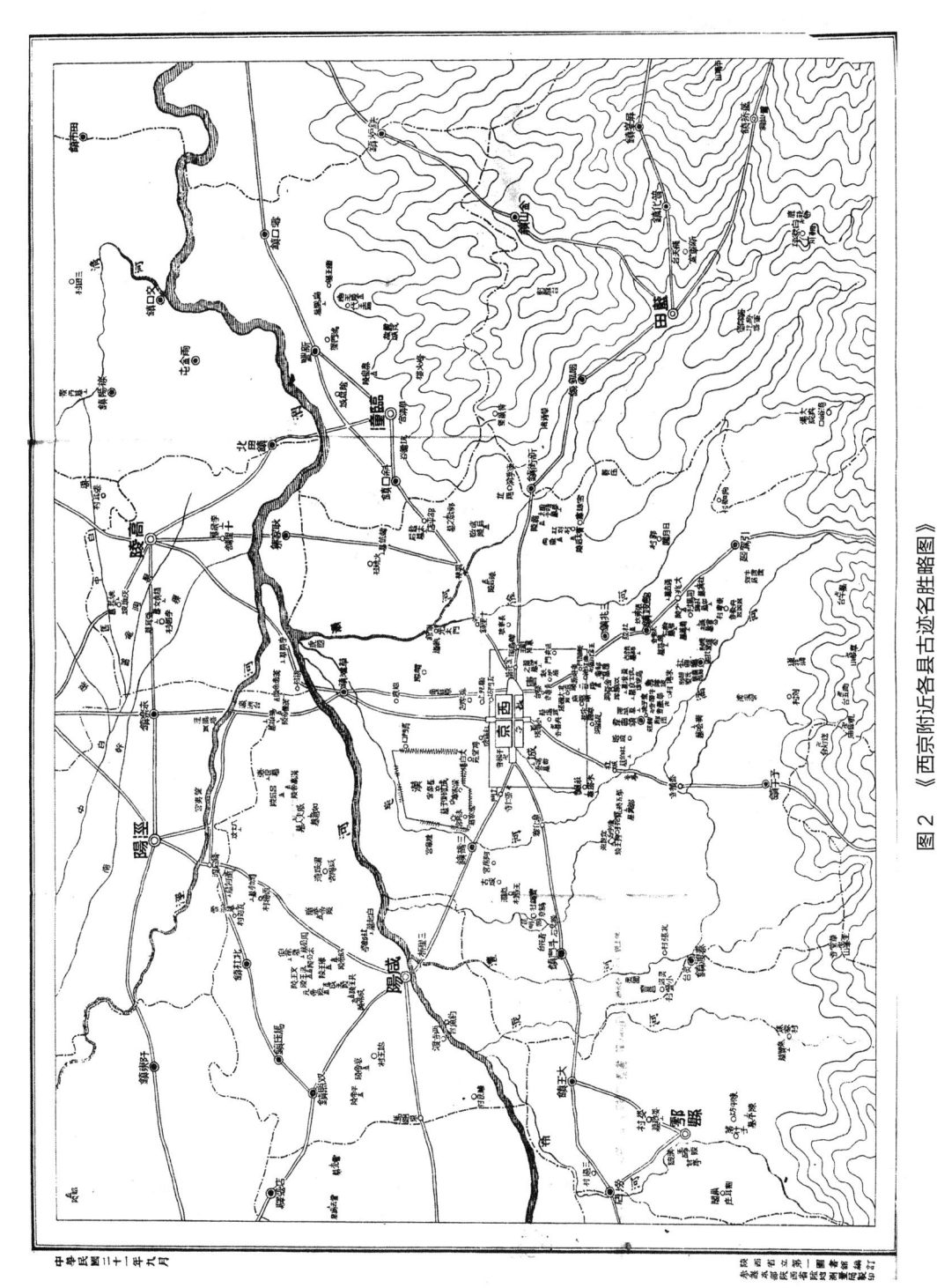

图 2 《西京胜迹》,《西京胜迹名胜略图》
（出自《西京胜迹》，陕西省立第一图书馆，1932年）

再造长安 | 299

"民族文化空间"这一最基本的信息传达给游客。

从以上两张地图表现的空间结构中,我们不难得出西京被古代文化遗址及空间包围的结论。

(三)地方诗意和真实感觉结构的确立

另外,我们可以将导游书籍的编撰看成一个"改写"的过程,即地理景观想象与建构的文化政治面向。关于这点,格瑞高里做了简短的论述,他认为旅行书写与某一即将被呈现的特殊地方之间关系密切,由旅行线路所连接的"场所"与按文化意义的等级制所组织的"景象"(sight)往往是同时被生产出来的。如此一来,"旅行改写便会生产出一系列建构的可见空间,事物只能被特定的观众以特定的方式看见。地方由此而被标记出来,旅行者能借之发现这些场所(site),并将其放置在想象的景观之中,'场所'由此而成了富意义的'景象'"[1]。这种论述揭示了景观的文化意象,是想象地理的物质性、建构性和文化政治的生产结合在一起的。

1.区位划分中的汉唐诗歌空间

按照政治地理学家阿格纽的划分,地方具有"区位"——所在的确切位置,"场所"——形成关系的物理空间,以及"地方感"——主观和情感上的依附。[2]通过分配唐诗到具体区位,让游客在唐代诗歌描绘的场所进行体验,最终形成一种具体可感的空间感,这成为一种编撰思路。因此,张俊青在第二版加入了古代诗歌,取名《历代游西京胜迹诗》,并按照西安城区及其周边的区位,将唐诗分别附着于具体的区位,使得唐诗的场所与现在的区位发生关联,从而让读者在阅读唐诗时产生一种情感和空间上的共鸣。其内容和区位分为:一,长安;二,临潼;三,蓝田;四,鄠县;五,咸阳。[3]在"长安"条目下又分为"甲、城关"和"乙、近郊",其中近郊包括东路、南路、西路、北路,共录诗118首,当中大部分为唐代诗人的诗句。

地方"不单是指世间事物的特性,还是我们选择思考地方的方式的面向——决

---

[1] D. Gregory, "Scripting Egypt: arientalism and the cultures of travel", in J Duncan and D. Gregory, *Mrites of passage: reading travel writing*, London and New York: Routledge, 1999, p. 116.

[2] [英]克雷斯韦尔:《地方:记忆、想象与认同》,徐苔玲、王志弘译,台湾群学出版有限公司,2006年,第14页。

[3] 《历代游西京胜迹诗》附录,见张俊青编订:《西京胜迹》,陕西省立第一图书馆,1935年。

定强调什么，决意贬抑什么"，所以，地方就是一种认识世界的方式。[①]《历代游西京胜迹诗》及其附加在西安及周边的"唐诗空间"就是为了加深唐代"高等文化，炫耀域内"的空间体验与感受，满足游客偏向过去的时间观的集体记忆。

2.基点的空间诱导与体验

地标建筑是城市物质空间的基础构成，是建构城市形象的传播介质。形象是人们在脑海中描绘的现实，是主客观的合一。形象在一定的社会契约中形成，在特定的政治经济体内具有共性和集体意义，但每一个个体对客观事物的形象感知又存在差别，形象的形成得益于具体的可感知的符号。

而从《西京胜迹》所录"甲、城关诗"来看，其以城关为主要景观或者观景的基点。这种确立的基点不仅可以使游客体会到城关的宏伟，也可以由城关将视角扩展到四周，进而体味四郊的景色。此外，作为古代防御体系，城墙的稳固不仅给人带来心理上的安全感，更带来文化上的安全感。"节点及其链结之网，铭印于我们的感知系统内，影响了我们的身体预感。"[②]而在日后的日军轰炸西安之时，城墙也确实给市民带来了庇护和心理上的安全感，更成为民族抗争的象征物。

在诗句的引导下，游客可以从城关远眺"汉宫殿含云烟"[③]；可以感叹"白云望不尽，高楼空倚栏。中霄鸿雁过，来处是长安"[④]；也可以在关楼之侧，仰望"残星几点雁横塞"，聆听"长笛一声人倚楼"[⑤]；进而在太宗的豪迈之眼观看下，远望终南"重峦俯渭水，碧嶂插遥天。出红扶岭日，入翠贮岩烟……"[⑥]，遥想盛唐气象"北斗挂城边，南山倚殿前。云标金阙迥，树杪玉堂悬"[⑦]。这些诗句都围绕城关或在城楼高处展开视野，使得游客在城楼或西安游览时，联想到这样的诗句，其视角

---

① [英]克雷斯韦尔：《地方：记忆、想象与认同》，徐苔玲、王志弘译，台湾群学出版有限公司，2006年，第21—22页。

② 转引自[英]彼得·艾迪：《移动》，徐苔玲、王志弘译，台湾群学出版有限公司，2013年，第99—100页。

③ 〔明〕韩邦靖：《长安道》，见张俊青编订：《西京胜迹》，陕西省立第一图书馆，1935年。

④ 〔明〕何景明：《长安》，见张俊青编订：《西京胜迹》，陕西省立第一图书馆，1935年。

⑤ 〔唐〕赵嘏：《长安秋望》，见张俊青编订：《西京胜迹》，陕西省立第一图书馆，1935年。

⑥ 〔唐〕李世民：《望终南山》，见张俊青编订：《西京胜迹》，陕西省立第一图书馆，1935年。

⑦ 〔唐〕杜审言：《蓬莱三殿侍宴奉敕咏终南山应制》，见张俊青编订：《西京胜迹》，陕西省立第一图书馆，1935年。

和空间想象得到突破，进入一个气象万千的大唐胜境。

其所命名的观景位置为"城关"，不仅设定了一个游客的空间体验基点，也使得整个城市的面貌呼之欲出，而城市的面貌是由道路、边界、区域、节点、标志物这五大要素来决定的。[①]因此，人是非常象征性的动物。从意象形成的观点来看，如果人类将环境象征化，那么可以合理地说：如果他们熟识这些符号，那么这些符号本身也许可以变成引起他反应的刺激物。显然，城市生活的一个不变特征是：为了要看到城市，必须求助于某些样式化的象征工具。《西京胜迹》正是这样的象征工具，而唐诗正是其中的符号。

总之，符号系统是由象征的社会关系所产生的。游客出于对古代兴盛王朝的向往，借以表达对国家和民族复兴的期待，其实质是对日益加深的民族危机的曲折回应。正如《汉武帝》中所表述的，修缮茂陵和出版有关汉武帝的书籍，其目的是"激发民族情感"，使得游客畅享在这一"民族文化故乡"。

《西京胜迹》不仅是对传统史志的继承，也是现代旅游需要所催生的地方导游书籍，对于西安"地方感"的生成具有重要的作用。若以阿格纽的划分，地方具有"区位"——所在的确切位置，"场所"——形成关系的物理空间，以及"地方感"——主观和情感上的依附，这些"诗境"与"空间"，便在不知不觉中侵入日常生活，不仅构成西安地方的一大特色，更重要的是塑造了关于"汉唐空间"的一种空间印象。

张俊青的叙述中所体现出来的国家文化政治的运作，即建立一种观看西安、观看世界的方法。无论褒贬，西安对于游客都是一种景观，在观看这个景观时，游客需要考虑景观本身的成因、历史文化背景、它与作为观察者的自己之间的关系，都是以自己所在的位置、自己对它的理解来观看和定义景观的。因此，旅行书写是具体语境化的文化产品。雪莉·福斯特和萨拉·米尔斯均坚持认为，游记是由许多变量，如"种族、年龄、阶级、经济地位、教育、政治理想和历史阶段"等相互作用而生成的，并且被放置在《西京胜迹》的具体语境之中，从而让我们发现了游记与民族主义的某种潜在的、隐蔽性的共谋或同构。

无论是雄伟的城关、令人遐想的昭陵六骏，还是大小雁塔与陕西省立博物馆的文物，它都是基于民族的需求和评价标准才被"看见"的。《西京胜迹》所传达的汉唐空间想象不仅为前来西安的游客所接受，还影响了游客的空间体验与表述。

---

① ［美］凯文·林奇：《城市意象》，方益萍、何晓军译，华夏出版社，2001年，第2页。

三、突破"长安":游客的空间体验与传播

已有的研究表明,"旅行书写的施为功能,即后来者会采用前者的旅行经历和旅行路线,会以文本作为指南,指导自己旅行经历和旅行路线,这在一定的程度上会巩固想象地理,塑造后来旅行者的期待与经历"[①]。因此,后来的游客往往会受到导游书籍的引导和影响,沿着设定的路线,进行空间体验。

(一)易君左的空间体验与叙事

易君左,湖南人,北京大学中文系毕业,家学渊源深厚,才高资绝,文、诗、书、画无不精工,被称为"三湘才子",在日本早稻田大学获得硕士学位,留学回国后从事报业文化,积极参加抗日活动,1949年去台湾。他的散文在海内外受到高度评价。1936年,易君左怀着朝圣的心情来到西安,游遍了西安城内外古迹名胜,写成了文章《西安述胜》。文章中每一句话都显示出自己对西安古迹的崇敬,即使是西安的尘土,也让作者感到五千年历史的伟大。

仔细研究一下,不难发现易君左在语言和空间想象上对《西京胜迹》的承袭。

首先,易君左《西安述胜》对于《西京胜迹》语言的引用随处可见。除了文章标题都集中在"胜景"外,在《西京胜迹》的序言中,有"夫周秦汉唐之故都,一邱(丘)一壑、一瓦一石之遗存,足资缅思"[②]。易君左将其发挥为"其余各处所存古迹,多于牛毛,任踏一砖,即疑为秦;偶拾一瓦,又疑为汉。人谓长安灰尘,皆五千年故物,信然耶?"[③]此外,易君左承袭了《西京胜迹》空间想象的影响,将西安等同于汉唐长安。这种一系列的"汉唐空间"的罗列,放置在西安上时,无形地将西安等同于长安,不仅不使人反感,反而让人感受到了西安作为"古城"历史的厚重,来映衬出民族文化的悠久。

> 灞桥折柳,遂至临潼。浴华清之温泉,月明山暗;消太真之姿态,水滑脂浓。此一夕也,为人生难得之宵。一月长征,连宵繁梦,抽片刻之清暇,涤万里之征尘。于时浩月飘空,骊山在望,亭台花木,各系离情。风鸟水鱼,宁无别意?佳肴美酒,一醉且呵呵;浅咏低吟,千秋日寂寂。余等徘徊于骊山之畔,月明午夜,待车而归。夜凉如水,顿觉清寒,朗吟黄

[①] D. Gregory, "Scripting Egypt: Arientalism and the Cultures of Travel", in J. Duncan and D. Gregory, *Writes of Passage: Reading Travel Writing*, London and New York: Routledge, 1999, p. 117.
[②] 张俊青编订:《西京胜迹》,陕西省立第一图书馆,1935年,再版自序第1页。
[③] 易君左:《西安述胜》,《上海青年》1937年第37卷第4期。

仲则之诗曰:"似此星辰非昨夜,为谁风露立中宵?"此景此情,犹历历在目也!①

但是,作者并不是简单地将时空指向过去,而是指向了现在的"开发西北"。"夫游西北即等于还故乡,西北者,中华民族文化发源地,人未有不思故乡者,况久飘零异域之游子乎!近年以来,西北教育建设皆有显著之进境,朝野上下咸知吾民族有发祥地可珍,余以为'开发西北'之口号,不如易为'光大故乡'之为愈也!别矣!此古典之故乡,此令人怀慕无已时之古长安!"易君左在最后提出"光大故乡"的口号时,当叙述者不假思索地将"民族故乡"视为西安本有的客观属性时,都忘记了这些标签是他们站在民族的立场上赋予的。所以这些叙述看似是在表现西安的样貌,实际上是在无形中以现代民族国家的立场重新定义了"古城"西安,并赋予西安"民族故乡"这样的称号。

这种透视法又经由易君左的叙述得到强化和推广,尤其是他在看似不经意的语峰间透露出这种"西安形象",产生了更佳的宣传效果。它让这些古老的特征仿佛就是西安的客观属性,让人忽略了这些标签其实都是易君左将自己的理解和感受投射到景观之上的,而且这种投射获得了广大读者的共鸣。《西安述胜》最初发表在1936年上海《友声》月刊上,引起轰动,第二年又被《上海青年》《圣公会报》《好文章》等转载,十分罕见。而易君左的生花妙笔则使得西安的古代空间成为其象征。

(二)张其昀的空间重塑与突破

张其昀(1900—1985),著名的历史地理学家。1934年9月,张其昀与毕业生林文英、李玉林、任美锷开始西北之行。他们以兰州为中心,循河西走廊至敦煌,南越秦岭至汉中,北上蒙古高原至绥远北部,还到了青海湖和甘南的拉卜楞寺。张其昀在旅游中的观察显示了他深厚的历史地理背景,他往往将考察内容与国家发展相联系。张其昀来西安的目的是进行历史地理与人文地理的科学考察,所以他的空间意识突破了游客的视野。

而现代国家的建立,需要重塑"国家""民族"等文化想象共同体,随着1932年"一·二八"淞沪抗战爆发,国民政府决定将西安作为陪都,民族危机影响了张其昀审视西安这座城市的目光。"新陪都非他,就中国地理上几个天然中心,运用伟大政策以经营之,使其成为物质人文集中之地,而与首都有拱卫策应相互保障之

---

① 易君左:《西安述胜》,《上海青年》1937年第37卷第4期。

效。"张其昀考察了西安历史及现今的气候、河流、土地、人口及密度之后，提出"余以为新陪都之建设，必自发展交通入手"的结论，并从国防的角度提出了陇海路西段及甘新铁路的建设，"可为欧亚交通辟一捷径，一旦海疆有事，我国可由此门户与各国往来"，"汉唐时代长驾远驭之精神，倘能再见于今日，则今后之西京，不难成为中国之莫斯科焉"。[1]这展示了张其昀作为现代历史地理学者的眼光和判断。

张其昀在登临大雁塔时显示了其开宏的视野。"大雁塔现仍可拾级而登凭栏四顾，北则万雉鳞鳞，汉唐西京基址在焉，史家所称之壮丽宫阙，今已埋于寂静之村落中；南则樊川韦曲，沃壤秀美，风光幽闲，南山佳处渺然在岚霭中；西望咸阳礼泉，黄土台地之上，帝王圣杰之陵墓，累累若人之拥髻；东眺骊山灞水，往代之离宫御苑，于荒原寒岫中依稀指其方位；近瞰塔下，唐时曲江杏园都人游赏之处，所谓'花木环周，烟水明媚'者，今无涓流残址之可寻，盖已埋为平陆久。"[2]对于古代精神的阐释不仅如上段所说是指向"国家民族"这一共同空间，也是指向个体。现代人文地理的大师张其昀就在其考察中不仅显现了强烈的爱国主义精神，还在此基础上挖掘了玄奘法师的现代个体精神。"由大雁塔上俯视秋色苍然之关中平原，以历史地理学之观点，回忆与雁塔有关系之光荣史迹，不禁发生无限之感兴。六朝隋唐之求法运动，或称印度留学运动，以玄奘法师为最伟大之人物，故谓长安巍然独存之雁塔，为中国佛教史迹之中心或顶点，非过言也。"[3]

据梁启超考证，西行求法者105人，佚名者82人。梁启超在《千五百年前之中国留学生》中给予玄奘法师极大的称赞："'莫贺延碛，长八百余里，……四顾茫然，人马俱绝，夜则妖魑兴举火，烂若繁星；画则惊风卷沙，散如时雨。……心无所惧，但苦水尽；四夜五日，无一滴沾喉；口腹干燥，几将殒绝'。此其难瘁，可见一斑。第二难关，则度岭也。《法显传》云：'葱岭冬夏积雪；有恶龙吐毒，风雨砂砾。山路艰危，壁立千仞。凿石通路，傍施梯道，凡度七百余所；又蹑悬絚过河，数十余处'。"[4]梁启超对玄奘的体认，洋溢着艰苦卓绝的个人意志，是建立在个体求法精神的体现上，而非出于对佛教的简单推崇。可见，五四以来的知识分子对古代玄奘法师的论述是对个体精神的赞扬，其中蕴含着现代性的发生。

而深究张其昀的玄奘论述，是建立在个体国民精神上的一种民族主义。因此，

---

[1] 张其昀：《西安的地理形势》，《图书展望》1937年第4期。
[2] 张其昀：《西北旅行记（六）》，《国风》1936年第6期。
[3] 张其昀：《西北旅行记（六）》，《国风》1936年第6期。
[4] 梁启超：《梁任公近著》（中卷），上海书店出版社，1923年，第78页。

张其昀考察中所写论文,洋溢着高昂的爱国热情。"而数百年中前仆后继,游学接踵,此种极肫挚极严正之学者精神,固足永为后学模范;雁塔乃其具体之标帜。固宜永为国民所崇拜矣。"① 而且他还希望借此唤起民族的觉醒,"所谓尺寸土地不能让人者,岂仅以山川天然之美丽,地下丰厚之宝藏?!尤其为我祖宗手足之所拼服,心血心所流注也。中国任何地方均含有整个民族艰难奋斗之历史。名胜古迹,处处皆是民族之纪念碑,国民过此,岂有不动可歌可泣之情绪也哉!"②

从以上分析可以看出,旅行的文化是集体的,尽管它是具体的和情境化的,但旅行的"文本性态度"注定了它的集体性。萨义德认为,文本化本身就是集体的,因为他确信:"单个作家对于文本集合体具有决定性的影响,然而正是这些文本集合体构成了东方主义这一话语形式,如果没有这样的话语形式,单个作家的文本将会湮没无闻,而且单个文本或作家与其所属的复杂文本集合体之间具有动态关系。"③ 也就是说,对于某一地区的个人旅行书写,只有依赖于关于这一地区的集体文化书写(民族志或民族主义)才能得以保留下来,话语传统之外的,则会被忽视而后被遗忘。

四、结语

由本地知识分子所主导的《西京胜迹》行塑了游客的空间模式、游览路线、空间感受,但是,游客在进行知识复制与体验的同时,由于普遍个体差异性的存在,发挥了主体的主观能动性,又为后来者增加了新的空间内容与体验。因此,后来的游客延续了这一空间生产与知识生产的模式,进而层积累积这一文化记忆。文化记忆的传播就是用大众传播媒介与文学的方式进行传播的。

从这种观点而言,20世纪30年代进行西北及西安旅行的中国知识阶层展现出一种独特的关怀,不再是以自然景物的美学赏鉴为依归,而是以认识国族疆土、强化国族认同的政治意图为标的。这样的旅行活动所生产出的记述文本,因而也成为一套以特定方式来组织与再现地理空间的论述形构,一套领域性的技艺(technology of territoriality)。中华民族,便是在这套技艺的运作下,在空间上被创造出来的。④ 地理景观不是凝滞的,而是流动的,它受到中国特定的政治、文化与社会因素的影

---

① 张其昀:《西北旅行记(六)》,《国风》1936年第6期。
② 贺忠孺:《张晓峰先生对中国地理学之贡献》,见《张其昀博士的生活和思想》,中国文化大学华冈学会编辑,1982年,第252页。
③ E. SAID, *Orientalism*, London and Henley: Routledge Kegan Paul Ltd., 1978, p. 23.
④ 沈松侨:《江山如此多娇》,《台大历史学报》2006年第37期。

响,以及知识分子的想象与所建构的知识生产的权力,是具体的社会与想象关系的结果。

《西京胜迹》遥指过去的"长安",但又指向现在的"西京"。它是一本描摹"胜迹"及引导观看与体验的导游书籍,是媒介与地方共同运作之结果,是一个以媒介为介质的交往及其经验性存在。那就意味着,本就没有一个"原初"的长安,长安是一个历代累积的长安。所有的"长安",都离不了媒介的作用,都来自不同"回想"的"长安一片月"。

既然这样,鲁曼的这一观点就很值得重视,他说:"人们不会在当时实现的全部讯息中,而是在由此所制造出来的记忆中,发现大众媒体的全社会功能。对于全社会系统而言,记忆就在于人们可以在每个沟通中将对实在的特定主张预设为已知,而不必特地将这些主张引入沟通并说明这些主张的理由。"[1]也可以这样认为,作为一种大众媒体的导游书籍,并不是因为它将讯息从知者传递到游客那里,而是因为它准备了背景知识并持续提供背景知识,人们可以在阅读中把这些背景知识当成旅游的出发点。因此,这种论点与扬·阿斯曼的看法契合,他说作为历史范畴的"记忆","是以空间、书籍、仪式等为传播手段而延续的"。这提醒我们,"城市无法以单一地理及唯一历史来思考",也促使我们进一步询问今天的西安及其记忆与媒介是何种关系?对于西安及其历史的考察,除了我们习以为常的文献材料内容意义之解读,是否也需要将眼光转向这些带有塑造"地方"与"国家"的媒介性质的导游书籍呢?

在旅行时,我们对所处空间的体验,与其说是由我们所邂逅的事物来摆布,毋宁更取决于我们所赋予这些事物的意义。换句话说,其实是我们对这些空间所抱持的意图,以及我们借以理解这些空间的认知框架,决定了旅行活动的经验内涵。因而,旅行这种空间位移的活动,必然也是一种文化行为和一种文化体现。

原载《中国古都研究》(第36辑),陕西师范大学出版总社,2019年

(杨博,长安大学副教授)

---

[1] [德]尼可拉斯·鲁曼:《大众媒体的实在》,胡育祥、陈逸淳译,台湾远足文化事业有限公司,2006年,第138—139页。

向往、失望与期望之间
——近代中国游客视界中的西安

侯亚伟

1941年1月3日，著名文物专家何正璜[①]跟随西北文物考察团来到西安。在当天的日记中，她写道：

> 薄日淡风中，我们得见此巍峨之长安城垣。城墙完整美观，据云周围有四十里，除南、北二京外，此为中国之第三大城围，不愧为中国之古都及今日抗战建国中之陪都……人民一般衣着以及各方面一般之感觉，均较为朴实敦厚，生活程度亦较渝、蓉等市为廉。此渭水之滨之古城，实中国民族文化精髓之所在，亦大地西陲之重镇也。[②]

此时方当抗战正酣，何正璜及西北文物考察团的使命，便在于拯救散处于西北各地的文物古迹。她的只言片语充满着对西安的向往、失望与期望。与何正璜相似，在当时前来西安的中国游客的视界中，这种向往、失望与期望的复杂情感，是逐步交织在一起的。[③]

一

作为历史悠久的古都，近代西安仍然是众多游客争相前往的旅行目的地。历史上作为都城的长安曾极尽辉煌，但安史之乱后不可避免地走向了衰落。宋明以降，这里已然失去政治、经济中心的地位，逐步沦为偏处西北一隅的城市。然而，

[①] 何正璜（1914—1994），湖北汉川人，著名文物专家。早年留学日本，全面抗战开始后回到国内。在参加西北文物考察团期间（约1940—1945），她在《旅行杂志》等刊物上发表了大量考古游记。

[②] 何正璜：《西北考察日记（1940—1941）》，中华书局，2015年，第34页。

[③] 杨早从文学史的角度，探讨近代文人游记中的西安叙事；史红帅搜集了不少西方游客西安旅行资料，列举、叙述了西方人视野中的西安城乡景观。参见杨早：《西望长安不见家：近代游记中的西安叙事》，《现代中国文化与文学》2011年第1期；史红帅：《近代西方人视野中的西安城乡景观研究（1940—1949）》，科学出版社，2014年。

虽然已经没落，历史的辉煌却沉淀、内化到一代代文人士子的心灵当中，形成集体记忆。①"一个地方越有历史价值，就越容易受到游客的凝视"②，在西安的整个旅行过程中，那些中国游客将接受日常生活中难有的精神洗礼，对古长安油然而生怀念、向往之情。

在辉煌历史和文化的召唤下，曾有无数文人士子翻越万里关山，来到期望中的长安，欲一睹向往中的盛况。清乾隆二年（1737），袁枚赴官长安。当行走在长安道上之时，他沉浸在对古长安的向往之中，心情激动，发出"传说关中多胜迹，男儿须到古长安"③的感慨，道出了近千年来文人士子的集体心声——古长安是他们怀念过往的"精神还乡"之地。

如果说前近代时期前往西安的游客，他们多沉浸在对过去的向往之中，近代前期这种情况并没有太大改变。当祁韵士在长安道上按辔徐行，对古长安的欣羡喷涌而出："缅怀百代兴亡，千秋歌咏，皆同云烟过眼，转瞬辄空，惟见太华、芙蓉，终日争奇竞秀于前，目不暇给。"④倭仁过灞桥，见烟柳丝丝，体会到的仍然是千古不变的"离绪"；见西安地理位置优越，盛赞其"被山带河，天府之国，规模宏阔"。⑤谭嗣同经行骊山时，作《骊山温泉》诗："周王烽燧燎于原，楚炬飞腾牧火昏；遗恨千年消不尽，至今山下水犹温"⑥，思绪不由自主地回到了战火纷飞的西周末年。1911年，袁大化赴新疆巡抚任，路过西安时，作《长安旧城》诗："山河王气锁关中，汉武秦皇一世雄；抔土未干宫阙火，空留渭水自西东。"⑦在诗中，烽火戏诸侯、火烧阿房宫等重大历史事件，秦始皇、汉武帝等历史人物，依然是咏叹的主要意象。在《鸿门》中，无著回顾了秦末楚汉争雄之时的鸿门宴，不禁感叹张良的历史贡献："伯业明知不两雄，当筵胡复伪仪崇；一双玉斗殷勤献，从此张良薄

---

① 集体记忆是由法国年鉴学派第二代社会学家莫里斯·哈布瓦赫首先提出和使用的，是指"同一社会中许多成员的个体记忆的结果、总和或某种组合"。参见〔法〕莫里斯·哈布瓦赫：《论集体记忆》，毕然、郭金华译，上海人民出版社，2002年，第70页。

② Abbas, Ackbar, *Hong Kong: Culture and the Politics of Disappearances*, Minneapolis: University of Minnesota Press, 1997, p. 76.

③ 袁枚：《赴官秦中（其一）》，见《小仓山房诗文集》卷八，上海古籍出版社，1988年，第160页。

④ 〔清〕祁韵士：《万里行程记》，见《问影楼舆地丛书》（第1辑），1908年，第5页。

⑤ 〔清〕倭仁：《莎车行纪》，见《西征续录》，甘肃人民出版社，2002年，第70页。

⑥ 〔清〕谭嗣同：《骊山温泉》，见蔡尚思等编：《谭嗣同全集》（上），中华书局，1981年，第67页。

⑦ 〔清〕袁大化：《抚新纪程》，见沈云龙主编：《近代中国史料丛刊》（第10辑），第27页。

范公。"①1925年重阳节,白屋诗人吴芳吉过秦始皇陵,见"驰道已芜碑记灭",不禁发出"千秋呵护有神力,汉家人杰万邦雄;呜呼,大帝安可得,低头默祷人冥濛"②的感慨。

20世纪30年代初,国内、国际局势发生剧变,东三省被日军攻占,华北、华东等富庶之区,亦处在日本的严重威胁之下。当此之时,"开发西北"的口号,成为时代的强音。以各种目的前来西北的不同身份、地位、职业、性别的游客,不绝于途,如张恨水、陈赓雅、庄泽宣、侯鸿鉴、王子云、何正璜、林鹏侠、顾执中、范长江、顾颉刚、易君左、马鹤天、解方、李孤帆……他们的到来,使西安在保家卫国的口号下,逐渐凝成一个独特的符号,成为抵御外侮、复兴民族的希望。这些游客多是受到西方思想文化影响的知识分子,他们具有以往游客没有的视界。但吊诡的是,他们也对故都长安充满向往之情,碑林、钟楼、鼓楼、大雁塔、小雁塔、灞桥、骊山等名胜古迹仍然是他们不得不去的旅游景点。

1935年4月,张默君偕邵元冲至中部县祭黄帝陵,过灞桥,作诗云:"东跨崤函云隐隐,西连关陇路迢迢;漫吟春草伤心句,细雨飞车过灞桥。"③其观感、认识,仍和历史上的吟咏者一样,突出送别之情、伤感之地等主题。1941年,当何正璜考察汉长安古城,"践踏着无尽数的古瓦花砖,遥望着一座座方整的汉家陵寝"④,仍会默默地回首过往。

当然,这些游客的旅行目的地,也包括宋家花园、革命公园等少数刚刚创建不久的旅游景点。位于城南瓦胡同村北的宋家花园,落成于1915年,原为西安富绅宋联奎的寓所。该园"很有苏杭风味,优雅娇巧玲珑,颇能使人爽心悦目,雅俗共赏"⑤。革命公园位于今西安市西五路东段北侧,1927年冯玉祥主持开辟。到1931年,虽还没有开辟完成,里面也已经"建成了些亭台楼阁,开了几条路"⑥。只是这些新创的景点,还没有为广大游客所熟知,难以引起他们的"凝视",不是他们的首要选择。

应该看到,近代以西安为旅行目的地的游客,其心灵深处往往都有一古长安在。正是在这一思想的主导之下,许多游客才会来到那承载着他们集体记忆的旅游景点,并不吝用大量华丽的辞藻对它们进行吟咏歌颂。不过,游客对过去的向往,

---

① 无著:《鸿门》,《南开诗潮》1917年第1期。
② 吴芳吉:《乙丑重阳过骊山谒秦始皇帝墓作》,《学衡》1925年第48期。
③ 张默君:《过灞桥》,《妇女共鸣》1935年第4期。
④ 何正璜:《汉长安古城》,《旅行杂志》1945年第6期。
⑤ 迟帆:《长安南郊》,《茶话》1946年第6期。
⑥ 陈必贶:《长安道上纪实》,《新陕西》1931年第1期。

在近代前期还较为纯粹；时代愈后，游客们的思想，也不可避免地会受到现代和民族主义等思想的影响，表达了对现实西安的失望和未来西安的期望。

二

1935年10月中旬，范长江在前往西安的途中，阅读了杜甫的《丽人行》和《曲江三章》，当读到"三月三日天气新，长安水边多丽人""曲江萧条秋气高，菱荷枯折随风涛"等诗句时，十分欣羡。然而当他到达西安，遍游城内，"不见有可以供丽人游玩的水边，而所谓曲江也者，尚在今长安城南三十余里之遥，且只干沙沟一片，既无菱，又无荷，根本无从枯折起，纵有风，亦不会有涛来"①，失望之情，油然而生。和范长江一样，那些接受了现代文明，见惯东部繁华的游客，在想象古长安辉煌的同时，不免看到现实中的废都西安。在将之与上海、天津等东部发达城市对比之后，游客对过去的向往，便受到现代性的严酷审视。通过这种审视，西安落后的一面便容易被放大，许多过去的辉煌便会被掩盖，甚至会成为那些立足于现代的游客严厉批判的对象。

西安的没落当然要向前追溯很久。唐朝后期的许多诗人都对天宝以来长安的萧条进行了描述。在《江南遇天宝乐叟》中，白居易转述了"天宝乐叟"的感慨："我自秦来君莫问，骊山渭水如荒村；新丰树老笼明月，长生殿暗锁青云。红叶纷纷盖欹瓦，绿苔重重封坏垣；唯有中官作宫使，每年寒食一开门。"②古长安的繁华，安史之乱后便逐渐消失了，后人仅能在文献资料和文物古迹中想象过往的历史。步入近代，西安衰落的现实更加显著。当倭仁奔赴莎车，经过咸阳古渡，抚今吊古，怅然思深："阿房、未央诸胜迹仅存其名，秦皇、汉武、隋帝、唐宗，后先千百年竞华斗侈之场，尽变荒烟蔓草。"③陶保廉更是认为："当汉唐时，江海之利未尽辟，豪杰悉聚关中，以西北制东南，绰然有余"；待到近世海通以来，东南繁荣，西北僻处一隅，天险尽失，地位显著下降。④

不过，近代以前，西安虽然没落，但由于整个社会仍处在传统之中，和发达地区的落差，远没那么显著。近代以来，西安社会经济之困穷，尤为从来所未有。"自从海禁大开，欧风东渐，新文化的种类，却随着新潮流的激荡，而宏布在东南。举凡政治、经济种种势力，争向集中于大江两岸。于是停留在西北的老态龙钟

---

① 范长江：《中国的西北角》，新华出版社，1980年，第57页。
② 〔唐〕白居易：《白氏长庆集》卷一二《江南遇天宝乐叟》，文学古籍刊行社，1955年。
③ 〔清〕倭仁：《莎车行纪》，见《西征续录》，甘肃人民出版社，2002年，第71页。
④ 〔清〕陶保廉：《辛卯侍行记》，甘肃人民出版社，2002年，第154页。

的长安,便不能不唱其劫运之衰歌,喘息于白杨衰草之间,僵卧于夕风残照之下了。"①

游客的这种现代性落差,到20世纪20年代已经十分明显。1924年夏,鲁迅受邀前来西北大学讲学。当到达西安之后,他完全见不到向往中的古都形象,十分失望:

> 今年夏天游了一回长安,一个多月之后,胡里胡涂的回来了。知道的朋友便问我:"你以为那边怎样?"我这才栗然地回想长安,记得看见很多的白杨,很大的石榴树,道中喝了不少的黄河水。然而这些又有什么可谈呢?我于是说:"没有什么怎样。"他于是废然而去了,我仍旧废然而住,自愧无以对"不耻下问"的朋友们。②

西安之游令鲁迅十分失望,仅离开月余,他便不愿回忆起在西安的经历。在此之前,鲁迅长期生活于政治中心北京,活跃于首都的文学界。身处优越之地的他,无法想象现实中的西安,颓败荒凉到了何种境地。或许他不愿意承认,唐人诗文中雁塔晨钟、曲江流饮的美景,"春寒赐浴华清池"的浪漫往事,在经受千余年时光的冲刷之后,早已光鲜殆尽,留下的仅仅是破败不堪的城池和"荒村"般的凄凉。残酷的现实直接破坏了西安在鲁迅心目中的地位,对古长安的向往无可奈何地让位于对现实西安的失望。

这种心态的变化,当然不仅是鲁迅一人,期望越大的游客,将会失望越多。倘使说鲁迅的失望太过感性,那么在与他同来的著名历史学家王桐龄那里,情况更加真切:

> 机器工业尚未输入,即固有之手工,亦只保守古来旧法,毫无发展之深造。

> 杂志仅有二种,一、实业厅办之《实业杂志》;二、实业人出版之《实业浅说》。且报纸仅有六种:一、《建西日报》,二、《新秦日报》,三、《陕西日报》,四、《民生日报》,五、《旭报》,六、《平报》六种,其内容多系剪裁京、津、沪各报纸凑成,关于陕西本省特别记事及论说较少;销数极不畅旺,多者三百余份,少者数十份而已。③

1926年,西安爆发了残酷的战争。刘镇华率领的镇嵩军,从4月初开始,对西安

---

① 尘影:《闲话长安》,《现代青年》1936年第4期。
② 鲁迅:《说胡须》,《语丝》1924年第5期。
③ 王桐龄:《陕西旅行记》,见王桐龄等:《西北望:陕西新疆旅行记》,辽宁教育出版社,2013年,第17—18页。

进行了长达近8个月的围攻。围城之后，社会经济比1924年更加落后，据刘更生致孙伏园的信件反映：

> 邮政汇兑，迄今不能恢复，不惟无书可读，即日报、杂志亦不得寓目，虽不至开倒车，但思想落后，自不待言。莘莘学子，均感智识饥荒之痛苦，真是苦闷枯燥无以复加。社会经济之困窘，尤为从来所未有。商业萧条，百事荒废，较昔年先生游陕时，大有天壤之别矣。①

孙伏园曾于1924年夏和鲁迅、王桐龄等学者同来西安，当时的情况，鲁、王二人均有描述。但据刘氏所说，至1928年，西安的社会经济不仅没有进展，反而大幅倒退。

1929年至1930年，西安又爆发了大饥荒。灾荒过后，整个西安城"只有住户二万，人口约十一万，其中商家约千户，但饥民却有三万人之多"②，境况极为凄惨。

抗战初期，西安还没有电灯。到1938年，多半仍使用油灯。"街上是漆黑的商店，也颇有用斗大的纱灯的，不过大抵到九时左右，街上就寂然了。"③电灯很少，便难有像样的夜生活，更无所谓夜景了。

既然当时的西安显得十分落后，那么对于由发达地区前来的游客来说，难免产生巨大的心理落差。当严济宽看到黄浦江头巍然屹立的大厦、南京路上来往如梭的车辆，回想到西安的生活，便认为俨然是在太古时代一般。"从西安到上海，我好像是从古时到近代，一个是那样的古朴，一个是这样的繁华。在同一个国家里，而差别如是之大，这实在是梦想不到的。"④二者虽一则发达，一则落后，却并存于同一时代之中。也就是说，二者之间的差异，是空间，而非时间上的差异。但是，严济宽却将空间的差异，置换成时间的差异；繁华的上海代表现代，西安则成了"太古时代"的代表。

在鲁迅、王桐龄、严济宽等游客那里，东部的繁华与西安的落后，形成了鲜明的对比。这种认识，当然是基于现代性思想之上的。这种思想在艳羡现代和发达的同时，不可避免地歧视传统和落后。但问题是，现代性思想已经内化到这些游客的潜意识之中。加之对西安的期望本来甚高，而事实又是那么残酷，于是便容易形成巨大的反差，认为西安还在"太古时代"，是"废都"。实际上，虽然步伐缓慢，

---

① 刘更生：《苦闷枯燥的西安》，《贡献》1928年第1期。
② 李无垢：《西安的印象》，《中华周报》1934年第110期。
③ 李长之：《从长安到安阳》，《旅行杂志》1938年第3期。
④ 严济宽：《西安——地方印象记》，《浙江青年》1934年第2期。

但近代以来的西安已经在徐步走向现代了。

三

20世纪30年代以来,随着日本侵略的步伐加快,当时政府和民间均有不少人士,担心与日本一战难以避免。可是,东部诸地,均当对日战争之前线。这些地区虽然人口众多、经济发达,但土地面积狭小,无战略纵深,如果仅恃之对日作战,恐有覆巢之虞。西北地域宽广,可以成为抗战的后方基地。在全面抗战尚未开始之前开发西北,亦可为未来战争做些准备。于是,上自政府要人,下至社会各界人士,均大力鼓吹开发西北。在这种情况下,"特派专员之视察也,学术团体之考察也,以及新闻记者与专门学者之涉险耐苦实地采访也,莫不振刷精神,为细密之调查,作有力之宣传,以期开发事业早日实现,而收失之东隅,得之西榆之效果"①。作为西北的门户,西安的开发自然首当其冲。这一时期前来的游客,在缅怀先代的遗迹、批评西安落后的同时,主观上却是希望通过他们的考察,引起国人的重视,从而带动西安的建设和复兴,以为抵御日本侵略,保家卫国服务。

1932年3月1日至6日,国民政府四届二中全会在洛阳召开,其中3月5日的第二次会议决定"以长安为陪都,定名为西京"②,同时设立以张继为首的西京筹备委员会。不久,又设立西京市政建设委员会,以便多方筹措经费,大力建设西京。③在此前后,南京国民政府下决心加速修筑陇海路。1934年5月,宋子文亲自视察西北,关注的重点,即是陇海铁路建设。当时同行之人中有一曦樵者,在其所著《西安之行》中提到,"他日交通便利,陪都建成,衰竭必盛,复能有更胜于先代历史之胜誉耳"④,对西京的未来发展很是乐观。12月,陇海路展筑至西安,结束了历史上西安交通不便的尴尬地位。

陪都的设立和陇海路的展至,给西安的复兴带来了新的希望。在此之前,"有许多南方的中国人,仿佛到西半球去游玩一番,倒不算什么,却是到中国的西北游一躺〔趟〕,显得十分惊奇。这完全是西北交通设备欠缺的原〔缘〕故"⑤。自此之后,来自政府、民间的游客,多有以西安为目的地,或经西安到西北各地考察

---

① 吴震华:《西北徒步之一瞥》,同仁书店,1935年,序第1页。
② 《国民党四届二中全会经过》,《时事月报》1932年第4期。
③ 吴宏歧:《抗战时期的西京筹备委员会及其对西安城市建设的贡献》,《中国历史地理论丛》2001年第4期。
④ 曦樵:《西安之行》,《十日谈》1934年第32期。
⑤ 陈贶:《男儿须到古长安》,《认识》1931年第13期。

者。此种考察，不免融汇了对西安的历史记忆、现实观感、未来期望等复杂的情感。以日本侵华为背景，以开发西北为契机，有关西安的历史和现实空前地绞结在一起，被游客不断地书写、宣传，给西安的发展提供了机遇，也定位了未来的西安。

尤为需要指出的是，故都风物，亦足以激励游客的家国情怀。早在1925年农历九月初九，吴芳吉游秦始皇帝陵时，面对国家民族的危难，便发出了"愿帝再起澄海宇，芟荑群蠹挞强胡；吁嗟民族中兴应未远，华岳云霞漫卷舒"的期望。1935年，邵元冲赴西北主持民族扫墓，作有《过骊山谒秦始皇帝陵》诗，其中有："峨峨仰高丘，感事景丕绪；世衰幺匪侵，侏夷蹙堂庑。帝倘驾六龙，倚天关强弩；洒扫四海清，金瓯完神宇。汉道必重光，秦风庶可举；高吟击楫篇，同仇歌《破斧》"①。时当日本帝国主义正加紧筹备侵华，中华民族危急存亡之秋，邵元冲所主持之民族扫墓，便具有凝聚人心的作用和期望。②邵元冲为国民政府派往西北主持民族扫墓之人，在他的期望中，有关古都长安的历史故事、名胜古迹，可能成为激发民族奋起的催化剂。

这种催化剂的作用未必是虚无缥缈的。1938年4月，作家李长之赴西安途中，一路看到潼关以西的景致，不仅不觉得枯燥，反而觉得极其优美。尤其过渭南之后，下起了小雨，"那空气的湿润，山色的秀伟，还有那疏疏落落的灞桥上的垂柳的青翠，不由得跳上心头的就是'江南如画'这四个字……国家观念薄弱如我的人，这时也深深地觉到中国的可爱了。"面对日本的侵略，东部国土的沦陷，再走此长安道，潼关天险、渭城朝雨、灞桥垂柳，都以无言的方式，感化国人的家国情怀，激励着他们的抗日热情。甚至，这"山川奇气，磅礴郁积，钟毓吾民，足与异族相搏持"③。

具有官方背景的蒋经国在考察西北之后，也感慨道：

> 今天中华民族正在激变的时代里，敌人想从四面八方来统治我们，为了解救自身的苦处，为了创造今后新的幸福的生活，我们已经自觉起来反抗敌人，自觉地起来从事建国工作，这个时候，我们又记起我们祖先流血流汗的地方，那里丰腴的物产、坚强淳朴的人民、灿烂的文化，都是我们

---

① 邵元冲：《过骊山谒秦始皇帝陵》，《秦风周报》1935年第9期。
② 这一点在1935年国民政府中央执监委员会致黄帝陵的祭文中体现明显："丁兹忧患荐臻之会，长蛇封豕，异族暨骎骎以相侵，缅怀创业之耿光大烈，我后人亦孰敢不力排艰险，以复我疆围，保我族类，夙夜黾勉以自奋。庶几金瓯无缺，光华复旦，以慰我元祖之灵。"参见高良佐编著：《西北随轺记》，建国月刊社，1936年，第4页。
③ 马援斌：《西安大雁塔游记》，《复旦同学会会刊》1935年第11期。

抗战建国惟一的力量！

在日本侵略者铁蹄逼近的年代，那些对西安的未来立基于国家民族的认识，逐渐成为时代的共识，推动了西安复兴的步伐。①

四

近代来到西安的中国游客，相对于西安，是作为他者而存在的。在他者的视界中，当然会看到西安与他们本地不同的一面。尤其当和东部发达地区相比时，落后的西安，容易给他们带来震撼。但这些游客，从某种程度上说，也是自己人。无论他们对中国历史和文化了解多少，无论他们接受了多少外来文化，他们毕竟主要是受到中国文化武装的中国人，而西安在一定程度上正是中国历史和文化的象征。因此，在他们的心目中才会有一个想象的古都长安。正因为这种认同，他们才会看到现实中西安的落后，思考西安的前途。尤其当民族危机严重的时刻，他们才会呼吁建设、复兴西安。正是在这种情况下，过去的向往、现实的失望和未来的期望，才会在游客的视界中交织在一起。

这种情况，与近代前来西安旅行的日本游客相比，既有共性，也有不同。1907年9月20日，著名日本历史学家桑原骘藏来到西安。当参观完碑林，他登上了南门城墙，极目远眺，"南面远对南山，近俯大小二雁塔；北面近临龙首山，远望北岭，眺渭水，极目所见，皆此周、秦、汉唐之古迹，一山一水悉是怀古之材料"②。桑原的这种情感，和近代中国游客对故都长安的向往十分相似。在《唐长安之春》中，石田干之助根据以唐诗为主的文献资料，对故都长安的春天展开瑰丽的想象。在文末，作者点出了写作目的，"只想叙述李唐一代繁华的世相之一面"③。也就是说，作者是出于对古长安的喜爱而进行写作的。由于中日之间在唐朝时期的密切关系，近代日本文化界弥漫着这种对古长安的向往。这种向往过去的特点，和近代中国前往西安旅行的游客，具有相似性。

1921年7月，大江广、小竹文夫、久米幸等七人到青海旅游，行经西安时，看到街市萧条，"是一座颓废、沉滞之都，说得好听点是闲雅静寂之道……可以说是以美丽的历史为背景，产生的一些古都的气息吧。"④和桑原骘藏、石田干之助一样，

---

① 蒋经国：《伟大的西北》，宁夏人民出版社，2001年，第35页。
② ［日］桑原骘藏：《考史游记》，张明杰译，中华书局，2007年，第37页。
③ ［日］石田干之助：《唐长安之春》，《读书通讯》1947年第136期。
④ ［日］沪友会：《上海东亚同文书院大旅行记录》，杨华等译，商务印书馆，2000年，第305—306页。

大江诸人显然也向往西安的历史，但来到西安后看到的却是一个不折不扣的废都，不免令人失望。和众多中国游客不同，这些日本游客并不关心西安的现在和未来，所以在批评之外，并不去思考西安的建设和复兴。他们视界中的西安，即使对现实的失望，也基本是建立在对过去向往的前提下的。至于西安的未来如何，似乎与他们并无关系。

至于那些来自西方的游客，他们视界中的西安，又比来自日本的游客弱了一层。1907年至1908年，丹麦旅行家何乐模（Frits Holm）为追寻《大秦景教流行中国碑》来到西安。在其著作中，他对西安的城墙、布局、街道、居民、风俗等等，均有翔实、客观的描述。但尽管知道这里是中国历史上声名显赫的古都，他并没有像日本游客那样流露出太多的怀古幽情，而是欣欣然于"获得了使用慈禧太后曾经使用过的同一间浴室，甚至同一张床的荣耀"[1]。1923年，美国学者兰登·华尔纳来到西安，除了与一些外国传教士的交往之外，所感受到的古代中国的气氛，不过是"公元7世纪的玄奘从印度带回神圣的佛经和佛像以后，他的遗骨就安葬在这里；也是在这儿，他耗尽心力翻译了大量的梵文佛经"[2]。何乐模和兰登·华尔纳等西方游客，作为中国文化的他者，他们虽然尽力亲近西安，但只能寻找到微弱的文化共鸣，其对古长安的向往之情，自然又淡得多，更莫谈西安的现状和未来了。

这种现象告诉我们，游客对旅游目的地的认知，是与游客和旅行目的地的关系密切相关的，"游客对一切能标志其自身的事物感兴趣"[3]。如果游客与旅行目的地之间的联系较少，可以产生的共鸣便甚少。西方游客来自完全不同的文化传统，在他们的心目中，西安是地地道道的他者，除了对西安的历史做些描述，追索一下宗教文化上的微弱联系外，便难以产生共鸣了。即使是来自异国的游客，如果他们与旅行目的地之间在历史上曾经关系密切，也可能产生较强的共鸣。在日本游客的心目中，西安与他们本国的历史有所关联，所以会产生对古长安的向往之情。只是，这毕竟无关乎现实和未来，所以，虽然他们也会看到西安与中国东部沿江、沿海，与日本本国的差距，但这并不足以激发他们建设、复兴西安的希望。至于那些中国游客，虽然他们多来自外地，但由于历史、现实和文化上的血肉联系，便容易产生

---

[1] ［丹］何乐模：《我为景教碑在中国的历险》，史红帅译，上海科学技术文献出版社，2011，第67页。

[2] ［美］兰登·华尔纳：《在中国漫长的古道上》，姜宏源、魏洪举译，新疆人民出版社，2001年第19页。

[3] Jonathan Culler, *The Pursuit of Signs*, Cornell University Press, 1981, p. 127.

强烈的共鸣。尤其是在民族处于危机之时的特殊时刻，他们甚至会以主人翁的身份，要求甚至主动承担起建设和复兴西安的责任。

原载《青海民族研究》2016年第3期

（侯亚伟，陕西师范大学历史文化学院教授）